KB151655

東洋古典譯註叢書 135

譯註 韓詩外傳 1

著者 韓嬰
책임번역 許敬震
공동번역 具智賢 徐賢卿

전통문화연구회

國譯委員

責任飜譯　許敬震
共同飜譯　具智賢 徐賢卿
潤　　文　南賢熙
校　　訂　朴相水 李孝宰
出　　版　白俊哲 李承俊 崔多情
裝　　幀　김진디자인

國譯管理

管　　理　李和春
普　　及　徐源英

東洋古典譯註叢書를 발간하면서

우리의 古典國譯事業은 민족문화 진흥의 기초사업으로 1960년대부터 政府 支援으로 古文獻 現代化 작업을 추진하여 많은 成果를 거두었다. 당시 이 사업 추진의 先行課題로 東洋古典이라 일컬어지는 중국의 基本古典을 먼저 飜譯하여야 한다는 學界의 주장이 있었음에도 불구하고 우리 고전이 아니라는 일부의 偏狹한 視角과 財政 事情 등으로 인하여 배제되어 왔다.

전통적으로 중국의 기본고전은 우리 歷史와 함께 숨쉬며 각종 교육기관의 敎科書로 활용됨은 물론이고 지식인들의 必讀書가 되어 왔으며, 우리 文化의 基底에 자리잡고 거의 모든 방면의 體系와 根幹을 형성하여 왔다. 그래서 학문연구의 기본서 역할을 해 왔을 뿐만 아니라 오늘날에도 우리의 國學徒 및 東洋學 硏究者들에게 같은 역할을 하고 있음은 주지의 사실이다. 그럼에도 불구하고 中國古典은 우리 것이 아니라 하여 專門機關의 飜譯對象에 포함하지 않음으로써, 대부분 原典에서의 직접 번역이 아닌 重譯이나 拔萃譯의 방식이 주를 이루면서 敎養水準으로 出版되어 왔다.

오늘날 東洋 三國 중에서 우리의 東洋學 연구가 가장 부진한 이유는, 東洋基本古典에 대한 폭넓은 이해의 부족과 漢文古典 讀解力의 저하에 기인함을 우리는 솔직히 인정하여야 한다. 따라서 이들 중국고전에 대한 신뢰할 만한 國譯이 이루어지는 것이 한국학 연구를 촉진시키는 시급한 先行課題라 할 수 있다.

이에 韓國學 및 東洋學의 연구와 古典現代化의 基盤構築을 위해서는, 전문기관으로 하여금 동양고전을 단기간에 각 분야의 專門 硏究者와 漢學者가 상호 협동하여 연구번역하여 飜譯의 傳統性과 效率性, 硏究의 專門性을 높일 수 있도록 政策的 配慮가 있어야 한다.

이에 本會에서는 元老 및 中堅 漢學者와 斯界의 專攻者로 하여금 協同硏究飜譯하여 공부하는 사람들이 믿고 引用하거나 깊이 있는 註釋 등을 활용할 수 있게 하고, 知識人

들의 教養을 증진시켜 줄 수 있는 東洋古典의 國譯書 간행을 지속적으로 추진해 왔다. 근래에 다행히 이 사업에 대하여 각계 지도층의 폭넓은 이해와 지원에 힘입어 2001년도부터 國庫補助를 받아 東洋古典譯註叢書를 간행하게 되었다. 이를 계기로 우리 先學의 註釋과 見解를 반영하는 등 국역사업의 內實을 기하게 되었음을 이 자리를 빌려 衷心으로 감사드리며, 아울러 國譯에 參與하신 관계자 여러분의 勞苦에 깊은 謝意를 표한다.

끝으로 우리의 이러한 작업은 오랜 역사 위에 축적된 先賢들의 業績과 現代學問을 이어주는 튼튼한 架橋와 礎石이 되어 진정한 韓國學과 東洋學 발전에 기여할 것을 굳게 믿으며, 21세기를 우리 文化의 世紀로 열어 가는 밑거름이 되도록 우리의 力量을 本 事業에 경주하고자 한다. 江湖諸賢의 부단한 관심과 지원을 기대해 마지않는다.

社團法人 傳統文化研究會 會長 李啓晃

解 題

許敬震[*)]

1. ≪韓詩外傳≫의 가치

≪韓詩外傳≫은 西漢시대 初期에 燕지역의 학자인 韓嬰이 남긴 저술로서, 古事를 소개하는 방식을 취하며, 주로 ≪詩經≫ 등의 구절을 말미에 인용하는 것으로 결론을 내리는 형식을 보이고 있다.

전통적인 ≪詩經≫ 학습방법을 따라 朱子에 의해 정리된 ≪詩傳≫을 위주로 하여 배운 고전적인 학습자의 경우에는 ≪毛詩≫만 해도 대단한 古形의 텍스트라고 생각하기 쉬운데, 이 ≪韓詩外傳≫은 ≪毛詩≫보다도 더 이전에 융성했던 ≪魯詩≫, ≪齊詩≫, ≪韓詩≫의 존재를 증거하는 중요한 자료이므로, ≪詩經≫에 대한 심도 있는 이해를 위해서 이를 숙지할 필요와 가치가 있다. 특히, 이는 ≪毛詩≫의 구절에서 특정 詩語를 왜 다른 글자로 읽어도 무방한지 그 이유를 해명해 주거나, 특정 구절에 대한 해석이 다양하게 이루어질 수 있는 근거를 제공하기도 한다.

물론 ≪魯詩≫, ≪齊詩≫, ≪韓詩≫는 오래전에 逸失되어 그 全貌를 알 수는 없다. 하지만 그 구절구절의 자투리는 여러 곳에 남아 전하고 있어서, 청나라 말기 王先謙(1842~1917)은 이를 모으고 정리하여 ≪詩三家義集疏≫같은 명저를 남기기까지 했다. 이 책 역시 落穗를 모은 것이라 여러모로 아쉬움이 없는 것은 아니다. 그렇기에 ≪詩經≫과 관련한 풍부한 자료를 남기고 있는 ≪韓詩外傳≫은 자료적 측면에서도 매우 각별하여, ≪詩經≫이해를 둘러싼 이러한 사정에 요긴한 보탬이 된다.

≪詩經≫ 傳承의 역사는 각 시기별로 일정한 차이를 보이는데, 비록 外傳의 형태이지

---

*) 연세대 국문과 교수

만 ≪韓詩外傳≫이 가지는 傳承上 가치와 위상을 눈여겨 살펴볼 필요가 있다. ≪詩經≫의 구절을 보존하고 있는 옛 저술들 중 이를테면 ≪論語≫와 우선 대비해 보자면 ≪韓詩外傳≫의 역사적 위상을 쉽게 엿볼 수 있다.

孔子의 평소 말씀이 모두 "詩書執禮"였다고 밝히고 있는 ≪論語≫에서 ≪詩經≫에 대한 언급은 대개 세 가지의 類型이다. 첫째는 ≪詩經≫에 관한 一般解說의 유형, 둘째는 ≪詩經≫의 효용적 價値에 관한 闡明의 유형, 셋째는 ≪詩經≫의 特定 구절 인용을 통하여 자신의 意思를 효과적으로 表明하는 "引詩釋之"[1]의 유형이다.

≪詩經≫의 一般解說 유형은 우선, 특정 詩句의 意味에 대한 解說[2], 특정 詩句에 대한 느낌에 대한 品評[3], 특정 作品에 대한 印象批評[4], ≪詩經≫ 全作品에 대한 印象批評[5], 특정 작품의 사용처에 대한 批判[6] 등으로 ≪論語≫에 드러난다. ≪詩經≫의 효용적 가치 闡明 유형은 ≪詩經≫의 教育的 效用에 대한 천명[7], ≪詩經≫의 實用的 效用에 대한 천명[8] 등으로 나타난다. 그리고 특히 "引詩釋之"의 경우는 주로 春秋時代의 교양있는 대화가 갖춰야 할 미덕으로서의 소양적 성격이었던 것이 춘추 이후 戰國時代의 논쟁적인 주장이 갖춰야 할 기술적 성격으로 한층 발전하게 되었다. 여러 가지 요소가 重層的으로 작동하고는 있지만 대개 ≪韓詩外傳≫은 "引詩釋之"의 시례를 잘 계승하고 있어, 초기 ≪詩經≫의 활용전통을 여전히 잘 보전하고 있음을 알 수 있다.

또한, 전국시대를 대표하는 ≪孟子≫와도 비교·고찰해 보면, 일단 ≪孟子≫의 ≪詩經≫ 활용의 사례는 대개 두 가지로 정리된다. 첫째는 ≪論語≫의 ≪詩經≫ 일반 해설을 熟知한 상태에서, ≪詩經≫의 특정 句節을 두고 직접적 解釋을 가하는 경우이고, 둘째는 ≪詩經≫의 특정 구절 인용을 통하여 자신의 意思를 압축적으로 드러내는 "引詩釋之"를 더욱 발전시

---

1) 孔子의 "不忮不求" 인용(子罕-26-02), 曾子의 "如臨深淵" 인용(泰伯-03-01), 子貢의 "如切如磋" 인용(學而-15-02), 楚狂接輿의 "深則厲 淺則揭" 인용(憲問-42-02)
2) 孔子의 "繪事後素" 해설 (八佾-08-02)
3) 孔子의 "唐棣之華" 품평(子罕-30-01)
4) 孔子의 "樂而不淫" 비평(八佾-20-01)
5) 孔子의 "思無邪" 비평 (爲政-02-01)
6) 孔子의 "以雍徹"비판(八佾-02-01)
7) 孔子의 "興於詩" 效用의 主張 (泰伯-08-01), 南容의 "三復白圭"에 대한 孔子의 認定(先進-05-01), 陳亢의 질문에 대한 伯魚의 傳言인 "不學詩無以言" 教訓(季氏-13-02), 弟子들에 대한 孔子의 "興觀群怨" 教訓(陽貨-09-02), 伯魚에 대한 孔子의 "周南召南" 教訓(陽貨-10-01)
8) 孔子의 "誦詩三百" 效用의 主張(子路-05-01)

킨 경우이다.

≪孟子≫에서 “引詩釋之”의 ≪詩經≫활용이 더욱 발전된 경우라고 함은, 자기 주장에 대한 歷史的 論據로서 ≪詩經≫의 구절 해석을 인용하는 “引詩證之”의 경우[9]와, 특정 상황과 類比的 관계에 있는 ≪詩經≫ 구절을 인용하여 요약하는 “引詩要之”의 경우로 細分·發展한 것을 말한다. 특히, “引詩要之”는 대개 “此之謂也”라는 상용구와 함께 등장하고, 이는 바로 ≪韓詩外傳≫이 ≪詩經≫구절을 인용하는 주된 방식으로 직접 계승된다. 정리하자면, 결국 ≪孟子≫에서 인용된 ≪詩經≫도 ≪詩經≫ 자체에 대한 경우로서 “句節解釋”의 경우, ≪詩經≫을 “引詩證之”의 경우, “引詩要之”의 경우 등 세 가지로 정리된다고 할 수 있는데, 기능상 구분되는 이 세 가지 경우는 상황상 중첩적으로 활용되기도 하였다. ≪孟子≫에서 사용된 “此之謂也”의 사례[10]는 ≪詩經≫을 인용한 거의 모든 ≪韓詩外傳≫의 章에서 발견되는 “此之謂也”라는 표현과 동일하다.

대개 ≪論語≫, ≪孟子≫, ≪韓詩外傳≫은 ≪詩經≫ 전승의 역사에서 각각 자기 시대의 요구를 담아 ≪詩經≫을 활용하고 있다. 이 과정을 통해 ≪韓詩外傳≫은 西漢時代 초기의 ≪詩經≫ 전승을 증언하는 매우 중요한 가치를 가지고 있다. 특히, 焚書坑儒 이후 抄寫口傳을 통해 경전을 복원하여야 했던 西漢 초기의 학술상황을 정확하게 반영하고 있다. 서한 시대 초기의 자료인≪韓詩外傳≫은 현전하는 ≪詩經≫ 해설서 중 가장 오래된 것으로, 齊詩와 魯詩 등 三家詩의 저술이 사라진 후 유일하게 남겨진 저술이다.

≪韓詩外傳≫의 이러한 존재적 가치는 儒學이 漢代學術思想의 주류로 떠오르는 과정을 여실하게 증언해주는 자료라는 점에서도 주목할 만하다. ≪韓詩外傳≫은 개별 에피소드의 산만함에도 불구하고 일관된 시대적 과제를 다루고 있기 때문이다. 즉, 韓嬰 자신의 정체성 문제이기도 하거니와, 국가관료체제가 완성되어 가던 漢武帝 前後의 시대적 상황

9) 孟子의 “賢者而後樂此”의 논거(梁惠上-02-03), “此心之所以合於王者”의 논거(梁惠上-07-09), “交隣國有道”의 논거(梁惠下-03-01), “文王發政施仁”의 논거(梁惠下-05-03), “文王之勇”의 논거(梁惠下-03-06), “如好貨與百姓同之”의 논거(梁惠下-05-04), “如好貨與百姓同之”의 논거(梁惠下-05-05), “以德行仁者王”의 논거(公孫上-03-02), “雖大國必畏之矣”의 논거(公孫上-04-03), “禍福無不自己求之者”의 논거(公孫上-04-05), “民事不可緩也”의 논거(滕文上-03-02), “周亦助也”의 논거(滕文上-03-08), “新子之國의 논거(滕文上-03-11), ”爲不善變矣의 논거(滕文上-04-16), “無父無君是周公所膺也”의 논거(滕文下-09-11), “遵先王之法而過者未之有也”의 논거(離婁上-01-04), “暴其民甚則身殺國亡”의 논거(離婁上-02-04), “國君好仁天下無敵”의 논거(離婁上-07-05)

10) 公孫上-03-02, 公孫上-04-06, 離婁上-02-05, 離婁上-09-06, 萬章上-01-01, 萬章上-04-03 등의 사례로 확인된다.

속에서 자리를 잡아가던 '士'계층의 위상과 정체성의 문제를 다양하고도 집요하게 다루고 있는 저술이 ≪韓詩外傳≫이다. 이에 대한 詳論은 ≪韓詩外傳≫의 내용 분석에서 다룬다.

2. ≪韓詩外傳≫의 板本과 流傳

1) ≪韓詩外傳≫의 판본

≪韓詩外傳≫의 판본을 개관해보면, 가장 오래된 ≪韓詩外傳≫ 板本의 존재는 元나라 著作 ≪文獻通考・經籍考≫의 ≪容齋隨筆≫ 인용 기록에서 확인된다. 그 인용의 내용에서 南宋시대 洪邁의 기록에 따르면, "北宋 慶曆(1041~1048) 연간에 將作監主簿인 李用章이 序를 짓고, 刻手를 시켜 杭州에서 판각하여 인쇄하게 하였다. 그 말미에 다시 쓰길, '文相公(文彦博)의 덕택으로 3,000餘 字를 고쳤다.' 라고 하였다.[11)]"라고 한다. 이 기록으로 미루어 북송시대에 경력본 ≪韓詩外傳≫가 존재했음을 확인할 수 있다. 다만, 현재는 전하지 않는다.

현전하는 판본으로 가장 오래된 ≪韓詩外傳≫은 원나라 말에 간행된 판본으로, 至正 15년(1355)에 海岱 劉貞이 嘉興路儒學에서 간행한 至正本 ≪韓詩外傳≫이다. 이는 民國 18년(1929)에 江都 秦更年이 校勘記를 붙여서 影刻本으로 간행하기도 하였다.

明代의 판본은 元代의 판본과 약간의 차이가 있다. 우선 明나라 시대에는 嘉靖 연간(1522~1566)에 간행된 嘉靖本 ≪韓詩外傳≫ 판본이 있다. 嘉靖本 계열에 대표적인 판본은 蘇州 蘇獻可의 通津草堂本(이하 蘇本)과 沈辨之의 野竹齋本(이하 沈本)이다. 沈本은 蘇本을 재간행한 판본으로, 民國 8년(1919)에 上海 商務印書館에서 ≪四部叢刊≫으로 간행되기도 하였다. 또한 明나라 萬曆(1573~1620) 연간에 간행된 萬曆本 ≪韓詩外傳≫도 존재한다. 이는 新安 程榮의 ≪漢魏叢書≫의 일부이기에, 漢魏叢書本이라고도 불린다. 漢魏叢書本 ≪韓詩外傳≫은 程榮의 校訂이 반영된 판본이다. 明나라 숭정 연간(1628~1644)에 간행된 崇禎本 ≪韓詩外傳≫도 있는데, 虞山 毛晉이 간행한 것으로 汲古閣本이라고도 불린다.

청나라 때에는 일단 사고전서본 ≪韓詩外傳≫을 우선 꼽을 수 있지만, 刊本은 아니다.

---

11) 慶曆中, 將作監主簿李用章序之, 命工刊刻於杭. 其末又題云 : "蒙文相公改正三千餘字."

청나라 때에는 간본이면서 정밀한 교감 및 주석을 겸한 ≪韓詩外傳≫의 출현이 특징적인데, 대표적인 것으로 淸乾隆55年(1790)에 趙懷玉이 亦有生齋에서 刊印한 趙懷玉本 ≪韓詩外傳≫을 우선 꼽을 수 있다. 비슷한 시기에 조회옥과 별개로 간행된 또 하나의 주요한 간본이 있는데, 바로 淸乾隆56年(1971)에 周廷寀가 營道堂에서 간인한 周廷寀本 ≪韓詩外傳≫이다. 이 두 간본은 모두 善本으로 趙懷玉本은 校勘이 정밀하고, 周廷寀本은 疏釋을 겸하였다는 평가를 받는다. 현재 北京의 中國國家圖書館에 소장중이다.

이 밖에 陳士珂가 淸嘉慶23年(1818)에 간행한 ≪韓詩外傳疏證≫도 같은 곳에 소장중인 善本이다.

근대 이후의 성과로는 光緖 연간에 간행된 兪樾의 ≪曲園雜纂≫ 卷17의 〈讀韓詩外傳〉과 孫詒讓이 ≪札移≫ 卷2에서 〈韓詩外傳〉을 校勘한 성과가 있으나, 지극히 제한적인 분량만 다루고 있는 한계가 있다. 전면적인 근대적 刊本은 臺灣의 商務印書館에서 1939년 王雲五(1888~1979)가 主編한 ≪韓詩外傳≫이나 같은 곳에서 1972년에 賴炎元(1930~)이 간행한 ≪韓詩外傳今註今譯≫ 등을 꼽을 수 있고, 北京의 中華書局에서 1980년에 간행한 許維遹(1905~1951)의 ≪韓詩外傳集釋≫과 巴蜀書社에서 2012년에 간행한 屈守元(1913~2001)의 ≪韓詩外傳箋疏≫가 매우 대표적인 성과이다.

2) 畿輔叢書本 ≪韓詩外傳≫의 가치

≪漢書≫ 〈藝文志〉에서는 "≪韓詩≫ 36권 ≪韓內傳≫ 4권, ≪韓外傳≫ 6권"이라 기록되었는데, ≪韓詩≫와 ≪韓詩內傳≫은 北宋과 南宋 사이에 소실된 것으로 추정된다. ≪韓詩外傳≫은 ≪隋書≫ 〈經籍志〉와 ≪唐書≫ 〈藝文志〉에 10권으로 기록되어 현재의 체제와 동일하다. ≪韓詩外傳≫이 6권에서 10권으로 변형되면서 韓嬰의 원작이 아닌 僞作이 부분적으로 삽입되었을 가능성이 있고, 冒頭에 '傳曰'이 있는 것과 없는 것이 무질서하게 혼재되어 있는 상태이다.

韓魏叢書本 ≪韓詩外傳≫은 명나라 嘉靖연간(1522~1566)에 何鏜이 엮은 총서로 시작했다. 하당이 모은 이 글 가운데에서 程榮이 38종을 골라 1592년에 간행하였다. 정영의 이 책이 나온 후, 萬曆 말기에 何允中이 76종으로 늘려서 ≪廣漢魏叢書≫를 편찬하였고, 1791년에는 청나라의 王謨가 86종으로 늘린 ≪增訂漢魏叢書≫를 편찬하였다. 그 후 판을 거듭하여 96종본까지 간행되었다.

汲古閣津逮秘書本 ≪韓詩外傳≫은 光緒乙亥(1875)에 吳棠이 쓴 글에 의할 때, 明末 虞山의 汲古閣 毛晉(1599~1659)[12]이 ≪韓詩≫의 다른 異文을 합쳐 간행하여 가장 방대하고 권위있는 판본으로 간주되었다고 한다. 그러나 간행자인 毛晉이 자신의 주관적인 입장에서 텍스트를 임의로 고친 부분이 있어, ≪韓詩外傳≫의 옛 모습을 많이 간직했다는 당대의 평가에도 불구하고, 학술적인 신뢰도가 다소 의심스러운 부분이 있다.

畿輔叢書本 ≪韓詩外傳≫은 趙懷玉(1747~1823)이 이룩한 교감의 정교함과 周廷寀(1534~1593)가 작업한 주석의 방대함을, 吳棠이 하나로 합하여 간행한 판본이다.

許維遹의 ≪韓詩外傳集釋≫ 첫머리에서 中華書局 編輯部가 밝혔듯이, 오당의 이 합본은 모두들 善本으로 인정되는 판본으로서, 王雲五의 ≪韓詩外傳≫(商務印書館, 1939)이나, 賴炎元의 ≪韓詩外傳今註今譯≫ 그리고 屈守元의 ≪韓詩外傳箋疏≫(巴蜀書社, 2012)에서 저본으로 삼은 자료이다.

3) ≪韓詩外傳≫의 한국 판본

한국판 ≪韓詩≫의 존재는 ≪高麗史≫ 宣宗 8년 6월 18일조에서 확인할 수 있다.

> 宋에서 李資義 등이 돌아와 아뢰어 말하기를, "황제께서 우리나라에 善本인 책이 많다는 말을 듣고는, 館伴에게 명하여 구하고자 하는 책의 목록을 써 주었습니다. 그것을 주며 말씀하시기를, '비록 卷第가 부족한 것이 있더라도 역시 마땅히 傳寫하여 더해서 오라.'라고 하였습니다."라고 하였다. : ≪百篇尙書≫, ≪荀爽周易≫ 10권, ≪京房易≫ 10권, ≪鄭康成周易≫ 9권, ≪績注周易)≫ 14권, ≪虞飜注周易≫ 9권, ≪東觀漢記≫ 127권, ≪謝承後漢書≫ 130권, ≪韓詩≫ 22권(下略)

李資儀 등이 宋나라에 사신으로 갔다가 돌아와서 보고한 기록이다. 宋 哲宗이 高麗에게 요구한 이 書目 중에 ≪韓詩≫ 22권이 있다. ≪韓詩≫가 22권의 형태인 경우는 ≪新唐書≫ 〈藝文志〉에 저록된 ≪韓詩≫와 권수가 동일하다. 그런데 ≪新唐書≫ 〈藝文志〉에는 별도로 ≪韓詩外傳≫10권의 존재를 밝히고 있다. 따라서 이 기록은 ≪韓詩≫에 대한 기

12) 虞山 毛氏의 책 : ≪韓詩外傳≫의 異本 가운데 明末 毛晉이 남긴 ≪汲古閣津逮秘書本≫을 가리킨다.

록일 뿐, ≪韓詩外傳≫에 대한 직접적인 언급은 아니다.

≪韓詩外傳≫에 대한 직접적인 언급은 일본측의 기록에서 확인된다. 모리 닛시〔森立之 1807~1885〕의 ≪經籍訪古志≫에 "≪韓詩外傳≫ 10권은 朝鮮에서 간행되었으며, 古樓藏에서 구하였다. 매권마다 '詩外傳'이라 題하였고, '韓'이라는 글자는 없다. 至正 15년 曲江 錢惟善의 序를 실었으며, 序 뒤에는 '吳郡 沈辨之 野竹齋 校雕'라고 하였다.[13)]"라는 기록이 확인된다. 이 책에 일단 至正 15년 曲江 錢惟善의 序를 실린 것으로 보아 원나라 至正本 계열임을 알 수 있으며, 더 나아가 "吳郡 沈辨之 野竹齋 校雕"라는 언급을 통해 이 책이 明나라 嘉靖 연간에 沈辨之가 元나라 至正本을 覆刻해서 마련했던 野竹齋本 계열임을 알 수 있다. 그런데 모리 닛시가 이 책을 조선에서 간행했다고 단정한 것으로 보아 이 책은 野竹齋本을 조선에서 覆刻하여 간행한 冊임을 알 수 있다.

국내에서 간행된 ≪韓詩外傳≫의 존재는 현재 확인되지 않는다. 국립중앙도서관의 〈한국고전적종합목록〉에서도 찾을 수 없다. 국립중앙도서관의 소장본은 대개 未詳 혹은 中國本이며, 刊本이 아닌 筆寫本 1건(국립중앙도서관 e11233-46)만 확인되는데, 그나마 選本이다.

3. 韓國의 ≪韓詩外傳≫ 讀書狀況

1) ≪韓詩外傳≫의 韓國 傳來

현재 국내에서 간행된 朝鮮刊本 ≪韓詩外傳≫의 존재가 기록상으로 확인됨에도 불구하고 실물은 확인되고 있지 않지만, 우리나라에서 高麗時代부터 ≪韓詩外傳≫의 고사를 즐겨 사용하였음은 여러 문헌에서 두루 확인[14)]된다.

≪高麗史≫ 宣宗 8년의 기록을 통해, 당시 중국에서도 사라진 ≪韓詩≫가 간본으로 유통되었음을 알 수 있고, 고려후기의 문인인 진화, 이제현, 이색, 이숭인 등이 ≪韓詩外傳≫의 구절들을 즐겨 사용한 사례들을 통해 ≪韓詩外傳≫이 널리 애독되었음을 알 수 있다.

---

13) 韓詩外傳十卷 朝鮮國刊本 求古樓藏 每卷題詩外傳 無韓字者 載至正十五年曲江錢惟善序 序後有吳郡沈辨之野竹齋校雕

14) 이를테면, 한국고전번역원 DB 안에서만도 881건의 인용사례가 검색된다. 물론 이 검색 결과가 모두 ≪韓詩外傳≫을 읽은 것인지는 정확하게 알 수 없다.

조선시대 16세기 淸州에는 ≪韓詩外傳≫ 간행을 위한 版木이 소장되어 있었음이 ≪故事撮要≫를 통해 확인되며, 이러한 조선 판각본들 중에는 원나라말의 至正本 ≪韓詩外傳≫을 명나라 말에 심변지가 복각한 ≪韓詩外傳≫을 저본으로 한 刊本도 있었다. 이 覆刻된 朝鮮刊本은 일본으로 건너가 ≪經籍訪古志≫에 저록되었으며, 이는 다시 중국으로 재유입되어 ≪한위총서본・한시외전≫의 底本이 되기도 하였다.

굳이 조선간본이 아니더라도 현재 국내에는 중국간본과 일본간본 뿐만 아니라, 조선 필사본이 국립중앙도서관, 장서각 등에 소장되어 있다.

≪韓詩外傳≫ 異本對照表

刊本	卷・冊數	刊行年	刊行處(간행형태)	序/跋/附錄	半郭	책 크기	소장처(청구기호) / 비고
韓詩外傳	1冊	未詳	朝鮮(筆寫本)	맨 앞에 筆寫記가 첨부(우리말 懸吐)		19.5×15.8	국립중앙도서관 e11233-46
韓詩外傳(9行20字)	10卷 3冊	1539(嘉靖18)	未詳(木版本)	●序 : 陳明・楊祐 ●跋 : 嘉靖己亥(1539), 薛來 ●印記 : 重光之章, 耆齋, 翰墨寶藏	20×13.4	25.7×16.7	규장각 奎中 4387-v.1-3 / 程榮(明) 校
韓詩外傳(10行21字)	10卷 2冊	1875(光緖1)	望三益齋(木板本)	●刊記 : 光緖乙亥(1875), 望三益齋用周趙校本合刻 ●序 : 光緖乙亥(1875), 吳棠 ●序 : 乾隆55(1790), 盧文弨 ●序 : 乾隆55(1790), 趙懷玉 ●序 : 乾隆56(1791), 善心泉 ●序 : 南陳明 ●標題 : 韓詩外傳十卷	18.2×12.8	25.3×17.1	서울대 1324-46-1-4
漢詩外傳	2冊	1912	鄂官書處			20.0×13.3	영남대 古凡143.1-한영ㅇ
韓詩外傳	10卷	1912(民國1)					남평문씨 인수문고

刊本	卷・冊數	刊行年	刊行處(간행형태)	序/跋/附錄	半郭	책 크기	소장처(청구기호) / 비고
韓詩外傳 (10行 22字)	10卷 2冊	1920 (民國9)	安雅堂 (木板本)	• 畿輔叢書의 冊10~11에 해당. • 序：黃彭年 • 序：光緖乙亥(1875), 吳常 • 韓詩外傳舊序：陳明 • 盧序：乾隆五十五年(1790), 盧文弨 • 校刊韓詩外傳序：乾隆五十五年(1790), 趙懷玉 • 第10-11冊：韓詩外傳 • 第11冊：韓詩外傳補逸：韓詩外傳校注拾遺	16.9×11.8	25.8×15.3	서울대 0230-27-10-11
韓詩外傳	2冊	1934	涵芬樓	• 四部叢刊 經部		20.0×13.3	영남대 古凡143.1-한영
韓詩外傳 (10行 22字)	13卷 3冊	1966 (民國55)	藝文印書館 (木板影印本)	• (原刻景印)百部叢書集成正編. 94-1. 畿輔叢書.〔3〕 • 刊記：民國五十五年藝文印書館影印	13.4×9.60	18.8×13.0	충남대 總書類 141-94-1-3
漢詩外傳 (9行 20字)	10卷 4冊	未詳	中國 (木板本)	• 序：濟南陳明撰	18.3×13.5	25.5×15.5	충남대 集.詩文評類-中國-830
韓詩外傳 (10行 21字)	10卷 2冊	未詳	龍谿精舍 (木板本)	• 卷末에 補遺있음 • 叢書刊記：潮陽鄭氏刻藏家塾 • 刊記：龍谿精舍校刊 • 刊記：潮陽鄭氏用亦有生齋本校刊 • 刊記：廣陵邱紹周〔邱〕義卿監刻揚州周楚江刊刻 • 叢書序：丁巳(1917), 馮煦 • 叢書序：丁巳(1917), 齊耀琳 • 叢書序：歲在疆圉大荒落(丁巳, 1917), 鄭國勳	17.0×12.7	27.3×17.2	서울대 0230-29-1-2
韓詩外傳 (10行 20字)	10卷 5冊	1759 (寶曆9)	星文堂藏 (木版本)	• 刊記：寶曆九(1759)己卯年春三月東都〔星文堂藏〕 • 序：濟南陳明撰, • 序：寶曆己卯(1759)端午日, 南越鳥宗成撰 • 紙質：和紙 • 所藏印：島田, 靜間岡印 外 1種	19.6×14.6	25.5×18.1	동국대 도전D819.11 - 한64ㅎ-v.1-5

刊本	卷・冊數	刊行年	刊行處(간행형태)	序/跋/附錄	半郭	책 크기	소장처(청구기호) / 비고
漢詩外傳 (10行 20字)	10卷 5冊	1885 (明治18)	青木嵩山堂 (木板本)	• 序：寶歷己卯(1759), 烏宗成 • 新刻序：寶曆九年(1759), 藤秋溪 • 序：濟南陳明	19.5× 14.1	26.0× 18.2	부산시립시민도서관 古821.4-8-1-10
韓詩外傳 (10行 16字)	10卷 5冊	1824 (文化7)	岩崎恒方 (筆寫本)	• 跋：文化七年甲申(1824), 岩岐恒方 • 序：楊祐	19.5× 13.3	26.0× 18.2	계명대 동산도서관 812.8-한영ㅎ
韓詩外傳 (10行 20字)	10卷 4冊	未詳	未詳 (木板本)	• 序：寶曆己卯(1759), 烏宗成撰 • 新刻序：寶曆九年(1759), 書	20.0× 16.0	27.0× 18.0	숙명여대 CL812.1-한영-한v1-4
韓詩外傳 (9行 20字)	10卷 3冊	未詳	程榮 (木板本)	• 序：萬曆壬辰(1592), 屠隆 • 序：楊祜 • 序：韓嬰小傳 • 後序：嘉靖己亥(1539), 薛東	20.1× 13.4	26.4× 17.4	서울대 0230-15-3-5
韓詩外傳	1冊	未詳	未詳 (筆寫本)	• 序：嘉靖十八(1539), 楊祐 • 跋：嘉靖己亥(1539), 薛來		26.8× 16.7	단국대학교 퇴계기념도서관 180.35- 한312ㅎ
韓詩外傳	1卷(零本)	未詳	未詳 (筆寫本)			26.5× 17.5	경상대 D7C-한64ㅎ-v.1
漢詩外傳 (9行 20字)	5卷 1冊 (零本)	未詳	未詳 (筆寫本)			31.3× 19.5	장서각 MF35-8996

2) 韓國 文人의 ≪韓詩外傳≫ 讀書

≪韓詩外傳≫이 한국에서 얼마나 읽혔는지 확인할 수 있는 방법은 오직 기록에 근거할 뿐이서, 그 전체적 현황을 온전히 파악하기는 어렵다. 그러나 현전하는 문집들에서 그 독서현황의 면면을 엿볼 수 있는 자료가 전혀 없는 것도 아니다.

(1) 經筵과 出題를 통한 正祖의 ≪韓詩外傳≫의 讀書 奬勵

우리 선조들이 많이 읽었던 동양고전으로서의 면모를 살피는데 있어 가장 인상적인 것은 正祖가 經筵에서 ≪韓詩外傳≫을 ≪詩經≫ 이해의 학술적인 근거로 다루려는 시도를 보인 점이다. 그 이전의 ≪韓詩外傳≫ 독서는 풍부한 교양을 위한 독서에서 그쳤지만, 정조는 이를 뛰어넘어 ≪詩傳≫이나 ≪毛詩≫ 이전의 자료적 가치에 주목하고 있는 안목을 보여주기 때문이다.

물론 교양의 토대로서의 ≪韓詩外傳≫ 독서열풍도 인상적이지 않은 것은 아니다. 조선시대 문인들 가운데 서거정, 김종직, 이행, 유희춘, 김성일, 유몽인, 권필, 이정구, 신흠, 차천로, 허목, 김세렴, 윤휴, 이익, 박지원, 정약용, 이상정, 이유원, 이만도 등도 ≪韓詩外傳≫ 구절을 詩文에 가져다 썼으며, 허목, 김세렴, 이익, 한치윤, 이유원 등은 文獻考證에 ≪韓詩外傳≫ 구절을 자주 인용하였다.

이익은 ≪星湖全集・訂易跋≫에서 홍중징이 지은 ≪訂易≫이 "規模는 ≪韓詩外傳≫을 본받았고 精彩는 朱子의 ≪儀禮經傳通解≫를 본받았으니, 易을 배우는 학자가 어찌 이 한 수를 하찮게 여길 수 있겠는가."라고 칭찬하면서 ≪韓詩外傳≫을 朱子의 ≪儀禮經傳通解≫과 같은 반열에서 논하며 칭송의 근거로 내세웠다.

유희춘은 일기에서 ≪韓詩外傳≫을 가르쳐 준 스승의 무덤에 성묘하는 기록을 남겼으며, 손자 광문을 위해서 ≪韓詩外傳≫을 구입한 기록도 남겼다.

여기서는 ≪詩經≫ 이해를 위한 학술근거로서 ≪韓詩外傳≫를 다룬 정조의 독서상황을 우선 검토해보고, 그밖의 일반적인 독서상황은 시대별로 나누어 살펴보기로 한다.

문체반정 등 문단에 여러가지 영향력을 행사하고자 힘을 기울였던 正祖는 策問이나 經史講義에 자주 ≪韓詩外傳≫의 書名과 句節을 인용하여 신하들에게 이 책을 읽으라고 장려하였다. 성균관에 등재된 儒生들을 위한 春試에서 〈三日〉이라는 제목을 출제하여 "왕은 말하노라, 삼월 삼일은 예부터 '令節'이라고 하였다. 上巳日에 난초를 손에 잡는 것은 ≪韓詩外傳≫에 보이고, 曲水에 술잔을 띄워 전달하는 것은 ≪楚志≫에 실려 있다. 난초를 잡는 것과 술잔을 띄워 전달하는 것은 어째서이냐?"[15]라며 試題에서 묻기도 하였다. 시험제도의 특성상 성균관 유생을 비롯해 많은 선비들에게 이 책이 읽히도록 권장되었음을 짐작할 수 있다.

정조는 經筵官들에게도 ≪韓詩外傳≫에 관해 자주 질문하여, 신하들이 ≪韓詩外傳≫을 열심히 읽도록 만들기도 하였다. 〈經史講義〉 '陳風'의 사례를 보면 다음과 같다. "일찍이 ≪韓詩外傳≫을 고찰해 보았는데, 溱洧篇에 나오는 '秉蕑'의 '蕑'자를 '蓮'이라고 해석하였다. '蕑'자를 '蓮'이라고 보는 것에 대해서는 이미 분명한 증거가 있는데, ≪집전≫에서는 무엇 때문에 이

15) "王若曰 三三之日 古所稱令節也 上巳秉蘭 見於韓傳 曲水流杯 載於楚志 其所以秉蘭而流杯者 何歟"(≪弘齋全書≫ 〈策問〉)

렇게 해석하지 않았는가?"[16]라고 질문하여, 朱熹가 ≪韓詩外傳≫의 설을 따르지 않은 이유를 질문하였다. 정조가 여러 경로를 통해 ≪韓詩外傳≫을 자주 언급하자, 經筵의 신하들은 물론 다른 文臣들까지도 이 책을 많이 읽게 되었음을 짐작할 수 있다.

또한 ≪詩經≫의 〈召南〉에 대해서 다음과 같이 ≪韓詩外傳≫을 근거로 질의・문답을 하는 사례[17]도 확인된다.

〈召南〉에 대한 설명은 〈周南〉의 편명에 붙어 있는데, 그 내용은 "文王이 豐으로 도읍을 옮기고는 岐周의 옛 땅을 나누어 周公과 召公의 采邑으로 삼고, 소공으로 하여금 제후들에게 교화를 펴게 하였다."는 것이다. 문왕이 아직 천자가 되지 않았다면 소공도 아직 方伯이 되지 못하고 다만 제후들에게 교화를 펴고 있었을 뿐이었다. "방백의 나라로부터 南方의 나라들이 교화를 입게 되었다."고 한 것은 다만 나중에 문왕을 왕으로 추존하고 나서 주공이 예악을 제정한 때로 말한 것이지, 문왕 때에 소공이 이미 방백이 되었다고 말하는 것은 아니다. 이를 가지고 논한다면 소공이 방백이 되어 감당나무 아래에서 쉰 것은 필시 武王 때의 일일 텐데, 이 시의 大旨에서 "召伯이 남쪽 나라를 순행하여 문왕의 정사를 폈다."고 한 것은 무엇을 말하는 것인가? 혹 무왕 때에 소공이 방백이 되었는데, 교화를 편 것은 문왕의 옛 정사이기 때문에 그렇게 말한 것인가?

이 질의에 대한 대답을 정약용이 하였는데, 특이한 점은 ≪韓詩外傳≫을 근거로 답변하고 있다는 점이다. 답변의 내용은 아래와 같다.

이 시에 대한 古今의 여러 설들을 근거해 보면, 본래 무왕 때에 지어진 것이라고 하였고, 韓嬰의 ≪韓詩外傳≫에서도 "召伯이 조정에 있으니, 有司가 召 땅에 거주할 곳을 경영하기를 청하였다. 그러자 소백이 말하기를, '내 한 몸 때문에 백성을 고생시키는 것은 우리 돌아가신 아버지 문왕의 뜻이 아니다.' 하였다." 하였으

16) "嘗攷韓詩外傳 解溱洧詩秉蕳之蕳曰蕳蓮也 蕳之爲蓮 旣有的據 則集傳何不以此解之耶"(≪弘齋全書≫〈經史講義〉)

17) ≪弘齋全書≫ 卷88 〈經史講義〉 25 ○詩 5

니, 무왕 때에 문왕의 정사를 편 것은 참으로 증거가 있습니다.

이에 정조가 정약용에게 다시 질문하면서, ≪韓詩外傳≫을 논의대상으로 포함시켜 다음과 같이 말하였다.

> 소공이 감당나무 아래에서 쉰 것에 대하여 설명하는 자들이 "소공이 백성들을 번거롭게 할 것을 염려하여 거주할 곳을 경영하지 않았다."고 한 것은 사실 ≪한시외전≫의 설명을 답습한 것인데, 元城劉氏는 이에 대해 墨子의 도라고 논박하였다. 그렇다면 감당나무 아래에서 쉰 것은 거주할 집이 없었던 것이 아니라 필시 풍속을 관찰하고 王命을 펼 적에 왕왕 수레 아래에서 송사를 하게 되면 수레를 멈추고 길가에 있는 나무 아래에서 송사를 청단하였을 것이다. 그러나 길가의 나무 가운데 수레를 멈출 만한 나무가 많았을 텐데, 굳이 감당나무 아래에서 한 것은 어째서인가? '蔽芾'는 무성한 것이니, 가지와 잎이 무성하여 그늘을 드리워 사람들이 쉬는 데에 가장 마땅하기 때문에 그런 것인가, 아니면 우연히 그런 것인가?

이에 대해 정약용은 이렇게 대답하였다. "왕왕 송사를 만나면 수레에서 내려와 나무 아래에서 머물렀던 것은 성상의 말씀이 참으로 마땅합니다. 굳이 감당나무 아래에서 한 것에 대하여 어떤 사람은 '田社에 감당나무를 심기 때문에 옥사를 청단할 적에 社에 나아가는 뜻을 취한 것이다.' 하였는데, 혹 이치가 그럴듯합니다."라고 하였는데, 이는 ≪韓詩外傳≫의 구절 자체의 학술적 가치에 대해 어떠한 회의적 논박도 없이 그대로 학술근거로 인정하는 태도이다.

≪詩經≫ 이해를 위해 ≪韓詩外傳≫를 인용하는 사례는 ≪詩經≫의 〈商頌〉에 대한 경연문답에서도 살펴볼 수가 있다.

> '帝命不違 至于湯齊'에 대해 혹자는 "'齊'는 '等'이니, 상제의 명이 떠나지 않음이 先公으로부터 탕에 이르기까지 같다는 말이다. ≪韓詩外傳≫에 '탕임금에 이르기까지 한결같으니 古今이 한가지이고, 이전 성인과 후세 성인이 그 법도는 하나이

다.' 하였다." 하였으니, 이는 蘇氏의 설과 어느 쪽이 옳은가?

蘇東坡의 설명과 한영의 설명을 두고 정조는 그 학술적 우위를 경연에서 질문한 것이다. 이에 대한 대답은 서유구가 하였는데, 답변의 내용은 다소 보수적이다.

'帝命不違 至于湯齊'는 대개 탕의 덕이 하늘에 짝할 수 있음을 말한 것이니, ≪周易≫에 이른바 "천지와 더불어 그 덕이 부합된다."는 것이 바로 그것입니다. 소씨의 설이 낫다고 해야 할 듯합니다.

이렇듯 18세기 학술상황에서 정조를 위시한 일군의 학자들이 ≪韓詩外傳≫을 독서하는 태도는 ≪詩經≫을 이해함에 있어 ≪毛詩≫와 ≪詩傳≫의 주석을 보완하는 학술근거로서 ≪韓詩外傳≫을 다루는 모습을 보여주어 매우 이채롭다.

이제 각 시대별로 ≪韓詩外傳≫을 읽어온 실제적 근거를 시대별 대표사례를 꼽아 살펴보기로 한다. ≪韓詩外傳≫의 인기 있는 구절들은 중복되는 사례가 많아 그런 경우는 논의에서 한번만 다루기로 한다.

(2) 新羅時代의 ≪韓詩外傳≫ 讀書

신라시대의 ≪韓詩外傳≫ 독서 사례는 崔致遠의 ≪桂苑筆耕集≫에서 살펴볼 수 있다. 그의 〈서울을 수복한 것을 하례한 표문(賀收復京闕表)〉에는 다음과 같은 구절이 나온다.

삼가 살피건대, 황제 폐하께서 寶位를 계승하여 심원한 계책을 크게 펴심으로부터 사방의 바다 어디에도 거센 물결이 일어나지 않고, 九州의 들판은 안정되어 모두 풀처럼 누웠습니다. 그런데 역적 黃巢는 남몰래 삿된 길을 따르고 禍의 문에 깊이 들어가서 오래도록 개처럼 시끄럽게 짖어 대며 담장을 뚫는 도둑질을 감히 자행하면서 궁궐을 더럽히며 시일을 끌었습니다. 이는 삼시 동안의 편안함을 탐내며 장난을 치는 가마솥 안의 생선과 같았고, 난도질당할 운명을 피할 수 없는 도마 위의 고기와 같았습니다.

여기서 "사방의 바다 어디에도 거센 물결이 일어나지 않고"라는 말은 ≪韓詩外傳≫ 권5에서 인용한 海不揚波의 고사로서, 온 세상이 태평시대를 누리고 있다는 의미이다. ≪韓詩外傳≫에 보면, 周成王 때에 南蠻의 부족 국가에서 사신이 와서 周公에게 흰 꿩을 바치며, "하늘에 폭풍우가 일지 않고, 바다에 거센 물결이 일어나지 않은 지 어언 3년이나 되었는데, 아마도 중국에 성인이 계셔서 그럴 것이라고 생각하고 이렇게 조회하러 왔다"고 하였는데, 최치원은 표문에서 이 구절을 사용하였다.

> ≪春秋≫의 傳에 이르기를 "제후가 경중을 경으로 삼자, 경중이 사양하기를 '뜨내기 신하가 죄를 면하고 부담이 가벼워진 것만으로도 얻은 것이 많다고 할 것인데, 어찌 감히 높은 지위를 욕되게 하겠습니까. 죽음으로써 청원하는 바입니다.'라고 하니, 그를 百工의 우두머리로 삼아 아름다운 이름을 잃지 않게 하였다.〔齊侯使敬仲爲卿 辭曰 羈旅之臣 免於罪戾 弛於負擔 所獲多矣 敢辱高位 請以死告 使爲工正 不失令名〕"라고 하였습니다. 이 故事에도 분명히 드러난 것처럼, 모의 심정이 절박하기만 하니, 도를 지켜서 허물이 없게 해 주시고, 문에 올라 발이 잘리는 일이 없도록 해 주소서. 그리고 다만 원하건대, 藥臼의 은혜를 남겨 두시어 끝내 구름 위에 올라가는 희망이 있게 해 주시고, 蓍簪의 생각을 잊지 마시어 길이 땅에 버려지는 걱정이 없게 해 주소서. 외람되게 尊威를 범하려니, 지극히 절박하고 황공한 심정을 금하지 못하겠습니다. 삼가 아룁니다.

위의 글은 최치원의 〈長啓〉[18]의 한 구절이다. 이 글에서 "蓍簪의 생각을 잊지 마시어 길이 땅에 버려지는 걱정이 없게 해 주소서"라는 구절이 나오는데, 이는 ≪韓詩外傳≫ 권9에서 인용한 것이다. 시잠은 蓍草로 만든 비녀를 말하는데, ≪韓詩外傳≫에 보면 어떤 부인이 시잠을 잃어버리고는 길에서 슬피 울고 있기에 공자가 그 까닭을 물어보게 하니 "비녀를 잃어서 가슴 아파하는 것이 아니다. 대개 옛 추억을 잊지 못하기 때문이다.〔非傷亡簪也 蓋不忘故也〕"라고 대답했다는 고사가 나온다. 이 글에서는 최치원이 자신의 상관에

18) 崔致遠, ≪桂苑筆耕集≫ 第18卷

게 함께 지냈던 옛정을 생각해서라도 영원히 버리지는 말아 달라고 부탁하는 의미로 사용하였다.

(3) 高麗時代의 ≪韓詩外傳≫ 讀書

≪韓詩外傳≫이 고려시대에 매우 애호되었던 것으로 추정되는데, 현전하는 韓魏叢書本 ≪韓詩外傳≫이 본래는 고려본으로, 일본을 거쳐 중국에 역수입된 판본이기 때문이다. 고려가 중국과 일본도 탐낼만한 ≪韓詩外傳≫의 善本을 마련해 둔 것을 볼 때, 상당히 애호를 받았던 책이었음을 짐작할 수 있다. 다만 오늘날 한국 안에서는 고려본 ≪韓詩外傳≫이 발견되고 있지 않아 애석할 뿐이다. 여기서는 고려 후기 李穀의 ≪稼亭集≫을 대상으로 ≪韓詩外傳≫ 독서현황을 검토해 보고자 한다.

李穀의 〈朴持平에게 부친 시의 서문(寄朴持平詩序)〉을 보면, "종신토록 이어지는 풍수의 한스러움(風樹終天恨)"이라는 구절이 나오는데, 이는 그 유명한 "나무가 잠잠해지려 하나 바람이 자지 않고, 자식이 봉양하려 하나 어버이는 기다려 주시지 않는다.〔樹欲靜而風不止 子欲養而親不待也〕"라는 ≪韓詩外傳≫ 권9의 말에서 나온 것이다. 이 용례는 고려와 조선시대에 걸쳐 이루 셀 수 없이 많이 언급되어온 구절이므로 여기 한 구절만 사례로 보이기로 한다.

또한 ≪稼亭集≫에서 〈黨錮의 禍를 슬퍼하며 지은 글과 병서(吊黨錮文 并序)〉에는 "탄주의 물고기가 한갓 개미에게 농락당하네(呑舟制於螻蟻兮)"라는 구절이 나온다. 이는 ≪韓詩外傳≫ 권8의 "탄주지어가 크기는 하지만, 뭍에 뛰어올라 물을 잃으면 개미에게 제어를 당한다.〔呑舟之魚大矣 蕩而失水 則爲螻蟻所制〕"라는 말을 인용한 것으로, 後漢 末期에 李膺과 陳蕃 등의 賢人들이 소인배인 환관들의 손에 무참히 화를 당한 것을 비유한 상황이다.

또 李穀의 ≪稼亭集≫ 가운데 〈石問〉이란 작품에서는 "초나라 石虎는 화살깃까지 깊숙히 화살을 받아들이고(楚虎飮羽)"라고 하였는데, 이는 ≪韓詩外傳≫ 권6의 고사에서 인용한 것으로, 초나라의 熊渠子가 밤에 길을 가다가 바위를 범으로 오인하고는 활을 쏘았는데 바위에 워낙 깊이 박혀서 화살 끝의 깃털이 보이지 않을 정도였다는 내용이다. 고려시대에 ≪韓詩外傳≫이 읽힌 방향은 이와 같이 주로 典故의 활용이라는 측면에서 확인된다.

(4) 朝鮮前期의 ≪韓詩外傳≫ 讀書

조선전기의 대표적 독서 사례는 徐居正의 ≪四佳集≫에 다양한 활용이 밝견된다. 고려시대의 자료와 중복되는 사례를 제외하고 살펴보면 다음과 같다.

〈동지에 洪南陽의 운에 차운하다(冬至次洪南陽韻)〉의 작품을 보면, “바다가 평온함은 천재일우인데(海晏千年一)”라는 구절이 나온다. 이는 역시 ≪韓詩外傳≫의 구절을 차용한 구절로, 실제로는 천하의 태평함을 의미한다. 위의 구절에서 “바다가 평온하다”는 것은 周公이 成王을 대신하여 섭정하던 시기에 천하가 태평해지자, 越裳氏가 重譯을 통하여 와서 주공에게 꿩을 바치면서 말하기를, “저의 나라의 노인들이 말하기를, ‘하늘이 오래도록 거센 비바람을 내리지 않고 바다에도 파도가 일지 않은 지 지금 3년이 되었으니, 아마도 중국에 성인이 있는 듯한데 왜 가서 조회하지 않느냐.’ 하므로 왔습니다.”라고 한 것을 의미한다.

한편, 徐居正의 ≪四佳集≫에서 〈晝睡〉를 보면, “주공이 토악한 노고를 위문하지 못했네(不問周公吐握勞)”라는 구절이 나오는데, 이는 ≪韓詩外傳≫ 권3의 구절을 인용한 것이다. 吐握의 노고란, 주공이 일찍이 成王을 대신해 섭정할 때 賢士를 만나기에 급급한 나머지, 한 번 밥을 먹을 때 입 안에 든 밥을 세 번이나 뱉고 나가 손님을 맞고, 한 번 머리를 감는 동안에 세 번이나 머리를 움켜쥐고 나가 손님을 맞은 것을 이른 말이다. 주공이 일찍이 아들 伯禽을 경계하여 이르기를 “나는 문왕의 아들이요, 무왕의 아우요, 성왕의 숙부이니, 천하 사람 중에 또한 미천하지 않은 사람이었다. 그러나 나는 한 번 머리를 감을 때 세 번이나 머리를 움켜쥐고, 한 번 밥을 먹을 때 세 번이나 입에 든 밥을 뱉고 나가서 선비를 접대하면서도 행여 천하의 현인을 잃을까 염려했었다.(我文王之子 武王之弟 成王之叔父 我於天下亦不賤矣 然我一沐三捉髮 一飯三吐哺 猶恐失天下之賢人)”에서 나왔다.

(5) 朝鮮後期의 ≪韓詩外傳≫ 讀書

조선 후기의 ≪韓詩外傳≫ 독서상황은 張維의 ≪谿谷集≫을 통해 살펴보겠다.

張維의 〈유배지로 떠나는 백사 이 상공을 전송하며(送白沙李相公赴謫)〉라는 작품을 보면, “田生이 비웃을까 두렵기만 하옵니다(恐有田生能笑人)”라는 구절이 나오는데, 이 역시 ≪韓詩外傳≫에서 유래한 구절이다. 田生은 전국시대 魏文侯의 스승이었던 田子方을 가리킨다. 전자방이 국가를 위해 수고하던 말이 늙고 쇠하자 길가에 내다 파는 것을 보고서, 不仁한 일이라 여겨 자기가 돈을 내어 贖해 주었던 고사가 ≪韓詩外傳≫에 나오는데,

장유는 이항복의 유배를 지켜보면서 이 田生을 떠올린 것이다.

〈김판서 중윤에 대한 만시(挽金判書仲胤)〉에는 "고어의 멸성이야 하늘에 묻기 어렵소만(皐魚滅性天難問)"이라는 구절이 나오는데, 이 역시 ≪韓詩外傳≫ 권9의 고사이다. 滅性이라 한 것은 親喪을 당해 너무 슬퍼한 나머지 자신의 생명을 잃은 것을 말한다. 이는 춘추시대 皐魚가 모친상을 당해 통곡하면서 "나무가 조용해지려 하나 바람이 그치지 않고, 자식이 봉양하려 하나 어버이가 계시지 않는구나.〔樹欲靜而風不止 子欲養而親不待也〕" 하고 슬퍼하다가 죽은 고사를 배경으로 한다.

또 다른 장유의 시[19]에서도 ≪韓詩外傳≫에서 유래한 "조구를 치워 없애고 술 연못 메워 버린 일(削平糟丘填酒池)"이란 구절이 보인다. 糟丘란 술 찌꺼기를 쌓아 놓은 것이 언덕을 이루었다는 말이다. 殷나라 紂王이 술로 채운 연못〔酒池〕을 만들자 소처럼 엎드려 마시는 자가 3천명이었으며, 그 지게미를 쌓아 놓은 언덕〔糟丘〕이 10리 밖에서도 보일 정도였다고 한 구절에서 인용하여 사용한 것이다.

≪韓詩外傳≫의 독서는 이렇듯 전 시대를 걸쳐 교양의 기초로서 읽히고 활용되어 왔음을 할 수 있다.

4. ≪韓詩外傳≫의 構成과 內容 : 畿輔叢書本을 대상으로

≪韓詩外傳≫은 畿輔叢書를 기준으로 할 때, 309개의 章[20]으로 구성되어 있으며, 모두 314번에 걸쳐 ≪詩經≫[21]의 句節을 인용하고 있다. 대개의 경우 각 章마다의 挿話를 정리하면서 관련 ≪詩經≫ 구절을 활용하고 있고, 굉장히 드문 경우이긴 하지만, 특정 구절을 먼저 제시한 후 이를 설명하면서 挿話를 동원하는 형식을 취하기도 한다. 그리고 ≪詩經≫ 구절 외에 다른 출전을 동원하여 挿話를 요약하는 경우도 있는데, ≪周易≫은

19) 이 시의 제목은 다소 길다. 張維 ≪谿谷集≫, 〈옛날 초나라 왕은 신하들에게 대언과 소언의 시를 짓게 하였고, 진나라 사람은 위어와 요어의 시를 지었으며, 당나라 시승 교연과 안 노공 등 여러 사람은 참, 취, 할, 암 등의 주제로 함께 시를 지었다. 이에 내가 대상을 확대하여 모두 이십사 장의 시를 지어 보았다(昔楚王使群臣賦大言小言 晉人有危語了語 唐詩僧皎然與顏魯公諸人共作饞醉滑暗等語 余因以廣之 作二十四章)〉

20) 3-13章이나 9-13章과 같은 경우는 이본에 따라 분장을 약간 달리하는 경우도 있어, 이본에 따라 한두 章의 增減이 있다.

21) 이 경우는 ≪毛詩≫가 아니라 ≪韓詩≫를 의미한다.

6번, ≪논어≫는 3번, ≪노자≫는 2번, ≪서경≫은 1번 인용되었다. 이 밖에도 俗談을 활용한 경우가 3번, 逸詩를 인용한 경우도 2번이나 된다. ≪韓詩外傳≫에서 ≪詩經≫을 인용하는 경우에도 양상이 단순하지는 않은데, 하나의 章에서 최대 7개의 ≪詩經≫ 구절을 인용하는 경우가 1번, 5개 구절 인용도 1번, 3개 구절 인용은 2번, 2개의 구절 인용은 14번이며, 심지어 ≪詩經≫ 구절을 인용하지 않는 章도 무려 23개나 된다.

≪韓詩外傳≫의 내용은 굉장히 다양한 挿話를 309개나 제시하고 있지만, 一言以蔽之하자면, 대개 漢나라 국가관료체계 수립의 역사적 전환기 속에서 士로서 가져야 할 士意識의 해명과 수립으로 요약할 수 있다. 그래서 ≪韓詩外傳≫의 挿話 가운데 상당수는 세상을 상대로 숨거나, 버려지거나, 쓰여지거나, 드러나게 되는 士로서의 처신을 다루면서, 주목받을 만한 마음가짐과 행동사례들을 역사인물 혹은 역사인물을 가탁한 가상인물을 통해 등장시킨다.

西周시대 귀족 신분의 최말단을 차지하던 士계급이, 춘추시대에 군신간의 초보적 계약관계에 눈뜨며 자신들의 이상적 신분을 상상하기 시작했다면, 전국시대에 들면서 실무대행, 세객, 은자, 병법가 등등으로 士가 분화하면서 百家爭鳴의 시대를 열었던 것인데, 서한 초기에 이 모든 스펙트럼이 국가관료체제로 흡수되어 들어가면서, 士는 亂世의 병법가나 세객이나 은자가 아닌, 盛世의 새로운 계급으로 스스로를 만들 필요가 있었다. ≪韓詩外傳≫은 정확하게 그 지점에서 생겨났다. ≪韓詩外傳≫의 구성과 내용을 각 권별로 정리하면 다음과 같다.

〈표〉≪韓詩外傳≫의 구성과 내용

일련	등장인물	주제	목차	언급된 시경구절			기타언급
1	曾子	曾子仕不仕	1-1	召南小星			
2	行露之人	許嫁	1-2	召南行露			
3	阿谷處女	言語處身	1-3	周南漢廣			
4	哀公・孔子	長壽	1-4	鄘風相鼠			
5		禮義	1-5	鄘風相鼠			
6		辯善之度	1-6	鄘風相鼠			
7		忽其親 等	1-7	鄘風相鼠			
8	比干・柳下惠・伯夷叔齊	忠・信・廉	1-8	邶風柏舟			
9	原憲・子貢	養身・養志	1-9	邶風柏舟			
10		所謂士者	1-10	邶風柏舟			
11		君子潔其身	1-11	邶風柏舟			

일련	등장인물	주제	목차	언급된 시경구절			기타언급
12	孔子・子貢	過而不式	1-12	邶風柏舟			
13		利害禍福	1-13	邶風雄雉			
14		害遠名彰	1-14	邶風雄雉			
15		德義無外求	1-15	邶風雄雉			
16		天子出入	1-16	周南關雎			
17		二親不待	1-17	周南汝墳			
18	孔子	君子三憂	1-18	召南草蟲			
19	公甫文伯母	其母不哭	1-19	邶風日月			
20		男女陰陽	1-20	鄘風蝃蝀	邶風靜女	邶風雄雉	
21	仕善者	不以私害公	1-21	邶風匏有苦葉			
22	趙宣子・晉靈公	盟主不救	1-22	邶風谷風	邶風谷風		
23	吳起・商鞅	禍福不虛至	1-23	邶風旄丘			
24		素行	1-24	邶風旄丘			
25	伯夷叔齊・卞隨・介子推・原憲・鮑焦・袁旌目・申徒狄	仁道有四	1-25	邶風北門			
26	申徒狄・崔嘉	抱石沈河	1-26	邶風北門			
27	鮑焦・子貢	槁死洛上	1-27	小雅北山			
28	邵伯	休息樹下	1-28	召南甘棠			
29	華元・司馬子反・楚莊王	不欺之臣	2-1	鄘風干旄			
30	魯監門之女	禍福相及	2-2	鄘風載馳			
31	孟子高子	經權	2-3	鄘風載馳			
32	樊姬・楚莊王・沈令尹	樊姬之力	2-4	鄘風載馳			
33	閔子騫・子貢	芻豢之色	2-5	衛風淇奧			
34		人妖	2-6	衛風淇奧			
35	孔子	防邪禁佚	2-7	衛風氓			易艮卦
36	孔子	愼其前	2-8	王風中谷有蓷			
37	曾子・子貢	三言	2-9	王風中谷有蓷			
38		有道以御之	2-10	鄭風大叔于田			
39	孔子	御馬有法	2-11	鄭風大叔于田			
40	顔淵・魯定公	窮其下	2-12	鄭風大叔于田			
41	晏子・崔杼	晏子節義	2-13	大雅旱麓	鄭風羔裘		
42	石奢・楚昭王	石奢公直	2-14	鄭風羔裘			
43	蘧伯玉	君子之行	2-15	鄭風羔裘			
44	孔子・程本子・子路	小德出入可也	2-16	鄭風野有蔓草			
45		君子之行	2-17	魏風汾沮洳			
46		君子之行	2-18	魏風汾沮洳			

일련	등장인물	주제	목차	언급된 시경구절			기타언급
47	商容 · 武王	辭讓三公	2-19	魏風伐檀			
48	李離 · 晉文侯	李離請死	2-20	魏風伐檀			
49	楚狂接輿 · 妻	辭讓河南	2-21	魏風碩鼠			
50	桀 · 伊尹	酒池	2-22	魏風碩鼠			江水歌 樂兮歌
51	田饒 · 魯哀公	雞有五德	2-23	魏風碩鼠			
52	宓子賤 · 巫馬期	治單父	2-24	唐風山有樞			
53	子路 · 申包胥 · 曾子	士	2-25	唐風椒聊			
54	子路 · 巫馬期 · 孔子	試予與	2-26	唐風鴇羽			未完
55	孔子	士有五	2-27	秦風小戎			
56		觀人法	2-28	秦風終南			
57	子夏 · 孔子	讀書	2-29	陳風衡門			
58		國有道陰陽調	2-30	檜風匪風			
59		治氣養心	2-31	曹風鳲鳩			
60		玉不琢不成器	2-32	曹風鳲鳩			
61		嫁女取婦	2-33	豳風東山			
62		天命 · 心術 · 好惡 · 情性	2-34	豳風伐柯			
63	舜	聖人寡爲	3-1	周頌天作			
64	湯 · 伊尹	妖孼祥瑞	3-2	周頌我將			
65	周文王	妖孼	3-3	周頌我將			
66		王者之德	3-4	周頌時邁			
67		各位之事	3-5	周頌時邁			
68	李克 · 魏文侯 · 翟黃	觀人法	3-6	周頌時邁			
69		修禮正法平政	3-7	周頌執競			
70	楚莊王 · 孔子	寢疾不祭	3-8	周頌臣工			
71		人主十二疾	3-9	大雅板			
72		除疾之道	3-10	周頌有瞽			
73		喪祭之禮廢	3-11	小雅楚茨			
74		鬼神降福	3-12	周頌潛			
75	武王 · 太公 · 周公	克紂牧野	3-13	大雅大明	周頌武		或分章
76	孟嘗君 · 閔子	無往教	3-14	周頌敬之			
77	子夏 · 孔子	學然後知不足	3-15	周頌敬之			
78		師嚴然後道尊	3-16	周頌敬之			
79	宋人 · 孔子	知任其過	3-17	周頌敬之			

일련	등장인물	주제	목차	언급된 시경구절			기타언급
80	齊桓公・東野人	太山不讓礫石	3-18	大雅板			
81		太平之樂	3-19	周頌酌			
82		治道之四行	3-20	周頌酌			
83	公儀休・老子	嗜魚不受	3-21	魯頌駉			
84	孔子・季康子	父子有訟	3-22	小雅節南山	周頌敬之	小雅大同×3	
				鄘風相鼠	魯頌泮水		
85	舜・禹	善則稱君	3-23	魯頌泮水			
86	子貢・季孫子	暴虐賊責	3-24	魯頌泮水			
87		智者樂水	3-25	魯頌泮水			
88		仁者樂山	3-26	魯頌閟宮			
89	晉文公・陶叔狐・咎犯	論功行賞	3-27	商頌長發			
90		三王五帝政之至也	3-28	商頌長發			
91	舜・文王	前聖後聖其揆一也	3-29	商頌長發			
92	孔子・子路	宥座之器	3-30	商頌長發			
93	周公・伯禽	握髮吐哺	3-31	商頌長發			易謙卦
94	孔子・子路	濫觴	3-32	商頌長發			
95		惟其當之爲貴	3-33	商頌長發			
96	伯叔・柳下惠・孔子	中庸和通	3-34	商頌長發			
97		等賦正事	3-35	商頌長發			
98	孫卿・趙孝成王・臨武君	湯武之兵	3-36	商頌長發			
99		士	3-37	小雅巷伯			
100		以己之情量之也	3-38	唐風鴇羽			
101	王子比干	諫而死	4-1	小雅巧言			
102	關龍逄	諫而死	4-2	小雅巧言			
103	周公・管仲・伍子胥・曹觸龍	忠	4-3	小雅巧言			
104	孔子・哀公	取人	4-4	小雅巧言			
105	東郭牙・齊桓公・管仲	君子有三色	4-5	小雅巧言			
106		愚民百萬不爲有民	4-6	小雅大東			
107		使人之權	4-7	小雅大東			
108	齊桓公・燕君	割地以與之	4-8	小雅小明			
109		以法量之	4-9	小雅小明			

일련	등장인물	주제	목차	언급된 시경구절			기타언급
110		仁形義立教誠愛深禮樂交通	4-10	大雅文王有聲	小雅楚茨		
111		仁形義立教誠愛深禮樂交通	4-11	小雅楚茨			
112	晏子・孔子・子路	禮中又有禮	4-12	小雅楚茨			
113		今或不然	4-13	小雅信南山	小雅楚茨		
114		大夫不爲場圃	4-14	小雅大田			
115		能中是者取之	4-15	大雅文王有聲	小雅頍弁		
116		言必交吾志然後予	4-16	小雅采菽			
117		以法量之	4-17	小雅采菽			
118	管仲・齊桓公	以百姓爲天	4-18	小雅角弓			
119		愛而利之	4-19	小雅角弓			
120		宗族患鄉里憂	4-20	小雅角弓			
121		不能自知	4-21	小雅角弓			
122		十子之罪	4-22	小雅角弓			
123		宗族患鄉里憂	4-23	小雅角弓			
124		人義禮容治	4-24	小雅角弓			
125	孫子・春申君	癘憐王	4-25	小雅菀柳			
126		南苗異獸之鞹	4-26	小雅隰桑			
127	孟子	求其放心	4-27	小雅隰桑			
128		不爲不成	4-28	小雅隰桑			
129		誠德之主也	4-29	小雅白華			
130	孔子・顔淵	色心也	4-30	小雅白華			
131		情忘不可久	4-31	小雅白華			
132		庸人者	4-32	小雅白華			
133	周公・客	能聽微言	4-33	小雅緜蠻			
134	孔子・子夏	關雎	5-1	周南關雎			
135		孔子	5-2	大雅文王有聲	邶風谷風		
136		王者之政	5-3	鄘風相鼠			
137		君者民之源也	5-4	小雅十月之交			
138		大儒・俗儒	5-5	大雅文王			
139	楚成王・輪扁	所傳眞糟粕耳	5-6	大雅文王			
140	孔子・師襄子	文王之操	5-7				
141		紂	5-8	大雅大明			

일련	등장인물	주제	목차	언급된 시경구절			기타언급
142		窮則反本	5-9	大雅棫樸			
143		師云而云	5-10	大雅皇矣			
144		下應其上	5-11	大雅下武			
145	周公・越裳氏	三苗同一秀	5-12	大雅下武			
146		從欲極好	5-13	大雅板			
147		儒者儒也	5-14	大雅板			
148		致隱居之士	5-15	大雅板			
149		人有六情	5-16	大雅板			
150		明王聖主	5-17	大雅蕩			
151		輔弼	5-18	大雅蕩			俗談
152		殷鑑	5-19	大雅蕩			俗談×2
153		滎澤水無呑舟魚	5-20	大雅蕩			
154		禮	5-21	大雅抑			
155	孔子(荀子)	談說之術	5-22	大雅抑			
156		不乏食不患寒	5-23	周頌豊年			
157		三王之德	5-24	大雅崧高	大雅江漢		
158		鳥獸魚猶相假	5-25	大雅桑柔			
159		貪物不知止	5-26	大雅桑柔			
160	哀公・子夏	五帝有師	5-27	大雅假樂			
161		德	5-28	大雅烝民			
162		天下隨聖王	5-29	大雅召旻			
163		四統	5-30	周頌執競			
164		得中	5-31	商頌長發			
165		通移有常	5-32	商頌長發			
166		名正	5-33	小雅小弁			論語子路
167	箕子	解髮佯狂	6-1	大雅抑			
168	桓公・小臣	五往得見	6-2	大雅抑			
169		政教之極	6-3	大雅抑			
170	孔子・子貢・子路	未見三稱	6-4	大雅抑			
171		民莫犯法	6-5	大雅抑			
172		隱・諱・利・苟	6-6	大雅抑			
173		服人之心	6-7	大雅抑			
174		愛敬・畏敬	6-8	大雅抑			
175	孔子	聞君子之道	6-9	大雅桑柔			

일련	등장인물	주제	목차	언급된 시경구절			기타언급
176		四思	6-10	大雅桑柔			
177		先醒・後醒・不醒	6-11	大雅桑柔			
178	石他・田常	進退惟谷	6-12	大雅桑柔			
179	秦繆公・晉文公・越句踐・齊桓公	困而擄賢	6-13	大雅瞻卬			周易困卦
180	孟子・淳于髡	吾亦時矣	6-14	大雅瞻卬			
181	孔子	其惟學乎	6-15	大雅假樂			
182	孔子	天保定・人則天	6-16	小雅天保	大雅烝民		
183		王者立牧	6-17	大雅烝民			
184	楚莊王・子重	伐鄭逆晉	6-18	大雅烝民			
185		非諛非疵	6-19	大雅烝民			
186	卜商・公孫悁・衛靈公	卜商之勇	6-20	鄘風相鼠	大雅烝民		
187	孔子・子路・陽虎	孔子過匡	6-21	大雅卷阿			
188		爲民父母	6-22	大雅泂酌			
189		强國事我	6-23	大雅常武			
190	楚熊渠子・孔子	不令而行	6-24	大雅常武			
191	趙襄子・羊舌肸	不乘人於利	6-25	大雅常武			
192		威有三術	6-26	大雅召旻			
193	盍胥・晉平公	六翮之士	6-27	小雅小旻			
194	田過・齊宣王	君不如父重	7-1	小雅四牡			
195	趙王・使者	使之有推移	7-2	小雅皇皇者華			
196	蒯轍・曹參・東郭先生・梁石君	取不仕之臣	7-3	小雅出車			
197	孔子・周公	周公能三變	7-4	小雅裳裳者華			
198		君子避三端	7-5	小雅沔水			
199	孔子・子路	不遇之君子	7-6	小雅鶴鳴			
200	曾子	曾子仕不仕	7-7	小雅祈父			
201	趙簡子・周舍	諤諤之臣	7-8				
202	齊景公・晏嬰	社鼠・惡狗	7-9	小雅正月			
203	司城子罕・宋君	民之所惡臣請當之	7-10	小雅十月之交			老子36章
204	弘演・衛懿公・齊桓公	刳腹納肝	7-11	小雅十月之交			
205	孫叔敖・狐丘丈人	三利・三患	7-12	小雅小宛			
206	孔子・越句踐・晉文公・齊桓公	明王有三懼	7-13	小雅小宛			
207	楚莊王	絶纓	7-14	小雅小弁			

일련	등장인물	주제	목차	언급된 시경구절			기타언급
208	伯奇・魯隱公・叔武・比干	無辜	7-15	小雅巧言			
209	箕子・鄧元・騶衍・樂毅	得賢者昌・失賢者亡	7-16	小雅巧言			
210	宋玉・楚襄王	宋玉讓其友	7-17	小雅谷風			
211	宋燕・陳饒	失己責人	7-18	小雅大東			
212		不知爲政	7-19	小雅四月			
213	子質・趙簡子	先擇後種	7-20	小雅無將大車			
214	衛獻公・柳莊	公平無私	7-21				
215	史魚・衛靈公	史魚尸諫	7-22	小雅小明			
216	孔子・子貢	爲人下之道猶土	7-23	小雅楚茨			
217	南假子・程本子	程本烹鱺魚	7-24	小雅車舝			
218	孔子・子貢	薦賢賢於賢	7-25				
219	孔子・子路・子貢・顔回	大人出小子匿	7-26	小雅角弓			
220	孔子・曾子・子貢	參習知音	7-27	小雅白華			
221		爲人父之道	7-28	小雅蓼莪			
222	廉稽・越句踐・楚王	奉使	8-1				論語子路
223		氣	8-2	大雅烝民			
224	屠羊說・楚昭王・司馬子期	救世	8-3	大雅崧高	大雅烝民		
225	僕夫・荊蒯芮・崔杼	不恒其德	8-4	大雅烝民			周易恒卦
226		諫言	8-5	大雅烝民			
227	南宮萬・宋閔公・仇牧	宋萬弑宋閔公	8-6	大雅烝民			
228		忠孝不可相奪	8-7	大雅卷阿			
229	黃帝・天老	鳳凰來至	8-8	大雅烝民			
230	趙蒼唐・魏文侯・擊	奉使	8-9	王風黍離	秦風晨風	大雅卷阿	
231	宓子賤・孔子	治單父	8-10	大雅泂酌			
232		立國	8-11	大雅泂酌			
233	齊使・楚王・齊景公	奉使	8-12				
234		天子九錫	8-13	大雅江漢			
235	子貢・齊景公・孔子	仲尼聖人	8-14	大雅常武			
236		大侵之禮	8-15	大雅召旻			
237		采地	8-16				書經盤庚
238	輦者・伯宗・晉景公・孔子	攘人之善	8-17	大雅桑柔	周頌我將		
239	范昭・晏嬰・太師・齊景公	防其試犯	8-18	周頌時邁			

일련	등장인물	주제	목차	언급된 시경구절			기타언급
240		三公之任	8-19	大雅文王	周頌時邁		
241		賢君之治	8-20	小雅大田			
242		日愼一日	8-21	小雅小宛			
243		愼終如始	8-22	大雅蕩			周易未濟
244	子貢・孔子	學而不已闔棺乃止	8-23	大雅烝民 豳風七月	大雅既醉 周頌敬之	小雅常棣	
245	冉有・魯哀公	士必學然後成君子	8-24	周頌敬之			
246	曾參・孔子・曾晳	曾晳擊曾參	8-25	小雅采菽	魯頌泮水		
247	弓人之妻・齊景公	射之道	8-26	小雅小明			
248	晏嬰・齊景公	欲殺而止	8-27	小雅小明			
249		五者齊斯神居之	8-28	商頌那			
250	狐卷子・魏文侯	從身始人何可恃	8-29	魯頌泮水			
251	湯	湯作濩	8-30	商頌長發			
252	孔子	謙德	8-31	商頌長發			周易謙卦
253	田子方	公家老馬	8-32	商頌長發			
254	楚莊王	螳螂拒轍	8-33	商頌長發			
255	李克・魏文侯	使人物惡	8-34	小雅四牡			
256		社鼠不薰	8-35	大雅蕩			
257	孟子・孟母	孟母之教	9-1	周南螽斯			
258	田子・田子母	不義之金	9-2	周南螽斯			
259	皐魚・孔子・子路	欲養而親不待	9-3	周南汝墳			
260	伯牙・鍾子期	擗琴絶絃	9-4	邶風柏舟			
261	乳母・魏公子	魏節乳母	9-5	邶風柏舟			
262	子路・子貢・顔淵・孔子	人不善我	9-6	鄘風鶉之奔奔			
263	齊景公・晏嬰	無禮	9-7	鄘風相鼠			
264	堂衣若・子貢	無禮	9-8	魏風淇奧			
265	齊景公・晏嬰・顔鄧聚	欲殺而止	9-9	鄭風羔裘			
266	解狐・荊伯柳・魏文侯	薦讐	9-10	鄭風羔裘			
267	楚善相者・楚莊王	相人觀其友	9-11	鄭風羔裘			
268	婦人・孔子	亡蓍簪	9-12				
269		小人道聽塗說	9-13	邶風日月			
270	子路・子貢・顔淵・孔子	各言爾志	9-14				
271	老子	老子言	9-15				老子44~46

일련	등장인물	주제	목차	언급된 시경구절			기타언급
272	孟子・孟母	孟子不敢去婦	9-16	邶風谷風			
273	姑布子卿・子貢・孔子	喪家之狗	9-17				
274		君子修身	9-18	邶風旄丘			
275	范蠡	君子安居	9-19	魏風園有桃			
276	田子方	貧賤可以驕人	9-20				
277	戴晉生・梁惠王	大澤中雉	9-21				
278	北郭先生・其婦	容膝・一肉	9-22	陳風東門之池			
279	由余・秦繆公・王繆	隣國聖人	9-23				
280	曾子・子夏	三費三樂	9-24	小雅伐木			
281	晏嬰・田無宇	誖・亂・逆	9-25				
282		雀笑鳳凰	9-26	曹風鳲鳩			
283	屠牛吐・齊王		9-27				傳曰
284	子夏・子張	小人之論	9-28				
285	齊桓公・麥丘老叟	桓公善聞	10-1	大雅文王			
286	鮑叔	鮑叔薦管仲	10-2	大雅文王			
287	里鳧須・晉文公	不念舊惡	10-3	大雅文王			
288		弔天子以三策	10-4	大雅大明			
289	古公亶父・季歷・太伯・仲雍	兩兄讓位	10-5	大雅皇矣			
290	齊宣王・梁惠王	國有寶	10-6	大雅板			
291	菑丘訢・要離	達辯保身	10-7	大雅板			
292	齊使	達辯免罪	10-8	大雅板			
293	扁鵲・虢侯	能起死人	10-9	大雅板			
294	楚丘先生・孟嘗君	君謂我老	10-10	大雅板			
295	齊景公・晏嬰	怯君諛臣	10-11				
296	秦繆公・莖山鄙夫・左格右	相食君馬	10-12				
297	卞莊子	節士不以辱生	10-13	大雅蕩			
298		諤諤爭臣	10-14	大雅蕩			
299	一丈夫・齊桓公	日日愼桃	10-15	大雅蕩			
300	齊桓公・管仲	棄身・棄酒	10-16	大雅抑			
301	晏嬰・楚王	橘化爲枳	10-17	大雅抑			
302	牧者・吳延陵季子	取金	10-18				論語顔淵
303	顔淵・孔子	顔淵安貧	10-19				
304	齊景公・晏嬰	四肢無心	10-20				

일련	등장인물	주제	목차	언급된 시경구절			기타언급
305	孫叔敖・楚莊王	螳螂不知黃雀在後	10-21				
306	晉平公・公子晏	獨賀寶臺燒	10-22	大雅桑柔			
307	里克・魏文侯	吳國所以亡	10-23	大雅桑柔			
308	申鳴・石乞	進退惟谷	10-24	大雅桑柔			
309	太公望・周公旦	豫知後來事	10-25	大雅桑柔			

≪韓詩外傳≫의 내용을 검토하면, 西漢시대까지의 학술상황을 증거하는 중요한 자료임을 확인할 수 있다. 西周시대에 이룩된 혈족중심의 질서와 제도가 先天的 지위를 보장하던 시대가 붕괴한 후, 東周시대는 근본적인 균열을 안은 채 서서히 분열해 갔고, 春秋시대를 지나 戰國시대에 이르는 와중에 東周시대는 사실상 해체의 순간을 기다리는 상황이었다.

이러한 상황에서 시대적 특징을 잘 보여준 것은 물론 각 제후들의 야망들이었지만, 그 야망을 실제로 구현해 낸 것은 '士'였다. 富國强兵의 旗幟 아래 각 제후국으로 영입된 士들은 혈족중심의 제도의 말단을 구성하는 선천적 지위의 士가 더 이상 아니었고, '능력'에 의해 신분을 획득하고 보장받으려 한 새로운 성격의 '士'들이었다. 그들은 學者이든 說客이든 武將이든, 처지와 상황에 맞게 변화된 시대에 발맞추어 자신의 입지를 마련해 갔다.

최초의 통일국가를 이룩한 秦나라가 15년도 채 못 채우고 멸망한 후 드디어 西漢이 천하의 주인이 된 시점에 이르러, 士들의 지위는 중대한 기로를 맞이하였다. 반석 위에 놓인 통일국가에서는 더 이상 독자적인 사유를 구성하는 다양한 학파나 그 학자들이 필요없었다. 그래서 이는 결국 '罷黜百家 獨尊儒術'로 정리된다. 자신의 外交術과 兵略을 가지고 돌아다니는 說客이나 武將도 더 이상 필요하지 않았다. 새로운 시대가 원한 건 '士'가 아니라 바로 '官人'이었기 때문이었다.

士가 官人으로 변모하는 과정에는 많은 망설임과 혼란도 있었다. 전통적인 유가관념인 '孝'의 위상에 도전하며 부상하던 '忠'의 가치에 대한 입장정리, 자유로운 士의 정신을 官人으로 편재해 정리하려하는 시류에 대한 거부감의 극복문제, 그럼에도 불구하고 '野無遺才'의 분위기 속에 빨리 官人社會에 편입해야 한다는 상황에 대한 대응논리, 이렇듯 西漢 초기 士들은 '自負와 省察'이라는 이율배반적인 정신 상황 속에서 변화한 시대의 내·외부적 요구에 응답하도록 내몰린 상태였다.

≪韓詩外傳≫은 바로 이 혼돈의 정신 상황에 대한 다각적인 검토와 대응의 논리를 다루고 있다. ≪韓詩外傳≫의 일부 내용에 다소 잡박스러운 면이 섞여있다는 비판이 존재하는 것도 실은 이러한 사정에 기인한다. 따라서 ≪韓詩外傳≫은 ≪詩經≫에 대한 전통적인 解說書라기보다는 韓嬰의 思惟를 표출한 새로운 獨立著作으로서의 성격이 강하다.

실제로 ≪韓詩外傳≫에서는 자료의 考證보다는 자료의 活用을 더 강조하고 있다. ≪韓詩外傳≫은 다른 저작의 자료들과 揷話들을 공유하면서도 주인공을 바꾸는 경우가 다반사이기 때문이다. 이를테면, ≪韓詩外傳≫의 단골 등장인물인 子貢의 경우가 그렇다. 한편, ≪韓詩外傳≫은 후대에 사상적 지위가 제고되면서 그 이미지가 다듬어지는 인물들에 대해, 가공되기 이전의 적나라한 揷話를 담고 있기도 하다. 이를테면, 증자와 그의 아버지 증점의 경우가 그렇다.

어느 경우이든 韓嬰이 자신의 주장을 개진하는 과정에 더 비중을 둔 점은 공통적인 특징이다. 한무제 앞에서 동중서와 논쟁하여 董仲舒의 말문을 막히게 한 적도 있다는 韓嬰은 전통적인 사유와 정서를 잘 계승하는 면모를 ≪韓詩外傳≫에서 보여주면서도, 전혀 새로운 자기 견해를 왕왕 드러내기도 한다. '孝'가 가졌던 압도적 思想的 지위를, 韓嬰은 -적어도 士가 아닌 官人에게 있어서- 孝와 忠의 선택이 충분히 딜레마 상황임을 다룬다. 瞽瞍가 살인을 하였다면 그의 아들인 舜임금은 아마도 天子의 지위를 버리고 자신의 아버지를 업고 도주하였을 것이라는 맹자의 장담[22]이 전국시대의 마지막 특징을 보여준다면, ≪韓詩外傳≫의 石奢는 충효의 딜레마에서 어느 한쪽의 일방적 우위를 결정할 수 없어 초장왕 앞에서 비장한 자결을 했다[23]고 韓嬰은 선양하고 있다.

이 밖에도 韓嬰은 ≪韓詩外傳≫을 통해 士의 이상적인 자격조건과 주목할만한 행동사례들을 열거하면서도, 지나치게 고상하게 행동하려는 士의 처신에 대해서는 제동을 가한다. 이를테면, 申包胥의 고결한 죽음이 지닌 무모함에 대해 韓嬰이 내린 평가[24]가 그러하다. ≪韓詩外傳≫의 내용적 가치는 독자의 음미를 통해 더욱 빛날 것이라 생각한다.

---

22) ≪孟子≫ 〈盡心 上〉
23) 본 국역서 ≪韓詩外傳≫ 2-14
24) 본 국역서 ≪韓詩外傳≫ 2-25

5. ≪韓詩外傳≫ 번역의 의의

≪韓詩外傳≫이 많이 읽혔음에도 불구하고, 조선시대에는 온전한 諺解本이 없었다. 諺解를 시도한 筆寫本이 남아 있지만, 출판하기 위한 것이 아니라 자신이나 자제의 독서를 위한 필사본이다. 언해본이 있기 위해서는 교감과 교열을 거친 저본도 마련되어 있어야 했는데, 이 또한 변변한 것이 남아있지 않다.

이번에 간행하는 번역본은 조회옥와 주정채의 교감과 교열을 거친 선본인 기보총서를 저본으로 마련되었으며, 原文을 밝히고 懸吐까지 달아, 우리나라의 전통적인 방법으로 한문을 익힐 수 있도록 배려하였다. 따라서 講讀 教材로도 적합하지만, 獨習하기에도 적합하다.

≪韓詩外傳≫은 典故의 寶庫이다. 風樹之嘆, 風樹之情, 螳螂拒轍, 登高能賦, 海不揚波, 蓍簪, 朝歌屠叟, 糟丘, 鷄之五德, 三費, 五際, 覆轍, 簪履, 石虎, 吐哺握髮 등의 수많은 고사 숙어들의 出典이기에, 독자들이 이 번역서를 통해 원전과 함께 다양한 고사 숙어들을 배워서 활용할 수 있게 된다.

또한 기존 번역과 다른 번역 표현을 제공함으로써, 그동안 유일본으로 통용된 번역을 통해 혹시라도 오독되어 올 수도 있었던 여지를 줄이고, 최신 교감의 학술적 성과를 최대한 충실히 반영하여 교양 있는 독자들에게 학술번역으로서의 면모를 일신한 고전을 제공한다. 더 나아가 한 시대를 풍미하다가 전승이 끊겨버린 古典이라는 특성상, 현전하는 남은 자료의 귀중함은 물론, 여러 고전 속에 흩어져 전승하는 韓詩와 관련된 직・간접의 소중한 자료들을 최대한 수집, 정리, 발굴하여 이번 번역본에 전폭적으로 수록하였다. 이로써 ≪한시외전≫을 둘러싼 한・중・일의 독서환경에서 한국도 중국과 일본에 뒤처지지 않는 단단한 학술번역서를 보유하게 될 것을 기대한다.

특히 賴炎元의 ≪韓詩外傳今注今譯≫(상무인서관, 1994)의 상세한 주석 성과, 屈守元의 ≪韓詩外傳箋疏≫(파촉서사, 2012)의 방대한 자료집성 성과, 許維遹의 ≪韓詩外傳集釋≫(10책)의 꼼꼼한 교감 성과 등을 금번 신역의 교감적 기반으로 삼았기에 학술적 요구에도 크게 부응하게 되었다고 생각된다.

참고문헌

趙善詒, ≪韓詩外傳補正≫, 商務印書館, 1938.

賴炎元, ≪韓詩外傳今註今譯≫, 臺灣商務印書館發行, 1979.

許維遹, ≪韓詩外傳集釋≫, 中華書局, 1980.

林東錫 譯, ≪韓詩外傳1~3≫, 東西文化社, 2009.

임동석, ≪열녀전≫, 동서문화사, 2009.

王先謙, ≪詩三家義集疏≫, 中華書局, 2009.

屈守元, ≪韓詩外傳箋疏≫, 巴蜀書社, 2012.

송기채 역주, ≪역주 순자집해≫, 전통문화연구회, 2015.

허경진 구지현 최이호 역주, ≪역주공자가어≫, 전통문화연구회, 2018.

凡例

1. 본서는 ≪譯註 韓詩外傳≫의 제1책이다.
2. 본서는 ≪韓詩外傳≫은 畿輔叢書本 ≪韓詩外傳≫을 底本으로 하되 韓魏叢書本 ≪韓詩外傳≫과 汲古閣津逮祕書本 ≪韓詩外傳≫과 國立中央圖書館本 ≪韓詩外傳≫ 木活字(古朝48), 木版本(古10-30), 木版本(古6-45)과 奎章閣本 ≪韓詩外傳≫(奎古171-v.1-6), 藏書閣本 ≪韓詩外傳≫(MF35-8996)을 참고하였다.
3. 본서는 원전의 傳統性과 번역의 現代性을 구현하기 위해 노력하였다.
4. 原文은 우리나라 전통 방식으로 懸吐하였다.
5. 原文은 저본의 體制에 따라 단락을 구분하고, 각 단락마다 일련번호를 부여하였다.
6. 讀音이 특수하거나 僻字인 경우에는 ( ) 속에 한글로 音을 달아주었다.
7. 각 篇마다 간략한 해설을 달아 독자의 이해를 돕고자 하였다.
8. 飜譯은 原義에 충실하게 하되, 이해가 어려운 부분은 意譯 또는 補充譯을 하였다.
9. 飜譯文은 한글과 漢字를 混用하였으며, 맞춤법과 띄어쓰기는 한글 맞춤법과 표준어 규정을 따르는 것을 원칙으로 하였다.
10. 譯註는 故事, 官職, 校勘, 難解語, 역사적 사건, 人物, 인용문의 出典, 전문용어, 制度, 異說 등에 관한 사항을 밝혔다.
11. 校勘은 원문의 衍字, 誤字, 脫字, 倒文 등을 대상으로 하였다.
12. 본서의 校勘에 사용된 符號는 다음과 같다.

    ( )〔 〕: (저본의 誤字)〔교감한 正字〕

    〔 〕: 저본의 脫字 보충

    ( ) : 저본의 衍字 삭제
13. 본서에 사용된 주요 符號는 다음과 같다.

    " " : 對話, 각종 引用

'　' : " " 안에서 再引用, 强調

「　」: '　' 안에서 再引用, 强調

(　) : 원문에서는 讀音이 특수한 글자나 僻字의 音
번역문에서는 간단한 譯註

〔　〕: 번역문과 뜻은 같으나 音이 다른 漢字나 句節, 譯註에서 인용한 原文, 疏에서
설명 대상으로 제시한 經이나 傳의 단어나 구절

≪ ≫ : 書名이나 典據

〈　〉: 篇章名, 作品名, 補充譯

【　】: '輔' 및 '頭註'에 표시

○ : 저본에 사용된 단락 구분 표시 遵用

○ : 頭註 구분 표시

參考文獻

◇ 한국 번역본

- 임동석, ≪한시외전(韓詩外傳) - 310편의 중국 고사와 함께 읽는 ≪시경≫≫(예문서원, 2000)
- 임동석, ≪나무가 고요하고자 하나 바람이 멎지 아니하고 - 한시외전(韓詩外傳) 상≫(건국대학교출판부, 2003)
- 임동석, ≪대부는 텃밭을 일구지 않는다 - 한시외전(韓詩外傳) 하≫(건국대학교출판부, 2003)
- 임동석, ≪한시외전(韓詩外傳) 1·2·3≫(동서문화사, 2009)

◇ 한국 논문

- 송희준, 〈≪한시외전≫에 관한 고찰(1)〉, ≪중국어문학≫ 제40권, 2002
- 신은경, 〈≪한시외전≫과 ≪법구비유경≫의 비교연구〉, ≪비교문학≫ 제45권, 2008
- 이장휘, 〈≪한시외전≫ 문론 역주〉, ≪중국학≫제41집, 2012.
- 정일동, 〈≪한시외전≫과 ≪회남자≫에서의 천인상관론(天人相關論)〉, ≪중국사연구≫제48권, 2007
- 조계화, 〈≪韓詩外傳≫文本邏輯關係新論〉, ≪중국산문연구집간≫제8권, 2018

◇ 중국 번역본

- 趙善詒, ≪韓詩外傳補正≫, 商務印書館 1938
- 賴炎元, ≪韓詩外傳今注今譯≫, 商務印書館 1994
- 許維遹, ≪韓詩外傳集釋≫, 中華書局 1980
- 屈守元, ≪韓詩外傳箋疏≫, 巴蜀書社 2012

- 王先謙 撰, 吳格 点校, ≪詩三家義集疏≫, 中華書局 2011
- 曹大中, ≪白話韓詩外傳≫, 岳麓書社 1993杜澤遜・莊大鈞, 韓詩外傳選譯, 鳳凰出版社 2011
- 孫立堯, ≪新譯韓詩外傳≫, 三民書局 2012
- 徐芹庭・徐耀環, ≪韓詩外傳解譯≫, 聖環 2013

◇ 중국 논문

- 胡平生, 〈曲阜雙古堆漢簡與≪孔子家語≫〉, ≪國學研究≫ 第7卷, 北京大學出版社, 2000.
- 王政之, 〈王肅≪孔子家語≫注研究〉, 曲阜師範大學孔子文化學院, 2006年碩士學位論文.

◇ 일본 주석서

- YOSHIDA Teruko, 〈Notes on ″Han shi wai Chuan (韓詩外傳)〉″ Vol.1-10 〔in Japanese〕, Bulletin of Fukuoka Women′s Junior College 39-48, 1990-1994.
- 伊東 倫厚, 韓詩外傳校詮-1- 〔in Japanese〕, 北海道大學文學部紀要 26(1), p1-66, 1977-12
- 伊東 倫厚, 韓詩外傳校詮-2- 〔in Japanese〕, 北海道大學文學部紀要 26(2), p3-48, 1978-03

◇ 일본 번역서

- 吉田照子, ≪韓詩外傳≫, 明德出版社, 1993

◇ 일본 논문

- 吉田 照子, Han shi wai chuan and the thought of Lao Zhuang 〔in Japanese〕, 福岡女子短大紀要 (70), 89-101, 2007-12
- 高橋 良政, ≪韓詩外傳≫の書誌的考察一寶曆9年星文堂刻本について 〔in Japanese〕, 櫻文論叢 66, 103-119, 2006-02
- 余 崇生, Yu Ch′ung-shong≪韓詩外伝≫研究ノート(一) : ≪荀子≫引用文との對照表 〔in Japanese〕, 待兼山論叢. 哲學篇 17, 21-36, 1983-12

- 豊島 睦, 韓嬰思想管見 - 「韓詩外伝」引用荀子句を中心として, 支那學研究 (33), 50-58, 1968-01
- 岩井 直子, 「韓詩外傳」の書誌的考察--唐本をもとに 〔in Japanese〕, 漢籍 (12), 1-10, 2004

◇ 미국 번역서

- Hightower, James Robert, 《Han shi wai chuan》, Silver Wolf Trading Co. (Albuquerque, NM, U.S.A.) 1952

目 次

1. 韓嬰의 傳 本傳①

① 韓嬰의 傳은 ≪漢書≫ 〈儒林傳〉에 보인다.
見漢書儒林이라

韓嬰은 燕사람이다. 孝文帝 때 博士가 되었고, 孝景帝 때 常山王 劉舜의 太傅가 되었다. 한영은 시를 지은 사람의 마음을 미루어, ≪韓詩內傳≫과 ≪韓詩外傳≫ 수만 자를 지었다. 그 말이 齊와 魯지역에 전해진 ≪齊詩≫나 ≪魯詩≫와는 달랐지만, 시를 해설한 취지는 같은 곳으로 귀결되었다. 淮南의 賁生이 이 ≪韓詩≫를 전수받았기에, 燕과 趙 지역에서 시를 말하는 자는 모두 한영을 따랐다. 한영은 또한 ≪易≫을 사람들에게 전수하여, ≪역≫의 뜻을 미루어 傳을 지었다. 그러나 燕과 趙 지역 사람들은 ≪韓詩≫만 좋아하였다. 그래서 ≪역≫은 중시받지 못하고, 오직 韓氏 집안에서만 스스로 전하였다.

孝武帝 때 한영이 皇上 앞에서 董仲舒[1]와 논쟁을 한 적이 있었는데, 그 사람됨이 정밀하며 민첩하고 일처리가 분명하여, 동중서가 한영을 반박하지 못하였다. 뒤에 그의 손자인 韓商이 박사가 되었다. 孝宣帝 때 涿郡의 韓福은 그의 후손인데, ≪역≫으로 인정받아 나라의 부름을 받아 殿中에서 詔命을 받들었다.

그가 말하기를, "전수받은 ≪역≫은 죽은 태부(常山太傅 韓嬰)에게서 물려받은 것입니다. ≪韓詩≫도 전수받았으나 ≪韓氏易≫만큼 심오하지는 않습니다. 태부는 그래서 오로지 ≪역≫을 전하였습니다."라고 하였다.

司隷校尉 蓋寬饒[2]는 본래 孟喜에게서 ≪역≫을 배웠는데, 탁군의 韓福이 강설한

---

1) 董仲舒 : B.C.179~B.C.104. 前漢 信都 廣川人. 젊어서 ≪春秋公羊傳≫을 공부하고, 景帝 때에 박사가 되었다. 武帝 때 賢良對策으로 百家를 몰아내고 儒術만 존숭할 것을 주장하여, 武帝가 받아들였다. 江都相과 膠西王相을 역임한 뒤에 병을 이유로 사직하고, 학문 연구와 저술에만 힘썼다. 저서로는 ≪董子文集≫과 ≪春秋繁露≫ 등이 있다.

2) 蓋寬饒 : ?~B.C.60. 西漢 魏郡 사람으로, 자는 次公이다. 어려서 經學을 좋아하였고 孝廉으로 추천을 받아 벼슬을 시작하였다. 언행이 매우 강직하였고, 經과 對策으로 크게 인정받아 諫大夫를 거쳐, 太中大夫와 司隷校尉 등의 벼슬까지 역임했다. ≪漢書≫ 〈蓋寬饒傳〉이 전한다.

≪역≫을 보고 좋아하여, 곧 다시금 한복을 따라서 배웠다.

韓嬰은 燕人也라 孝文時爲博士하고 景帝時至常山太傅하다 嬰推詩人之意하여 而作內外傳數萬言이라 其語가 頗與齊魯間殊나 然歸一也라 淮南賁生이 受之하여 燕趙間言詩者는 由韓生이라 韓生亦以易授人하니 推易意而爲之傳이나 燕趙間好詩라 故其易微하고 唯韓氏自傳之러라 武帝時에 嬰嘗與董仲舒로 論於上前이러니 其人精悍하고 處事分明하여 仲舒不能難也러라 後其孫商이 爲博士하다 孝宣時엔 涿郡韓生이 其後也러니 以易徵이어늘 待詔殿中하여 曰所受易은 卽先太傅所傳也라 嘗受韓詩로되 不如韓氏易深이요 太傅故專傳之라하다 司隷校尉蓋寬饒가 本受易於孟喜러니 見涿韓生說易而好之하여 卽更從受焉이라

2. 識[3]

≪韓詩外傳≫ 10권본은 예전에는 虞山 毛氏(毛晉)의 책[4]을 가장 으뜸으로 여겼지만, 그 책은 틀리거나 빠진 부분이 매우 많았고, ≪韓詩≫의 다른 판본과 아울러 모두 고쳐서 毛晉의 설을 따랐는데, 古義와 古音이 매우 불확실하다.

乾隆 연간에 武進의 趙懷玉이 교주한 本[5]이 있고, 新安의 周廷寀가 注를 단 本[6]이 있는데, 두 책이 1년 차이로 만들어졌으나, 서로 참고하지 못한 까닭에 교감한 것이 각자 同異가 있어 각각의 잘잘못이 있다. 주정채는 ≪大戴記≫와 ≪呂氏春秋≫와 ≪列女傳≫과 ≪說苑≫과 ≪新序≫ 등의 책으로 교감하고, 본문 사이에 자기의 의견을 주석으로 붙였다. 조회옥은 選注를 다시 채취하여, ≪初學記≫와 ≪太平御覽≫을 끌어다 증거로 삼아 본문의 각 條에 빠진 부분을 보충하고, 틀린 부분을 바로잡았으니, 교

---

3) 이 글은 吳棠의 서문이다. 吳棠(1813~1876)은 晩淸의 정치가로 자는 仲宣, 호는 棣華. 시호는 勤惠, 安徽 盱眙人이다. 四川總督, 成都將軍을 역임하였으며, 저서로는 ≪望三益齋詩文鈔≫, ≪望三益齋存稿≫가 있다. 이하의 序에 대하여, 원문은 별도의 名稱이 기재되어 있지 않다. 우선 저본의 체제에 따라 숫자를 분류하였다. 별도의 序文 명칭이 없는 경우에 대해서는 아래도 같다.

4) 虞山 毛氏(毛晉)의 책 : ≪韓詩外傳≫의 異本 가운데 明末 毛晉이 남긴 ≪汲古閣津逮秘書本≫을 가리킨다. 毛晉(1599~1659)은 明末淸初의 蘇州府 常熟人으로 초명은 鳳苞, 자는 子文 또는 子晉, 호는 潛在이다. 8만여 권의 장서를 汲古閣樓와 目耕樓에 소장했는데, 소장한 책들은 대개 宋元 시대의 善本이었다. ≪津逮秘書≫ 15集을 판각하였다. 저서로는 ≪毛詩陸疏廣要≫, ≪蘇米志林≫, ≪明時紀事≫, ≪詞苑英華≫가 있다.

5) 趙懷玉이 校注한 本 : 조회옥이 건륭 55년(1790) 5월에 간행한 全10권의 ≪韓詩外傳≫ 校注本이다. 따로 ≪補逸≫ 1권이 있으며, 〈自序〉가 붙어 있다. 原刻本은 확인되지 않으며, 單刻本으로 ≪龍溪精舍叢書≫가 전한다. 현재의 통행본은 대개 望三益齋의 ≪周趙合校本≫이 사용된다. 趙懷玉(1747~1823)은 淸나라 학자로 淸나라 江蘇省 武進 사람이다. 자는 億孫, 호는 味辛, 收庵이다. 乾隆 4년(1739)이 擧人이 되고, 山東 靑海府 海防同知를 거쳐 登州知府에 올랐다. 通州와 石港의 講席을 주도했고, 古文에 능하였다. 시는 같은 고을의 孫星衍, 洪亮吉, 黃景仁 등과 이름을 나란히 했다. 문집인 ≪亦有生齋集≫이 있다.

6) 周廷寀가 注를 단 本 : 주정채가 건륭 56년(1791)에 간행한 全10권의 校注本이다. 胡賡善의 序文이 붙어 있다. 주정채는 淸나라 학자로 安徽 績溪人. 자는 贊平, 또는 子同. 嘉慶 3년(1798)에 擧人이 되어 廣東省 龍川 知縣을 역임하였다. 저서로는 ≪韓詩外傳校注≫. ≪西漢儒林傳經表≫ 등이 있다.

감의 공로가 주정채보다 훨씬 뛰어나다. 그러나 顧千里[7]가 元代에 새긴 목판본을 근거로 변증하여 '白'을 '伯'으로 고친 실수와 같은 구절에 대해서는 경솔히 舊本을 고쳤으니, 이 책도 流弊가 전혀 없을 수는 없다. 이에 주정채의 책을 위주로 하되, 조회옥이 교감한 내용을 채택하여 그 아래에 나열하였다. 字句의 異同과 考證의 詳略은 둘 다 고르게 실었고, 論斷을 따로 가하지는 않았으니, 오직 배우는 자들이 잘 읽는 것에 달렸다. 근거하고 있는 각 책의 字句가 들어맞지 않는 부분이 또한 많으나, 이는 대개 주정채가 근거한 바에는 舊本이 많고, 조회옥이 근거한 바에는 청나라의 유명한 學者가 校定한 책이 많기 때문이니, 상황이 대략 이와 같아서 또 다른 의구점은 없다. 판각을 마치고 나서 일의 緣起를 이와 같이 기록한다.

光緒 乙亥(1875) 늦가을에 盱眙 吳棠이 쓰다.

韓詩外傳十卷本은 向以虞山毛氏爲最라 然其書訛脫甚多라 并韓詩異文하여 悉改從毛하되 古義古音은 大懼迷晦라 乾隆中武進趙氏懷玉이 有校本하고 新安周氏廷寀가 有注本한대 二書之出先後一年이어늘 不相見이라 故所校各有同異하여 遂各有得失이라 周氏는 以大戴記와 呂覽과 列女傳과 說苑과 新序等書로 校하여 本文間用己意疏之하고 趙氏는 復剌選注하여 初學記와 御覽으로 援引하여 本文各條에 補其闕略하고 正其訛謬하니 撲塵掃葉之功이 誠有過於周氏라 然如顧氏千里據元槧本하여 辨改白爲伯之失은 則徑改舊本하니 亦不能無流弊也라 玆以周氏本爲主하되 采趙氏校語하여 臚列於下라 字句之異同과 考證之詳略을 均兩載之하고 不加論斷하니 在學者善讀之而已라 至所據各書字句가 亦多不合이나 蓋周據者는 多舊本이요 趙據者는 多國朝名人校定本이니 大槪如是하여 無滋疑也라 雕刻旣竟에 爲識其緣起如此하노라

光緒乙亥秋季에 盱眙吳棠識하다

7) 顧千里 : 顧廣圻(1770~1839)의 字로, 호는 澗薲, 또는 思適居士이다. 蘇州 사람으로, 淸代의 유명한 校勘學家 및 目錄學者이다.

3. ≪韓詩外傳≫의 ≪漢書≫ 〈藝文志〉의 6권본 설과 ≪隋書≫ 〈經籍志〉와 ≪唐書≫ 〈藝文志〉의 10권본 설

韓詩外傳漢志六卷隋唐志十卷

≪韓詩外傳≫은 ≪漢書≫ 〈藝文志〉에는 6권으로 되어 있고, ≪隋書≫ 〈經籍志〉와 ≪唐書≫ 〈藝文志〉에는 10권으로 되어 있다.

韓詩外傳은 漢志六卷이요 隋唐志十卷①이라

① 趙懷玉本이다.
趙本이라

歐陽脩가 말하였다.

"韓嬰의 책이 당나라 때까지는 남아 있었는데, 지금 남아 있는 것은 10篇뿐이다. ≪漢書≫ 〈藝文志〉에는 한영의 책이 50편이라고 하였는데 지금은 그 ≪外傳≫만 남았으니, 이 책은 한영이 전한 ≪詩經≫을 상세히 설명한 것이 아니다. 그러나 그의 시 해설이 때때로 다른 책에 남아 때로 발견되기도 한다. 이것이 ≪毛詩≫의 해설된 뜻과 많이 달라서 사람들이 또한 이 구절들을 믿지 않지만, 이는 그저 聖人과의 〈시간적〉 거리가 너무 멀어서 배운 바가 서로 달랐던 까닭일 뿐이다. 風雅의 正變을 詳考함으로써 王政의 興衰를 안 것에 이르러서는 善을 찬미하고 惡을 풍자한 것을 살펴보지 않을 수 없다."

歐陽脩

宋歐陽修曰 韓嬰之書는 至唐猶在로되 今其存者十篇而已라 漢志에 嬰書五十篇이라한대 今但存其外傳하니 非嬰傳詩之詳者라 而其遺詩가 時見於他書라 與毛之義로 絶異하여 而人亦不信이나 去聖既遠에 誦習各殊라 至於考風雅之正變하여 以知王政之興衰하야는 其善惡美刺를 不可不察焉이라

晁公武[8)]가 말하였다.

"≪漢書≫ 〈藝文志〉에는 10편에 대해 '내전 4편, 외전 6편'이라고 하였는데, 隋나라 때에는 그저 ≪外傳≫만 전해져오고 있었는데, 이 ≪外傳≫은 〈기존의 6편을〉 10편으로 쪼개 놓은 것이다. ≪詩經≫ 경문에 대한 언급은 대체로 얼마 안 되지만, 그 남겨진 해설이 이따금 다른 책에서 보이니, '逶迤'나 '郁夷'[9)]와 같은 류이다. 그 뜻이 ≪毛詩≫와 같지 않기 때문에 이를 ≪外傳≫이라 칭하는 것이니 비록 ≪시경≫의 본문을 깊게 해설하는 책은 아니지만, 文辭가 맑고 순하여 先秦시대의 風貌가 있다."

晁公武曰漢志에 十篇을 內傳四外傳六이라한대 隋止存外傳이라 析十篇이라 其及於經하얀 蓋寡而其遺說이 往往見於他書하니 如逶迤郁夷之類라 其義는 與毛詩不同이라 此稱外傳이니 雖非解經之深者나 然文辭清婉하여 有先秦風이라

洪邁[10)]가 말하였다.

"≪漢書≫ 〈藝文志〉에는 '≪韓家詩經≫, ≪韓故≫, ≪韓詩內傳≫, ≪韓詩外傳≫, ≪韓說≫ 등의 五書가 있다.'고 하였는데, 지금은 단지 ≪韓詩外傳≫10권만 남아 있다. 慶曆[11)] 연간에 將作監主簿 李用章이 서문을 짓고, 杭州에서 刻手에게 책을 새겨 찍도록 명했다."

---

8) 晁公武 : 1105~1180. 南宋의 目錄學者이자 藏書家. 자는 子止인데, 사람들이 昭德先生이라고 불렀다.

9) 逶迤나 郁夷 : ≪詩經≫ 〈小雅 四牡〉의 구절로, ≪毛詩≫와 달리 ≪齊詩≫와 ≪韓詩≫에서 각각 다른 행문을 보여서 그 의미에 대해 논쟁이 있어 왔다. 이와 관련하여 王先謙의 정리(≪詩三家義集疏≫, 中華書局, 2009. p.556)를 참고하기 바란다.

10) 洪邁 : 1123~1202. 南宋 饒州 鄱陽人. 자는 景廬, 호는 容齋. 高宗 紹興 15년(1145)에 博學宏詞科에 합격하여 中書舍人을 지냈다. 孝宗 淳熙 13년(1186)에 翰林學士가 되어 ≪四朝國史≫를 지어 올렸다. 시호는 文敏, 저서로는 ≪容齋隨筆≫, ≪夷堅志≫, ≪野處類稿≫, ≪史記法語≫, ≪萬首唐人絶句≫ 등이 있다.

11) 慶曆 : 宋나라 仁宗의 연호인데, 1041년부터 1048년까지 8년 동안 사용하였다.

洪邁曰 漢藝文志에 有韓家詩經과 韓故와 內傳과 外傳과 韓說五書라하여늘 今惟存外傳十卷이라 慶厤中將作監主簿李用章이 序之하고 命工刊刻於杭하다

陳振孫[12)]이 말하였다.

"≪韓詩外傳≫은 옛날보다 권수가 많아졌으나, 대개 잡다한 이야기를 기록한 것이 많고, 전적으로 ≪詩經≫만 해설한 것은 아니니, 과연 當時의 本書인지 알지 못하겠다."

陳振孫曰 外傳은 卷多於舊라 蓋多記雜說하고 不專解詩하니 不知果當時本書否也라

王應麟[13)]이 말하였다.

"荀卿의 〈非十二子〉[14)]를 ≪韓詩外傳≫에서 인용하였지만, 10명의 선생에 대해서만 언급했을 뿐, 子思나 孟子에 대한 내용은 인용한 것이 없다. 내 생각에 荀卿이 자사나 맹자를 비난했다는 것은 아마도 그 문인 가운데 韓非나 李斯 같은 부류가 그 스승인 순경의 이름을 가탁하여 성현을 헐뜯은 것이니, 마땅히 ≪韓詩外傳≫의 입장을 바른 것으로 삼아야 한다."

王應麟曰 荀卿非十二子를 韓詩外傳이 引之하되 止云十子而無子思孟子라 愚謂荀卿非子思孟子는 蓋其門人如韓非李斯之流가 託其師以毀聖賢이니 當以韓詩爲正이라

명나라 薛應旂[15)]가 말하였다.

---

12) 陳振孫 : 자는 伯玉, 호는 直齋, 浙江 安吉縣 梅溪鎭人으로 南宋의 目錄學者이자 藏書家이다. 대표적인 저술은 ≪直齋書錄解題≫이다.

13) 王應麟 : 1223~1296. 宋나라 慶元府 鄞縣人. 자는 伯厚, 호는 沈寧居士, 또는 厚齋. 理宗 淳祐 원년(1241)에 進士가 되어, 관직이 禮部尙書兼給事中까지 올랐다. 저서로는 ≪玉海≫, ≪困學紀聞≫, ≪漢制考≫, ≪通鑑地理通釋≫, ≪小學紺珠≫, ≪三字經≫, ≪百家姓≫ 등이 전한다.

14) 非十二子 : 순자가 비난한 12명의 사상가 즉, 墨子, 宋子, 惠施, 鄧析, 它囂, 魏牟, 陳仲, 史鰌, 愼倒, 田駢, 子思, 孟子 등을 가리킨다.

15) 薛應旂 : 明나라 常州府 武進 사람. 자는 仲常, 호는 方山. 嘉靖 14년(1535)에 進士가 되어 陝西按察副使, 浙江提學副使 등을 지냈다. 王守仁에게 배워 陸王學을 강의했지만, 만년에는 程朱學을 아울러 취하였다. 저서로는 ≪四書人物考≫, ≪薛方山記述≫, ≪薛子庸語≫, ≪憲章錄≫, ≪甲子會紀≫, ≪方山文錄≫ 등이 있다.

"韓嬰의 ≪外傳≫은 비록 자신의 뜻으로 시인의 뜻을 헤아리는 것[16]은 진선진미하지 못하지만, 변화무쌍하며 머무름이 없는 것[17]은 아니더라도, 그래도 옛 유풍을 간직하고 있다."

明薛應旂曰 韓嬰外傳은 雖未盡能以意逆志나 而變動不居는 猶有古之遺焉이라

董斯張[18]이 말하였다.

"세상에 전하는 ≪韓詩外傳≫은 모두 全書가 아니다. ≪文選≫ 李善의 注에 ≪한시외전≫의 문장을 인용하기를, '孔子가 泰山에 올라가 보고서, 역성혁명을 하여 왕 노릇한 자는 셀 수 있는 자가 70여 인이요, 셀 수 없는 자가 수만 명이다.'라고 하였고, 또 '鄭交甫[19]가 장차 남쪽의 楚나라로 가려고 할 때, 저 漢皐臺의 아래를 가다가 두 명의 여인을 만났는데, 두 개의 구슬을 차고 있었거늘, 크기가 荊雞[20]의 알만 하였다.'고 하였다.

≪藝文類聚≫에는 ≪한시외전≫의 문장을 인용하기를, '모든 초목의 꽃은 많아야 다섯 잎이 나건만, 눈꽃만은 유독 육각의 잎이니, 〈6은〉 陰이 극치[21]에 이른 數이기 때문이다. 「雪花」를 「霙」이라고 하고, 「雪雲」을 「同雲」이라 한다.' 하였고, 또 '위로부터 아래로 내리는 것을 「雨雪」이라 한다.' 하였다. 또 '溱水와 洧水에 대해 말하기를, 鄭나라 풍속에 3월 상사일[22]에는 진수와 유수 두 강가에서 죽은 이의 혼을 불러 상서롭

16) 자신의……헤아린다 : ≪孟子≫ 〈萬章 上〉에 "시를 해설하는 사람은 글자를 가지고 말을 해치면 안 되고, 말을 가지고 본래의 뜻을 해쳐서도 안 되며, 자신의 뜻으로 작자의 뜻을 헤아려야 제대로 알 수 있다.〔說詩者 不以文害辭 不以辭害志 以意逆志 是爲得之 如以辭而已矣〕"라고 한 내용에서 보인다. 중국 古代의 詩文論에 대한 주요 견해 중의 하나로 간주된다.

17) 변화무쌍하며……없는 것 : ≪周易≫ 〈繫辭下〉 8장에 "易의 書됨은 잊힐 수 없고, 道됨은 여러 번 옮겨져서, 변화무쌍하며 머무름이 없어 천지사방에 두루 流轉한다.〔易之爲書也不可遠 爲道也 屢遷 變動不居 周流六虛〕"에 보인다.

18) 董斯張 : 1587~1628. 자는 然明, 호는 遐周, 또는 借庵. 明末 浙江 湖州人.

19) 鄭交甫 : 周나라 사람이다. 西漢 劉向의 ≪列仙傳≫에 漢江에서 아름다운 두 여인을 만나 노닐었던 이야기가 전한다.

20) 荊雞 : 越나라의 닭이란 의미로, 매우 작은 크기의 닭을 가리킨다. ≪莊子≫ 〈庚桑楚〉에 보인다.

21) 陰이 극치 : 눈의 차가움을 陰으로 보아, 당시에는 상식이던 易의 관념을 반영한 것이다. 보통 '6'을 陰의 극치로, '9'를 陽의 극치로 간주했다.

22) 상사일 : 옛 중국의 節日의 하나. 魏晉시대 이후로는 음력 3월 3일로 고정되어, 꼭 巳의 날이 아니어도 되었으나, 漢나라 이전에는 음력 3월의 上旬 중에 '巳'의 날을 일컬었다.

지 못함을 떨어버렸다.'라고 하였다. ≪太平御覽≫에는 ≪한시외전≫의 문장을 인용하기를, '精氣는 하늘로 돌아가고, 肉身은 흙으로 돌아가며, 기름은 이슬로 돌아가고, 터럭은 풀로 돌아간다.'고 하였다. ≪佛典≫에는 ≪한시외전≫의 문장을 인용하기를, '오래된 싸리를 「萑」라고 하고, 오래된 香蒲를 「葦」라고 한다.' 하였다. 그런데 ≪한시외전≫의 지금 판본에는 이런 구절들이 모두 없다."

董斯張曰 世所傳韓詩外傳은 亦非全書라 文選李善注에 引外傳文하여 云 孔子升泰山觀하고 易姓而王에 可得而數者七十餘人이요 不得而數者萬數也라하며 又鄭交甫將南適楚할새 遵彼漢皋臺下라가 乃遇二女한대 佩兩珠어늘 大如荊雞之卵이라하고 藝文類聚에 引外傳文하여 云 凡草木花多五出이어늘 雪花獨六出者하니 陰極之數일새라 雪花曰霙이요 雪雲曰同雲也라하고 又曰 自上而下曰雨雪이라하고 又曰 溱與洧는 謂鄭國之俗에 三月上巳於兩水之上에 招魂續魄하여 拂不祥이라하고 太平御覽에 引外傳文하여 云 精氣歸於天하며 肉歸於土하며 膏歸於露하며 髮歸於草라하고 佛典에 引外傳文하여 云 老筐爲萑요 老蒲爲葦라한대 今本皆無之라

淸나라 ≪四庫全書目錄≫에 말하였다.

"≪韓詩外傳≫은 古事와 古語를 이리저리 인용하여 ≪詩經≫의 구절을 증명하였지만, ≪시경≫의 뜻과는 서로 어울리지 않는다. 서술된 내용도 周나라와 秦나라 시대의 諸子들의 말과는 다소 차이가 있다. 班固가 三家의 詩를 논하여, '어떤 것은 ≪春秋≫를 취하였고, 어떤 것은 雜說을 채택하였으나 모두 그 本義는 아니다.'라고 하였으니, 아마도 이런 부류를 지적한 것인가 보다."

國朝四庫全書目錄에 云 韓詩外傳은 雜引古事古語하여 證以詩詞하되 與經義不相比附라 所述이 多與周秦諸子로 相出入이라 班固論三家之詩하여 或取春秋하고 采雜說이로되 咸非其本意라하니 或指此類歟인저

班固

臧琳[23]이 말하였다.

"≪韓詩外傳≫은 ≪隋書≫ 〈經籍志〉와 ≪舊唐書≫ 〈經籍志〉 및 ≪新唐書≫ 〈藝文志〉[24]에 10권이라고 하였는데, 지금의 판본도 이와 같다. 그 책을 읽어 보았는데 次序가 거의 없고 ≪呂氏春秋≫, ≪淮南子≫, ≪管子≫, ≪荀子≫, ≪大戴禮記≫, ≪說苑≫ 등의 책에 여기저기 뒤섞여 나온다. ≪漢書≫ 〈藝文志〉를 살펴보면 본래 6권이니, 지금의 책은 韓氏가 원래 편집한 책이 아니다. 아무래도 후세 사람이 나누거나 합치면서, 다른 책들의 내용을 끼워 넣은 듯하다. 本傳[25]에 일컫기를, '韓嬰은 孝文帝 때 博士가 되었다. 孝武帝 때 한영이 皇上 앞에서 董仲舒와 논쟁을 한 적이 있었는데, 그 사람됨이 정밀하고 민첩하며 일처리가 분명하여, 동중서가 한영을 반박하지 못하였다.'라고 하였다.

董仲舒

그런데 지금 ≪韓詩外傳≫의 구절을 읽어보니 다음과 같은 내용이 있었다. '「孔子가 말하기를, 命을 모르면 君子가 될 수 없다.[26]」고 하였으니, 말하자면 하늘이 낳아준 사람은 모두 仁義禮智와 善을 따르는 마음을 가진다. 하늘이 명령하여 낳아준 것임을 알지 못하면 仁義禮智와 善을 따르는 마음이 없고, 仁義禮智와 善을 따르는 마음이 없는 자를 일러 小人이라고 한다. 그러므로 命을 모르면 君子가 될 수 없다고 하였다. ≪詩經≫ 〈小雅〉에 이르기를, 「하늘이 보호하여 너를 지켜주니, 또한 대단히 견고하도다.」[27]라고 하였으니, 하늘이 仁義禮智로 사람을 보호하여 안정시켜줌이 대단히 견고함을 말한 것이고, ≪詩經≫ 〈大雅〉에 이르기를, 「하늘이 모든 백성을 내셨으니, 사물이 있으면 법칙이 있도록 하였네. 백성이 떳떳한 본성을 지녀, 좋아하는 바가 아름다운 德일세.」[28]라고 하였으니, 백성이 지닌 德은 하늘을 본받는 것이다. 하늘을 본받

23) 臧琳 : 1650~1713. 淸나라 江蘇 武進人으로, 자는 玉林. ≪尙書≫와 ≪春秋≫를 깊이 연구하고 唐나라 이전 經學者들의 說을 수집하여 여러 경전의 뜻을 해석한 ≪經義雜記≫를 서술하여 閻若璩와 錢大昕의 칭찬을 받았다. 그밖에 ≪尙書集解≫, ≪尙書考異≫, ≪大學考異≫, ≪水經注纂≫, ≪知人編≫, ≪困學錄≫ 등의 저서가 있다.

24) ≪舊唐書≫……〈藝文志〉 : 원문은 "唐志"이다. 이는 ≪舊唐書≫ 〈經籍志〉 및 ≪新唐書≫ 〈藝文志〉를 모두 아우를 수 있는 표현인데, 두 책 모두 ≪韓詩外傳≫을 10권으로 著錄하고 있다.

25) 本傳 : ≪漢書≫ 〈儒林傳〉을 가리킨다.

26) 孔子가……없다 : ≪論語≫ 〈堯曰〉에 나온다.

27) 하늘이……견고하도다 : ≪詩經≫ 〈小雅 天保〉에 나온다.

을 줄 모른다면, 또한 어찌 군자가 될 수 있겠는가?[29)]'

이 말은 바로 孟子가 주장한 性善說이다. 秦漢시대 이래 毛公(毛亨과 毛萇)과 董生(董仲舒)이 모두 道를 알았던 醇儒라 할 만하지만, 性善說에 대해서는 모두 말하지 못했다. 내 생각에 맹자 이후부터 程子와 朱子 이전까지 사이에 性善을 안 자는 韓嬰 한 사람뿐이다. 그러므로 특별히 드러내 밝혀서 道있는 사람에게 나아가 질정받고자 한다."

毛萇

臧琳曰 韓詩外傳은 隋唐志에 十卷이라한대 今本同이라 讀其書컨대 少次序하고 多雜見於 呂覽과 淮南과 管荀과 大戴記와 說苑諸書라 考漢志면 本作六卷이니 則今書非韓氏原編이라 容或有後人分幷이요 且以他書廁入者라 本傳稱 嬰孝文時爲博士하고 武帝時嘗與董仲舒로 論於上前이러니 其人精悍하고 處事分明하여 仲舒不能難也라하다 今讀其傳하니 有曰 子曰不知命이면 無以爲君子라하니 言天之所生이 皆有仁義禮智順善之心이라 不知天之所以命生이면 則無仁義禮智順善之心이요 無仁義禮智順善之心을 謂之小人이라 故曰不知命이면 無以爲君子라하다 小雅曰 天保定爾하니 亦孔之固라하니 言天之所以仁義禮智로 保定人之甚固也라 大雅曰 天生蒸民하시니 有物有則(칙)이로다 民之秉彝라 好是懿德이라하니 言民之秉德은 以則天也라 不知所以則天이면 又焉得爲君子乎아하다 斯言也는 卽孟子性善之說也라 秦漢以來로 如毛公과 董生이 皆可爲見道之醇儒矣로되 而性善之說은 則俱未能言也라 愚謂孟子之後와 程朱以前으로 知性善者는 韓君一人而已라 故特爲表出之以就正於有道焉호라

朱子

28) 하늘이……德일세 : ≪詩經≫ 〈大雅 蒸民〉에 나온다.
29) 孔子가……있겠는가 : 본서 6권 16장에 나온다.

4. ≪韓詩外傳≫의 舊序 韓詩外傳舊序

처음 내가 어렸을 때 ≪韓詩外傳≫을 읽고는 先秦시대의 문자가 아닌지 의심했다. ≪詩經≫을 가르쳐 專門學으로 삼았을 때 ≪시경≫에는 韓·魯·齊 三家의 해설이 있다는 말을 듣고, 마침내 그 책을 구하였다. 그리고 그 설명을 살펴보니, ≪韓詩≫는 燕 땅 출신의 韓嬰이 지은 것이기 때문에 '韓詩'라고 호칭하고, ≪魯詩≫는 浮丘伯[30]이 魯 땅의 申培公[31]에게 전수한 것이기 때문에 '魯詩'라고 호칭했으며, ≪齊詩≫는 齊 땅의 轅固[32]가 전한 것이기 때문에 '齊詩'라고 호칭하여, 어떤 것은 지역으로 일컫고, 어떤 것은 성씨로 전해진다. ≪齊詩≫는 魏나라 때 없어지고, ≪魯詩≫는 西晉 때에 없어졌지만, 韓嬰이 전한 것이 齊와 魯 지역에 전해진 ≪齊詩≫나 ≪魯詩≫와 달랐어도, 〈시를 해설한〉 취지는 같은 곳으로 귀결되었다.

≪漢書≫ 〈藝文志〉에 ≪韓故≫[33]가 36권이고, ≪韓詩內傳≫이 4권이고, ≪韓詩外傳≫이 6권이고, ≪韓說≫이 41권이라고 했는데, ≪隋書≫ 〈經籍志〉에는 ≪韓詩≫는 22권으로 薛氏(薛漢)[34]가 章句를 한 것이라 했고, ≪新唐書≫ 〈藝文志〉에는 ≪韓詩≫는 卜商(子夏)이 序文을 짓고 韓嬰이 주석한 것으로 22권이고, 또 ≪外傳≫이 10권이라 했

---

30) 浮邱伯 : 前漢 山東 緇博人. 성은 浮丘, 명은 伯으로 包丘子라고도 한다. 荀況에게 배워 ≪詩經≫과 ≪春秋穀梁傳≫에 밝았다. 이름난 제자로는 穆生, 白生, 申培公, 楚元王 劉交 등이 있다.

31) 申培公 : B.C.221?~B.C.135?. 前漢 山東 曲阜人. 이름은 培인데, 흔히 申培公으로 불린다. 今文魯詩學의 개창자이다. 젊은 시절에 楚元王 劉交와 함께 荀況의 제자인 浮丘伯에게 ≪詩經≫과 ≪春秋穀梁傳≫을 배웠다. 孔安國, 周覇, 夏寬, 徐偃 등이 그의 제자이다. 저서로는 ≪詩說≫, ≪魯詩故≫, ≪魯詩傳≫, ≪魯詩遺說考≫ 등이 총서에 실려 전한다.

32) 轅固 : B.C.229?~B.C.139?. 前漢 齊人으로, 轅固生이라고도 불린다. ≪詩經≫을 익혔으며, 今文齊詩學의 개창자이다. 景帝 때에 박사가 되었다. 저서 ≪齊詩傳≫이 漢學堂叢書에 실려 전한다.

33) 故 : 원문은 '詩'로 되어 있다. ≪漢書≫ 〈藝文志〉를 根據로 修政하였다.

34) 薛氏(薛漢) : ?~?. 後漢 淮陽人으로, 자는 子公. 대대로 韓詩를 익혀 災異讖緯에 대하여 잘 말했다. 光武 建武 初에 경학박사가 되고, 황명을 받아 圖讖을 교정했다. 明帝 永平 중에 千乘太守에 올랐다. 저서로는 ≪韓詩薛君章句≫가 있다.

다. ≪韓詩≫가 남아 있었지만 전수하는 사람이 없었는데, 唐나라 때까지는 그래도 전해지다가 지금은 ≪外傳≫ 10편만 남았으니, 이 책은 한영이 ≪시경≫을 상세히 설명한 것이 아니다. 한영이 남긴 시 해설이 이따금 다른 책에서 보이는데, 毛氏(毛亨)의 설과는 매우 다르지만 실로 여기서 논할 겨를이 없다. 그러나 ≪한시외전≫을 살펴보면 비록 ≪시경≫을 상세히 설명한 것은 아니지만, 구절을 따다가 의미를 붙인 것이 요컨대 孔子의 문하에서 卜商과 端木賜(子貢)가 시를 말한 취지와 부합하고, 게다가 文辭가 맑고 고와서 先秦의 風貌가 있으니, 배우는 자가 어찌 이것을 높이고 숭상하지 않을 수 있겠는가.

海岱땅 출신의 관리 劉貞이 嘉禾땅으로 부임하여 근무하던 여가에, 그의 돌아가신 부친 節齋先生이 손수 베껴둔 여러 藏書를 모두 간행하여 鄕校에 비치하고, 四方의 선비들과 함께 나누고자 하였으니, 그 의중을 살펴보건대, 장서를 감춰둔 채 전하지 않으며 사유물로만 여기는 사람들과는 전혀 달랐다. 내가 듣자하니, 後漢의 薛漢은 대대로 ≪韓詩≫를 익혔는데 章句를 해석하여 父子가 이름을 드날렸다. 이로 인해 그 책이 薛氏의 ≪章句≫[35]라고 불린다. 지금 劉貞 父子가 ≪韓詩外傳≫으로 서로 전하니, 대개 설씨의 풍모를 사모하여 천년 후에 흥기한 사람이라고 하겠다. 과연 한영이 설명한 본말에 대해 터득한 바가 없었다면 그렇게 할 수 있었겠는가. 내가 이미 신중히 한 차례 열람하였기에 이와 같이 기록하니, 부디 마땅히 나의 시 해설은 버리고 劉貞의 詩를 배우기 바란다.

至正 15년 龍集[36] 을미년(1355) 8월 曲江 錢惟善[37]이 서문을 쓴다.

始余年少에 讀韓詩外傳하고 疑其爲先秦時文字이라 及授詩爲專門學에 聞有韓魯齊三家之詩하고 遂求得之라 因考其說하니 韓詩는 燕韓嬰所作이라 故號韓詩요 魯詩는 浮邱伯傳之魯申培

35) ≪章句≫ : 薛漢의 ≪薛君章句≫를 가리킨다.
36) 龍集 : '歲次'를 가리킨다. 용은 歲星(木星)을 의미한다. 고대 중국인들은 목성이 黃道를 따라 12년을 週期로 일주하는 규칙성을 세차의 기준으로 삼았다. 그래서 干支 앞에 '용집'이나 '세차'란 말을 붙였다.
37) 錢惟善 : ?~1379. 字는 思復, 自號는 心白道人, 武夷山樵者로 錢塘人이다. 元 至元 元年(1335)에 江浙省試에 응시하였는데, 〈羅刹江賦〉가 출제되자 삼천여 명의 응시자들이 羅刹江의 출처를 몰랐지만 전유선은 枚乘의 〈七發〉을 인용하여 錢塘의 曲江이 바로 羅刹江임을 입증하여 고시관을 감탄케 하였다. 이로써 이름이 나자 自號를 曲江居士라고 하였다. ≪毛詩≫에 뛰어났으며, 詩文을 잘 지었다. ≪江月松風集≫ 12권이 세상에 전한다.

公이라 故號魯詩요 齊詩는 齊轅固所傳이라 故號齊詩라하여 或以國稱하고 或以氏傳이라 齊詩는 魏代已亡하고 魯詩는 亡於西晉이로되 而韓之傳이 又與齊魯間殊라도 然歸一也라 漢藝文志에 韓詩三十六卷이요 內傳四卷이요 外傳六卷이요 說四十一卷이라한대 隋經籍志에 韓詩二十二卷이니 薛氏章句라하고 唐藝文志에 韓詩는 卜商序요 韓嬰注이니 二十二卷이라 又外傳十卷이라하니 韓詩存而無傳者어늘 至唐猶在라가 今存外傳十篇하니 非韓嬰傳詩之詳者라 遺說時見於他書한대 與毛說絶異나 玆固不暇論也라 然觀外傳컨대 雖非其解經之詳이나 斷章取義가 要有合於孔門商賜言詩之旨하고 況文辭淸婉하여 有先秦風이어늘 學者安得不宗尙之리오 海岱劉侯貞이 來守嘉禾하여 聽政之暇에 因以其先君子節齋先生手鈔所藏諸書로 悉刊置郡庠하고 期與四方之士共之라 顧其意컨대 與祕而不傳하여 視爲己私者론 相去遠矣라 余聞後漢薛漢世習韓詩러니 父子以章句著名하여 因號薛氏章句라 今侯父子以韓詩相傳하니 蓋慕薛氏之風而興起千載下者니 非果有得於韓氏源委면 其能然乎아 余旣獲重閱一過라 故著其說如此하니 尙當捨余詩하고 學侯詩也라 至正十五年龍集乙未秋八月에 曲江錢惟善이 序하노라

5. ≪韓詩外傳≫ 舊序　韓詩外傳舊序

文章이란 세상에 있어서, 바람이 물 위를 지날 때처럼 모양이 바뀌고 고정된 게 없으니, 그저 道를 싣는 문장만 귀하다 하겠고, 그 이외는 재주에 불과하다. 六經의 문장은 하늘처럼 넓고 커서 萬象이 빼곡이 진열되어 있으니, 더 보탤 것이 없을 뿐이다. 孔子와 孟子에 이르러서는 육경을 계승하여 문장을 지으니 광대하면서도 웅심했다. 말씀 사이에 매번 ≪周易≫·≪詩經≫·≪書經≫ 중의 중요한 말을 가져다 미루어 넓히며, 심오한 뜻을 밝혀 은미한 바를 드러내어, 그 蘊蓄한 바를 다하였으니, 道가 이로부터 나왔다.

孔子

대저 한영은 漢나라 孝文帝의 시대에 살면서, 秦나라에 의해 불타고 끊겨진 학술 상황 속에서 이에 능히 ≪시경≫을 부연하고 傳을 지었거늘, 뜻을 붙이고 말을 펼친 것이 孔孟의 문장과 한결같이 닮았다. 무릇 詩의 모든 말은 간략해도 뜻은 심원하니 실로 힘을 다한 極致로서, 위로는 天人의 이치를 미루어 담고, 아래로는 萬物의 실정을 포착하여 그 뜻을 다하였다. 文도 엄밀하게 정돈되고 간솔하게 옛스러워 세상을 독려하고 풍속을 바로잡으니 모두 道에 순하다. 이는 완연히 聖人門下의 家法이니, 어찌 漢나라의 인물이 갑작스레 능할 수 있는 것이겠는가?

그러나 韓生이 당시에 詩로써 명성이 나서, 魯나라의 申培公과 齊나라의 轅固生의 두 詩와 나란히 세상에 진열되었다. 게다가 ≪易≫에 傳을 지어 전수하기도 하였다지만, 지금은 전하지 않고, 그 詩 또한 없어졌으니, 더욱 이 때문에도 천하에 이 ≪韓詩外傳≫이 사라지지 않고 남은 것을 감격하며 탄복한다. 아! 한생은 경전에 이름이 보이지 않아 세상에 잘 알려지지 않았다. 이제 薛汝修[38]가 독실하게 공부하며 시를 좋아하였는데, 이에 돌아가신 증조부 黃門公의 책상자에서 이 책을 발견하고는 그 문장이 예스러움을 사랑하여 목판으로 새겨 세상에 간행하니 그 마음의 씀씀이가 또한 가상하지 아니한가?

濟南의 陳明이 쓴다.

文之在世에 如風行水上하여 變態無定하니 惟載道者可貴也요 外此藝焉爾라 六經之文은 渾涵如天하여 萬象森列하니 不可尙已라 至孔孟繼六經而作其文하니 廣大淵宏이라 中間每取易詩書中之要語하여而推廣之하며 闡幽微顯하여 以盡其蘊하니 則道從此出矣라 夫何韓嬰은 處乎漢孝文之世하고 遭秦火絶學之餘로되 迺能衍詩作傳이어늘 命意布詞가 一倣孔孟之文이라 凡諸詩言約旨遠者가 悉肆力極致니 上推天人之理하며 下及萬物之情하여 以盡其意라 文則嚴整簡古하여 厲世範俗하니 皆順於道라 宛然聖門家法하니 豈漢世人物之所遽能邪아 然生在當時以詩名하며 與魯申培과 齊轅固二詩로 竝列於世하고 亦嘗以易作傳授人이어늘 今已不傳하고 而其詩亦亡하니 又因以慨嘆天下之遺書於無窮也로다 嗟乎라 韓生不見於經傳이라 故世鮮聞이라 今薛子汝修가 篤學嗜詩라가 迺於先曾大父黃門公笥中得此書하고 愛其文古而鋟諸梓하여 以傳於世하니 其用心不亦可嘉也乎아 濟南陳明이 撰하다

38) 薛汝修 : 薛來. 明 嘉靖 年間에 芙蓉泉書屋本 ≪韓詩外傳≫을 간행한 인물이다.

6. ≪韓詩外傳≫ 舊序　韓詩外傳舊序

齊・魯・韓 三家의 ≪詩經≫이 비록 모두 전하지 않지만, 당나라 사람들의 경전 해석과 類書 등에 인용된 것에 ≪韓詩≫가 유독 많다. ≪內傳≫의 경우에는 겨우 한두 편 보이지만, ≪外傳≫의 경우는 진실로 아직 없어지지 않았다. ≪外傳≫을 ≪漢書≫ 〈藝文志〉에는 본래 6편이라고 하였는데, ≪隋書≫ 〈經籍志〉에는 쪼개져서 10편이 되었으니, 더 보태어진 것은 아니다. 지금까지 流傳될 수 있었던 것은 文辭가 넉넉하고 빼어나 사람들이 愛玩했던 까닭이 어찌 아니겠는가. 그러나 비록 전하는 판본이 많지만, 틀리고 빠진 곳은 왕왕 비슷하다. 나의 벗인 武進땅의 趙億孫(趙懷玉) 舍人이 이미 여러 판본을 취하여 교열하고, 또 여러 책들 사이에 서로 차이나는 구절을 취하여 서로 참고하고 고증하여, 그 옳은 것은 따르고 어느 쪽으로 해석해도 통할 경우에는 그대로 두고 고치지 않았으니, 본래의 면목을 손상할까 염려했기 때문이다. 그리고 여러 책을 인용했음에도 이 책들 외의 다른 책에서 언급된 것이 더 나오면, 다시금 이를 널리 모아서 뒤에 붙였다. 대개 판각본이 있은 이래 지금에 이르기까지 틀린 것을 바로잡고 빠진 것을 채우니, 보는 사람마다 쾌재를 불렀다. 간행하자고 내가 서둘러 종용하자, 公과 뜻을 같이 하는 사람〔同好〕들이 책의 첫머리에 몇 마디씩 적어주었다.

대저 詩에는 의도 속에 담겨진 情이 있는가 하면, 표현 밖에 〈또 다른〉 뜻도 있다. 시를 읽는 자는 시인의 情을 매개로 삼지만, 문득 자기의 情에도 감응을 일으킨다. 그래서 또한 자기의 情이 본래 시인의 情과 같지 않았어도, 문득 멀던 것이 가깝게 느껴지고, 문득 상관없던 것들이 하나처럼 여겨진다. 詩란 정해진 틀이 없기에, 시를 읽는 방법도 정해진 해석이 없다. 公卿들이 주고 받은 글을 시험 삼아 보건대, 經傳에서 인용한 구절에서 각각 취한 뜻이 〈달리〉 있어 반드시 본래의 뜻과 완전히 부합하지는 않으니, 그렇다면 〈詩〉 삼백 편이 삼천 편이나 진배없다. ≪韓詩外傳≫에서 말한 바 또한 어찌 이와 다르겠는가. 詩를 잘 읽는 자는 融會하여 貫通할 줄 아는 법이니, 이는 곧 孔子가 말한 '지나간 것을 말해주니, 앞으로 올 것을 안다'[39]는 것이며, 孟子가 말한 '자신의 뜻으로 작자의 뜻을 헤아린다.'[40]는 방법이다. 모두 이 점을 참고해 살필 따름이다. 다만, 《韓詩外傳》의 중간에 간혹 里俗의 말투가 있어서 전부를 모범으로 삼을 수는 없으니, 감별해내는 현명함은 마땅히 스스로 구해야 하지만, 요컨대 그 格言과 古訓은 분명하여 마땅한 바가 확실히 많다. 그러하니 어떻게 이 책을 폐할 수 있겠는가.

乾隆 55년(1790) 단오일에 東里 盧文弨[41]가 常州의 龍城書院에서 서문을 쓴다.

齊魯韓三家詩가 雖皆失傳이나 而唐人經義及類書所援引에 唯韓獨多라 其內傳亦僅見一二요 若外傳固未亡也라 漢志本六篇이라하나 隋志則析而爲十하니 非有所坿益也라 其得流傳至今者가 豈非以文辭贍逸하여 爲人所愛玩故哉아 顧傳本雖多나 而譌脫亦往往相似라 吾友武進趙舍人億孫이 旣取數本校之하고 又取其與諸書相出入者하여 參互考證이라 擇其是者從之하고 其義得兩通은 則仍而不革하니 慮其損眞也일새라 又諸書所引에 亦尙有出於此書之外者는 復爲之博綜以繫於後라 蓋自有雕本以來至今日히 而譌者正하며 脫者補하니 閱者咸稱快焉이라 余亟慫恿付梓하니 公諸同好가 因綴數言於簡端이라 夫詩有意中之情이요 亦有言外之旨라 讀詩者有因詩人之情而忽觸夫己之情하니 亦有己之情이 本不同乎詩人之情이라도 而遠者忽近焉하며 離者忽合焉이라 詩無定形이요 讀詩者亦無定解라 試觀公卿所贈答컨대 經傳所援引에 各有取義요 而不必盡符乎本旨니 則三百篇이 猶夫三千也라 外傳所稱이 亦曷有異哉리오 善讀者는 融會而貫通之하나니 將孔子所謂告往知來요 孟子所謂以意逆志라 擧可於斯參觀焉爾라 中間或亦有里俗之言하여 不盡歸典則者하니 鑒別之明은 當自求之로다 要其格言古訓之釐然有當者正多也라 然則此書蓋可以廢乎哉아 乾隆五十五年端午日에 東里盧文弨가 序於常州之龍城書院하다

---

39) 지나간……안다 : 《論語》 〈學而〉에 "공자가 말하기를, '賜는 비로소 더불어 시를 말할 만하구나. 지나간 것을 말해주자 올 것을 아는구나.' 하였다.〔子曰 賜也 始可與言詩已矣 告諸往而知來者〕"라고 한 내용에서 보인다.

40) 자신의……헤아린다 : 《孟子》 〈萬章 上〉에 "자신의 뜻으로 작자의 뜻을 헤아려야 시를 제대로 알 수 있다.〔以意逆志 是爲得之〕"라고 한 내용에서 보인다. 앞의 역주16)참조하기 바란다.

41) 盧文弨 : 1717~1795. 淸나라 浙江省 仁和 사람. 자는 召弓, 또는 紹弓이고, 호는 磯漁, 抱經이다. 乾隆 17년(1752) 進士가 되어 翰林院 編修에 임명되고, 侍讀學士까지 올랐다. 절강성의 鍾山, 崇文, 龍城 등의 書院에서 20년 主講을 맡았고, 戴震, 段玉裁 등과 교유하였다. 經史子集 38종을 주석한 《群書拾補》가 대표적인 업적이다. 저서로는 《抱經堂文集》, 《鍾山札記》, 《龍城札記》, 《廣雅注》 등이 있다.

7. 校刻≪韓詩外傳≫序　校刻韓詩外傳序

內閣中書舍人 趙懷玉이 짓다.

內閣中書舍人 趙懷玉撰

≪漢書≫ 〈藝文志〉에는 ≪韓詩內傳≫이 4권, ≪外傳≫이 6권, ≪韓故≫가 36권, ≪韓說≫이 41권이라 했는데, ≪隋書≫ 〈經籍志〉에는 다만 ≪內傳≫과 ≪外傳≫만 전하니, ≪內傳≫은 薛氏(薛漢)의 章句를 덧보태 22권이 되었고, ≪外傳≫은 쪼개어 10권이 되었다. 지금 ≪內傳≫은 이미 일실된 채 가끔 이런저런 책에 인용되어 있다. 이를 베껴다가 朱子의 뜻을 모방하여 하나의 책으로 만들고자 했었는데, 바쁘게 애만 쓰다가 아직도 이루지 못하였다. ≪外傳≫의 경우는 편목이 ≪隋書≫ 〈經籍志〉와 합치하니, 참으로 엄연한 足本[42]이다. ≪外傳≫은 명나라 이후로 자주 판각을 하였지만, 오직 虞山 毛氏(毛晉)[43]의 것이 비교적 좋다. 그러나 이 역시 틀리거나 빠진 단점을 면하지는 못했다. 〈그래서 나는〉 여러 책을 참고하여 교정하고서, 따로 諸子의 책을 보아 이와 차이 나는 구절은 또한 그 아래에 자세히 해석하고 고증하였다. 그리고 틀린 것을 바로 잡고 빠진 것을 보충하며, 그 뜻이 어느 쪽으로 해석해도 통할 경우는 둘 다 제시했다. 그러나 내 거친 학문이 어설퍼[44] 자신하지 못하여 감히 남에게 보이지는 못했다.

무신년(1788)에 餘姚 盧弓父(盧文弨)선생이 우리 郡에 와서 講席의 主席이 되었을 때, 전승이 끊긴 책들에 대해 거론하신 말씀을 자주 들었고, 날마다 周·秦·兩漢의 서적을 많이 드러내 밝히셨지만, 빼고 보태어 校勘한 것이 한 글자도 구차함이 없었다. 서로 왕래하는 여가에 우연히 이 ≪外傳≫에 대해 언급하자, 선생이 손수 교정한

---

42) 足本 : 빠지거나 卷帙이 없는 완전한 책을 이른다.

43) 虞山 毛氏 : 여기서는 明末 藏書家 毛晉이 간행한 ≪韓詩外傳≫인 ≪汲古閣津逮秘書本≫을 가리킨다.

44) 어설퍼 : 원문은 "罣漏"이다. "掛漏"라고도 쓰며, 하나를 걸면 만 개가 샌다는 의미의 "掛一漏萬"이 축약된 말이다.

책을 꺼내 보여주셨는데, 엄격하게 조사하고 널리 종합하여 조금도 마음에 들지 않은 것이 없었다. 그래서 바로 예전에 參校해 둔 책을 가져다가, 고치고 보탤 수 있었다. 이에 자신할 수 없던 바를 그 덕분에 당시에 質正할 수 있게 되었다.

한가할 때 일찍이 생각해 본 적이 있다. 漢나라의 번성기에 燕땅과 趙땅 사이에서 詩를 좋아하고 詩를 얘기한 사람들은 실로 韓生(韓嬰)에게서 나왔다. 毛公(毛亨)[45]은 趙 땅 사람이니 원래 한씨로부터 나오지 않았다는 보장이 없고, 鄭康成(鄭玄)[46]도 또한 ≪韓詩≫를 먼저 익혔다. 그러므로 ≪周禮≫와 ≪禮記≫에 주석한 것이 ≪毛詩≫에 箋을 낸 것과 자못 달랐다. 그런즉, 毛亨과 鄭玄이 진실로 韓嬰에게서 나왔는데, 사람들은 한영을 퇴출하고 모형과 정현만 높인다. 隋나라와 唐나라 시대에는 그래도 ≪韓詩≫가 아직 남아 있었지만, 이미 전수하는 사람이 없었다. 옛것을 싫증내고 새것을 좋아하여 典故를 거론하면서〔數〕 근본을 잊었으니, 이는 하루 아침에 이루어진 일이 아니었던 것이다. 어떤 사람은 "이는 ≪內傳≫을 두고 할 말이지, ≪外傳≫ 같은 것은 雜說이 많고 經說에도 부합하지 않거늘 그대는 어찌 심히 좋아하느냐." 며 따지기도 하였다. 대저 詩는 '고루함'[47]을 가장 꺼린다. 孔子가 '지나간 것을 말해준' 것은 앞으로 올 것을 아는 것을 귀하게 여긴 까닭이다. ≪詩經≫에 나열된 삼백 수에는 애당초 공통된 訓詁가 없었다. 한 귀퉁이를 들어주면 나머지의 例로 삼아야 하거늘,[48] 고작 자취나 살피고 性情이나 논한다면, 이는 눈을 감고서 천지가 큼을 보고자 하는 셈이다. 班固의 ≪漢書≫에 말하기를, "한영은 시를 지은 사람의 마음을 미루어, ≪內傳≫

45) 毛公(毛亨) : ?~?. 前漢 魯人. 荀況에게 ≪詩≫를 배웠으며, ≪毛傳≫이 子夏에게서 나와 荀況을 거쳐 그에게 전해졌다고 한다. 大毛公으로 불리며, 그의 학문이 趙人 毛萇에게 전해졌다. 저서로는 ≪毛詩詁訓傳≫이 있는데, 鄭玄이 箋을 달고 孔穎達이 疏를 지었으니, 지금 전하는 ≪詩經≫이 바로 毛亨이 전한 것이다.

46) 鄭康成(鄭玄) : 127~200. 後漢 北海 高密人. 자는 康成. 第五元先을 스승으로 하여 ≪京氏易≫과 ≪公羊春秋≫에 정통하고, 張恭祖에게 ≪周禮≫, ≪左氏春秋≫, ≪古文尙書≫를 배웠다. 馬融을 師事하여 ≪周易≫, ≪尙書≫, ≪春秋≫를 배운 뒤에 40세가 넘어서 고향으로 돌아와 가르치기 시작했는데, 제자가 천여 명에 이르렀다. 古文經學을 위주로 하면서 今文經說도 채용하여 일가를 이루었는데, ≪毛詩箋≫, ≪周禮≫, ≪儀禮≫, ≪禮記≫에 대한 주해가 전한다.

47) 고루함 : 원문은 "固哉"이다. ≪孟子≫ 〈告子 下〉에 "고루하구나, 고자가 시를 해석함이여!〔固哉 告叟之爲詩也〕"라고 한 내용에서 보인다.

48) 한 귀퉁이를……하거늘 : 원문은 "一隅之擧"이다. ≪論語≫ 〈述而〉에 "한 귀퉁이를 들어주었는데 이것을 가지고 남은 세 귀퉁이를 반증하지 못한다면, 다시 더 일러 주지 않아야 한다.〔擧一隅 不以三隅反 則不復也〕"라고 한 내용이 보인다.

과 ≪外傳≫의 수만 자를 지었다."고 했거늘, 후세 사람은 도리어 詩意에 합치하지 않는 점만 헐뜯으니 어찌된 까닭인가? 이는 ≪外傳≫에서 말한 바가 ≪內傳≫과 참으로 달라서, 크게 보면 순일하지만 작은 瑕疵가 곳곳에 있기 때문이다. 그러나 비록 大理의 호칭이 어쩌다 漢나라 관직명[49]과 다르고, 阿谷의 처녀에 대한 내용[50]이 어쩌면 후세에 지어낸 말이라고 하더라도, 결국은 비슷한 걸 미루어 그 밖의 비슷한 범주의 일까지 유추하다가 생긴 일이니, 主文과 譎諫[51]에는 잘못됨이 없다. 독자가 진실로 잘 선택하여 勸善懲惡으로 이해해 주기만 한다면, ≪漢詩外傳≫을 두고 詩를 인용하여 사건을 증명했다[52]고 하더라도 괜찮을 것이고, 사건을 인용하여 詩를 밝혔다고 하더라도 괜찮을 것이다.

건륭 55년(1790) 경술년 5월

漢志에 韓詩內傳四卷이요 外傳六卷이요 故三十六卷이요 說四十一卷이라한대 隋志에 僅有內外傳하니 內傳益以薛氏章句爲二十二卷이요 外傳은 析爲十卷이라 今內傳已佚하여 間散引於諸書이라 嘗欲倣朱子之意하여 寫爲一書나 卒卒苦未能就라 若外傳은 篇目合之隋志니 則固居然足本也라 自明以來로 屢有鋟本이어늘 惟虞山毛氏較善이나 而譌脫亦復不免이라 旣取數本參校하고 其別見諸子로 與此相出入者는 亦疏證於下라 譌者正하며 脫者補하고 義得兩通者는 竝列焉라 蕪學罣漏하니 無以自信하여 未敢示人也러라 歲戊申에 餘姚盧弓父先生이 來主吾郡講席할새 洽聞擧遺하고 日以表章周秦兩漢之書爲事로되 丹黃讐勘이 一字弗苟러라 過從之暇에 偶及是書한대 先生出手定本見示이어늘 嚴核博綜하여 略無遺憾이라 乃取向所參校者하여 改竄而坿益之라 於是未敢自信者를 藉可質之於世矣라 間嘗思之러니 當漢之盛에 燕趙間好詩言詩

---

49) 한나라 관직명 : 秦나라 법관 명칭이 '廷尉'였는데, 漢 孝景帝 6년에 '大理'로 바뀌었다가 다시 얼마 후인 孝武帝 建元 4년에 다시 '廷尉'로 바뀌었다. ≪한시외전≫ 2-20에 晉文侯가 大理로 삼은 李離가 무고한 사람을 잘못 사형시킨 후 자책하여 자살했다는 내용이 보인다.

50) 阿谷의 처녀에 대한 내용 : 이는 ≪한시외전≫ 1-3에 관련 기록이 보인다. 孔子가 子貢을 시켜 阿谷의 빨래하는 처녀에게 여러 차례 말을 걸도록 시키는 내용이다.

51) 主文과 譎諫 : 直諫하지 않고 완곡하게 詠歌로써 풍자함을 말한다. ≪시경≫ 〈대서(大序)〉에, "윗사람은 풍으로 아랫사람을 교화하고, 아랫사람은 풍으로 윗사람을 풍자하되, 비유하는 글을 사용하여 완곡하게 규간하므로, 말하는 이는 죄가 없고, 듣는 이는 경계할 수 있기 때문에 風이라 한다.〔上以風化下 下以風刺上 主文而譎諫 言之者無罪 聞之者足以戒 故曰風〕" 라고 하였다.

52) 詩를……증명했다 : 이는 ≪韓詩外傳≫에 관한 王世貞의 비평을 염두에 둔 말인 듯하다. ≪四庫全書總目提要≫에서 관련 내용을 다음과 같이 확인할 수 있다. "왕세정이 말하길, '≪韓詩外傳≫은 시를 인용하여 사건을 증명한 것이 아니라, 사건을 인용하여 시를 증명한 것이 아니다.' 라고 하였으니, 그 설명이 가장 정확하다.〔王世貞稱 外傳引詩以證事 非引事以明詩 其說至確〕"

者는 實由韓生이라 毛公은 趙人이니 其原未必不由韓氏요 鄭康成亦先通韓詩라 故注周禮禮記에 與箋詩로 頗異라 然則毛鄭이 固皆出於韓이어늘 而人乃退韓而尊毛鄭이라 隋唐之際에 韓詩尙存이나 已無能傳之者하니 厭故喜新하여 數典忘祖하니 蓋非一朝夕之故矣라 或曰 是爲內傳言之요 至外傳則多雜說하여 且不合經義어늘 子何好之深也오하더라 夫爲詩首忌固哉요 告往貴知來者라 三百之陳에 初無達詁러니 一隅之擧에 可以例餘어늘 徒按迹而議性情이면 是猶閉睫而欲觀天地之大也라 班書에 言嬰推詩人之意하여 作內外傳數萬言이라하거늘 後人顧訾其不合詩意하니 何哉오 特是外之云者가 與內固殊하여 大醇小疵가 所在而有일새라 雖大理之號가 偶誤漢官하고 阿谷之辭가 或出後世나 要之컨대 觸類引伸이라 不謬乎主文譎諫이라 讀者苟知決擇하여 以歸勸懲이면 謂之引詩證事라도 可也니 卽謂之引事明詩라도 亦可也리라 乾隆五十五年이니 歲在庚戌夏五月이라

韓詩外傳 卷第一

漢 燕人 韓嬰 著①

新安 周廷寀 校注

① 趙懷玉本에 근거하여 보충하였다.
據趙本하여 補하다

1-1 曾子[1]가 莒[2] 고을에서 벼슬을 할 때 고작 三秉[3]의 곡식을 받았으나, 이때에는 증자가 俸祿을 중시하고 자기 자신을 가볍게 여겼다. 그러나 부모님이 돌아가신 후에 齊나라에는 宰相의 벼슬로, 楚나라에는 令尹[4]의 벼슬로, 晉나라에는 上卿의 벼슬로 맞이하였으나, 이때에는 증자가 자기 자신을 중시하고 봉록을 가볍게 여겼다.

보배를 품은 채 나라를 어지럽도록 버려두는 사람과는 함께 仁을 말할 수 없고, 자기 자신을 지나치게 아끼느라 부모 봉양에 소홀한 사람과는 孝를 말할 수 없다. 짐이 무겁고 갈 길이 먼 사람은 땅을 가리지 않고 쉬는 법이고, 집안이 가난하고 부모님이 늙으신 사람은 자리를 골라 벼슬하지 않는 법이다. 그러므로 군자는 부지런히 종종걸음하는 처지에는, 닥친 일을 급선무로 삼는다.

曾子

傳에 말하였다.

"좋은 시대가 아닌데 벼슬을 해야 하면, 일을 맡되 염려를 충분히 하고, 그들의 심

---

1) 曾子 : 공자의 제자로 이름은 參이다. 뛰어난 孝誠으로 칭송받았다.
2) 莒 : 중국 戰國時代 魯나라의 邑名이다. 지금의 山東省 莒縣에 속한다.
3) 秉 : 벼 한 움큼의 양을 표시하는 量詞이다. ≪儀禮≫ 〈聘禮〉에 따르면, "10斗를 斛이라고 하고, 16斗를 籔라고 하고, 10籔를 秉이라 한다.〔十斗曰斛 十六斗曰籔 十籔曰秉〕"하였다. 三秉은 매우 적은 俸祿을 의미한다.
4) 令尹 : 중국 戰國時代 楚나라의 재상이다.

부름을 하더라도 계책을 도모함에는 참여하지 않는 법이니, 그저 가난을 모면하기 위한 벼슬인 까닭이다."

≪詩經≫ 〈召南 小星〉에 말하였다.

"밤낮 관청에만 있으니, 정말 내 운명이야 남들 같지 않네."

曾子仕於莒할새 得粟三秉이나 方是之時에 曾子重其祿而輕其身이라 親沒之後에 齊迎以相하며 楚迎以令尹하며 晉迎以上卿이나 方是之時엔 曾子重其身而輕其祿이라 懷其寶而迷其國者론 不口與語仁하고 窘其身而約其親者론 不可與語孝라 任重道遠者는 不擇地而息하고 家貧親老者는 不擇官而仕라 故로 君子는 (矯)〔橋〕[5] 褐趨時①에 當務爲急이라 傳云 不逢時而仕에 任事而敦其慮하여 爲之使而不入其謀하나니 貧焉故也일새니라 詩曰 夙夜在公하니 實命不同이라

① 君子矯褐趨時 : 내(周廷寀)가 살펴보건대, '矯'字는 誤字인 듯하다. 마땅히 '蹻蹻擔簦'의 '蹻'字가 되어야 한다. '蹻'는 짚신이다. 趙懷玉本에 '橋'라고 되어 있고, 그 校語에 "橋는 본디 어떤 본에는 '矯'로 되어 있으니, 옛날에는 서로 통하는 글자였다."라고 하였다. 지금은 毛晉의 汲古閣津逮秘書本[6] ≪孔子家語≫와 蘇獻可의 通津草堂本[7] ≪孔子家語≫를 따른다.
寀按컨대 矯字疑誤라 當爲蹻蹻擔簦之蹻니 蹻草履也라 趙本作橋하고 校語에 橋本或作矯이니 古通用이라 今從毛本通津草堂本이라

1-2 傳(≪列女傳≫)에 말하였다.

"〈行露〉[8]에 나오는 사람은 혼인을 허락하였지만 아직 시집가지는 않았다. 물품 하나도 마련되지 않고, 禮를 하나도 갖추지 않은 것을 보고, 정절을 지키며 이치를 바르게 하여 죽어도 가지 않았다. 이를 君子는 婦道의 마땅함을 얻은 일이라고 생각하였다. 그래서 이를 거론하여 전하고 높여서 노래하여, 무도한 요구를 끊고 도를 더럽히는 행동을 막은 것이다."

---

5) (矯)〔橋〕: 저본에는 '矯'로 되어 있으나, 趙懷玉과 周廷寀의 校勘을 근거로 수정하였다.
6) 汲古閣津逮秘書本 : 본서의 저본인 畿輔叢書本을 엮은 吳棠이 光緒乙亥(1875)에 쓴 글에 의하면, 이 ≪韓詩外傳≫은 明末 虞山의 汲古閣 毛晉(1599~1659)이 ≪韓詩≫의 다른 異文을 합쳐 간행한 판본으로 주정채와 조회옥의 책이 출간되기 이전까지는 가장 방대하고 권위있는 판본이었다고 한다.
7) 通津草堂本 : 이 판본은 明나라 가정 연간의 판본이지만, 元나라 지정 15년의 간본을 저본으로 삼아 새롭게 교감하고 새겨낸 이본이기에, 상당히 오래된 이본의 흔적을 간직하고 있다.
8) 行露 : ≪詩經≫ 〈召南〉의 篇名이다.

≪詩經≫〈召南 行露〉에 말하였다.

"비록 나를 訟事로 부른다 하더라도, 또한 너를 따르지는 않으리."

傳曰 夫行露之人은 許嫁矣①나 然而未往也라 見一物不具와 一禮不備하고 守節貞理②하여 守死不往③이라 君子以爲得婦道之宜라 故擧而傳之하고 揚而歌之하여 以絶無道之求④하고 防汙道之行乎인저 詩曰 雖速我訟이나 亦不爾從호리라하다

① 夫行露之人許嫁矣 : ≪列女傳≫에는 申땅 사람의 딸이 酆땅 사람에게 혼인을 허락하였다고 하였다.
  列女傳에 以爲申人之女가 許嫁于酆也라하다
② 守節貞理 : ≪列女傳≫에는 "'貞理'가 '持義'(의를 지키다.)"로 되어 있다.
  列女傳에 作持義라
③ 守死不往 : '守死'의 '守'는 마땅히 ≪列女傳≫을 따라 '必'이 되어야 할 듯하다.
  守死之守는 疑當從傳作必이라
④ 以絶無道之求 : 여기의 '道'자는 ≪列女傳≫에 '禮'로 되어 있다.
  此道字는 傳作禮라

1-3 孔子가 남쪽에 노닐 때, 楚나라로 가다가 阿谷의 험한 길가[9]에 이르렀는데, 패옥을 차고 빨래하는 처녀가 있었다. 공자가 말하였다.

"저 부인은 얘기를 나눠볼 만하겠구나."

술잔을 꺼내 子貢에게 주면서 말하였다.

"얘기를 잘해서 그의 대답을 살펴 보거라."

자공이 〈처자에게〉 말하였다.

"나는 북방의 사람입니다. 장차 남쪽으로 초나라에 가려고 하는데, 더운 날씨를 만나 넓고 깊은 물 생각이 간절합니다. 물 한 잔을 얻어 답답했던 내 마음을 풀어버리고 싶습니다."

婦人[10]이 답하였다.

"아곡의 험한 길은 굽은 골짜기의 물가이긴 합니다. 그러나 그 물

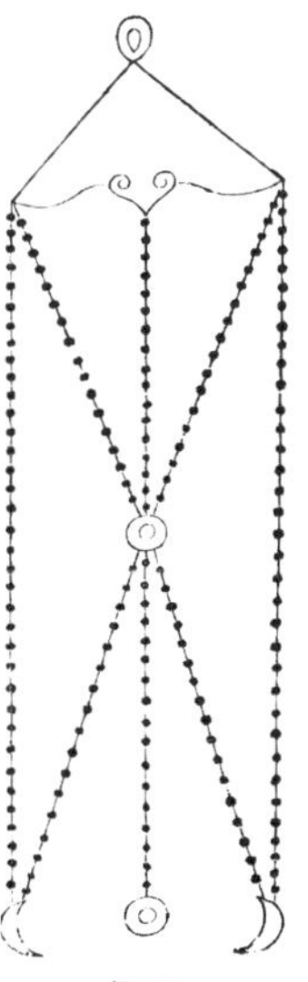
佩玉

9) 험한 길가 : 원문은 '隧'이다. 屈守元의 校勘과 ≪穆天子傳≫ 郭璞의 注에 근거하여 번역하였다. 곽박은 '隧'를 '골짝기의 험한 길(谷中險阻道)'이라고 설명했다.
10) 婦人 : ≪列女傳≫에는 '婦人'이 모두 '處女'로 되어 있다.

이 맑기도 하고 혹은 흐린 곳이 있어도 흘러서 모두 바다로 향하지요. 물을 마시려면 그냥 드시지, 아낙더러 왜 물으시는지요?"

그러고는 자공의 술잔을 받아, 물길을 거슬러 물을 퍼서는 찰랑찰랑 잔을 부셨다가, 물길을 따라 물을 떠서 찰랑찰랑 가득 담아냈다. 그리고 앉아서 술잔을 모랫가에 내려놓고 말하였다.

"남녀 간에는 직접 물건을 주고받지 않는 법이지요."

자공이 공자에게 아뢰자, 공자가 말하였다.

"나는 예상하고 있었다."

그러고는 거문고를 꺼내어 기러기발[11]을 뺀 후 자공에게 주면서 말하였다.

"이야기를 잘해서 그 대답을 살펴 보거라."

자공이 〈부인에게〉 말하였다.

"아까 그대의 말씀은 맑은 바람과 같이 우아했습니다. 그리고 내 말을 거스르지 않고 내 마음까지 펴주셨습니다. 여기에 거문고가 있지만 기러기발은 없으니, 그대의 솜씨를 빌려 음을 조율하고 싶습니다."

그러자 부인이 대답하였다.

"나는 시골 사람이라서 식견이 얕고 그럴 마음도 없으며, 五音도 분별하지 못하는데 어찌 거문고를 조율하겠습니까?"

자공이 공자에게 아뢰자, 공자가 말하였다.

"나는 예상하고 있었다."

그러고는 고운 갈포와 거친 갈포 五兩[12]을 꺼내어 자공에게 주면서 말하였다.

"이야기를 잘해서 그의 대답을 살펴 보거라."

자공이 〈부인에게〉 말하였다.

"나는 북방의 사람입니다. 남쪽으로 초나라에 가려고 합니다. 여기에 고운 갈포와 거친 갈포 五兩이 있는데, 그대에게 차마 직접 받게 할 수 없으니 이 물가에다 감히

---

11) 기러기발 : 원문은 '軫'. 전통 현악기에서 현을 지지하여 음을 조율할 수 있게 만든 받침목으로 '雁足'이라고도 한다.

12) 五兩 : '兩'은 옷감 따위를 세는 단위인데, 2段이 1兩이다. 1段은 2丈이고, 1丈은 10尺이다. ≪周禮≫ 〈地官 媒氏〉에 "무릇 자식을 시집보내거나, 아내를 맞이할 때 폐백을 들이는데, 純帛이 五兩을 넘는 일이 없다."고 하였다. 鄭玄의 注에 따르면, 폐백에서 단위를 반드시 '兩'으로 말하는 이유는 배필을 얻고자 하는 뜻을 담은 것이라고 했다.

두겠습니다."

부인이 대답하였다.

"나그네의 길에 차질이 나도록 더딘 일만 골라서 하는 괴이한 사람이군요. 재물을 나누어 이런 촌사람에게 버린다 한들, 내 나이가 이렇게 어린데 어찌 감히 당신이 주는 재물을 받을 수 있겠습니까? 당신이 서둘러 떠나지 않는다면, 아마 나를 지켜주러 올 남편을 이제 만나게 될 것이오!"

≪詩經≫〈周南 漢廣〉에서

"남쪽에 커다란 나무가 있지만 그늘이 없어 쉬어볼 도리 없네, 한수에 나와 노는 여인이 있지만 만나볼 방법이 없네."

라고 하였으니, 바로 이를 두고 말한 것이다.

孔子南遊할새 適楚에 至於阿谷之隧한대 有處子佩(瑱)〔璜〕[13)]而浣者라 孔子曰 彼婦人이 其可與言矣乎①로다 抽觴以②授子貢[14)]하며 曰 善爲之辭하여 以觀其語어다 子貢曰 吾는 北鄙之人也라 將南之楚러니 逢天之暑하여 思心潭潭③이라 願乞一飮하여 以表我心④호라 婦人對曰 阿谷之隧는 隱曲之氾⑤라 其水載淸載濁이라도 流而趨海라 欲飮則飮이어늘 何問婦人乎⑥오 受子貢觴하여 迎流而挹之하여 奐然而棄之⑦하고 (促)〔從〕[15)]流而挹之⑧하여 奐然而溢之⑨라 坐置之沙上하고 曰 禮固不親授라하다 子貢以告한대 孔子曰 丘知之矣로다 抽琴去其軫하여 以授子貢曰善爲之辭하여 以觀其語어다 子貢曰 嚮子之言이 穆如淸風하고 不悖我語하며 和暢我心⑩이라 於此有琴而無軫하니 願借子以調其音호라 婦人對曰 吾野鄙之人也라 僻陋而無心하고 五音不知어늘 安能調琴이리오 子貢以告한대 孔子曰 丘知之矣⑪로다 抽絺紘⑫五兩하여 以授子貢曰 善爲之辭하여 以觀其語어다 子貢曰 吾北鄙之人也어늘 將南之楚라 於此에 有絺紘五兩하니 吾不敢以當子身이오 敢置之水浦⑬호라 婦人對曰 客之行差遲乖人⑭이라 分其資財하여 棄之野鄙나 吾年甚少하니 何敢受子리오 子不早去⑮어다 今竊有狂夫守之者矣⑯리라 詩曰 南有喬木하니 不可休思⑰로다 漢有游女하니 不可求思로다 此之謂也⑱라

---

13) (瑱)〔璜〕: 저본에는 '瑱'으로 되어 있다. '瑱'은 '充耳'라고도 하며, 중국 고대에 冠冕 양측에 매달아 장식하던 귀막이 옥돌이다. 그런데 이는 여인이 사용하는 물건이 아니다. 한편 ≪韓詩外傳≫을 인용한 ≪太平御覽≫〈資産部〉에는 "璜"으로 되어 있다. 屈守元 등 여러 교감자들의 注에 근거하여 '瑱'를 '璜'의 誤字로 판단하였다.

14) 抽觴以授子貢 : 參校本인 ≪漢魏叢書本≫에는 이 구절이 "抽觴以女"로 되어 있다. 이하 全文이 삭제되어 있고, 마지막 구절인 "不可求思, 此之謂也"로 바로 이어 글을 마무리한다.

15) (促)〔從〕: 저본에는 '促'으로 되어 있으나, 趙懷玉의 校勘과 ≪列女傳≫에 근거하여 修正하였다.

① 彼婦人其可與言矣乎 : 趙懷玉이 교감한 내용에 "≪列女傳≫의 〈辯通〉에도 또한 실려 있는데, '婦人'은 '浣者'로 되어 있고, 아래 구절의 '婦人'은 '處女'로 되어 있다."고 하였다.
趙校語에 列女辯通傳에 亦載之한대 婦人作浣者하고 下婦人作處女라

② 抽觴以 : 趙懷玉이 교감한 내용에 "俗本은 이하의 306자가 탈락되었는데, 毛晉의 汲古閣津逮秘書本을 따라 보충하였다."고 되어 있다.
趙校語에 俗本은 此下脫三百六字한대 從毛本補라

③ 思心潭潭 : '潭潭'은 ≪列女傳≫에는 '譚譚'으로 되어 있다.
列女傳曰譚譚이라

④ 以表我心 : '表'는 ≪列女傳≫에 '伏'으로 되어 있다.
表는 傳作伏이라

⑤ 隱曲之汜 : '汜'는 ≪列女傳≫에 '地'로 되어 있다.
汜는 傳作地라

⑥ 何問婦人乎 : ≪列女傳≫에 '何謂乎婢子'로 되어 있다. 趙懷玉이 교감한 내용에 "≪太平御覽≫卷74에는 '何謂於婢子'라고 인용해서 썼는데, ≪列女傳≫과 동일하다."고 하였다.
傳作何謂乎婢子라 趙校語에 御覽七十四引作何謂於婢子라 列女傳同이라

⑦ 奐然而棄之 : '奐然'이라는 글자는 ≪列女傳≫에 '投'로 되어 있다.
奐然字는 傳作投라

⑧ 促流而挹之 : '促'은 ≪列女傳≫에 '從'으로 되어 있다. 趙懷玉本에 '從'으로 되어 있는데, 그 校語에 "예전에는 '促'으로 되어 있지만, 살펴보건대 윗 구절의 '迎'은 '逆'이니, 여기의 '從'은 곧 '順'이다. 따라서 '從'이 옳다.≪太平御覽≫과 ≪列女傳≫에 근거하여서 고쳐서 바로잡았다."고 하였다.
促傳作從이라 趙本에 作從한대 校語에 舊作促이나 按컨대 上文云迎은 是逆也니 此云從은 乃順也라 作從謂是라 據御覽과 列女傳하여 改正이라

⑨ 奐然而溢之 : 이 '奐然'은 ≪列女傳≫에 '滿'으로 되어 있다.
此奐然은 傳作滿이라

⑩ 不悖我語和暢我心 : ≪列女傳≫에는 '不拂不寤 私復我心'라고 하였다.
傳云 不拂不寤한대 私復我心이라

⑪ 丘知之矣 : 이 아래에 ≪列女傳≫에는 '過賢則賓'이라는 4자가 있는데 '過'자도 誤字이다. 아무래도 '遇'자가 되어야만 할 듯하다. 趙懷玉이 교감한 내용도 이와 같다.
此下는 傳有過賢則賓四字한대 過字亦誤라 疑當爲遇라 趙校語同이라

⑫ 抽絺紘 : '紘'은 趙懷玉本에 '紟'으로 되어 있는데, 이 아래도 마찬가지다.
趙本作紟하니 下同이라

⑬ 敢置之水浦 : ≪列女傳≫에 '願注之水旁'이라고 하였다.

傳云 願注之水旁이라

⑭ 客之行差遲乖人 : ≪列女傳≫에는 '行客之人 嗟然永久'라고 하였다. 趙懷玉이 교감한 내용에 "구절 중에 와전된 글자가 있다. ≪太平御覽≫ 卷819에는 '行客之人 嗟然永久'라고 하였다. ≪列女傳≫도 이와 같다."고 하였다.

傳云行客之人이 嗟然永久라 趙校語에 句有譌라 語覽八百十九作行客之人嗟然永久라 列女傳同이라

⑮ 子不早去 : '去'는 ≪列女傳≫에 '命'으로 되어 있다.

去는 傳作命이라

⑯ 今竊有狂夫守之者矣 : '守'는 ≪列女傳≫에 '名'으로 되어 있다. 이 아래에 ≪列女傳≫에는 '子貢以告孔子孔子曰丘已知之矣 斯婦人達於人情而知禮'라고 말한 24자가 더 있다. 趙懷玉이 교감한 내용에 "≪列女傳≫에는 '그대는 아직 혼인하지 못하신 듯 한데, 나는 남편될 사람의 이름을 거의 알고 있습니다.'로 되어 있다." 하였다.

守傳作名이라 此下에 傳에 尙有子貢以告孔子한대 孔子曰丘已知之矣로다 斯婦人達於人情而知禮卄四字라 趙校語에 列女傳作子不早命이라 切有狂夫名之者矣라하다

⑰ 不可休思 : 趙懷玉이 교감한 내용에 "'思'는 毛晉의 汲古閣津逮秘書本에 '息'으로 되어 있으니, 후세의 사람이 고친 것이다. 지금은 ≪詩攷≫[16]를 따른다."고 하였다.

趙校語에 毛本作息하니 乃後人所改라 今從詩攷라

⑱ 總評 : ≪孔叢子≫ 〈儒服篇〉에 "平原君이 子高에게 묻기를, '내가 들으니, 그대의 先君이 남쪽을 노닐다가 阿谷에 들러 빨래하는 여인과 말을 나누었다고 하는데, 과연 그런 일이 있었던 겁니까?'라고 하였다. 대답하기를, '아곡 얘기는 근세에 생긴 말이니, 이는 아마도 그와 비슷한 일을 가져다가 자기 마음에 하고 싶던 말을 담은 듯합니다.'고 하였다"고 하였다. 趙懷玉이 교감한 내용도 이와 같다.

孔叢子儒服篇에 平原君問子高曰 吾聞한대 子之先君南遊過乎阿谷하여 而交辭於漂女라한대 信有之乎아 答曰 阿谷之言이 起於近世하니 是殆假其類以行其心者之所爲也라하다 趙校語同이라

1-4 哀公이 孔子에게 물었다.

"지혜를 가진 자는 장수합니까?"

공자가 대답하였다.

"그렇습니다. 사람이 命대로 살지 못하고 죽는 세 가지 경우가 있으니, 스스로 초래

---

16) 詩攷 : 宋나라 王應麟(1223~1296)의 저서이다. ≪齊詩≫, ≪魯詩≫, ≪韓詩≫가 남긴 ≪詩經≫에 관련된 자료와 인용문들을 보존한 책이다.

하는 것입니다. 거처를 관리하지 못하고, 음식을 조절하지 못하며, 과로하는 자는 온갖 병이 그를 죽입니다. 아랫사람으로서 윗사람을 범하기 좋아하며, 좋아하는 욕심이 만족함이 없어 끊임없이 찾아 구하는 자는 온갖 형벌이 그를 죽입니다. 열세인 입장으로 많은 상대를 대적하며, 약한 처지로 강한 상대를 모욕하며, 분노하여 제 힘을 헤아리지 않고 싸우는 자는 온갖 병력이 그를 죽입니다. 그러므로 이 세 가지로 죽는 것은 천명이 아니니, 스스로 초래하는 것입니다."

≪시경≫ 〈鄘風 相鼠〉에 말하였다.

"사람이면서 위의가 없다면, 죽지 않고 무엇을 하는가?"

哀公問孔子曰 有智者壽乎①잇가 孔子曰 然하니이다 人有三死而非命也者하니 自取之也니이다 居處不理하고 飲食不節하며 勞過者②는 病共殺之요 居下而好干上하며 嗜慾無厭하며 求索不止者는 刑共殺之요 少以敵衆하며 弱以侮强하며 忿不量力者③는 兵共殺之라④[17] 故有三死而非命者하니 自取之也이다 詩曰 人而無儀면 不死何爲오

① 有智者壽乎 : 趙懷玉이 교감한 내용에 "≪說苑≫의 〈雜言〉篇에 '有智者壽乎'라고 되어 있고, ≪孔子家語≫의 〈五儀解〉에는 '智'자 위에 '有'자가 없다" 하였다.
趙校語에 說苑雜言篇에 作有智者壽乎라하고 家語五儀解에 智字上無有字라

② 勞過者 : ≪說苑≫의 〈雜言〉篇과 ≪孔子家語≫의 〈五儀解〉에는 모두 '佚勞過度者'로 되어 있다. 趙懷玉이 교감한 내용에 "≪說苑≫에는 '佚勞過度者'로 되어 있고, ≪孔子家語≫도 동일하니, 이는 2자가 빠진 듯하다." 라고 하였다.
說苑雜言과 家語五儀解에 竝作佚勞過度者라 趙校語에 說苑作佚勞過度者라하고 家語同하니 此似脫二字라

③ 忿不量力者 : ≪孔子家語≫에는 '忿怒不類 動不量力(착하지 못한 상대에 분노하되 행동할 때 제 힘을 헤아리지 않는다.' 로 되어 있다.
家語에 作忿怒不類動不量力이라

④ 總評 : 趙懷玉이 교감한 내용에 "≪文子≫의 〈符言〉篇에는 老子의 말로 실려 있다."고 하였으니, 내용이 대략 비슷하다.
趙校語에 文子符言篇載老子之言[18]하니 略同이라하다

---

17) 人有三死……兵共殺之 : 注釋의 내용상 원주④는 이곳에 위치해야 하기에 원주의 위치를 修正하였다.

18) 老子之言 : ≪文子≫ 〈符言〉篇 제7장의 구절을 가리킨다. ≪漢書≫ 〈藝文志 道家〉에 ≪文子≫는 모두 9篇이라고 전한다. 班固의 注釋에 따르면, 文子는 老子의 제자이며 孔子와 동시대 인물이라고 한다.

1-5 傳(≪荀子≫ 〈天論〉)에 말하였다.

“하늘에 있는 것은 日月보다 밝은 것이 없고, 지상에 있는 것은 水火보다 밝은 것이 없으며, 사람에게 있는 것은 禮義보다 밝은 것이 없다. 그러므로 일월이 높지 않으면 비추는 바가 멀지 않으며 水火가 쌓이지 않으면 물과 불의 광염이 넓지 못하며, 예의가 국가에 시행되지 못하면 군주의 공명이 드러나지 못한다. 그러므로 사람의 명은 하늘에 달렸고 국가의 명은 예에 달렸으니, 임금된 사람이 자신을 낮추어 예를 표하며 어진 이를 높이면 왕 노릇할 수 있고, 법을 중시하고 백성을 아끼면 패업을 이룰 수 있으나, 이익만 좋아하며 속임수가 많으면 위태롭고, 권모술수로 남을 무너뜨리려 하면 자신이 망한다.”

≪시경≫ 〈鄘風 相鼠〉에 말하였다.

“사람으로서 예의가 없다면, 어찌 빨리 죽지 아니 하는가?”

傳曰① 在天者莫明乎日月이요 在地者莫明於②水火③요 在人者莫明乎禮義라 故日月不高면 則所照不遠④하며 水火不積이면 則光炎⑤不博⑥하며 禮義不加乎國家면 則功名不白이라 故人之命在天⑦이요 國之命在禮이니 君人者降禮尊賢而王⑧하고 重法愛民而霸하고 好利多詐而危하며 權謀傾覆而亡⑨하나니라 詩曰 人而無禮면 胡不遄死오

① 傳曰 : ≪荀子≫의 〈天命篇〉에 보인다.
見荀子天命篇이라

② 於 : 趙懷玉이 교감한 내용에 “胡文煥本[19]에는 ‘乎’로 되어 있다.”고 하였다.
趙校語에 胡本作乎라

③ 水火 : 이 구절 아래 ≪荀子≫에는 ‘在物者 莫明於珠玉’의 8자가 더 있다.
此下에 荀子有在物者莫明於珠玉八字라

④ 所照不遠 : ‘所照’는 ≪荀子≫에 ‘光輝’로 되어 있고, ‘遠’은 ‘赫’으로 되어 있다.
所照는 荀作光輝하고 遠作赫이라

⑤ 炎 : 趙懷玉이 교감한 내용에 “‘燚’과 같다”고 하였다.
趙校語에 燚同이라하다

⑥ 光炎 : ‘光炎’은 ≪荀子≫에는 ‘輝潤’으로 되어 있다.
光炎은 荀作輝潤이라

19) 胡文煥本 : 明末에 刊印된 格致叢書本을 가리킨다.

⑦ 國之命在禮 : 이하의 내용은 ≪荀子≫의 〈彊國〉篇에도 보인다.
以下亦見强國이라
⑧ 降 : '降'자는 마땅히 ≪荀子≫를 따라 '隆'이 되어야 한다. 趙懷玉이 교감한 내용에 "'降禮'는 '隆禮'인 듯하다."고 하였다.
降字當從荀子爲隆이라 趙校語에 降禮疑是隆禮라
⑨ 傾覆 : '傾覆' 아래에 ≪荀子≫에는 '幽險' 2字가 더 있다.
傾覆下에 荀有幽險二字라

1-6 君子는 善을 변별하는 법〔辯善之度〕이 있다. 이것으로 氣를 다스리고 性을 기르면 몸이 彭祖[20]보다도 장수하며, 몸을 수양하여 스스로 힘쓰면 명성이 堯임금이나 禹임금과 나란해진다. 좋은 시절을 만나면 〈나아가〉 현달하고, 곤궁한 시절을 만나면 〈물러나〉 거처하는 것이, 진실로 禮이다. 무릇 마음을 쓰는 방도란 禮를 따르면 순조롭게 통달하며, 禮를 따르지 않으면 悖逆하여 어지럽다. 음식과 의복 및 動靜과 居處도 禮를 따르면 조화로워 절도가 있고, 禮를 따르지 않으면 저촉되어 병이 난다. 용모와 태도 및 進退와 걸음걸이도 禮를 따르면 우아하고, 禮를 따르지 않으면 상스럽다. 그러므로 사람이 禮가 없으면 살아갈 수 없고, 禮가 없으면 일이 이뤄지지 않는다. 나라에 禮가 없으면 평안하지 않고, 왕이 禮가 없으면 죽을 날이 멀지 않다.

彭祖

≪시경≫ 〈鄘風 相鼠〉에 말하였다.
"사람이면서 예절이 없다면, 어찌 빨리 죽지 않는가?"

君子有辯善之度①라 以治氣養性②이면 則身後彭祖하며 修身自强이면 則名配堯禹라 宜於時則達하며 厄於窮則處③하나니 信禮者也④니라 凡用心之術⑤은 由禮則理達⑥하며 不由禮則悖亂⑦이라 飮食衣服과 動靜居處도 由禮則(知)〔和〕[21]節⑧하며 不由禮則墊陷生疾⑨이라 容貌態

20) 彭祖 : 800세까지 살았다는 전설 속의 인물이다. 姓은 籛이고 彭이라는 곳에 봉해졌다.
21) (知)〔和〕 : 저본에는 '知'로 되어 있으나, 原注와 ≪荀子≫에 의거하여 '和'로 수정하였다.

度와 進退(移)〔趍〕[22] 步⑩도 由禮則〔雅하며 不由禮則〕[23] 夷⑪라 (國政)〔故人〕無禮則不(行)⑫(王)〔生〕[24]하며 事無禮則不成이라 國無禮則不甯하고 王無禮則死亡無日矣리라 詩曰人而無禮면 胡不遄死오하니라

① 辯善之度 : ≪荀子≫ 〈修身〉篇에 '辯'은 '扁'으로 되어 있다. 楊倞의 注에 "扁은 辯의 뜻으로 읽는다."고 하였다. 내(周廷寀)가 보기에, "저 '扁'은 아무래도 마땅히 '截截善諞言(술술 교묘한 말을 잘 한다.)'의 '諞'이 되어야 할 듯하다. 孔穎達도 말하길, '「諞」은 「辯」이다.'라고 하였다."라고 하였다. 趙懷玉이 校勘한 내용에 말하길, "≪荀子≫ 〈修身〉篇에 '扁善之度'라고 되어 있고, 楊倞의 注에도 이것을 인용해서 아울러 해석하여 君子가 善을 辯別하는 법이 있음을 말한 것이니, 곧 禮를 이른다."고 하였다.

荀子修身篇에 辯作扁이라 楊倞注云 扁讀爲辯이라 寀按 彼扁은 疑當爲截截善諞言之諞이라 孔穎達云諞猶辯也라 趙校語에 荀子修身篇作扁善之度라 楊倞注에 引此併釋之하여 云言君子有辯別善之法이니 卽謂禮也라

② 治氣養性 : '性'은 마땅히 ≪荀子≫를 따라 '生'으로 써야 한다. 趙懷玉이 校勘한 내용에도 이와 같다.

性當從荀子하여 作生이라 趙校語同이라

③ 宜於時則達危於窮則處 : ≪荀子≫에는 '宜於時通 利以處窮'으로 되어 있다.

荀作宜於時通하고 利以處窮이라

④ 信禮者也 : ≪荀子≫에는 '禮信是也'로 되어 있다.

荀云禮信是也

⑤ 凡用心之術 : '用' 아래가 ≪荀子≫에는 '血氣志意知慮'로 되어 있다.

用下에 荀作血氣志意知慮라

⑥ 理達 : ≪荀子≫에는 '治通'으로 되어 있다.

荀作治通이라

⑦ 不由禮則悖亂 : ≪荀子≫에 '勃'로 되어 있다.

悖荀作勃

⑧ 由禮則知節 : '知'는 ≪荀子≫에 '和'로 되어 있다. 趙懷玉本에 '和節'로 되어 있다. 趙懷玉이 校勘한 내용에 "본래 모두 '知節'로 되어 있다. 이제 ≪荀子≫의 구절에 의거하여 고친다."라고 하였다.

知는 荀作和라 趙本에 作和節이라 校語에 本皆作知節이라 今依荀子文改라호라

---

22) (移)〔趍〕 : 저본에는 '移'로 되어 있으나, 原注와 ≪荀子≫에 의거하여 '趍'로 수정하였다.
23) 雅……則 : 저본에는 없다. 原注와 ≪荀子≫에 '趍'를 보충하였다.
24) 國……生 : 저본에 訛脫이 심하다. 원문은 '國政無禮則不行王'으로 되어 있으나, 原注와 ≪荀子≫에 의거하여 '故人無禮則不生'으로 바로잡았다.

⑨ 塹陷生疾 : '塹'은 ≪荀子≫에 '觸'으로 되어 있다. 趙懷玉이 校勘한 내용에도 이와 같다.
塹荀作觸이라 趙校語同이라

⑩ 移步 : ≪荀子≫에 '趨行'으로 되어 있다. 趙懷玉本에 '趍步'로 되어 있고, 校勘한 내용에 "舊本에는 '移步'로 되어 있으나 잘못된 것이다. ≪荀子≫에는 '趨行'으로 되어 있으니, 이는 곧 '趍'字가 '移'로 잘못된 것이다."라고 하였다.
荀作趨行이라 趙本作趍步라 校語에 舊作移步나 譌라 荀子作趨行이니 則此乃趍字誤爲移也라하다

⑪ 由禮則夷 : ≪荀子≫에는 이르길, "由禮則雅 不由禮 則夷固辟違 庸衆而野(예법을 따르면 품격이 고상하고, 예법을 따르지 않으면 거만하고 간사하여, 평범한 사람처럼 촌스럽다.)"라고 하였고, 楊倞의 注에 "'夷'는 거만하다는 뜻이다."라고 하였다. 내(周廷寀)가 보기에 이 '夷'자 위에 '雅不由禮則'의 5자가 빠진 듯하다. 趙懷玉本에 '由禮則雅 不由禮則夷固(예법을 따르면 품격이 고상하고, 예를 따르지 않으면 거만하다.)'라고 되어 있고, 그 校勘 내용에 이르길 "본래 모두 '由禮則夷國(예법을 따르면 오랑캐의 나라)'이라고 되어 있으니, 잘못되고 빠진 것이 매우 심하여, 이제 ≪荀子≫를 따라서 補正한다. ≪荀子≫에는 이르길, '不由禮則夷固僻違 庸衆而野(예법을 따르지 않으면 거만하고 간사하여, 평범한 사람처럼 촌스럽다.)'고 하였고, 楊倞의 注에 '夷는 倨이고, 固는 陋이다.'"라고 하였다.
荀云 由禮則雅하며 不由禮則夷固辟違하여 庸衆而野니라 楊注에 夷는 倨也라 寀按 此夷上에 疑脫雅不由禮則五字라 趙本에 作由禮則雅하며 不由禮則夷固라하고 校語에 本皆作由禮則夷國하니 譌脫殊甚이라 今依荀子補正이라 荀云 不由禮면 則夷固僻違하여 庸衆而野라하고 楊注에 夷倨也요 固陋也라하다

⑫ 國政無禮則不行 : 趙懷玉本에 '故人無禮則不生(그러므로 사람은 禮가 없으면 살아갈 수 없다.)'으로 되어 있고, 그 校勘 내용에 "舊本에는 '故'字가 잘못되어 '政'으로 되어 있고, 또 '人'字가 빠졌으며, '不生'이 '不行'으로 되어 있고, '王'字가 있어 아래 구절에 연결했다."라고 하였다. 지금 살펴보니 '行'字는 衍字이고, '王'은 곧 '生'의 잘못된 글자이다. 모두 ≪荀子≫에 의거하여 고쳐 바로잡았다.
趙本에 作故人無禮則不生이라하고 校語에 舊本故字譌作政이요 又脫人字요 不生作不行이요 有王字屬下句라한대 今案行字衍이요 王乃生之譌라 俱依荀子改正이라

1-7 傳에 말하였다.

"不仁의 심한 경우는 자기 어버이를 홀대하는 것이고, 不忠의 심한 경우는 자기 임금을 배신하는 것이며, 不信의 심한 경우는 자기 벗을 속이는 것이다. 聖王도 이 세 가지에 해당하는 자는 죽이고 용서하지 않는다."

≪시경≫ 〈鄘風 相鼠〉에 말하였다.

"사람이면서 예의가 없다면 죽지 않고 무얼 하겠나?"

傳曰 不仁之至는 忽[25]其親이요 不忠之至는 倍其君이요 不信之至는 欺其友니 此三者는 聖王之所殺而不赦也라 詩曰 人而無儀면 不死何爲오하니라

1-8 王子 比干[26]은 자기 몸을 죽여 그 忠誠을 이루었고, 柳下惠[27]는 자기 몸을 죽여 그 信義를 이루었고, 伯夷와 叔齊[28]는 자기 몸을 죽여 그 淸廉을 이루었다. 이 세 분은 천하의 通達한 士이거늘 어째서 자신들의 몸을 아끼지 아니했던가? 이 의리를 세우지 못하고, 명예를 드러내지 못하면 士는 이를 부끄럽게 여기기 때문이다. 그러므로 자기 몸을 죽여 그 행실을 이룩한 것이다. 이로써 보건대 비천함과 빈궁함은 士가 부끄러워할 바가 아니요, 〈부끄러워할 바는〉 천하가 충성스러운 사람을 추천하는데 士로서 이에 끼지 못하거나, 천하가 신의있는 사람을 추천하는데 士로서 여기에 끼지 못하거나, 천하가 청렴한 사람을 추천하는데 士로서 여기에 끼지 못함이다. 세 가지를 몸에 보존하면 名譽가 세상에 전해져 해와 달과 더불어 없어지지 않을 것이다. 하늘과 땅이라 할지라도 그를 함부로 죽이고 살리지 못할 것이며, 桀이나 紂 같은 폭군의 시대를 당해도 〈난세가〉 그를 더럽힐 수는 없으리라. 그러한즉 삶을 싫어하고 죽음을 즐겨서도 아니고, 富貴를

伯夷

25) 忽 : 兪樾은 〈讀韓詩外傳〉에서 '忽'자를 '忍'의 誤字로 보았다. 그는 마땅히 '忍'가 되어야 문장의 의미가 그 아래 구절의 '倍其君' 및 '欺其友'와 서로 걸맞게 된다고 주장했다.

26) 比干 : 비간은 殷나라 紂王의 숙부로, 폭정에 대해 직언을 하였는데, 주왕이 노하여 말하기를, "성인의 심장에는 일곱 개의 구멍이 있다고 하는데 사실인지 보겠다."라고 하면서 비간을 죽였다.(≪史記≫ 〈殷本紀〉)

27) 柳下惠 : 유하혜는 중국 춘추시대 魯나라의 현자이다. 성은 展이고 이름은 獲인데, 柳下에서 살아서 이것이 號가 되었고, 惠라는 시호를 받아서 유하혜라고 불린다. 어질고 덕이 있어 孔子로부터 칭송을 받았으나, 의로운 죽음에 대해서는 전하는 기록이 없다.

28) 伯夷와 叔齊 : 周나라 武王이 신하로서 폭군인 殷나라 紂王을 정벌할 적에 말고삐를 붙잡고 말렸던 인물이다. 훗날 西山에서 고사리를 캐먹으며 節義를 지키다가 죽었다고 전한다.

싫어하고 貧賤을 좋아해서도 아니니, 그 이치를 따라서 존귀함이 자기에게 이르면 벼슬하고 사양하지 않는다.

공자가 말하였다.

"부귀를 구하여 얻을 수 있는 것이라면, 말채찍을 잡는 士라도 나는 하겠다.[29)]"

그러므로 窮厄을 만나도 번민하지 않고, 힘들고 치욕스러운 일을 당해도 구차하지 않은 다음에야 〈이런 경지에〉 이를 수 있다.

≪시경≫ 〈邶風 柏舟〉에 이르길,

"내 마음은 돌이 아니라서 굴려 볼 수도 없고, 내 마음은 돗자리가 아니라서 말아 볼 수도 없네."

라고 하였으니, 이를 말한 것이다.

王子比干은 殺身以成其忠하고 柳下惠는 殺身以成其信①하고 伯夷叔齊는 殺身以成其廉하니 此三子者는 皆天下之通士也로대 豈不愛其身哉아 爲夫義之不立하고 名之不顯이면 則士恥之라 故殺身以遂其行이라 由是觀之컨대 卑賤貧窮은 非士之恥也요 天下擧忠而士不與焉하며 擧信而士不與焉하며 擧廉而士不與焉이라 三者存乎身이면 名傳於世②하여 與日月竝而〔不〕[30)] 息③하리니 天不能殺하고 地不能生하며 當桀紂之世라도 不之能汚也리라 然則非惡(오)生而樂死也며 〔非〕[31)] 惡富貴好貧賤也④니 由其理⑤하야 尊貴及己면 而仕也⑥요 不辭也니라 孔子曰 富而可求인댄 雖執鞭之士라도⑦[32)] 吾亦爲之라 故阨窮而不憫하고 勞辱而不苟然後에 能有致也니라 詩曰 我心匪石이니 不可轉也요 我心匪席이니 不可卷也라하니 此之謂也라

① 柳下惠殺身以成其信 : ≪說苑≫ 〈立節〉에는 이 9자가 빠졌다. 趙懷玉이 校勘한 내용에 "유하혜에 대해서 그 도덕과 人品이 확인되지는 않지만, ≪呂氏春秋≫ 〈審己〉篇과 ≪新序≫ 〈節士〉篇에 모두 실려 있다. 이것은 이른바 그 信義를 이룬 경우이다. 그러나 ≪說苑≫ 〈立節〉篇에는 '尾生'으로 되어 있는데, 이런 信義는 죽을 수도 있는 일에 집착하다가 실수로 죽은 경우이다. 尾生의 信義를 어찌 比干이나 伯夷 및 叔齊와 함께 논의할 수 있으랴?" 하였다.

說苑立節에 脫此九字라 趙校語에 柳下惠不證岑鼎[33)]이나 呂氏春秋審己篇과 新序節士篇에

29) 부귀가……하겠다 : ≪論語≫ 〈述而〉편에 보인다.

30) 〔不〕 : 저본에는 '不'이 없으나, ≪說苑≫과 趙懷玉의 校勘에 根據하여 補充하였다.

31) 〔非〕 : 저본에는 '非'가 없으나, ≪說苑≫과 趙懷玉의 校勘에 根據하여 補充하였다.

32) 富而可求雖執鞭之士 : 注釋의 내용상 원주⑦는 이곳에 위치해야 하기에 원주의 위치를 修正하였다.

皆載之하니 此所謂成其信也라 說苑立節篇에 作尾生한대 此泥殺身而失之者也라 尾生之信을 豈可與比干夷齊竝論哉아

② 名傳於世 : '世' 위에 ≪說苑≫에는 '後'字가 있다. 趙懷玉이 校勘한 내용도 이와 같다.
世上에 說苑有後字라 趙校語同이라

③ 與日月竝而息 : ≪說苑≫에는 '息' 위에 '不'字가 있는데 여기에는 빠져 있다. 趙懷玉本에 '不息'으로 되어 있고, 그 校勘한 내용에도 '不'字가 빠졌다고 하였다. 여기서는 ≪說苑≫에 의거하여 보충하였다.
說苑에 息上有不字한대 此脫이라 趙本作不息이요 校語不字脫이라 依說苑補하다

④ 非惡富貴好貧賤也 : '惡富' 위에 趙懷玉은 ≪說苑≫에 의거하여 '非'字를 보충했다.
惡富上에 趙據說苑하여 補非字라

⑤ 由其理 : ≪說苑≫에는 "由其道 遵其理(그 道를 말미암고, 그 이치를 따른다.)"로 되어 있다.
說苑云 由其道하고 遵其理라하다

⑥ 尊貴及己而仕也 : '仕'는 ≪說苑≫에 '士'로 되어 있고, '士'의 위와 아래에 '而'와 '也'가 없다. 趙懷玉이 校勘한 내용에 "이 6자(而仕也不辭也)가 ≪說苑≫에는 '士不辭'로 되어 있는데, '仕'와 '士'는 옛날에도 通用字였다."라고 하였다.
仕는 說苑作士한대 士上下又無而也字라 趙校語에 此六字는 說苑作士不辭也라 仕與士는 古亦通用이라호라

⑦ 富而可求雖執鞭之士 : 趙懷玉本에 "富而不可求從吾所好(부귀를 구하여 얻을 수 없다면, 내가 좋아하는 것을 따르겠다)'의 9자가 있는데, 그 校勘한 내용에 "이 9자가 원래는 모두 빠져 있었다. 그러나 살펴보건대 이 구절이 없다면 위와 아래의 語義가 자못 완전하지 못하게 된다. 그래서 이제 ≪說苑≫에 의거해 보충하여 넣었다."라고 하였다.
趙本에 有富而不可求從吾所好九字라 校語에 此九字는 本皆脫이어늘 按無此면 則上下語意殊不完全이라 今據說苑하여 補入이라

1-9 原憲[34]은 魯나라에서 살 때, 사방이 벽뿐인 작은 방에 쑥과 명아주로 지붕을 잇고, 쑥대를 엮은 문짝과 깨진 항아리로 창틀을 만들고 뽕나무를 서까래 삼고 지도리도 없었기에 위에는 지붕이 새고 아래는 축축하였다. 그런데도 그는 반듯하게 앉아 현악기에 맞추어 노래하였다. 子貢이 살찐 말을 타고 가벼운 갖옷을 입었는데, 군청색 안

33) 岑鼎 : '讒鼎'과 같은 말로, 춘추시대에 魯나라를 상징하였던 솥 이름이다. 여기서는 훌륭한 도덕과 인품 등을 가리킨다.

34) 原憲 : 춘추시대 魯나라 사람으로, 자는 子思 또는 原思이며 공자의 제자이다. ≪莊子≫ 〈讓王〉편에는 원헌이 가난한 집에 거처하면서도 琴瑟을 연주하며 지냈다고 전한다.

감에 흰색 겉감을 한 옷이었고, 〈골목이 좁아〉 수레가 들어가지 못할 지경이었는데 〈자공은 수레를 타고 원헌을〉 찾아갔다. 원헌은 닥나무로 만든 관에 명아주 지팡이를 짚고 문에서 응대했는데, 관을 반듯하게 쓰면 관끈이 끊어질 듯했고, 옷깃을 여미면 팔꿈치가 드러났으며, 신을 신으면 뒤꿈치가 터질 지경이었다. 자공이 말하였다.

原憲

"아! 선생은 어찌하여 병들었습니까?"

그러자 원헌이 올려다보며 대답하였다.

"제가 들은 바로는 재물이 없는 것을 가난하다고 말하고, 배우고서도 능히 행하지 못하는 것을 병들었다고 합니다. 저는 가난한 것이지 병든 것이 아닙니다. 세속에 영합하여 행동하고 부화뇌동하여 사귀어서, 남에게 드러내기 위해 배우고 자기를 내세우려 가르치며[35], 仁과 義를 방치하면서 車馬를 치장하거나 의복을 꾸미는 일 등은 제가 차마 하지 못합니다."

자공은 쭈뼛거리며 부끄러운 낯빛을 띠다가, 작별인사도 변변히 하지 못한 채 떠났다. 원헌은 이에 느린 걸음으로 지팡이를 끌면서 商頌의 노래를 부르며 돌아섰는데, 그 음성이 天地에 가득하여 마치 종과 경쇠에서 나는 것 같았다.

천자도 신하로 삼을 수 없는 자가 있고, 제후도 벗으로 삼을 수 없는 자가 있다. 그러므로 몸을 기르는 자는 자기 집을 생각지도 않고, 뜻을 기르는 자는 자기 몸을 생각지도 않는다. 자기 몸조차 아끼지 않는데 누가 능히 그를 더럽힐 수 있겠는가?

≪시경≫ 〈邶風 柏舟〉에 말하였다.

"내 마음은 돌이 아니라서 굴려 볼 수도 없고, 내 마음은 돗자리가 아니라서 말아 볼 수도 없네."

原憲居魯할새 環堵之室에 茨以蒿萊①하고 蓬戶甕牖에 桷桑而無樞②하여 上漏下濕이어늘 匡坐而絃歌이러라 子貢乘肥馬하고 衣輕裘한대 中紺而表素라 軒不容巷③而往見之하다 原憲楮冠

35) 남에게……가르치며 : 陸德明은 "배움은 마땅히 자신을 위해서 해야 하고, 가르침은 마땅히 남을 위해서 해야 하는데, 지금 반대로 그렇게 하지 않음이다." 라고 풀이하였다.

黎杖④而應門한대 正冠則纓絶하고 振襟則肘見(현)⑤하며 納履則踵決⑥라 子貢曰 嘻라 先生何病也오하니 原憲이 仰而應之하고 曰 憲聞之호니 無財之謂貧이요 學而不能行之謂病이라 憲은 貧也요 非病也라 若夫希世而行하고 比周而友⑦하여 學以爲人하고 教以爲己하며 仁義之匿⑧하고 車馬之飾과 衣裘之麗는 憲不忍爲之也라한대 子貢逡巡하며 面有慙色이라가 不辭而去라 原憲乃徐步曳杖⑨하며 歌商頌而反한대 聲淪於天地⑩하여 如出金石이라 天子不得而臣也요 諸侯不得而友也라 故養身者忘家하고 養志者忘身이라 身且不愛한데 孰能忝之⑪리오 詩曰 我心匪石이니 不可轉也요 我心匪席이니 不可卷也라

① 茨以蒿萊 : '蒿萊'는 ≪新序≫ 〈節士〉에 '生蒿(쑥이 자랐다)'로 되어 있다.
新序節士에 作生蒿라

② 桷桑而無樞 : '桷'은 ≪新序≫에 '揉'라고 되어 있고, '而無'는 '以爲'라고 되어 있으니, 여기가 잘못된 듯 하다. 마땅히 ≪新序≫를 따라야 한다. 趙懷玉이 校勘한 내용에 "≪新序≫ 〈節士〉篇에는 '揉桑以爲樞(뽕나무를 구부려 지도리로 삼았다.)'로 되어 있고, ≪莊子≫ 〈寓言〉편에도 '揉'자가 없고, 나머지는 같다."고 하였다.
桷은 新序作揉하고 而無作以爲하니 疑此誤라 當從新序라 趙校語에 新序節士篇에 作揉桑以爲樞라하고 莊子寓言篇에 無揉字나 餘同이라호라

③ 軒不容巷 : '軒'이 趙懷玉本에 '軒車'로 되어 있다. 趙懷玉이 校勘한 내용에 "본디 모두 '車'자가 빠져 있는데, ≪莊子≫와 ≪新書≫에 의거하여 보충하였다."고 하였다.
趙本에 作軒車라 校語에 本皆脫車字로되 據莊子新序補라

④ 原憲楮冠黎杖 : ≪新序≫에는 '冠桑葉冠杖黎杖(뽕잎으로 만든 관을 쓰고, 명아주 지팡이를 짚고서)'으로 되어 있다. 趙懷玉이 校勘한 내용에 "'楮冠'은 ≪莊子≫에 '華冠'으로 되어 있으니, 자작나무 껍질〔樺皮〕로 만든 관이다. '黎'는 ≪莊子≫와 ≪新書≫에 모두 '藜'로 되어 있다."고 하였다.
新序云 冠桑葉冠하고 杖黎杖이라 趙校語에 楮冠은 莊作華冠이니 以樺皮爲冠也라 黎는 莊子新序에 皆作藜라하다

⑤ 振襟則肘見 : '振'은 ≪新書≫에 '衽'으로 되어 있다.
振은 新序作衽이라

⑥ 納履則踵決 : '履'는 ≪新書≫에 '屨'로 되어 있다.
履는 新序作屨라

⑦ 比周而友 : '友'는 ≪新書≫에 '交'로 되어 있다.
友는 新序作交라

⑧ 仁義之匿 : '匿'이 ≪新書≫에는 '慝'으로 되어 있으나 잘못이다. 趙懷玉이 校勘한 내용에는 "≪莊子≫와 ≪新書≫에는 '慝'으로 되어 있다."고 하였다.

新序作懕이나 非라 趙校語에 莊子新序作懕이라호라

⑨ 原憲乃徐步曳杖 : '曳杖' 위에 ≪新書≫에는 '徐步(느린 걸음으로)'라는 2字가 없고, 아래에 '신을 끌며〔拖屨〕' 2字가 있다.
曳杖上에 新序無徐步二字요 下有拖屨二字라

⑩ 聲淪於天地 : '淪'은 ≪新書≫에 '滿'으로 되어 있다.
淪은 新序作滿이라

⑪ 孰能忝之 : '忝'은 ≪新書≫에 '累'로 되어 있다. 趙懷玉이 校勘한 내용도 이와 같다.
忝은 新序作累라 趙校語同이라

1-10 傳에 말하였다.

"이른바 士는 비록 道와 術에 대해 두루 갖추지는 못하더라도 말미암을 도리는 반드시 두고, 美와 善에 대해 두루 능하지는 못하더라도 머물러야 할 곳은 반드시 가지고 있다. 말은 많이 하려는데 힘쓰지 말고, 행할 수 있는지를 살피는 데 힘써야 할 뿐이다. 행하였다면 준수하고, 말하였다면 말미암아야 되니, 마치 肌膚와 性命이 바뀔 수 없는 것과 마찬가지이다."

≪시경≫ 〈邶風 柏舟〉에 말하였다.

"내 마음은 돌이 아니라서 굴려 볼 수도 없고, 내 마음은 돗자리가 아니라서 말아 볼 수도 없네."

傳曰 所謂士者는 雖不能盡備乎道術이나 必有由也①며 雖不能盡乎美(著)〔善〕[36]②나 必有處也라 言不務多요 務審所行而已③라 行旣已尊(준)之④요 言旣已由之⑤니 若肌膚性命之不可易也⑥니라 詩曰 我心匪石이니 不可轉也요 我心匪席이니 不可卷也라

① 必有由也 : '由'는 ≪荀子≫ 〈哀公〉篇과 ≪孔子家語≫ 〈五儀解〉에 모두 '率'로 되어 있다.
由는 荀子哀公篇과 家語五儀解에 竝作率이라

② 雖不能盡乎美著 : '盡'은 ≪荀子≫에 '徧'으로, '著'는 '善'으로 되어 있다. ≪孔子家語≫에서는 "備百善之美(온갖 善의 아름다움을 갖추어)"라고 하였다. 趙懷玉本에는 '美善'으로 되어 있다. 趙懷玉이 校勘한 내용에 "'善'은 본래 잘못 쓰여 '著'가 된 것이다. 살펴보건대, ≪大戴禮記≫ 〈哀公問五義〉편에 '雖不能盡善盡美(비록 능히 완전히 善하고 완전히 아름답지는 못하더라도)'로 되어 있고, ≪孔子家語≫ 〈五儀解〉에도 '遂不能備百善之美(마침내 온갖 선과 아름다움을

36) (著)〔善〕 : 저본에는 '著'로 되어 있으나, 原注와 ≪荀子≫에 의거하여 '善'으로 수정하였다.

능히 갖추지 못하여)'로 되어 있으니, '著'는 '善'자로 쓰는 것이 옳다."라고 하였다.

盡은 荀作徧이요 著는 作善이라 家語則曰備百善之美라 趙本作美善이라 校語에 善本譌作著이라 案大戴哀公問五義에 作雖不能盡善盡美하고 家語五儀解에 作遂不能備百善之美라 作善字是라

③ 務審所行而已 : ≪荀子≫와 ≪孔子家語≫에는 '言不務多 務審所行而已'가 모두 '知不務多 務審其所知 言不務多 務審其所謂 行不務多 務審其所由(지식은 많기를 힘쓰지 말고 아는 바를 살피는데 힘쓰고, 말은 많이 하는데 힘쓰지 말고 그 말한 바를 살피는데 힘쓰며, 행실은 많이 하는데 힘쓰지 말고 그 말미암는 근본을 살피는데 힘써야 한다.)'로 되어 있다.

荀及家語에 竝云 知不務多요 務審其所知며 言不務多요 務審其所謂며 行不務多요 務審其所由라

④ 行旣已尊之 : '尊'은 ≪荀子≫와 ≪孔子家語≫에는 모두 '由'로 되어 있다.

尊荀及家語竝作由라

⑤ 言旣已由之 : '由'는 ≪荀子≫에 '謂'로 되어 있으나, 마땅히 ≪孔子家語≫를 따라 '道'가 되어야 한다.

由荀作謂이나 當從家語하여 作道라

⑥ 若肌膚性命之不可易也 : ≪荀子≫에는 '肌膚'가 '性命' 아래에 있다. ≪孔子家語≫에는 '若性命之於形骸不可易也(마치 性命이 形骸와 바뀔 수 없는 것과 같다)'로 되어 있다.

荀子에 肌膚在性命下라 家語에 則云若性命之於形骸가 不可易也라

1-11 傳에 말하였다.

"군자가 그 몸을 깨끗하게 하면 同志가 모여들고, 그 말을 선하게 하면 同類가 응답한다. 말이 울면 말이 호응하고, 소가 울면 소가 호응하는 법이니, 지혜로워서 그런 것이 아니고, 형세가 그러하기 때문이다. 그러므로 새로 머리를 감은 자는 반드시 관을 털어서 쓰고, 새로 몸을 씻은 자는 반드시 옷을 털어서 입으니, 자기의 깨끗함으로 남의 더러움을 용납할 수 없기 때문이다."

≪시경≫ 〈邶風 柏舟〉에 말하였다.

"내 마음은 거울이 아니니, 헤아려 볼 수가 없네."

傳曰 君子潔其身①而同者合焉이요 善其音②而類者應焉이라 馬鳴而馬應之하고 牛鳴而牛應之하나니 非知也③요 其勢然也라 故新沐者必彈冠하고 新浴者必振衣니 莫能以已之皭皭④으로 容人之混汚然⑤일새라 詩曰 我心匪鑑이니 不可以茹로다

① 君子潔其身 : '潔'은 ≪荀子≫ 〈不苟〉篇에 '絜'로 되어 있고, '身'은 '辯'으로 되어 있다.
潔은 荀子不苟篇에 作絜하고 身作辯이라
② 善其音 : '音'은 ≪荀子≫에는 '言'으로 되어 있다.
荀作言이라
③ 非知也 : ≪荀子≫의 楊倞의 注에 "'知'의 音은 '智'이다."라고 하였다. 어떤 本에는 혹 '和'라고 되어 있기도 한데, 趙懷玉이 校勘한 내용에 "'知'는 어떤 本에는 혹 '和'라고 되어 있기도 하는데 잘못이다."라고 하였다.
楊注荀子에 知音智라하다 本或作和나 校語에 知本或作和非라하다
④ 莫能以己之皭皭 : '皭皭'은 ≪荀子≫에 '僬僬'로 되어 있다.
荀作僬僬라
⑤ 容人之混汚然 : ≪荀子≫에 '容'은 '受'로, '混汚'는 '掝掝'으로 되어 있다. ≪荀子≫의 楊倞의 注에 "'掝'은 마땅히 惑이 되어야 하니 '혼암하다〔惛〕'는 의미이다."라고 하였다. 趙懷玉이 校勘한 내용에 "≪荀子≫ 〈不拘〉篇에 '其誰能以己之潐潐受人之掝掝者哉(그 누가 능히 자신의 정갈함으로 다른 사람의 불결함을 받아들이려고 하겠는가?)'로 되어 있고, 楊倞의 注에 '潐潐'는 똑똑히 살피는 모양이다. '掝掝'은 어둡다는 의미이다.'라고 했다."라고 하였다.
容은 荀作受요 混汚는 作掝掝이라 楊注에 掝當爲惑惛也라하다 趙校語에 荀子不苟篇에 作其誰能以己之潐潐受人之掝掝者哉아하고 楊倞注에 潐潐는 明察之貌요 掝掝은 惛也라하다

1-12 楚[37)]나라가 陳나라를 침공하여, 陳나라의 西門이 파괴되었다. 초나라는 항복한 陳나라 백성을 시켜 수리하게 하였는데, 공자가 그 곁을 지나면서도 式[38)]의 예를 행하지 않았다. 자공이 고삐를 쥐고 〈수레를 몰며〉 물었다.

"禮에 세 사람을 만나면 〈수레에서〉 내리고, 두 사람을 만나면 式의 예를 행한다 하였는데, 지금 陳나라의 문을 수리하는 자가 저리 많은데도 선생님은 式을 하지 않으시니, 어째서입니까?"

공자가 말하였다.

"나라가 망하는데도 깨닫지 못하였다면 어리석은 것이고, 깨달았지만 분투하지 않은 것이라면 不忠한 것이고, 망했는데도 죽지 않았다면 비겁한 것이다. 문을 수리하

37) 楚 : 원문은 '荊'이다. 진시황의 아버지가 젊어서 이름을 '子楚'라고 바꾸었기 때문에, 秦帝國 이후로 진시황의 아버지를 위하여 '楚'자를 '荊'으로 피휘하던 관습이 전승되었다.
38) 式 : 원래 수레의 앞쪽 손잡이용 가로나무〔軾〕를 가리킨다. 여기서는 수레에 탄 자가 禮를 표시하는 의미로 軾을 잡고 몸을 굽히는 행위를 의미한다.

는 자가 비록 많지만, 이 세 가지 중에 단 하나도 행하지 못한 자들이기에 내가 式의 예를 행하지 않았다.”

≪시경≫ 〈邶風 柏舟〉에 말하였다.

“근심스런 마음 그지없어, 하찮은 자들에게도 노여움 샀네.”

소인배들이 아무리 무리를 이룬들, 그들에게 무슨 禮를 행하겠는가?

荊伐陳하야 陳西門壞①러니 因其降民使修②之할새 孔子過而不式③이라 子貢④執轡而問曰 禮에 過三人則下하고 二人則式이라하여늘 今陳之修門者衆矣로대 夫子不爲式하니 何也잇고 孔子曰 國亡而弗知면 不智也요 知而不爭이면 非忠也요 亡而不死면 非勇也⑤라 修門者雖衆이나 不能行一於此하니 吾故弗式也라 詩曰 憂心悄悄하여 慍于群小로다라하니 小人成群인들 何足禮哉리오

① 陳西門壞 : '壞'가 ≪說苑≫ 〈立節〉편에는 '燔'으로 되어 있다.
說苑立節에 作燔이라

② 因其降民使修之 : '修'가 趙懷玉本에 '脩'로 되어 있다. 아래도 이와 같다.
趙本作脩라 下同이라

③ 過而不式 : '式'이 ≪說苑≫에는 '軾'으로 되어 있다. 이는 틀린 듯하다.
說苑作軾이라 疑誤라

④ 子貢 : ≪說苑≫에는 '子路'로 되어 있다. 趙懷玉이 校勘한 내용도 이와 같다.
說苑作子路 趙校語同

⑤ 亡而不死 非勇 : ≪說苑≫에서 말하길, '忠而不死不廉(충성을 하였어도 죽지 못하는 것은 곧지 못해서이다.)'이라고 하였으니, 또한 誤字가 있는 듯하다.
說苑云 忠而不死不廉이라하니 亦疑有誤라

1-13 傳에 말하였다.

“이름나기를 좋아하는 자는 반드시 원망을 많이 사고, 무리짓기를 좋아하는 자는 반드시 욕을 많이 당한다.”

오직 이 인간세상에 발자취를 없앨 수 있고 天地와 自然의 이치를 능히 따를 수 있어야, 도리에 순응하여 명성에 대한 애착까지 없앨 수 있다. 이름이 나면 道는 쓰일 수 없으니, 道가 행해지려면 사람에게 자리〔位〕라는 멍에가 없어야 한다. 무릇 利는 害의 뿌리일 뿐이고, 福은 禍의 길잡이이다. 오직 利를 구하지 않는 것만이 害를 없게 해주며, 福을 구하지 않는 것만이 화를 없게 해준다.

≪시경≫ 〈邶風 雄雉〉에 말하였다.

"남을 해치지도 않고 탐내지도 않으니, 어찌 선하지 않으리오."

傳曰 喜名者必多怨이요 好與者必多辱이라 唯滅迹於人하고 能隨天地自然이라야 爲能勝理而無愛名이라 名興則道不用하니 道行則人無位矣니라 夫利爲害本이요 而福爲禍先이라 唯不求利者爲無害요 不求福者爲無禍니라 詩曰 不忮不求하니 何用不臧이리오하다

1-14 傳에 말하였다.

"귀 밝은 자는 저절로 잘 듣고, 눈 밝은 자는 저절로 잘 보니, 귀가 밝고 눈이 밝으면 〈스스로〉 仁愛가 드러나고 廉恥가 구분되는 법이다."

그러므로 바른 길이 아닌데 가면 아무리 수고로워도 도달하지 못하고, 자기 소유가 아닌데 구하면 아무리 애를 써도 얻지 못한다. 그러므로 지혜로운 자는 자기 일이 아닌 것을 하지 않고, 청렴한 자는 자기 소유가 아닌 것을 구하지 않는다. 이 때문에 害는 멀어지고, 이름은 드러난다.

≪시경≫ 〈邶風 雄雉〉에 말하였다.

"남을 해치지도 않고 탐내지도 않으니, 어찌 선하지 않으리오."

傳曰 聽者自聞하고 明者自見하나니 聽明則仁愛著而廉恥分矣라②[39] 故非道而行之면 雖勞不至하고 非其有而求之면 雖强不得이라 故智者는 不爲非其事하고 廉者는 不求非其有라 是以害遠而名彰也라 詩云① 不忮不求하니 何用不臧이리오하다

① 云 : 趙懷玉本에 '曰'로 되어 있고, 趙懷玉이 校勘한 내용에는 "어떤 本에는 또한 '云'으로 되어 있다."고 하였다.
趙本作曰하고 校語에 本亦作云이라호라

② 聽明則仁愛著而廉恥分矣 : '聽明' 아래에 ≪說苑≫ 〈雜言〉편에는 '形'자가 있다.
聽明下에 說苑雜言에 有形字라

1-15 傳에 말하였다.

"天命을 편안히 여기며 性을 기르는 자는 재물을 쌓아두지 않아도 부유하고, 세상에

39) 聽明……分矣 : 저본에는 잘못 문장의 끝에 注가 달려 바로잡았다.

이름을 남기는 자는 당세의 권력이 없어도 현달한다."

德과 義는 내면에 충만한 것이니, 밖에서 구할 것이 없다. 참으로 그러하니, 賢者는 天下를 가지고 〈자기의〉 名과 利를 위하지 않는다.

≪시경≫ 〈邶風 雄雉〉에 말하였다.

"남을 해치지도 않고 탐내지도 않으니, 어찌 선하지 않으리오."

傳曰 安命養性者는 不待積委而富하고 名號傳乎世者는 不待勢位而顯이라 德義는 暢乎中而無外求也라 信哉라 賢者之不以天下爲名利者也로다 詩曰不忮不求하니 何用不臧이리오하다

1-16 옛날에 天子는 좌우에 다섯 개의 종을 두어, 외출할 때에 〈좌측의〉 黃鐘을 두드리게 하면 우측 다섯 개의 종이 모두 호응한다. 말울음소리도 그 음률에 맞고 말을 끄는 사람은 법도가 있으며, 수레를 모는 사람은 신분에 맞는 예의를 갖추었다. 서 있을 때에 몸을 경쇠처럼 굽히고, 拱手할 때는 북을 껴안은 것처럼 손을 모은다. 〈모두들〉 걸어갈 때에는 곱자〔矩〕의 다리처럼 반듯하게 규범에 맞고, 꺾어서 돌 때는 그림쇠〔規〕처럼 규범에 맞은 연후에 太師가 '升車之樂'을 연주하여 천자의 외출을 알린다.

환궁할 때에는 蕤賓을 두드려, 〈모두들〉 용모를 가다듬게 한다. 용모를 갖추면 안색이 고르게 되고, 안색이 고르게 되면 온 몸의 기운이 안정된다. 蕤賓 소리가 울리면 고니도 홰를 치고 말도 울음소리를 내며, 털 짧은 짐승부터 껍질 달린 생물까지 모두 목을 길게 빼고 듣지 않는 것이 없다. 이때 안에서는 모두 엄숙한 옥빛의 안색이고, 밖에서는 서슬 푸른 金聲이다. 이런 연후에 少師가 '升堂之樂'을 연주하여 〈모두들〉 자리에 나아가게 하여 천자의 귀환을 알린다. 이는 音樂이 서로 어울리고, 物類가 서로 교감하며, 同音이 서로 호응하는 의리를 말한 것이다.

≪시경≫ 〈周南 關雎〉에

"종 치고 북 치며 함께 즐기네."

라고 한 것이 이를 말한 것이다.

古者에 天子左〔右〕[40]五鐘하고 將出할새 則撞黃鐘而右五鐘皆應之라 馬鳴中律하여 駕者有文하고 御者有數하니 立則磬折이요 拱則抱鼓라 行步中規하며 折旋中矩이면 然後에 太師奏升車

40) 〔右〕: 저본에는 '右'자만 있으나, ≪太平御覽≫에 의거하여 '左' 아래에 '右'자를 補充하였다.

之樂하여 告出也라 入則撞蕤賓[41] 以治容貌하고 容貌得則顔色齊하고 顔色齊則肌膚安이라 蕤賓有聲에 鵠震馬鳴하고 及倮介之蟲히 無不延頸以聽이라 在內者皆玉色이요 在外者皆金聲이라 然後에 少師奏升堂之樂하여 卽席告入也라 此言音樂相和와 物類相感과 同音相應之義也라 詩云 鐘鼓樂之라하니 此之謂也①라

① 天子左……同音相應之義也 : ≪尙書大傳≫과 대략 내용이 비슷하다.
與尙書大傳略同

1-17 마른 물고기가 꿰어 있으니 어찌 좀이 슬지 않겠는가? 아무리 부모가 오래 사신다 한들, 흰 망아지가 빨리 달리는 것을 문틈으로 보는 것처럼 덧없이 짧다. 나무가 무성하고자 하지만 서리와 이슬이 그대로 놔두지 않고, 賢士가 그 명성을 이루려 하지만 양친은 기다려주지 않는다. 그래서 집안이 가난하고 부모가 연로하시면, 〈좋은〉 관직을 고르지 않고 벼슬했던 것이다.

≪시경≫ 〈周南 汝墳〉에 말하였다.

"비록 불타듯 어지럽다지만, 부모님이 가까이 계시다오."

이 구절은 이를 말한 것이다.

枯魚銜索①이나 幾何不蠹아 二親之壽나 忽如過隙이라 樹木欲茂②이나 霜露不(凋)使③하고 賢士欲成其名④이나 二親不待하니 家貧親老면 不擇官而仕⑤이니라 詩曰 雖則如燬나 父母孔邇니라하니 此之謂也라

① 枯魚銜索……不擇官而仕 : 내(周廷寀)가 보니, ≪說苑≫ 〈建本〉과 ≪孔子家語≫ 〈致思〉에는 모두 이 구절을 子路의 말로 보았다.
寀按에 說苑建本과 家語致思에 竝以此爲子路語라호라

② 樹木欲茂 : '樹'는 ≪說苑≫에 '草'로, '茂'는 '長'으로 되어 있다.
樹는 說苑作草하고 茂作長이라

③ 霜露不凋使 : ≪說苑≫에는 '使' 위에 '凋'자가 없다. 이는 衍字가 아닌가 싶다. 趙懷玉本에 '凋'자가 없다. 趙懷玉이 校勘한 내용에 "'使' 위에 본래 모두 '凋 '자가 衍字로 붙어 있다. 그러나 ≪說苑≫ 〈建木〉篇에는 '不使'로 되어 있다. 이제 이를 근거로 산삭한다."고 하였다.

41) 則撞蕤賓 : 이 아래 "그러면 오른쪽 다섯 개의 종이 모두 응하여 울린다.〔而右五鍾皆應之〕"가 있어야 한다며, 趙善詒는 ≪尙書大傳≫의 "천자는 왼쪽에 다섯 개의 종을, 오른쪽에 다섯 개의 종을〔天子左五鍾右五鍾〕"을 근거로 제시했다.≪韓詩外傳補正≫

說苑에 使上無凋字라 疑此爲衍이라 趙本에 無凋字라 校語에 使上에 本皆衍凋字나 說苑建木篇에 作不使라 今據刪이라호라

④ 賢士欲成其名 : ≪說苑≫에는 '欲養'이라 하였다. 趙懷玉이 校勘한 내용에 "≪說苑≫에는 '賢者欲養(賢者가 奉養하고자)'로 되어 있다."고 하였다.
說苑云 欲養이라 趙校語에 說苑에 作賢者欲養이라

⑤ 不擇官而仕 : 趙懷玉이 校勘한 내용에 "≪說苑≫에는 이 구절이 子路의 말로 되어 있다. ≪孔子家語≫ 〈致思〉篇도 마찬가지이다."라고 하였다.
趙校語에 說苑以爲子路之言한대 家語致思篇同이라호라

1-18 공자가 말하였다.

"군자에게는 세 가지 근심이 있다. 앎이 없다면 근심되지 않겠는가? 앎이 있지만 더 배우지 못한다면 근심이 없을 수 있겠는가? 배우고도 실천하지 않는다면 근심이 없을 수 있겠는가?"

≪시경≫ 〈召南 草蟲〉에 말하였다.

"군자를 만나보지 못하니, 근심으로 울적하구나."

孔子曰 君子有三憂라 弗知면 可無憂與며 知而不學이면 可無憂與며 學而不行이면 可無憂與아 詩曰 未見君子라 憂心惙惙호라

1-19 魯나라 公甫文伯[42]이 죽었는데, 그 어머니가 곡을 하지 않았다. 季孫氏[43]가 그 소식을 듣고 말하였다.

"공보문백의 어머니는 곧은 여인이거늘, 자식이 죽었는데도 곡을 하지 않았으니, 반드시 이유가 있을 것이다."

사람을 시켜 그녀에게 물었더니 〈그 어머니가〉 대답하였다.

"예전에 내 아들로 하여금 孔子를 섬기라고 했는데, 공자가 노나라를 떠날 때 전송하면서 노나라 교외를 벗어나지 않았습니다. 선물을 드리라 했더니, 집안의 귀한 물

42) 公父文伯 : 공보문백은 魯나라의 재상이다. 노나라 대부 季悼子의 손자이며, 公父穆伯의 아들인 公父歜(촉)이다. 목백의 아내이며, 공보문백의 어머니인 敬姜은 賢母로 일컬어져서 ≪列女傳≫ 〈母儀 魯季敬姜傳〉 등 여러 기록에 보인다.

43) 계손씨 : 춘추시대 魯나라의 실권자였던 季康子를 가리킨다. 공보문백과 사촌간이다.

건으로 드리지도 않았습니다. 그런데 〈아들이〉 병이 깊었을 때 문병을 오는 士를 보지 못했고, 죽었을 때 눈물 흘리는 士를 보지 못했건만, 죽은 날 宮女들 가운데 상복을 갖추어 따라 죽으려는 자가 열 명이나 되었습니다. 이는 士에게는 박절했고, 여인에게는 넉넉했던 까닭입니다. 내가 이 때문에 곡을 하지 않았습니다."

≪시경≫ 〈邶風 日月〉에 말하였다.

"이와 같은 사람이여! 德音이 어질지 못하구나."

魯公甫文伯死에 其母不哭也①러니 季孫이 聞之②하고 曰 公甫文伯之母는 貞女也어늘 子死不哭하니 必有方矣리라하고 使人問焉하다 對曰 昔에 是子也로 吾使之事仲尼어늘 仲尼去魯할새 送之不出魯郊하고 贈之不與家珍③이라 病에 不見士之視者러니 死에 不見士之流淚④者하고 死之日에 宮女縗絰而從者十人⑤하니 此는 不足於士而有餘於婦人也⑥일새라 吾是以不哭也⑦호라 詩曰 乃如之人兮여 德音無良이로다

① 其母不哭也 : ≪禮記≫ 〈檀弓〉에는 '敬姜據其牀而不哭(敬姜이 그의 평상에 걸터앉아서 곡하지 않고)'이라고 하였다. ≪孔叢子≫ 〈記義〉篇에는 '室人有從死者其母怒而不哭(內人 중에 따라 죽은 사람까지 있자, 그 어머니가 노하여 곡하지 않고)'라고 하였다.
檀弓에 云敬姜據其牀而不哭이라하고 孔叢子記義에 云室人有從死者한대 其母怒而不哭이라하다

② 季孫聞之 : ≪孔叢子≫에는 '相室諫之(相室이 諫하자.)'라고 하였다.
孔叢子에 云相室諫之라하다

③ 贈之不與家珍 : 趙懷玉이 校勘한 내용에 "≪太平御覽≫ 〈四百四十一〉에는 '與'가 '以'로 되어 있고, 또 그 아래에 '且吾聞君子貴義而賤利(또한 나는 들으니, 君子는 義를 귀하게 여기고, 利를 천하게 대한다.)'라는 한 구절이 있는데, 마땅히 있지 말아야 할 듯하다."로 되어 있다.
趙校語에 御覽四百四十一에 與作以하고 又此下有且吾聞君子貴義而賤利一句한대 似不當有라호라

④ 不見士之流淚 : 趙懷玉이 校勘한 내용에 "≪太平御覽≫에는 '淚'가 '涕'로 되어 있다."고 하였다.
趙校語에 御覽에 淚作涕라호라

⑤ 宮女縗絰而從者十人 : ≪禮記≫ 〈檀弓〉에 이르길 '朋友諸臣未有出涕者 而內人皆行哭失聲(朋友와 諸臣들 가운데는 눈물 흘리는 자가 없는데, 內人들은 모두 다니면서도 곡을 하여 목이 쉬었다.)'이라고 하였고, ≪孔叢子≫에는 이르길 '內人從死者二人(內人들 가운데 따라 죽은 자가 둘이나 되었다.)'이라고 하였다. 趙懷玉이 校勘한 내용에 "≪孔叢記≫ 〈義篇〉篇에는 '內人從死者二人(內人 가운데 따라 죽은 자가 둘이나 되었다.)'이라고 하였지만, ≪禮記≫ 〈檀弓〉을 살펴보면 그저 '內人皆行哭失聲(內人들이 모두 다니면서도 곡을 하여 목이 쉬었다.)'이라고만

말했고, ≪國語≫ 〈魯語〉[44]까지 참고해 보면 敬姜이 먼저 그 妾들을 경계하면서 눈물을 뿌리지도 말며, 가슴을 치지도 말라 하였다고 실려 있으니, 따라죽은 일〔殉死之事〕은 결단코 없었을 것이다."고 하였다.

檀弓에 云朋友諸臣未有出涕者로대 而內人皆行哭失聲이러라하고 孔叢子에 云內人從死者二人이라하다 趙校語에 謂從死也면 孔叢記義篇에 謂內人從死者二人이라하고 案檀弓하면 止謂內人皆行哭失聲이라하고 至魯語則載敬姜先戒其妾以無洵涕無掐膺云云하니 則必無殉死之事라호라

⑥ 不足於士而有餘於婦人也 : ≪孔叢子≫에 이르길, "이처럼 장자에게는 박했고, 여인들에게는 후했다."고 하였다.

孔叢子에 云若此於長者薄이요 於婦人厚也라하다

⑦ 總評 : 나(周廷寀)는 이렇게 생각한다. "≪國語≫에는 '公父文伯이 죽자 그 어머니가 그 妾들을 경계하여 말하기를, 「내가 들으니 여색을 좋아하다 〈죽으면〉 여인이 그를 따라 죽고, 어진 이를 좋아하다 〈죽으면〉 선비가 그를 따라 죽는다.」고 하였다. 이제 내 아들이 요절하였는데, 나는 그가 여색을 좋아했다고 알려질까 두렵다. 몇몇 婦人들이 죽은 사람의 제사를 욕보이니, 부디 수척한 낯빛을 하지 말며, 눈물을 뿌리지 말며, 가슴을 치지 말며, 근심스런 모습을 짓지도 말며, 상복 입는 기간을 줄이고 늘리지 말며, 예에 따라 정성스럽게 치러주기를 청하니, 이것이 내 아들의 덕을 밝히는 것이다.'라고 하였다. 〈또〉 '서로의 차이점은 저 기록이 婦人들을 경계하여 아들의 덕을 이루어주는 내용인 반면, 이 기록은 자식의 나쁜 점[45]을 따지고 있으나, 각기 한 쪽씩을 거론하고 있으니 서로 포괄하여야 이에 내용이 갖춰진다."[46]라 하겠다. 이에 대한 자세한 설은 ≪禮記正義≫에 나온다.

寀按에 國語에 公父文伯이 卒한대 其母戒其妾하여 曰 吾聞호니 好內면 女死之하고 好外면 士死之라 今吾子夭死에 懼其以好內聞也라 二三婦之辱其先祀者하니 請無瘠色無洵涕無掐膺無憂容하며 有降服無加服하여 從禮而靜하라 是昭吾子也라호라 與此不同者는 彼는 戒婦人而成子之德이나 此는 論子之惡이라 各擧一邊하니 相包乃具리라 說見禮記正義라

---

44) 魯語 : 이 구절 이하의 서술은 趙懷玉이 ≪國語≫ 〈魯語下〉 第13을 발췌하여 인용한 것이다.

45) 나쁜 점 : 공보문백을 꾸짖는 일화는 다른 기록에서도 발견된다. 이를테면, ≪小學≫ 〈稽古〉에 "公父文伯이 조정에서 물러 나와 그 어머니를 뵈니 어머니가 길쌈을 하고 있었다. 문백이 말하기를 '우리집 같은 형편에도 主母께서 여전히 길쌈을 하신단 말입니까.' 하자, 그의 어머니가 한탄하며 '노나라는 망하겠구나! 어린애를 관직에 채우고도 그것을 알지 못하고 있구나."〔公父文伯 退朝 朝其母 其母方績 文伯曰 以歜之家而主猶績乎 其母歎曰 魯其亡乎 使僮子備官而未之聞耶〕"고 한 사례가 있다. ≪禮記正義≫의 꾸짖음에 관한 기록을 周廷寀가 附記한 의도도 이러한 배경을 의식한 것으로 보인다.

46) 서로……갖춰진다 : 鄭玄이 注를 하고, 孔穎達이 疏를 붙인 ≪禮記正義≫ 〈檀弓 上〉에서 周廷寀가 그대로 인용한 것이다.

1-20 傳에 말하였다.

“天地가 합해지면 만물을 기르는 精氣가 있게 되고, 陰陽이 消息하면 때에 따라 변화한다. 때를 얻으면 다스려지고 때를 잃으면 어지러워진다. 그래서 사람이 태어난 직후에는 온전히 갖추지 못한 것이 다섯 가지가 있으니, 눈으로 보지 못하고, 먹지 못하고, 걷지 못하고, 말하지 못하고, 施化[47]하지 못한다. 석 달이 지나 희미하게 볼 수가 있게 된 연후에 사물을 보고, 여덟 달이 지나 이가 난 연후에 제대로 먹을 수 있고, 종지뼈가 자란 연후에 능히 걸을 수 있고, 세 살이 되어 정수리의 숨구멍[48]이 닫힌 연후에 말을 한다. 16살이 되어 精氣가 통한 연후에 施化를 할 수 있다.

음양은 서로 반대여서 陰은 陽 때문에 변하고, 陽은 陰에 의하여 변한다. 그래서 남자는 여덟 달에 이가 나고 여덟 살에 이를 갈아, 16살이 되어야 精化[49]가 조금 통하지만, 여자는 일곱 달에 이가 나고 일곱 살에 이를 갈아, 14살이면 벌써 精化가 조금 운행된다. 이 때문에 陽은 陰에 의하여 변하고 陰은 陽에 의하여 변한다. 그래서 못난 자는 精化가 겨우 갖추어져 생육하는 기운이 일어나서 감정이 촉발하는 대로 욕망을 풀어 놓아 施化를 도리어 어지럽힌다. 이러한 까닭으로 수명을 단축시키고, 타고난 性이 길러지지 못한다.

≪시경≫ 〈鄘風 蝃蝀〉에 말하였다.

“그런데도 이 사람은 婚姻 생각만 품고 있구나. 매우 미덥지 못하니, 命을 알지 못하는구나.”

훌륭한 사람은 그렇지 않아서, 精氣를 가득 채운 연후에 때를 만나며, 지나치게 하지도 않는다. 道의 단서를 드러내지 않으며, 이에 道義를 노래함으로써 情慾을 풀어낸다.

≪시경≫ 〈鄘風 蝃蝀〉에 말하였다.

“아리땁고 얌전한 그 아가씨가 성 모퉁이에서 나를 기다리겠다네. 사랑하는데도 보이지 않아, 머리만 긁적이며 서성거리네.”

“저 해와 달을 쳐다볼수록, 내 시름 그지없네. 길이 멀고도 머니, 언제나 오시려나.”

---

47) 施化 : 生育, 造化, 德化 등을 베푼다는 뜻이지만, 여기서는 精을 끼쳐 자손을 두는 행위를 말한다.

48) 숨구멍 : ‘大天門’이라고도 한다. 출생 후 신생아의 두개골이 완전히 결합되지 않은 상태에서, 정수리에서 확인되는 막으로, 대개 14개월 전후에 이 대천문이 닫힌다고 한다.

49) 정화 : 문맥상 의미는 生殖能力이다.

이는 시급하게 여긴 표현이다. 그래서 해와 달을 들어 일컬은 것이다.

傳曰 天地有合①이면 則生氣有精矣요 陰陽消息이면 則變化有時矣라 時得則治요 時失則亂이라 故人生而不具者五이니 目無見과 不能食과 不能行과 不能言과 不能施化라 三月微的②而後에 能見하고 (七)〔八〕[50]月(而)[51]生齒③而後에 能食하고 朞年(髑)〔髕〕[52]就④而後에 能行하고 三年(腦)〔顖〕[53]合⑤而後에 能言하고 十六精通而後에 能施化라 陰陽相反⑥이니 陰以陽變하고 陽以陰變이라 故男은 八月生齒하고 八歲而齠齒⑦하고 十六而精化小通이나 女는 七月生齒하고 七歲而齓齒⑧하고 十四而精化小通이라 是故陽以陰變하고 陰以陽變이라 故不肖者精化始具면 而生氣感動하여 觸情縱欲하여 反施亂化⑨라 是以年壽亟夭而性⑩不長也라 詩曰 乃如之人兮여 懷婚姻也로다 大無信也하니 不知命也로다호라 賢者不然하여 精氣闐溢而後⑪(傷)〔遇〕[54]時⑫하되 不可過⑬也라 不見(현)道端하며 乃陳情欲以歌道義라 詩曰 靜女其姝한대 俟我乎城隅로다 愛而不見이라 搔首踟躕⑭호라 瞻彼日月이여 悠悠我思⑮로다 道之云遠이여 曷云能來오하니 急時⑯辭也⑰라 是故稱之日月也라

① 天地有合 : ≪說苑≫ 〈辯物〉篇에는 '合' 위에 '德'자가 있다.
說苑辯物에 合上有德字라

② 微的 : ≪說苑≫에는 '達眼'으로 되어 있다. ≪孔子家語≫ 〈本命解〉에는 '的'이 '煦'으로 되어 있고, 王肅의 注에서 말하길, "煦는 눈동자를 굴림〔睛轉〕이다."라고 하였다. 周廷寀의 按說에 이르길, "≪玉篇≫에 '的'은 '밝게 봄〔明見〕'이라 했으니, '的'字를 따르는 쪽이 더 낫다." 고 하였다. 趙懷玉이 校勘한 내용에는 "≪大戴禮記≫ 〈本命〉篇에 '徹昫(철전)'이라 했고, ≪玉篇≫에 〈'的'의〉 音은 '徒賢〔뎐〕'과 '徒涓〔뎐〕', 즉 2자의 反切이다.'라고 하였으니, 그래서 지금 ≪大戴禮記≫에는 '徹昫'이라 했고, ≪說苑≫ 〈辯物〉篇에는 '達眼(달안)'이라고 한 것이다."고 하였다.
說苑에 作達眼이라 家語本命解에 的作煦라 王肅注에 云煦는 睛轉也라 寀按에 玉篇에 的明

---

50) (七)〔八〕: 저본에는 '七'로 되어 있으나, 본문 이하의 내용과 趙懷玉의 교감에 의거하여 '八'로 수정하였다.

51) (而) : 저본에는 '而'가 있으나, ≪大戴禮記≫와 ≪說苑≫ 및 趙懷玉의 교감에 의거하여 삭제하였다.

52) (髑)〔髕〕: 저본에는 '髑'으로 되어 있으나, ≪大戴禮記≫와 ≪說苑≫ 및 趙懷玉의 교감에 의거하여 '髕'으로 수정하였다.

53) (腦)〔顖〕: 저본에는 '腦'로 되어 있으나, ≪說苑≫과 ≪孔子家語≫에 의거하고 趙懷玉의 교감을 참조하여 '顖'으로 수정하였다.

54) (傷)〔遇〕: 저본에는 '傷'로 되어 있으나, ≪說苑≫에 의거하고, 문맥을 고려하여 '遇'로 수정하였다.

見也니 從的爲長이라 趙校語에 大戴本命篇에 作徹昀이라하고 玉篇에 音徒賢徒涓二切이라하니 今大戴에 作徹昀하고 說苑辯物篇에 作達眼이라호라

③ 七月而生齒 : ≪孔子家語≫에는 '八月'로 되어 있다. 趙懷玉本에 '八月生齒(여덟 달에 이가 나고)'로 되어 있고, 그 校勘한 내용에는 "舊本에는 '七月而生齒(일곱 달이 되면 이가 난다.)'라고 되어 있으나, 아래 문장을 살펴보면 여덟 달이다. 이는 또한 ≪大戴禮記≫와 같아야 한다. 또 '而'자는 衍字이다. ≪大戴禮記≫와 ≪說苑≫에는 모두 없다. 이제 이를 근거로 삭제했다."고 하였다.

家語作八月이라 趙本에 作八月生齒라하고 校語에 舊本作七月而生齒나 案下文是八月이라하니 此亦當與大戴同이라 又而字衍이라 大戴와 說苑에 皆無라 今據刪이라호라

④ 髑就 : '髑就'는 ≪說苑≫에 '生臏'으로 되어 있다. 周廷寀의 按說에 이르길, "'髑'은 머리뼈이고, '臏'은 종지뼈이니 '髑就(머리뼈가 자라야)'는 아무래도 마땅히 '髕就(종지뼈가 자라야)'가 되어야만 한다." 하였다. 趙懷玉本에 '髕就'라고 되어 있고, 그 校勘한 내용에 이르길, "≪大戴禮記≫와 ≪說苑≫에는 모두 '生臏(종지뼈가 자라야)'으로 되어 있다."고 하였다.

髑就는 說苑作生臏이라 寀按에 髑은 髏頭也요 臏은 膝端也니 髑就는 疑當作髕就라 趙本에 作髕就하고 校語에 大戴와 說苑에 俱作生臏이라호라

⑤ 三年腦合 : '腦'는 ≪說苑≫과 ≪孔子家語≫에 모두 '顖'으로 되어 있다. 趙懷玉이 校勘한 내용에 "≪說苑≫에는 '顖合'으로 되어 있고, ≪大戴禮記≫에는 '瞦合'이라 했는데, '瞦'는 〈≪說文解字≫에서〉 '目童子精(눈동자 속의 정기)'이라고 했으니, '合(합한다.)'이라고 표현하기에는 마땅하지 않은 듯싶다. 或者는 '目'자를 따라야 한다고 주장하지만 역시 근거가 없다. ≪孔子家語≫ 〈本命解〉에는 '腮合(정수리의 숨구멍이 닫히다.)으로 되어 있다.'"라고 하였다.

腦는 說苑家語에 竝作顖이라 趙校語에 說苑作顖合이요 大戴作瞦合이라한대 瞦爲目童子精이니 似不當言合이라 或云从目이라하나 亦無攷라 家語本命解에 作腮合이라호라

⑥ 陰陽相反 : ≪說苑≫에는 "陰窮反陽 陽窮反陰(陰이 다하면 도리어 陽이 되고, 陽이 다하면 도리어 陰이 된다.)"로 되어 있다.

說苑에 陰窮反陽이요 陽窮反陰이라하다

⑦ 齠齒 : '齠'는 ≪孔子家語≫에 '齓'로 되어 있고, ≪說苑≫에는 '齠'와 '齓' 모두 '毀'로 되어 있다.

齠는 家語에 作齓하고 說苑에 齠齓竝作毀라

⑧ 七歲而齔齒 : 齔은 '齓'의 俗字이다.

齔은 俗齓字라

⑨ 反施亂化 : '亂'자는 ≪說苑≫에 의거하여 보충하였다. 趙懷玉이 校勘한 내용도 이와 같다.

亂字據說苑補라 趙校語同이라

⑩ 性 : '生'이다.

生也라

⑪ 闐溢 : '闐溢'은 ≪說苑≫에 '塡盈'으로 되어 있다.
闐溢說苑作塡盈

⑫ 傷時 : 趙懷玉이 校勘한 내용에 "≪說苑≫에는 '之'자가 있다."고 하였다.
趙校語에 說苑有之字라호라

⑬ 不可過也 : ≪說苑≫에 '過'가 '遇'로 되어 있으나 잘못이다.
說苑에 過作遇나 非라

⑭ 踟躕 : 趙懷玉이 校勘한 내용에 " ≪文選≫의 注에 〈이 구절이〉 여섯 번 인용되었는데 모두 '躊躇'로 되어 있고, 오직 〈鸚鵡賦〉의 注만 이 구절과 순서가 같은 賦文으로 되어 있다."
趙校語에 文選注에 凡六引에 皆作躊躇요 唯鸚鵡賦注에 與此同順賦文也라

⑮ 悠悠 : '悠悠'가 ≪說苑≫에는 '遙遙'로 되어 있다.
悠悠는 說苑에 作遙遙라

⑯ 急時 : 趙懷玉이 校勘한 내용에 "≪說苑≫에는 '之'자가 있다."고 하였다.
趙校語에 說苑有之字라호라

⑰ 之辭也 : 이 아래로 ≪說苑≫에는 '甚焉'이란 2자가 있다. 趙懷玉이 校勘한 내용에 "≪說苑≫에는 '甚焉'이란 2자가 있다. 그래서 '日月'을 일컬은 것이다."라고 하였다.
此下는 說苑에 有甚焉二字라 趙校語에 說苑作甚焉이라 故稱日月也라호라

1-21 楚나라 白公의 政變[55]이 일어났을 때 之善이라는 자가 있었는데, 그 어머니와 작별하며 장차 임금을 위해 죽으려고 할 때, 그 어머니가 말하였다.

"어미를 버리고 임금을 위해 죽는 것이 옳은 게냐."

〈아들이〉 대답하였다.

"들으니 임금을 모시는 자는 그 봉록은 받아들이고, 몸은 도외시한다고 하였습니다. 지금 어머님을 모실 수 있는 것도 임금의 봉록 덕분이니 청컨대 〈임금을 위해〉 달려가 죽겠습니다."

그러고는 조정에 이르는 동안 세 번이나 수레에서 쓰러지자 수레를 모는 자가 말하였다.

"그대는 두려워하면서도 어째서 돌아가지 않으십니까?"

〈그가〉 대답하였다.

55) 白公의 政變 : 백공의 이름은 勝으로, 춘추시대 楚나라 태자 建의 아들이고 楚平王의 손자이다. 정변을 일으켜 楚惠王을 위협하자, 섭공이 군병을 거느리고 공격하여 반란을 평정하였다. 섭공은 당시 葉땅에 봉해진 沈諸梁으로, 字는 子高이다. ≪史記≫ 〈楚世家〉 참조.

“두려움은 나의 私的인 감정이고, 임금을 위한 죽음은 나의 公的인 임무이다. 君子는 私的인 감정으로 公的인 일을 해치지 않는다고 나는 들었다.”

그러고는 마침내 죽었다. 군자들이 이 소식을 듣고 말하였다.

“義를 좋아하여, 기필코 이뤄냈도다.”

≪시경≫ 〈邶風 匏有苦葉〉에 이르길,

“물이 깊으면 옷 입은 채로 건너고, 물이 얕으면 옷을 걷고 건너네.”

라고 하였으니, 이를 말한 것이다.

楚白公之難에 有仕(之)[56]善者①한대 辭其母하며 將死君할새 其母曰 棄母而死君이 可乎아하니 曰 聞事君者는 內其祿而外其身이라 今之所以養母者도 君之祿也니 請往死之하노이다 比至朝②할새 三廢車中한대 其僕曰 子懼어늘 何不反也오하니 曰 懼는 吾私也요 死君은 吾公也③라 吾聞호니 君子는 不以私害公이라하고 遂死之하다 君子聞之하고 曰 好義哉라 必濟矣夫라하다 詩云深則厲하고 淺則揭로다하니 此之謂也라

① 有仕之善者 : ≪新序≫ 〈義勇〉篇에는 ‘楚人有莊善者(楚나라 사람에 莊善이란 者가 있었는데)’라고 하였다. 趙懷玉本에는 ‘莊之善’으로 되어 있으며, 그 校勘한 내용에 “‘莊’은 본래 ‘仕’인데 잘못된 것이다. ≪新序≫ 〈義勇〉篇에는 ‘莊善’으로 되어 있고, ‘之’가 없다. ≪渚宮舊事≫의 註에 말하길, ‘≪新序≫에는 「莊善」이라고 했으니 「之」는 誤字인 듯하다.’”라고 하였다.
新序義勇篇에 云楚人有莊善者라하다 趙本에 作莊之善이라하고 校語에 莊本皆作仕이어늘 譌라 新序義勇篇에 作莊善이요 無之字라 渚宮舊事注에 云新序作莊(義)〔善〕[57]之恐誤

② 有仕(之)[58]善者 : ≪新序≫에 ‘朝’는 ‘公門’으로 되어 있다.
新序에 朝作公門이라

③ 吾公也 : ≪新序≫에는 “그 마부가 말하길, ‘그대는 두려워하고 있습니다.’라고 하니, ‘두렵다’고 답하였다. ‘이미 두려워하고 계신데 어째서 돌아가지 않습니까?’라고 물으니, 莊善이 말하길, ‘두려움은 나의 私的인 감정이고, 義를 위해 죽음은 나의 公的인 임무이다.’라고 하였다.”라고 되어 있다.
新序에 其僕曰 子懼矣라하니 曰 懼라 旣懼면 何不返고하니 莊善曰 懼者는 吾私也요 死義는 吾公也라

---

56) (之) : 저본에는 ‘之’자가 있으나, ≪新序≫와 趙懷玉의 校勘에 근거하여 削除하였다.
57) (義)〔善〕: 저본에는 ‘義’로 되어 있으나, ≪新序≫ 〈義勇〉篇에 의거하여 ‘善’으로 수정하였다.
58) (之) : 저본에는 ‘之’자가 있으나, ≪新序≫와 趙懷玉의 校勘에 근거하여 削除하였다.

1-22 晉나라 靈公 때에 宋나라 사람이 昭公을 죽였는데, 趙宣子[59)]가 영공에게 군대를 청하여 송나라를 구원하고자 했다. 영공은 말하였다.

"우리 晉나라에게 급한 일은 아니지요."[60)]

그러자 조선자가 말했다.

"그렇지 않습니다. 가장 큰 것은 天地이고, 그 다음이 君臣인 것은 존비의 순서가 있기 때문입니다. 지금 그 임금을 죽였으니, 天地의 질서를 뒤집은 것이요, 人道를 거역한 것이니, 하늘이 반드시 재앙을 내릴 일입니다. 우리 晉나라가 盟主인데도 구원하지 않는다면, 천벌이 이를까 두렵습니다. ≪시경≫에 이르길, '이웃에 초상이 나면 기어서라도 도우러 가네.'라고 하였는데, 하물며 이웃 임금의 일이겠습니까!"

이에 영공이 곧바로 군대를 일으켜 따르게 했다. 송나라 사람들이 이 말을 듣고서 숙연히 감동하며 마음으로 기뻐하였고, 晉나라는 날로 번창하였다. 어째서인가? 叛逆을 벌주고 존비의 순서를 보존시켰기 때문이다.

≪시경≫ 〈邶風 谷風〉에 말하였다.

"이웃에 초상이 나면, 기어서라도 도우러 가네."

이 구절은 조선자와 같은 사람을 말한 것이다.

晉靈公之時에 宋人이 殺昭公①이어늘 趙宣子請師於靈公하여 而救之②하다 靈公이 曰 非晉國之急也라한대 宣子曰 不然이라 夫大者는 天地요 其次는 君臣이 所以爲順也라 今殺其君하니 所以反天地요 逆人道也니 天必加災焉이라 晉爲盟主而不救면 天罰懼及矣라 詩云凡民有喪하니 匍匐救之라하여늘 而況國君乎아 於是에 靈公이 乃與師而從之③케한대 宋人이 聞之하고 儼然感說하고

---

59) 趙宣子 : 춘추시대 晉나라 靈公의 신하인 趙盾이다. 宣子는 그의 시호이다. 晉靈公이 조돈을 죽이려 하자 조돈이 도망갔다가, 趙穿이 영공을 죽인 뒤에 돌아왔다. 그러자 史官인 董狐가 "조돈이 그 임금을 죽였다.〔趙盾弑其君〕"라고 기록하여 조정에 보였다. 조돈이 자기가 죽이지 않았다고 강변하자, 동호가 "그대는 일국의 정경으로 도망하면서 국경을 넘지도 않았고, 돌아와서는 역적을 토벌하지도 않았으니, 그대가 죽인 게 아니고 누구인가.〔子爲正卿 亡不越境 反不討賊 非子而誰〕"라고 하였다. ≪春秋左氏傳 宣公 2年≫

60) 우리……아니지요 : 趙宣子의 간언에 대한 晉靈公의 속마음을 반영한 말이다. 직간을 많이 하는 趙宣子를 미워한 진영공은 훗날 鉏之彌를 보내어 그를 죽이게 할 정도로 그의 간언을 싫어했다. ≪說苑≫ 〈立節〉篇에 의하면, 죽이라는 명을 받은 서지미가 조선자의 집에 가 보니, 조선자가 조회에 나가려고 일찍부터 朝服을 갖추어 입고 앉아 졸고 있었다. 이에 서지미는 "집에서도 임금에 대한 공경을 잊지 않고 있으니 참으로 백성을 위하는 주인이다."라고 탄식하고 스스로 목숨을 끊고 말았다고 한다. 조선자의 간언이 가진 진정성을 엿볼 수 있는 일화이다.

而晉國日昌하니 何則고 以其誅逆存順일새라 詩曰 ④凡民有喪하니 匍匐救之로다하니 趙宣子之謂也라

① 宋人殺昭公 : ≪春秋左氏傳≫ 文公 16년 겨울 條에 "宋人弑其君杵臼(송나라 사람이 그 임금 杵臼를 시해했다.)"라고 하였다.

春秋文十六年冬에 宋人弑其君杵臼라하다

② 趙宣子請師於靈公而救之 : 내(周廷寀)가 살펴보니, ≪春秋左氏傳≫에는 다만 "晉나라 荀林父와 衛나라 孔達과 陳나라 公孫寧과 鄭나라 石楚가 宋나라를 공격하면서 '무엇 때문에 임금을 弑害하였느냐?'고 꾸짖고도 文公을 宋나라의 임금으로 세우고 돌아갔다."라고만 되어 있다.

寀按에 左傳에 惟云晉荀林父와 衛孔達과 陳公孫甯과 鄭石楚가 伐宋하여 討曰 何故弑君고 하고 立文公而還이라하다

③ 乃與師而從之 : 趙懷玉이 校勘한 내용에 "'興'은 본래 모두 '與'라고 잘못되어[61] 있던 것이다. 이제 문장의 뜻을 살펴 고친다."라고 하였다.

趙校語에 興本皆譌與라 今案文義改라

④ 詩曰 : 趙懷玉本에 '云'으로 되어 있다. 趙懷玉이 校勘한 내용에 "程本[62]에는 '曰'로 되어 있다."라고 하였다.

趙本에 作云이라 校語에 程本作曰 이라호라

1-23 傳에 말하였다.

"물이 탁하면 물고기가 입을 벌름거리고, 法令이 가혹하면 백성이 난을 일으킨다고 하였으니, 城이 가파르면 무너지고, 언덕이 가파르면 무너진다. 그래서 吳起는 刑을 가혹하게 했다가 거열형을 당했고, 商鞅은 法을 가혹하게 했다가 四肢가 찢겼다. 나라 다스리는 일은, 비유하자면 琴絃을 조율하는 것과 같아서 큰 줄을 너무 팽팽하게 당기면 작은 줄이 끊어지고, 말고삐와 재갈을 너무 급하게 당기면 천리를 볼 수 없는 것과 마찬가지이다. 들을 수 있는 소리는 백 리를 못 넘어서지만, 들을 수 없는 소리는 四海까지 이른다. 그래서 봉록이 그 功勞를 넘어서는 자는 깎이고, 명성이 실제를 넘

61) 잘못된 : 조회옥은 '與'가 틀리고, '興'이 옳다고 주장하여 본문을 '興'으로 고쳤으나, 俞樾의 지적대로 '與'는 '擧'와 옛 통용자이므로 틀린 것이 아니다. 따라서 이 책에서는 조회옥의 주장을 따르지 않고 본문의 '與'자를 그대로 두었다.

62) 程本 : 韓魏叢書本 ≪韓詩外傳≫을 가리킨다. 구체적으로는 명나라 嘉靖 연간(1522~1566)에 何鏜이 엮은 총서 가운데에서, 程榮이 38종을 골라 1592년에 간행하였기에 '程本'이라 한 것이다.

어서는 자는 덜어지나니, 실정과 행실은 명성과 부합해야 한다. 禍와 福은 허투루 찾아오지 않는다.

≪시경≫ 〈邶風 旄丘〉에 말하였다.

'어찌 그리도 마음 편하신가? 함께 출병할 나라가 있겠지. 어찌 그리도 오래 걸리는가? 반드시 그럴 만한 까닭이 있겠지.'

그러므로 오직 人爲가 없어야 능히 長生久視[63)]할 수 있고, 外物에 얽매임이 없게 된다."

傳曰 水濁則魚喁①하고 令苛則民亂하니 城峭則崩하고 岸峭則(陂)②〔陁〕[64)]일새라 故吳起峭刑而車裂③하고 商鞅峻法而支解이라 治國者는 譬若乎張琴然④이니 大絃急⑤則小絃絶矣라 故急轡銜⑥者는 非千里之御也라 有聲之聲은 不過百里요 無聲之聲이 延及四海라 故祿過其功者는 削하고 名過其實者는 損⑦하나니라 情行合名⑧이어니 禍福不虛至矣러라 詩云何其處也오 必有與也로다 何其久也오 必有以也로다하니 故惟其無爲라야 能長生久視하고 而無累於物矣라

① 喁 : ≪說苑≫ 〈政理〉篇에는 '喁'이 '困'으로 되어 있고, 趙懷玉이 校勘한 내용에 "≪淮南子≫ 〈繆稱訓〉에는 '噞'으로 되어 있다."고 하였다.
說苑政理에 喁作困이요 趙校語에 淮南繆稱訓에 作噞이라호라

② 岸峭則陂 : 이 '峭'는 ≪說苑≫은 '竦'으로, '陂'는 '陁'로 되어 있다. 趙懷玉이 校勘한 내용에 "≪淮南子≫에 '岸崝者必陁(벼랑이 가파르면 반드시 무너진다.)'라고 되어 있는데, 高誘의 注에 이르길, '崝'은 '峭'이고, '陀'는 '落'이라고 했다."고 하였다.
此峭는 說苑에 作竦이요 陂作陁라 趙校語에 淮南에 作岸崝者必陁라한대 高注云崝은 峭也요 陀는 落也라호라

③ 峭刑 : 趙懷玉이 校勘한 내용에 "'峭刑'은 ≪淮南子≫에 '刻削'으로 되어 있다."라고 하였다.
趙校語에 峭刑은 淮南에 作刻削이라호라

④ 琴 : 趙懷玉이 校勘한 내용에 "≪淮南子≫에 '琴'은 '瑟'로 되어 있다."라고 하였다.
趙校語에 淮南에 琴作瑟이라호라

⑤ 急 : 趙懷玉이 校勘한 내용에 "≪淮南子≫에 '絚'으로 되어 있다."라고 하였다.
趙校語에 淮南作絚이라

⑥ 銜 : 趙懷玉이 校勘한 내용에 "'銜'은 ≪淮南子≫에 '數策' 2자로 되어 있다."라고 하였다.

63) 長生久視 : '오래 살며 길이 본다'는 의미로 老子 ≪道德經≫의 말이다. 노자는 덕을 쌓는 일을 '長生久視'의 도라고 하였다.

64) (陂)〔陁〕 : 저본에는 '陂'로 되어 있으나, ≪說苑≫과 ≪淮南子≫에 依據하고, 趙懷玉의 校勘을 참조하여 '陁'로 수정하였다.

趙校語에 銜은 淮南에 作數策二字라호라

⑦ 損 : 어떤 본에는 '捐'으로 되어 있기도 하다. 趙懷玉이 校勘한 내용에는 "≪淮南子≫에 '削'은 '損'으로, '損'은 '蔽'로 되어 있고, 그 아래에는 '實情과 行實이 합치되면 명성이 부응하게 된다.'로 되어 있다."고 하였다.

本或作捐이라 趙校語에 淮南에 削作損이요 損作蔽한대 下云情行合而名副之라호라

⑧ 情行合名 : ≪說苑≫에는 '情行合而民副之(實情과 行實이 합치되면 백성들이 부응하게 된다.)'라고 하였다.

說苑에 云情行合而民副之라

1-24 傳에 말하였다.

"衣服과 容貌는 보는 사람의 눈을 즐겁게 하며, 應對와 언어는 듣는 사람의 귀를 즐겁게 하며, 好惡와 거취는 마음을 즐겁게 한다. 그래서 君子의 衣服이 예에 맞고 容貌가 갖춰지면 백성의 눈이 즐거우며, 군자의 言語가 부드럽고 應對가 민첩하면 백성의 귀가 즐거우며, 어진 사람을 가까이하고 어질지 못한 자를 내치면 백성의 마음이 즐거운 것이다.

이 세 가지를 몸에 보존하면, 비록 벼슬자리에 있지 않더라도 이를 '素行'[65]이라 한다. 그러므로 속마음이 善을 보존하여 날마다 새로워지면, 혼자 거처해도 즐겁고, 덕이 充溢해져 드러난다."

≪시경≫ 〈邶風 旄丘〉에 말하였다.

"어찌 그리도 마음 편하신가? 함께 출병할 나라가 있겠지. 어찌 그리도 오래 걸리는가? 반드시 그럴 만한 까닭이 있겠지."

傳曰 衣服容貌者는 所以說目也요 應對言語者①는 所以說耳也요 好惡去就者②는 所以說心也라 故君子衣服中하며 容貌得이면 則民之目說矣하고 言語遜③하며 應對給이면 則民之耳說矣하고 就仁하며 去不仁이면 則民之心說矣라 三者存乎身④이면 雖不在位라도 謂之素行이라 故中心存善⑤하고 而日新之면 則獨居而樂이요 德充而形⑥이라 詩曰 何其處也오 必有與也로다 何其久也오 必有以也로다

---

65) 素行 : 처지에 따라 마땅하게 처신함을 의미한다. ≪中庸≫ 14장에는 "君子는 현재 자신의 지위에 따라 마땅히 해야 할 것을 행할 뿐, 그 밖의 것을 원하지 않는다.〔君子素其位而行不願乎其外〕"고 하였다.

① 應對言語者 : ≪說苑≫ 〈脩文〉篇에는 '聲音應對(목소리와 응답)'로 되어있는데, 아래의 문장을 살펴보면 ≪說苑≫이 틀린 듯하다.
說苑脩文에 作聲音應對라한대 按下文하면 疑說苑誤라
② 好惡去就者 : ≪說苑≫에는 '嗜慾好惡'로 되어 있다.
說苑에 作嗜慾好惡라
③ 遜 : '遜'은 ≪說苑≫에 '順'으로 되어 있다.
遜은 說苑作順이라
④ 身 : '身'은 ≪說苑≫에 '心'으로 되어 있고, 그 구절 아래에 '暢乎體形乎動靜(몸에 통달하여 행동으로 드러나면)'이라는 7자가 더 있다.
身은 說苑作心이라 句下에 又有暢乎體形乎動靜七字라
⑤ 中心存善 : ≪說苑≫에는 '中'은 '忠'으로, '存'은 '好'로 되어 있다.
說苑에 中作忠이요 存作好라
⑥ 獨居而樂 德充而形 : ≪說苑≫에는 '獨居樂德 內悅而行(혼자 거처하더라도 덕을 즐기니, 마음으로 기뻐하며 실행한다)'로 되어 있다.
說苑에 云獨居樂德하니 內悅而行이라하다

1-25 仁道에는 네 가지가 있는데 磏仁이 가장 낮은 단계이다. 〈네 가지는〉 聖仁이 있고 智仁이 있고 德仁이 있고 磏仁이 있다.

위로 하늘을 알아 하늘의 때를 운용할 수 있고, 아래로 땅을 알아 땅의 재용을 운용할 수 있으며, 그 사이 사람을 알아 안락하게 할 수 있으니 이를 '聖仁'이라 한다. 위로 또한 하늘을 알아 하늘의 때를 운용할 수 있고, 아래로 땅을 알아 땅의 財用을 운용할 수 있으며, 그 사이 사람을 알아 직언을 하도록 하니, 이를 '智仁'이라 한다. 너그럽게 대중을 포용하여 백성들이 신뢰하게 하고, 가야할 곳으로 인도하되 적절한 때를 가려 욕되지 않게 하니 이를 '德仁'이라 한다. 청렴결백하고 강직방정하긴 하지만, 〈현실의〉 잘못됨을 다스리지도 못하고 사악함을 바로잡지도 못하며, 鄕里에 거처하여도 塗炭에 앉은 듯 여기고 조정에 들어오라는 명령을 마치 湯火로 들어가는 듯 불편하게 여기며, 그 백성이 아니면 부리지 않고 그 음식이 아니라며 맛보지 않으며, 亂世를 미워하여 죽음을 가볍게 여기되 형제도 돌아보지 않고 法으로만 재다가 不祥함에 이르기도 하니 이를 '磏仁'이라 한다.

傳에 말하였다.

"산이 너무 뾰족하면 높을 수 없고, 물이 너무 좁으면 깊을 수 없으며, 사람이 너무 모나면 厚德할 수 없다. 지향하는 바가 하늘과 땅에 견주는 자는 그 사람됨이 상서롭지 못하니, 바로 伯夷와 叔齊와 卞隨[66]와 介子推[67]와 原憲과 鮑焦[68]와 袁旌目과 申徒狄의 행동이 그것이다. 그 稟受한 天命의 법도를 마침내 이에 이르러 잃게 되었는데도 〈이들은〉 능히 고치지 않았으니, 비록 말라죽더라도 포기하지 않은 것이다."

≪시경≫ 〈邶風 北門〉에 말하였다.

"또한 내버려 두자. 하늘이 하시는 일을 말해봤자 무엇하랴!"

그러나 비록 '磏仁'이 가장 낮은 단계이지만 聖人이 버리지 않으신 이유가 있으니, 백성을 바로잡는 隱括[69]의 도리가 그 속에 있기 때문이다.

仁道有四한대 磏爲下①하니 有聖仁者이요 有智仁者이요 有德仁者이요 有磏仁者②이라 上知天하여 能用其時하며 下知地하여 能用其財하며 中知人하여 能安樂之하나니 是聖仁者也라 上亦知天하여 能用其時하며 下知地하여 能用其財하며 中知人하여 能使人肆之하나니 是智仁者也라 寬而容衆하여 百姓信之케하며 道所以至하되 弗辱以時하나니 是德仁者也라 廉潔直方하되 疾亂不治하며 惡邪不匡하고 雖居鄕里라도 若坐塗炭하며 命入朝廷이라도 如赴湯火하고 非其民不使하며 非其食弗嘗하고 疾亂世而輕死하되 弗顧弟兄하여 以法度之하여 比於不祥하나니 是磏仁者也③라 傳曰 山銳則不高하고 水徑則不深하고 仁磏則其德不厚라 志與天地擬者는 其人不祥하나니 是伯夷와 叔齊와 卞隨와 介子推와 原憲과 鮑焦와 袁旌目④과 申徒狄之行也라 其所受天命之度를 適至是而亡⑤이어늘 弗能改也하니 雖枯槁라도 弗捨也라 詩云 亦已焉哉라 天實爲之어니 謂之何哉오 磏仁雖下나 然聖人不廢者는 匡民隱括이 有在是中者也일새라

---

66) 卞隨 : 변수는 夏나라 때의 高士이다. ≪呂氏春秋≫ 〈離俗〉篇에 "湯이 마침내 伊尹과 함께 桀을 쳐서 이기고 천하를 변수에게 사양하니, 변수는 한사코 마다하고 스스로 潁水에 투신하여 죽었다." 하였다.

67) 介子推 : 춘추시대 晉나라 사람으로 文公을 따라 19년 동안 망명하다가 귀국했으나 封祿을 받지 못하자 어머니를 모시고 綿山에 숨었다. 문공이 찾아가 그를 나오게 하려고 불을 질렀는데, 개자추는 끝내 나오지 않았고 나무를 껴안고서 불에 타 죽고 말았다고 한다. ≪春秋左傳 僖公 24年≫

68) 鮑焦 : 포초는 周나라 때 隱者이다. 그의 죽음에는 여러 이야기가 전한다. 그 중 하나는 스스로 밭을 갈아서 먹고 우물을 파서 마셨으며 아내가 길쌈한 옷이 아니면 입지 않던 포초가 어느 날 굶주려서 산속에 있는 대추를 따 먹는데 어떤 이가 "그 대추는 그대가 심은 것인가?" 했더니, 먹은 것을 토해 버리고 그 자리에서 말라 죽었다는 기이한 이야기다.

69) 隱括 : 규범이란 의미이다. 도지개로서 '檃括'이나 '隱栝'로도 표기한다. 본래 이는 휘어진 것을 곧게 하는 도구인 '檃'과 뒤틀린 사각형을 바로잡는 도구인 '括'에서 유래한 표현이다.

① 磏 : '磏'은 '廉'의 古字이다.
磏은 古廉字라
② 有磏仁者 : 趙懷玉이 校勘한 내용에 "'磏'이란 대개 굳게 절개를 지키느라, 중도를 벗어나면서까지 자기를 다그쳐 仁을 행하는 것이다."라고 하였다.
趙校語에 磏은 蓋苦節過中以自厲爲仁者라
③ 是磏仁者也 : 趙懷玉이 校勘한 내용에 "이 구절 아래는 舊本에 따로 행을 잡았지만, 지금 문장의 의미를 살펴보니 이어지는 구절이다."라 하였다.
趙校語에 此下는 舊本에 別提行이나 今案文義하니 連之라호라
④ 旌 : '旌'자는 여러 책에 모두 같다. 다만, ≪新序≫ 〈節士〉篇에만 '族'으로 되어 있다.
旌字는 諸書皆同이라 惟新序節士에 作族이라
⑤ 亡 : '亡'은 마땅히 '止'가 되어야 할 듯하다.
亡은 疑當爲止라

1-26 申徒狄이 세상을 그르다고 여겨 스스로 물에 빠져 죽으려고 했을 때, 崔嘉가 이를 듣고서 만류하며 말하였다.

"내 들으니 聖人과 仁士는 천지 간에 살고 있는 것은 백성의 부모나 마찬가지이기 때문이다. 이제 자기 발이 젖는 것을 두려워하여 물에 빠진 백성을 구하지 않는다면 옳은 일입니까?"

신도적이 말하였다.

"그렇지 않습니다. 桀王이 關龍逄[70]을 죽이고, 紂王이 왕자 比干을 죽이자 천하를 잃게 되었습니다. 吳나라가 伍子胥를 죽이고, 陳나라가 泄冶를 죽이자 그 나라가 멸망하게 되었습니다. 그러므로 나라와 가문이 망하는 이유는 聖과 智를 갖춘 인물이 없어서가 아니라, 그런 인물이 쓰이지 않기 때문입니다."

伍子胥

그러고는 마침내 돌을 안고 물에 빠져죽었다. 君子들은 이를 듣고 말하였다.

"청렴하도다. 이와 같이 仁한 사람이여! 〈이런 사람을〉 내가 아직 보지 못하였구나."

≪시경≫ 〈邶風 北門〉에 말하였다.

70) 關龍逄 : 夏나라 桀王 때의 충신으로, 걸왕이 술을 지나치게 마시는 잘못에 대해 간하다가 걸왕에게 죽음을 당하였다.

"하늘이 하시는 일을 말해봤자 무엇하랴!"

申徒狄이 非其世하여 將自投於河할새 崔嘉聞而止之하고 曰 吾聞호니 聖人仁士之於天地之間也는 民之父母也라하여늘 今爲(儒雅)〔濡足〕[71]之故①로 不救溺人이면 可乎아한대 申徒狄曰 不然이라 〔昔〕[72]②桀殺關龍逢하고 紂殺王子比干하여 而亡天下하고 吳殺子胥하고 陳殺泄冶하여 而滅其國이라 故亡國滅家는 非無聖智也요 不用故也일새라 遂抱石而沉於河③하다 君子聞之曰 廉矣라 如仁歟여 則吾未之見也④[73]로다 詩曰 天實爲之어니 謂之何哉오

① 儒雅 : 나(周廷寀)는 이렇게 생각한다. '儒雅'는 誤字이니, 마땅히 ≪新序≫를 따라 '濡足'이라고 써야 한다. 趙懷玉本에 '濡足'으로 되어 있다. 趙懷玉이 校勘한 내용에 "'濡足'은 본래 잘못되어 '儒雅'로 되었으니, ≪新序≫ 〈節士〉篇에 근거하여 고쳐 바로잡았다. ≪太平御覽≫ 제 61卷에도 이와 같고, ≪初學記≫에도 이를 인용하여 썼으니, 이것이 지금 '濡足'으로 고친 근거이다." 라고 하였다.

寀按에 儒雅字誤니 當從新序하여 作濡足이라 趙本에 作濡足이라 校語에 濡足은 本譌作儒雅니 據新序節士篇하여 改正이라 御覽六十一에 同하고 初學記에 引作하니 今以濡足之故라

② 昔 : 趙懷玉本에 '昔'자가 있다. 趙懷玉이 校勘한 내용에 "舊本에는 빠져 있는데, 이제 ≪初學記≫와 ≪太平御覽≫에 의거하여 보충했다."라고 하였다.

趙本有昔字라 校語에 舊本脫이어늘 今據初學記와 御覽하여 補라호라

③ 抱石 : '抱石'이 ≪新序≫에는 '負石'으로 되어 있다. 趙懷玉이 校勘한 내용에 "≪新序≫, ≪初學記≫, ≪太平御覽≫에 '抱石'은 모두 '負石'으로 되어 있다. ≪史記≫ 〈鄒陽列傳〉의 索隱에는 이 ≪新序≫를 인용하여 '遂抱甕自沈於河(마침내 물동이를 안고 스스로 물에 빠져 죽었다.)'로 되어 있다."라 하였다.

抱石이 新序에 作負石이라 趙校語에 新序와 初學記와 御覽에 抱石은 皆作負石이라 史記鄒陽傳索隱에 引新序하여 作遂抱甕自沈於河이라호라

④ 廉矣 如仁歟 : ≪新序≫에 '廉矣乎 如仁與智 吾未見也(청렴하도다. 이와 같은 仁과 智는 내가 아직 보지 못하였구나.)'라고 하였다.

新序에 云廉矣乎라 如仁與智여 吾未見也로다하다

71) (儒雅)〔濡足〕: 저본에는 '儒雅'로 되어 있으나, ≪新序≫와 ≪太平御覽≫에 의거하고, 趙懷玉의 校勘을 참조하여 '濡足'으로 수정하였다.

72) 〔昔〕: 저본에는 '昔'이 없으나, ≪太平御覽≫과 趙懷玉의 校勘에 根據하여 補充하였다.

73) 則吾未之見也 : 注釋의 내용상 원주④는 이곳에 위치해야 하기에, 글의 끝에 놓인 원주의 위치를 修正하였다.

1-27 鮑焦가 옷이 낡아 살갗이 드러난 채 삼태기를 들고서 나물을 뜯다가, 길에서 子貢을 만났다. 자공이 말하였다.

"그대는 어찌해서 이 지경에 이르렀소?"

포초가 말하였다.

"천하에 德敎가 있으면서 버림받은 사람이 많으니, 나라고 어찌해서 이 지경에 이르지 않겠소. 나는 들으니 '세상이 자신을 알아주지 않는데도 멈추지 않고 행하는 것은 잘못된 행위이고, 윗사람이 자기를 등용하지 않는데도 그칠 줄 모르고 간섭하는 것은 청렴을 훼손하는 일이라'고 하였으니, 잘못된 행위를 하고 청렴을 훼손하고도 포기하지 못한다면 이익에 유혹된 것입니다."

자공이 말하였다.

"나는 들으니 '그 세상을 비난하는 자는 그 이익으로 살지 않고, 그 임금을 더럽게 여기는 자는 그 땅을 밟지 않는다'고 합니다. 지금 그대는 그 임금을 더럽게 여기면서도 그 땅을 밟고 있고, 그 세상을 비난하면서도 그 나물을 뜯고 있으니, 옳은 일인지요? ≪시경≫에 이르기를, '넓은 하늘 아래 왕의 땅이 아닌 곳은 없다'고 하였으니, 그 나물은 누구의 소유인가요?"

포초가 말하였다.

"아! 현명한 이는 벼슬에 나아가는 것을 중히 여기고 물러나는 것을 쉽게 여기고, 청렴한 이는 부끄러움을 쉽게 여기며 죽음을 가볍게 여긴다고 나는 들었소."

그러고는 그 나물을 버리고 서서, 낙수의 물가에서 말라 죽었다.

군자는 이 소식을 듣고 말하였다.

"청렴한 이여, 강직하구나. 산이 뾰족하면 높지 못하고, 물이 좁으면 깊지 못한 법이니, 행실이 〈지나치게〉 청렴하면 그 덕이 두텁지 못하다. 천지와 더불어 비견되고자 하는 자는 그 사람됨이 상서롭지 못한 법인데, 포초도 상서롭지 못했다고 할 만하구나. 그 節度의 정도는 적절한 곳에서 그쳐야 한다."

≪시경≫ 〈邶風 北門〉에 말하였다.

"또한 내버려 두자. 하늘이 하시는 일을 말해봤자 무엇하랴."

鮑焦衣弊膚見(현)하고 挈畚持蔬①라가 遇子貢於道한대 子貢曰 吾子는 何以至於此也오 鮑焦曰 天下之遺德敎者衆矣라 吾何以不至於此也오 吾聞之호니 世不已知而行之不已者는 是爽

行也②요 上不己用③而干之不止者는 是毁廉也라 行爽廉毁어도 然且弗舍면 惑於利者也라 子貢曰 吾聞之호니 非其世者는 不生其利요 汙其君者는 不履其土④라 〔今吾子汙其君而履其土하고〕[74] 非其世而持其蔬하니 〔其可乎아〕[75] 詩曰 溥天之下에 莫非王土라하니 此誰之有哉⑤오 鮑焦曰 於戱라 吾聞호니 賢者重進而輕退하고 廉者易愧而輕死라 於是에 棄其蔬而立槁〔死〕[76]⑥於洛水之上하다 君子聞之曰 廉夫라 剛哉여 夫山銳則不高하고 水徑則不深⑦하니 行磏者⑧其德不厚라 志與天地擬者⑨는 其爲人不祥하니 鮑焦可謂不祥矣로다 其節度淺深은 適至於是矣⑩로다 詩云 亦已焉哉⑪라 天實爲之니 謂之何哉오

① 持 : ≪新序≫에는 '持'가 '將'으로 되어 있다. 趙懷玉이 校勘한 내용에 "≪太平御覽≫卷426에 '採蔬'라고 되어 있고, ≪新序≫ 〈節士〉篇에 '將蔬'라고 되어 있는데, 그 아래도 같다."라고 하였다.
新序에 持作將이라 趙校語에 御覽四百二十六에 作採蔬하고 新序節士篇에 作將蔬한대 下同이라호라

② 爽 : '爽'字의 위에 ≪新序≫에는 '是'자가 있다. 趙懷玉本에 '是爽行也(이는 잘못된 행동이다.)'로 되어 있다. 趙懷玉이 校勘한 내용에 "본래 모두 '是'자가 빠져 있는데, 이제 ≪新序≫와 ≪太平御覽≫에 근거하여 보충하였다."라고 하였다.
爽上에 新序有是字라 趙本에 作是爽行也라 校語에 本皆脫是字어늘 今據新序와 御覽하여 補라호라

③ 用 : ≪新序≫에는 '用'이 또한 '知'로 되어 있으나, 옳지 않다.
新序에 用亦作知나 非라

④ 不履其土 : 이 아래에 ≪新序≫에는 "今吾子汙其君而履其土(지금 그대는 그 임금을 더럽게 여기면서도 그 땅을 밟고 있다.)"라는 10자가 더 있으니, 옳다. 趙懷玉本에도 '今吾子汙其君而履其土(지금 그대는 그 임금을 더럽게 여기면서도 그 땅을 밟고 있고)'라는 10자가 있고, 趙懷玉이 校勘한 내용에 "이 글자는 본래 빠진 것인데, ≪新序≫에 근거하여 보충하였다."라고 하였다.
此下에 新序에 有今吾子汙其君而履其土十字하니 是라 趙本에 有今吾子汙其君而履其土十字하고 校語에 此十字本闕이어늘 據新序補라하다

⑤ 此誰之有哉 : 趙懷玉本에 '此誰之有哉'로 되어 있다. 趙懷玉이 校勘한 내용에 "'之有'는 본래부터 아마 잘못 거꾸로 놓여져 있었던 듯하다."고 하였다.

74) 〔今吾子汙其君而履其土〕 : 저본에는 '今吾子汙其君而履其土'가 없으나, ≪新序≫와 趙懷玉의 校勘에 根據하여 補充하였다.

75) 〔其可乎〕 : 저본에는 '其可乎'가 없으나, ≪史記正義≫ 〈魯仲連傳〉의 引用文에 根據하여 補充하였다.

76) 〔死〕 : 저본에는 없으나, ≪新序≫에 根據하여 補充하였다.

趙本에 作此誰之有哉라 校語에 之有本或誤倒라하다

⑥ 棄其蔬而立槁 : "立"은 ≪新序≫에는 위로 붙여 한 구절을 이루며, "槁" 아래에 "死"자가 있다.
立字는 新序에 屬上爲句하고 槁下에 有死字라

⑦ 徑 : ≪新序≫에는 '徑'이 '狹'으로 되어 있다.
新序에 徑作狹이라

⑧ 磏 : ≪新序≫에는 '磏'이 '特'으로 되어 있다.
新序에 磏作特이라

⑨ 擬 : ≪新序≫에는 '擬'가 '疑'로 되어 있다.
新序에 擬作疑라

⑩ 於是 : ≪新序≫에는 '於是'가 '而止'로 되어 있다.
新序에 於是作而止라

⑪ 詩云亦已焉哉 : 趙懷玉이 校勘한 내용에 "이 구절이 ≪詩攷≫에도 보인다. ≪新序≫에는 '亦'자가 없다."고 하였다.
趙校語에 句見詩攷라 新序無亦字라하다

1-28 옛날에 周나라의 道가 성대하였을 때, 邵伯이 조정에 있었는데, 담당 관리가 邵伯을 위해 궁실을 지어 거처하게 하려고 청하였다. 소백이 말하였다.

"아! 내 한 몸 때문에 백성을 수고롭게 한다면, 이는 돌아가신 文王의 뜻이 아니오."

그러고는 궁궐을 나서 밭두렁과 밭이랑 사이로 백성들에게 가서 그들의 송사를 듣고 시비를 가려주었다. 소백이 너른 들판에서 노숙하며 나무 아래 집을 지으니, 백성들이 크게 기뻐하며 힘껏 밭을 갈고 누에를 쳤다. 이 해에 크게 풍년이 드니 백성들이 집집마다 풍족하였다.

그 후로는 벼슬하는 자가 교만해지고 사치하여, 백성을 돌보지 않고 세금을 번거롭게 거두니, 백성들이 곤핍해지고 밭을 갈고 누에치는 일을 제 때에 못하게 되었다. 이에 詩人은 소백이 쉬던 나무 아래를 보고, 찬미하여 노래하였다.

≪시경≫ 〈召南 甘棠〉에 말하였다.

"무성한 저 감당나무를 베지도 말고 치지도 말라. 소백님이 머무신 곳이라네."

이 구절은 이것을 말한 것이다.

昔者周道之盛에 邵伯在朝할새 有司請營邵以居한대 邵伯曰 嗟라 以吾一身而勞百姓이면 此非吾先君文王之志也라 於是에 出而就蒸庶於阡陌隴畝之間하여 而聽斷焉[①]이라 邵伯이 暴處遠

野하고 廬於樹下하니 百姓大說하여 耕桑者倍力以勸이라 於是에 歲大稔하니 民給家足이라 其後에 在位者驕奢하여 不恤元元하고 稅賦繁數(삭)하니 百姓困乏하고 耕桑失時라 於是에 詩人見(召)〔邵〕[77)]②[78)]伯之所休息樹下하고 美而歌之라 詩曰 蔽芾甘棠를 勿剗勿伐이어다 (召)〔邵〕伯所茇이라하니 此之謂也라

① 總評 : 나(周廷寀)는 이렇게 생각한다. ≪毛詩箋≫에 "召伯은 남녀들의 訟事를 들어주었으나 거듭 번거롭게 백성들을 수고시키지 않으려고, 작은 감당나무 아래에 머물러 거처하며 訟事를 들어 판결하였다. 國人들이 그 덕택을 입고 그 교화를 기뻐하여 그 사람을 그리워하였기에 그 나무를 공경하였다." 라고 하였으니, ≪韓詩外傳≫과 뜻이 같다.
寀按호니 毛詩箋에 云召伯은 聽男女之訟이나 不重煩勞百姓하고 止舍小棠之下하여 而聽斷焉이라 國人被其德하고 說其化하여 思其人이라 敬其樹라하니 與韓傳義同이라

② 召 : 趙懷玉本에 '召'가 모두 '邵'로 되어 있다.
趙本에 召皆作邵라

모두 29장[79)]이다.

凡傳二十有九①라

① 趙懷玉本에 없다.
趙本無라

---

77) (召)〔邵〕 : 저본에는 '召'로 되어 있으나, ≪毛詩≫ 〈召南〉과 본문의 다른 구절에 근거하여 수정하였다.
78) 趙本召皆作邵 : 注釋의 내용상 원주②는 이곳에 위치해야 하기에, 글의 끝에 놓인 원주의 위치를 修正하였다.
79) 29장 : 저본은 28장으로, 分章 計算에 차이가 있다.

韓詩外傳 卷第二

2-1 楚나라 莊王이 宋나라를 포위하여 7일치의 군량만 남게 되자 말하기를,

"이것을 소진하고도 이기지 못하면 장차 돌아가리라."

라고 하였다. 그러고는 이에 司馬子反을 시켜 距堙〔거인〕[1)]에 올라가 송나라 성 안을 들여다 보게 하였는데, 송나라도 華元[2)]을 시켜 距堙에 올라가 대응하게 하였다. 자반이 말하였다.

"그대의 나라는 어떻소?"

화원이 말하였다.

"지쳐있습니다. 자식을 바꾸어 잡아먹고, 해골을 쪼개어 땔감으로 땝니다."

자반이 말하였다.

"아, 매우 지쳐있구려! 하지만 나는 듣기로, '포위를 당한 나라는 말에게 재갈을 물려 꼴을 먹이는 척하며, 살진 자로 하여금 적국에 응대하도록 한다'고 했는데, 지금 그대는 어째서 그대의 실정을 말해준게요?"

화원이 말하였다.

"저는 들으니 '군자는 남의 곤경을 보면 불쌍하게 여기고, 소인은 남의 곤경을 보면 다행스럽게 여긴다.'고 하였습니다. 저는 멀리서 그대를 보니 군자같기에 사실대로 말한 겁니다."

자반이 말하였다.

"알겠소. 그대는 힘쓰도록 하시오. 우리 군대도 7일치의 식량만 가졌을 뿐이오."

---

1) 距堙 : 城 안을 들여다 볼 수 있도록 흙을 쌓아 만든 인공 구조물이다. 원문은 '闉'로 되어 있으나, 誤字이다. 趙懷玉의 지적대로 본래 '堙'인데 '闉'을 빌어다 사용한 것 뿐이다. ≪公羊傳≫에는 '堙'으로 되어 있다.

2) 華元 : 춘추시대 宋나라 대부로, 文公, 共公, 平公의 세 군주를 섬겼다. 문공 4년에 楚나라가 鄭나라를 시켜 宋나라를 공격하자 右師가 되어 군사를 이끌고 맞아 싸우다가 포로로 잡혔지만, 나중에 달아나 宋나라로 돌아왔다. 文公 16년에 楚나라 군사가 宋나라를 포위하여 다섯 달 동안 갇혔는데, 성 안의 식량까지 바닥이 나자 밤에 楚나라 軍陣으로 들어가 楚나라와 화의하였다. 共公이 죽자 司馬 蕩澤을 공격해 죽이고 共公의 어린 아들 成을 옹립했는데, 이가 바로 平公이다.

그러고는 揖을 하고 내려갔다. 자반이 장왕에게 보고하자, 장왕이 말하였다.

"어떻던가?"

자반이 말하였다.

"어렵습니다. 자식을 바꾸어 잡아먹고, 해골을 쪼개어 땔감으로 땝니다."

장왕이 말하였다.

"좋소! 매우 지쳐있군요! 이제 이곳을 차지하여 돌아가기만 하면 되겠소."

자반이 말하였다.

"안될 겁니다. 제가 벌써 일러주어, 우리 군대도 7일치의 군량만 가졌을 뿐이라고 말했으니까요."

장왕이 성내며 말하였다.

"내가 그대에게 상황을 살피고 오라고 했거늘, 그대는 어찌 〈우리의 사정을〉 일러주고 왔단 말이오?"

자반이 말하였다.

"구구한 송나라에도 오히려 속이지 않는 신하가 있는데, 〈우리 같은〉 초나라에 없을 수 있겠습니까? 제가 그래서 일러주었습니다."

장왕이 말하였다.

"아무리 그래도 나는 이곳을 차지해야 돌아가겠소!"

자반이 말하였다.

"왕께서는 이곳에 머무십시오. 저는 돌아가겠습니다."

장왕이 말하였다.

"그대가 나를 버리고 가버리면, 나는 누구와 함께 여기에 있소? 나도 그대를 따라 돌아가겠소."

그러고는 마침내 군대를 이끌고 돌아갔다. 군자는 그를 스스로 화평을 이룬 것을 좋게 여겼다. 화원은 자반에게 진실되게 일러주어서 포위에서 풀려났고, 두 나라의 운명을 온전하게 한 것이다.

≪시경≫ 〈鄘風 干旄〉에 말하였다.

"저 아름다우신 분께 무엇으로 말씀을 드려야 할까."

군자들은 그들이 진실되게 서로 말해준 일을 훌륭하게 여겼다.

楚莊王이 圍宋하여 有七日之糧할새 曰 盡此而不剋①이면 將去而歸호리라 於是에 使司馬子反乘(闉)〔堙〕②3)而窺宋城이어늘 宋使華元乘(闉)〔堙〕③而應之라 子反曰 子之國은 何若矣오 華元曰 憊矣라 易子而食之하고 析骸而爨之④라 子反曰 嘻라 甚矣憊로다 雖然이나 吾聞호니 圍者之國은 箝馬而秣之⑤하고 使肥者應客이라하거늘 今何吾子之情也오 華元曰 吾聞호니 君子는 見人之困則矜之하고 小人은 見人之困⑥則幸之라 吾望見吾子호니 似於君子라 是以情也⑦라 子反曰 諾타 子其勉之矣어다 吾軍有七日糧爾라하고 揖而去하다 子反이 告莊王하니 莊王曰 若何오한대 子反曰 憊矣라 易子而食之하고 析骸而爨之러이다 莊王曰 嘻라 甚矣憊로다 今得此而歸爾호리라 子反曰 不可라 吾已告之矣하여 曰 軍亦有七日糧爾이라 莊王怒曰 吾使子視之어늘 子曷爲而告之오 子反曰 區區之宋도 猶有不欺之臣이온 (何)〔可〕4)以楚國而無乎⑧아 吾是以告之也라 莊王曰 雖然이나 吾(子)5)⑨今得此而歸爾호리라한대 子反曰 王請處此하소서 臣請歸耳라 王曰 子去我而歸면 吾孰與處乎此아 吾將從子而歸호리라하고 (還)〔遂〕6)⑩〔引〕7)師而歸⑪하다 君子善其平〔乎〕8)己也라⑫ 華元은 以誠告子反하여 得以解圍하고 全二國之命이라 詩云彼姝者子여 何以告之오하니 君子善其以誠相告也라

① 剋 : '剋'은 '克'과 같다. ≪春秋≫ 선공 15년 기록에 대한 〈公羊傳〉에는 '不勝(이기지 못하다.)'으로 되어 있다.
剋克同이라 春秋宣十五年公羊傳에 作不勝이라

② 闉 : ≪公羊傳≫에 '闉'은 모두 '堙'으로 되어 있다. 趙懷玉本에 '闉'으로 되어 있는데, 趙懷玉이 校勘한 내용에 "舊本에는 '闉'로 되어 있지만, 誤字이다. 살펴보건대 본래 '堙'인데 '闉'을 빌어다 사용한 것이다. '堙'은 '距堙'이니, 城에 오르는 구조물이다. ≪公羊傳≫ 宣公 15年條을 보면 '闉'이 '堙'으로 되어 있다."고 하였다.
公羊에 闉竝作堙이라 趙本作闉한대 校語에 舊作闉譌라 案本堙字어늘 借用闉이라 堙은 距堙이니 上城具라 見公羊宣十五年傳이면 闉作堙이라호라

③ 闉 : 趙懷玉本에 '闉'으로 되어 있다.
趙本作闉이라

④ 爨 : ≪公羊傳≫에 '爨'은 '炊'로 되어 있다.

---

3) (闉)〔堙〕: 저본에는 '闉'로 되어 있으나, ≪公羊傳≫과 周廷寀의 校勘에 根據하여 修正하였다.
4) (何)〔可〕: 저본에는 '何'로 되어 있으나, ≪公羊傳≫과 趙懷玉의 校勘에 根據하여 修正하였다.
5) (子) : 저본에는 '子'자가 있으나, ≪公羊傳≫과 趙懷玉의 校勘에 根據하여 削除하였다.
6) (還)〔遂〕: 저본에는 '還'으로 되어 있으나, 본문의 내용과 趙懷玉本을 根據로 修正하였다.
7) 〔引〕: 저본에는 '引'으로 되어 있으나, ≪公羊傳≫과 趙懷玉의 校勘에 根據하여 補充하였다.
8) 〔乎〕: 저본에는 '乎'로 되어 있으나, ≪公羊傳≫과 周廷寀의 校勘에 根據하여 補充하였다.

公羊에 爨作炊라

⑤ 箝 : '箝'은 나무를 말의 입에 물린 것이다. ≪公羊傳≫에는 '拑'으로 되어 있다.

箝은 以木銜馬口也라 公羊作拑이라

⑥ 困 : ≪公羊傳≫에는 '困'은 모두 '厄'으로 되어 있다.

公羊에 困竝作厄이라

⑦ 吾望見吾子似於君子 是以情也 : ≪公羊傳≫에는 "내가 보니 그대는 군자이다. 이 때문에 그대에게 實情대로 말한 것이다."라고 하였다.

公羊에 云吾見子之君子也라 是以告情於子也라하다

⑧ 何 : ≪公羊傳≫에 '何'는 '可'로 되어 있다. 趙懷玉이 校勘한 내용에 "마땅히 '可'로 되어야 할 듯하다."라고 하였다.

公羊에 何作可라 趙校語에 似當作可라하다

⑨ 吾子 : 내(周廷寀)가 살펴보건대, ≪公羊傳≫에는 '子'자가 없으니, 의심컨대 이는 衍文이다. 趙懷玉本에 '子'자가 없고, 趙懷玉이 校勘한 내용에 "舊本에는 아래에 '子'자가 있었지만, 이제 삭제하였다."라고 하였다.

寀按公羊無子字하니 疑此爲衍이라 趙本無子字하고 校語에 下舊有子字衍이나 今刪이라하다

⑩ 還 : 趙懷玉本에 '遂'로 되어 있다.

趙本作遂라

⑪ 師而歸 : 趙懷玉이 校勘한 내용에 " ≪公羊傳≫에는 '引師而去之(군대를 끌고 떠나갔다.)'라고 되어 있으니, 이 '遂' 아래에 '引' 1자가 빠진 듯하다."라고 하였다.

趙校語에 公羊作引師而去之하니 此遂下에 似脫一引字라하다

⑫ 君子善其平己也 : ≪公羊傳≫에 '大其平乎己也(스스로 화평을 이룬 것을 대단하게 여겼다.)'라고 하였으니, 내(周廷寀)가 살펴보건대, '平' 아래에는 마땅히 '乎'자를 보충해야 한다.

公羊에 云大其平乎己也라하니 寀按平下에 當補乎字라

2-2 魯나라 監門[9]의 딸인 嬰이 동료들과 길쌈을 하다가 한밤중에 울음을 터트리니, 그 동료가 물었다

"어째서 우는가?"

영이 말하였다.

"내가 들으니 衛나라 세자가 어질지 못하다고 하니, 그 때문에 우는 것이오."

그 동료가 말하였다.

9) 監門 : 문을 지키는 낮은 관원이다.

“衛나라 세자가 어질지 못한 것은 제후의 걱정거리거늘, 그대가 어찌 우는가?”

영이 말하였다.

“내가 들은 것이 그대가 말하는 것과는 다르오. 예전에 宋나라 桓司馬가 송나라 임금께 죄를 짓고 魯나라로 도망쳐 왔는데, 그 말이 달아나 우리의 채마밭에서 뒹굴고, 우리 채마밭의 아욱까지 먹어치웠소. 그 해에 채마밭 가꾸던 사람들은 소득의 절반을 잃었다고 나는 들었소. 越王 句踐이 군사를 일으켜 吳나라를 공격하였을 때, 제후들은 그 위세를 두려워하였고, 노나라는 여자를 바치러 갔다오. 우리 언니도 거기에 갔소. 오라비는 언니를 찾으러 가다 길에서 두려움에 떨다가 죽어야 했소. 월나라 군대가 겁을 준 것은 吳나라였지만, 오라비가 죽은 것은 나라오. 이를 두고 본다면, 화와 복은 서로 따라다니는 것이오. 지금 衛나라 세자가 매우 어질지 못하며 전쟁을 좋아한다 하는데, 나는 남동생이 셋이나 되니, 어찌 걱정이 없을 수 있겠소?”

≪시경≫ 〈鄘風 載馳〉에 말하였다.

“대부가 산을 넘고 물을 건너 알려오니, 내 마음 우울하구나.”

이 구절이 이와 같은 경우가 아니겠는가?

魯監門之女嬰①이 相從績이라가 中夜而泣涕하니 其偶曰 何謂②而泣也오 嬰曰 吾聞衛世子不肖③라하니 所④以泣也라 其偶曰 衛世子不肖는 諸侯之憂也어늘 子曷爲泣也오 嬰曰 吾聞之호니 異乎子之言也라 昔者에 宋之桓司馬得罪於宋君하여 出於魯한대 其馬佚而驏⑤吾園하고 而食吾園之葵라 是歲에 吾聞園人亡利之半⑥이라호라 越王勾踐起兵而攻吳할새 諸侯畏其威하고 魯往獻女하니 吾姊與焉이라 兄往視之라가 道畏而死⑦라 越兵威者는 吳也어늘 兄死者는 我也라 由是觀之컨대 禍與福는 相(反)〔及〕[10]也⑧라 今衛世子甚不肖하며 好兵한대 吾男弟三人이니 能無憂乎아 詩曰 大夫跋涉하니 我心則憂로다하니 是非類與乎⑨아

① 魯監門之女嬰 : 이는 ≪列女傳≫에 실린 漆室에 사는 여인[11]의 일과 대략 서로 비슷하다.
此與列女傳所載漆室女事로 大略相類하다

② 謂 : 趙懷玉이 校勘한 내용에 “‘謂’는 ‘爲’와 통용된다.”고 하였다.
趙校語에 爲通用이라

③ 吾聞衛世子不肖 : ≪列女傳≫에 “魯나라 임금은 늙고 패악하며, 태자는 어리고 우둔하다”고

10) (反)〔及〕: 저본에는 ‘反’으로 되어 있으나, 趙懷玉의 校勘에 근거하여 修正하였다.

11) 漆室女 : 춘추시대 魯穆公 때 칠실 고을에 사는 과년한 처녀가 임금은 늙고 태자는 어려서 나라가 몹시 위태롭게 되자 근심하여 탄식했다는 고사가 있다.(≪列女傳≫ 〈魯漆室女〉)

하였는데, 여기서 말한 衛나라 세자는 무엇을 말하는지 모르겠다.

列女傳에 云魯君老悖하고 太子少愚라한대 此云衛世子는 未審所謂라

④ 所 : 趙懷玉이 校勘한 내용에 " ≪御覽≫ 卷 469의 인용문에는 〈'所'가〉 '是'로 되어 있다." 라고 하였다.

趙校語에 御覽四百六十九引에 作是라하다

⑤ 䮧 : 䮧은 "鞠衣展衣"[12]의 '展'처럼 읽는데, 말이 흙바닥에 누워 뒹구는 것을 말한다. 趙懷玉이 校勘한 내용에 "䮧은 ≪廣韻≫에 말이 토욕질함을 뜻하며, '涉扇'의 半切이다."라고 하였다.

䮧은 讀如鞠衣展衣之展이니 馬轉臥土中也라 趙校語에 廣韻에 䮧은 馬土浴也요 涉扇切이라 하다

⑥ 吾聞園人亡利之半 : 傳에 이르기를, "晉나라의 賓客이 우리 집에 묵으며 채마밭에 말을 묶어 두었더니, 말이 달아나 달음박질쳐서 우리 아욱밭을 짓밟아 나로 하여금 한 해를 마치도록 아욱을 먹지 못하게 하였네."라고 하였다.

傳에 云昔晉客舍吾家하며 繫馬園中이러니 馬佚馳走하며 踐吾葵하여 使我終歲不食葵라호라

⑦ 道畏而死 : 傳에 또 이르기를, "이웃의 여자가 어떤 사람을 따라 달아나 그 집에서 도망하였는데, 우리 오라비에게 부탁하여 추적하게 하였다. 〈도중에〉 장맛비를 만나 벗어나려다 물살에 휩쓸려 죽었기에, 지금껏 나는 종신토록 오라비가 없다."고 하였다.

傳에 又云鄰人女奔隨人하여 亡其家한대 倩吾兄行追之라 逢霖雨而出이라가 溺流而死하니 今吾終身無兄이라

⑧ 反 : 趙懷玉本에 '及'으로 되어 있다.

趙本作及이라

⑨ 總評 : 趙懷玉이 校勘한 내용에 "이는 ≪列女傳≫에 실린 魯나라 漆室의 여자 이야기와 서로 비슷한데, 저 노나라 임금의 老衰함과 태자의 幼弱함을 근심한 것과 情理가 비교적 비슷하다."고 하였다.

趙校語에 此與列女傳所載魯漆室女事로 略相近한대 彼憂魯君老太子幼와 較近情理라.

2-3 高子[13]가 孟子에게 물었다.

"대저 시집가고 장가드는 것은 자기 스스로 할 수 있는 바가 아닌데, 衛나라 여인의

12) 鞠衣展衣 : 王后의 六服(여섯 가지 복식)의 종류이다. 육복은 '褘(휘)衣', '揄(요)狄', '闕狄', '鞠衣', '展衣', '緣衣' 등이다. 이 중 '국의'는 막 돋아난 뽕잎처럼 누런 색의 옷으로, 3월에 양잠을 시작하며 福祥을 기원할 때 입는 옷이고, '전의'는 문양 없는 흰 옷으로, 알현이나 접견할 때 입는다. ≪周禮 天官 內司服≫의 주석을 참고하였다.

13) 高子 : 孟子의 제자인데, 姓名은 알 수 없다.

일은 어째서 ≪詩經≫에 들어갈 수 있었을까요?"

맹자가 말하였다.

"衛나라 여인과 같이 나라를 염려하는 뜻을 가졌다면 그럴 수 있겠지만, 위나라 여인과 같은 뜻이 없다면 위태로운 일이다. 마치 太甲에 대하여 伊尹[14]과 같이 〈나라를 안정시킬〉 뜻을 가졌다면 그럴 수 있겠지만, 伊尹과 같은 뜻이 없다면 簒逆인 셈과 같다. 무릇 일을 처리하는 방식에는 두 가지가 있으니 항구적이며 불변하는 것을 '經'이라고 하고, 변통하며 적용하는 것을 '權'이라고 한다. 항구적인 도를 견지하면서도 변통하는 權道를 함께 할 수 있어야 賢人이라고 할 수 있다. 대저 衛나라 여인의 행실은 효성스러움에 부합하고, 사려는 성인에 부합하니, 權道가 무슨 문제가 되겠는가?"

孟子

≪詩經≫ 〈鄘風 載馳〉에 말하였다.

"나를 달갑게 여기지 않으니 친정 나라로 돌아갈 수가 없구나. 그대들이 못마땅해 하는 줄이야 알지만 내 생각을 버리지는 못하네."

高子가 問於孟子曰 夫嫁娶者는 非己所自親也어늘 衛女何以得編於詩也①잇고 孟子曰 有衛女之志則可어니와 無衛女之志則怠라 若伊尹於太甲에 有伊尹之志則可어니와 無伊尹之志則簒②이니라 夫道는 二이니 常之謂經이요 變之謂權이라 懷其常道而挾其變權라야 乃得爲賢이라 夫衛女行中孝하고 慮中聖하니 權如之何③오 詩曰 旣不我嘉일새 不能旋反호라 視爾④不臧일새 我思不遠⑤호라

① 衛女何以得編於詩也 : ≪毛詩序≫에 이르기를, "〈柏舟〉는 그 아내가 스스로 맹세한 것이다. 衛나라 세자 共伯이 일찍 사망하자 그 아내가 義를 지켰는데, 부모가 그 뜻을 꺾고 재가시키려고 하거늘, 맹세하며 허락하지 않고 이 시를 지어 거절하였다."고 하였다. 傳의 내용을 살펴보건대 ≪韓詩外傳≫과 ≪毛詩≫의 내용이 같다.
毛詩序에 云柏舟는 其妻自誓也라 衛世子共伯이 蚤死한대 其妻守義할새 父母欲奪而嫁之어늘 誓而弗許하고 作是詩以絶之라 按傳則韓與毛詩로 同義也라

14) 伊尹 : 이름은 摯. 夏를 떠나 殷나라 湯王에게 가서 재상이 되었는데, 太甲이 무도하자 그를 桐땅에 3년 동안 放逐하였다가, 죄를 뉘우치자 다시 왕으로 모셨다.

② 無伊尹之志則簒 : ≪孔叢子≫ 〈執節〉篇에 말하기를, "太甲이 喪을 당해 자손으로서의 도리를 알지 못한 채 政事를 알고자 하였다. 이에 伊尹이 태갑을 桐땅의 湯임금 묘소 근처에 살게 하면서 근심과 슬픔의 처지를 알게 하였으니, 그를 추방하여 정사를 알지 못하게 한 것이다. 3년의 상복을 마친 연후에 그를 돌아와 임금 자리에 나아가게 하여 예절을 갖춰 받들어 태갑을 섬겼으니, 그 임금으로 하여금 義를 따르게 하고, 그 임금으로 하여금 孝道를 힘쓰게 만든 것이다." 하였다.

孔叢子執節에 言太甲在喪에 不明乎人子之道而欲知政이라 於是에 伊尹使之居桐近湯之墓하여 處憂哀之地하니 放之하여 不俾知政이라 三年服竟然後에 反之卽所하여 以奉禮執節하여 事太甲者也하니 率其君以義하고 强其君以孝道也라

③ 權如之何 : "權何如之"라고 말한 것과 같으니, 도치된 구절일 뿐이다.

猶云權何如之니 倒句耳라

④ 視爾 : 趙懷玉本에 '視我'로 되어 있다. 趙懷玉이 校勘한 내용에 "본래는 〈'視我'였는데〉 혹 ≪毛詩≫를 따라 '爾'로 고친 듯하다."고 하였다.

趙本作視我라 校語에 本或從毛改爾라호라

⑤ 總評 : 趙懷玉이 校勘한 내용에 "지금 ≪孟子外書≫ 〈爲正〉篇에도 실려 있는데, '嫁娶'에 '娶'자가 없고, '怠'는 '舛'으로 되어 있으며, '挾其變' 아래에는 '權'자도 없다. 이 ≪孟子外書≫에 거론된 "'衛女"'가 ≪試經≫ 어느 편에 인용되었는지 알 수 없으며, 〈載馳〉편이 바로 이 ≪맹자외서≫에서 말한 내용을 가리키는지는 말할 수가 없다."라고 하였다.

趙校語에 今孟子外書爲正篇에 載之한대 嫁娶無娶字 怠作舛 挾其變下에 無權字라 此衛女는 不知是詩何篇所引이요 載馳不可謂卽指此라

2-4 楚莊王이 조회를 열어 의견을 듣다가 늦게 마치니, 樊姬[15)]가 堂에서 내려와 맞이하며 말했다.

"어찌 이리 밤 늦게 마치셨어요. 시장하고 피곤하지는 않으셔요?"

莊王이 말하였다.

"오늘은 충성스럽고 현명한 이의 말을 듣느라 시장하고 피곤한지도 모르겠소."

樊姬가 말하였다.

"왕께서 말씀하신 충성되고 현명한 이는 제후의 빈객입니까? 아니면 중원의 선비입니까?"

莊王이 말하였다.

---

15) 樊姬 : 楚 莊王의 부인으로, 현명하다고 이름났다.

"沈令尹[16]이라오"

그러자 樊姬는 입을 가리고 웃었다. 왕이 말하였다.

"姬는 왜 웃는 것이오?"

樊姬가 말하였다.

"소첩은 왕께 사랑을 입어, 목욕을 시켜드리고 수건과 빗을 시중들며 잠자리를 정리한 지 11년째입니다. 하지만 저는 언제나 梁땅과 鄭땅의 사이로 사람을 보내 美人을 구하여 왕께 추천하여, 저와 반열을 같이 하는 자가 열 사람이고, 저보다 나은 자가 두 사람이나 됩니다. 소첩이라고 어찌 왕의 총애를 홀로 차지하고 싶지 않았겠습니까? 사사로운 제 욕심 때문에 많은 미인을 가려버릴 수 없었고, 왕께서 많이 보고 즐거워하시기를 바랐던 것입니다. 지금 沈令尹은 楚나라의 재상이 된 지 몇 년이나 되는데, 아직까지 훌륭한 사람을 추천하거나 못난 자를 물리친 적이 없으니, 어찌 충성스럽고 현명한 사람이겠습니까?"

莊王이 아침 조회에 樊姬가 한 말을 沈令尹에게 말해주자, 令尹이 자리를 피하면서 孫叔敖를 추천하였다. 孫叔敖가 楚나라를 다스린 지 3년만에 초나라는 霸者가 되었다. 초나라 사관이 붓을 잡고 策에 썼다.

"초나라가 패권을 잡은 것은 樊姬의 힘이다."

≪시경≫ 〈鄘風 載馳〉에 말하였다.

"백 번을 생각해 보아도, 내가 직접 가는 것만 못하다."

이 구절은 樊姬와 같은 경우를 말하는 것이다.

楚莊王이 聽朝罷晏할새 樊姬가 下堂而迎之하며 曰 何罷之晏也잇고 得無飢倦乎아 莊王曰 今日聽忠賢之言이라 不知飢倦也이라 樊姬曰 王之所謂忠賢者는 諸侯之客歟잇가 國中之士歟잇가 莊王曰 則沈令尹也①라 樊姬掩口而笑한대 王曰 姬之所笑者는 何也오 姬曰 妾得②於王하여 尙湯沐하며 執巾櫛하며 振衽席에 十有一年矣라 然妾未嘗不遣人之梁鄭之間③하여 求美人而進之於王也하니 與妾同列者十人④이요 賢於妾者二人이라 妾豈不欲擅王之寵哉리오 不敢以私願으로 蔽衆美⑤요 欲王之多見則娛⑥니이다. 今沈令尹相楚數年矣⑦로되 未嘗見進賢而退不肖也⑧한대 又焉得爲忠賢乎리잇고 莊王旦朝에 以樊姬之言으로 告沈令尹한대 令尹避席⑨而進孫叔敖하다

16) 沈令尹 : 沈氏 姓의 令尹인데, 영윤은 楚나라의 관직으로 다른 나라의 재상에 해당된다. ≪列女傳≫에는 虞丘子로 기록되었다.

叔敖治楚三年하니 而楚國霸하다 楚史援筆而書之於策曰 楚之霸는 樊姬之力也라호라 詩曰 百爾所思나 不如我所之니라하니 樊姬之謂也라

① 沈令尹 : ≪新序≫와 ≪列女傳≫에는 모두 '虞邱子'로 되어 있다. 趙懷玉이 校勘한 내용에 "'則'과 '卽'은 古通用字이다. ≪新序≫ 〈一〉과 ≪列女傳≫ 〈賢明〉篇에 모두 이 일을 싣고 있는데, 沈令尹이 모두 '虞邱子'로 되어 있다."고 하였다.

新序와 列女傳에 竝作虞邱子라 趙校語에 則卽은 古通用이라 新序一과 列女傳賢明篇에 皆載此事한대 沈令尹俱作虞邱子라호라

② 妾得於王 : 趙懷玉이 校勘한 내용에 "의심컨대 마땅히 '幸'자가 있어야 한다."고 하였다.

趙校語에 疑當有幸字라호라

③ 梁鄭 : '梁鄭'은 傳하는 글에 '鄭衛'로 되어 있다.

梁鄭은 傳作鄭衛라

④ 十人 : '十'은 ≪列女傳≫에 '七'로 되어 있으니, 아마도 誤字인 듯하다. 趙懷玉이 校勘한 내용에 " ≪列女傳≫에는 '七人'으로 되어 있다."라고 하였다.

十은 傳作七하니 蓋字誤라 趙校語에 列女傳作七人이라호라

⑤ 蔽衆美 : 어떤 본에는 혹 '矣'라고 되어 있었을 듯하다.

本或作矣라

⑥ 欲王之多見則娛 : ≪列女傳≫에 "소첩은 堂上에 여인을 여럿 두는 것은 사람의 능력을 보기 위함이라고 들었습니다. 저는 사사로움으로 공변된 일을 가릴 수 없었기에, 왕께서 많이 사람의 능력을 보고 아시길 원했던 것입니다."로 되어 있다. 趙懷玉이 校勘한 내용에 "≪列女傳≫에 '欲王多見知人能也(왕께서 많이 보고 사람의 능력을 아시길 원했던 것입니다.)'로 되어 있는데, 이보다 나은 듯하다."라고 하였다.

傳에 云妾聞堂上兼女는 所以觀人能也라 妾不能以私蔽公하여 欲王多見知人能也라 趙校語에 列女傳作欲王多見知人能也라한대 似勝此라호라

⑦ 數年矣 : 趙懷玉이 校勘한 내용에 "≪新序≫에 '數十年'이라고 되어 있으나, ≪列女傳≫에는 '十餘年'으로 되어 있다."고 하였다.

趙校語에 新序作數十年이나 列女傳作十餘年이라호라

⑧ 未嘗見進賢而退不肖也 : ≪列女傳≫에 "虞邱子는 楚나라에서 재상이 된 지 10여 년에 추천한 사람이 자제가 아니면 친족의 형제이고, 賢人을 추천하고 不肖한 자를 물리쳤다는 말은 듣지 못했으니, 이는 임금의 〈총명을〉 가리고 현인의 나아갈 길을 막은 것이다."라고 하였다.

傳에 云虞邱子相楚十餘年에 所薦이 非子弟則族昆弟요 未聞進賢退不肖하니 是蔽君而塞賢路라

⑨ 避席 : ≪新序≫에는 "辭位(자리를 내놓다.)"로 되어 있다.

新序에 云辭位라

2-5 閔子騫이 처음에 孔子를 뵈었을 때는 풀만 먹는 사람처럼 수척한 기색이 있더니, 나중에는 고기를 먹는 사람처럼 윤택한 낯빛이 있기에 子貢이 물었다.

"그대는 처음에 풀만 먹는 사람처럼 수척한 기색이 있더니, 지금은 고기를 먹는 사람처럼 윤택한 낯빛이 있으니, 어떤 까닭입니까?"

민자건이 말하였다.

"내가 궁벽한 고을 출신으로 선생님의 문하에 들었을 때, 선생님께서 안으로는 孝로써 절차탁마하게 해주시고, 밖으로는 우리를 위해 王法을 가르쳐 주시니 마음속으로 즐거웠지요. 그런데 밖으로 나가 깃털 일산을 드리운 수레가 용을 그린 깃발을 꽂고서, 털옷을 입고 화려하게 뒤를 따르는 사람들의 모습을 보았을 때도, 마음이 역시 즐거웠답니다. 이 두 개의 마음이 가슴 속에서 싸워 댔으니 감당하기 힘들었지요. 이 때문에 풀만 먹는 사람처럼 수척한 기색이 있었던 겁니다. 지금은 선생님의 가르침이 점점 깊게 스며 들었고, 여러 벗들의 도움으로 절차탁마하게 되어 진취하게 되니, 안으로는 去就의 의리가 분명해져서, 깃털 일산을 드리운 수레가 용을 그린 깃발을 꽂고서, 밖으로 나가 털옷을 입고 화려하게 뒤를 따르는 사람들의 모습을 보더라도 하찮은 흙덩이처럼 보게 되었지요. 이 때문에 윤택한 빛이 도는 겁니다."

≪시경≫ 〈衛風 淇奧〉에 말하였다.

"깎고 다듬은 듯, 쪼고 간 듯 하시네."

閔子騫이 始見於夫子할새 有菜色이러니 後有芻豢之色이라 子貢이 問曰 子始有菜色이러니 今有芻豢之色하니 何也오 閔子曰 吾出蒹葭之中하여 入夫子之門할새 夫子內切磋①以孝하고 外爲之陳王法하사 心竊樂之러니 出見羽蓋龍旂에 旃裘②相隨할새 心又樂之라 〔二者〕[17]③相攻胸中而不能任이라 是以有菜色也러라 今被夫子之教寖深하고 又賴二三子하여 切瑳而進之하니 內明於去就之義하야 出見羽蓋龍旂하고 旃裘相隨호대 視之如(壇)〔糞〕[18]土矣④라 是以有芻豢之色이라하다 詩曰 如切如瑳하며 如琢如磨⑤로다

①磋 : 어떤 본에는 '瑳'으로 되어 있다. 내(周廷寀)가 살펴보건대, ≪毛詩≫ 〈卷阿〉의 箋에 이

17) 〔二者〕 : 저본에는 '二者'가 없으나, 趙懷玉의 校勘에 根據하여 補充하였다.
18) (壇)〔糞〕 : 저본에는 '壇'으로 되어 있으나, ≪太平御覽≫과 趙懷玉의 校勘에 根據하여 修正하였다.

르기를, "왕이 어진 신하를 두게 되면, 그와 함께 禮와 義로써 서로 切磋(갈고 다듬는다.)한다."고 하였고, 그 釋文에 '磋'를 혹 '瑳'라고도 썼다. 趙懷玉本에 '瑳'로 되어 있으니, 그 아래도 같다.

一本作瑳라 宷按호니 毛詩卷阿箋에 王有賢臣이면 與之以禮義相切磋라하고 釋文에 磋或作瑳라 趙本作瑳하니 下同이라

② 旃裘 : 趙懷玉이 校勘한 내용에 "어떤 본에는 '裘旃'이라고 되어 있었던 듯하다."라고 하였다.

趙校語에 本或作裘旃이라호라

③ 心又樂之 : 趙懷玉本에 '二者'라는 2자가 〈아래에 더〉 있다.

趙本에 有二者二字라

④ 壇土 : 趙懷玉이 校勘한 내용에 " ≪太平御覽≫ 卷388의 인용문에는 '糞土'로 되어 있다."라고 하였다.

趙校語에 御覽三百八十八引에 作糞土라호라

⑤ 總評 : 趙懷玉이 校勘한 내용에 " ≪尸子≫에 실린 내용이 대략 비슷하다. ≪韓非子≫ 〈喩老〉篇에 이르기를, '曾子가 子夏를 만나서 말하기를 「어찌 그리 살이 오른 것이오?」라고 하였다.'라고 하니 말이 대략 비슷하다." 하였다.

趙校語에 尸子所載略同이라호라 韓非喩老篇에 云曾子見子夏曰 何肥也云云하니 語略同이라

2-6 傳에 말하였다.

"기우제를 지내면 비가 오는 것이 어떤 이유인가?" 대답하였다. "이유는 없다. 기우제를 지내지 않아도 마찬가지로 비는 온다."

"별이 떨어지고 나무가 울면, 나라 사람들이 모두 두려워하는 것은 어떤 이유인가?" "이는 천지의 변화와 음양의 조화로서 드물게 생기는 사물의 현상일 뿐이다. 의아할 수는 있지만 두려울 것은 없다. 대저 일식과 월식, 그리고 괴이한 별들이 자주 나타나는 것과 철에 맞지 않게 불어대는 風雨는 세상에 없었던 적은 없었다. 임금이 현명하고 정사가 공평하면 비록 이런 일들이 한꺼번에 닥쳐온다고 하더라도 해로울 일이 없지만, 임금이 어둡고 정사가 공평하지 못하면 이런 일들이 하나도 없다 해도 이로울 일이 없다. 대저 만물의 재앙 중에 人妖가 가장 두려운 것이다." 대답하였다. "무엇을 人妖라고 하는가? 대충 밭을 갈면 농작물을 상하게 하고, 대충 김을 매면 농사를 망치고, 정치를 포악하게 하면 백성을 잃는다. 밭이 거칠어 추수가 형편없으면 곡식값이 올라 백성이 굶주려, 길에는 죽은 사람이 있고 도적이 도처에서 일어날 것이니, 上

下가 乖離되고 이웃끼리 서로 속이고 대문을 마주한 사이에도 도둑질을 하게 되며 상하의 예의가 문란해진다. 소와 말이 서로 새끼를 낳아주는 일은 六畜의 재앙이 되고, 臣下가 임금을 죽이고 父子가 서로 의심하는 일은 바로 人妖가 되니, 이는 혼란에서 생겨나는 일들이다."

傳에 또 말하였다.

"天地의 재앙은 일일이 드러내지 않고 감추고, 만물의 변괴는 일일이 쓰지 않으니, 쓸모없는 변고와 긴요하지 않은 관찰은 버려두고 다스리지 않는 법이다. 그러나 君臣의 의리와 父子의 친애와 男女의 분별은 절차탁마하며 내버려두지 말아야 할 것이다."

≪시경≫ 〈衛風 淇奧〉에 말하였다.

"깎고 다듬은 듯, 쪼고 간 듯 하시네."

傳曰 雩而雨者는 何也오 曰 無何也니 猶不雩而雨也라 星墜木鳴하면 國人皆恐하니 何也오 是天地之變이요 陰陽之化니 物之罕至者也라 怪之可也나 畏之非也라 夫日月之薄蝕①과 怪星之晝見(현)②과 風雨之不時는 是無世而不嘗③有也라 上明政平이면 是雖竝至④라도 無傷也나 上闇政險이면 是雖無一⑤이라도 無益也라 夫萬物之有災에 人妖最可畏也⑥라 曰 何謂人妖오 曰 枯耕傷稼⑦하고 枯耘傷歲⑧하고 政險失民이라 田穢稼惡⑨이면 糴貴民饑하여 道有死人하며 寇賊竝起⑩하니 上下乖離하고 鄰人相暴하면 對門相盜하고 禮義不(循)〔脩〕[19]⑪라 牛馬相生⑫은 六畜作妖요 臣下殺上⑬과 父子相疑는 是謂人妖⑭니 是生於亂이라 傳曰 天地之災는 隱而廢也⑮하니 萬物之怪는 書不說也니 無用之變⑯과 不急之(災)〔察〕[20]⑰은 棄而不治라 若夫君臣之義와 父子之親과 男女⑱之別은 切瑳而不舍⑲也⑳라 詩曰 如切如瑳하며 如琢如磨로다

① 薄 : ≪荀子≫ 〈天論〉에는 '薄'이 '有'로 되어 있다.
荀子天論에 薄作有라

② 晝 : '晝'는 ≪荀子≫에 '黨'이라고 되어 있고, 楊倞의 注에 "'黨見'은 '頻見(자주 나타남)'이니, 말하자면 '朋黨之多(붕당의 많음)'와 같은 표현이다.'"라고 하였다.
晝는 荀作黨이요 楊注에 黨見頻見也이니 言如朋黨之多라호라

③ 嘗 : 趙懷玉本에 '常'으로 되어 있다.
趙本作常이라

④ 竝至 : ≪荀子≫에는 〈竝至〉가 '竝世起(한꺼번에 세상에 일어남)'로 되어 있다.

---

19) (循)〔脩〕: 저본에는 '循'으로 되어 있으나, ≪荀子≫에 根據하여 修正하였다.
20) (災)〔察〕: 저본에는 '災'로 되어 있으나, ≪荀子≫에 根據하여 修正하였다.

荀子에 云竝世起라

⑤ 是雖無一 : '一'의 아래에 ≪荀子≫에는 '至者' 2자가 있다.

一下에 荀有至者二字라

⑥ 妖 : '妖'은 지금의 '祆'자인데 ≪荀子≫에는 모두 '祆'로 되어 있다.

妖은 今祆字인대 荀竝作祆라

⑦ 枯 : 이 '枯'는 ≪荀子≫에 '楛'로 되어 있고, 楊倞의 注에 "거칠어 순정하지 못함을 말함이다."라고 하였다.

此枯는 荀作楛요 楊注에 謂粗惡不精也라호라

⑧ 枯耘傷歲 : ≪荀子≫에 '耘耨失薉'로 되어 있고, 注에 "'薉'는 '穢'와 같으니, 제때를 놓쳐 농사를 망치게 하는 것을 말한다. 趙懷玉이 校勘한 내용에 " ≪荀子≫에는 '楛耕傷稼 耘耨失薉(대충 밭을 갈아 농작물을 상하게 하고, 거칠게 김을 매면 농사를 망치고)'로 되어 있다. 이 '枯'는 '楛'와 같으니, '일을 거칠고 함부로 함'을 말한 것이요, '傷薉'는 흉년을 말함인데, 문맥이 ≪荀子≫와는 다르다."고 하였다.

荀子에 作耘耨失薉라하고 注薉與穢同이니 謂失時使穢也라호라 趙校語에 荀子에 作楛耕傷稼耘耨失薉라 此枯與楛同이니 謂鹵莽滅裂也요 傷薉는 謂無年인데 義與荀異라호라

⑨ 穢 : 穢는 ≪荀子≫에 또한 '薉'로 되어 있다.

穢는 荀亦作薉라

⑩ 寇賊竝起 : ≪荀子≫에 이르기를, "도적과 재난이 한꺼번에 이른다."고 하였다.

荀云寇難竝至라

⑪ 循 : ≪荀子≫에 '循'은 '脩'으로 되어 있다. 趙懷玉本에 '脩'로 되어 있고, 趙懷玉이 校勘한 내용에 " '循'으로 되어 있는 本도 있고, ≪荀子≫에는 '脩'로 되어 있다."고 하였다.

荀子에 循作脩라 趙本에 作脩하고 校語에 一作循荀作脩라호라

⑫ 牛馬相生 : 楊倞의 ≪荀子≫ 注에 이르기를, "力役에 정해진 시기가 없어 사람들이 많이 원망하니, 원망의 기운에 감응되어서 동류가 아닌 것을 낳는다."고 하였다. 내(周廷寀)가 살펴보건대, ≪說苑≫에 이르기를, "말이 소를 낳고 소가 말을 낳은 것은 섞어서 기른 탓이니, 妖事는 아니다."고 하였다. 뜻이 또한 통하는 듯 하다.

楊注荀子에 云力役不時하여 人多怨曠하니 其氣所感이라 故生非其類也라 寀按컨대 說苑에 云馬生牛하고 牛生馬는 雜牧也니 此非妖也라 義亦似可通이라

⑬ 臣下殺上 : 趙懷玉이 校勘한 내용에 "'殺'의 독음은 '弑'이다."라고 하였다.

趙校語에 殺讀曰 弑라호라

⑭ 是謂人妖 : 趙懷玉이 校勘한 내용에 "≪荀子≫에는 '妖'가 중복되어 1자 더 있다."라고 하였다.

趙校語에 荀重一妖字라호라

⑮ 天地之災 隱而廢也 : 趙懷玉이 校勘한 내용에 "≪荀子≫에는 이 두 구절이 없다."라고 하였다.

趙校語에 荀無此二句라호라

⑯ 變 : '變'은 ≪荀子≫에 '辯'으로 되어 있고, 趙懷玉이 校勘한 내용에도 동일하다.
變은 荀作辯이요 趙校語同이라

⑰ 災 : '災'은 ≪荀子≫에 '察'로 되어 있고, 趙懷玉이 校勘한 내용에도 동일하다.
災는 荀作察요 趙校語同이라

⑱ 男女 : ≪荀子≫에 '夫婦'로 되어 있다.
荀作夫婦라

⑲ 磋 : ≪荀子≫에 '磋'는 '瑳'로 되어 있고, 趙懷玉本에도 '瑳'으로 되어 있다. 아래도 같다.
磋는 荀作瑳요 趙本作瑳하니 下同이라

⑳ 也 : 趙懷玉本에 본래 없다.
趙本無라

2-7 孔子가 말하였다.

"입이 맛있는 것이나 원하고 마음이 게으름을 방도나 원하면 仁으로써 가르치고, 마음이 편안함이나 원하며 몸이 수고로움을 꺼리면 恭으로써 가르치고, 말로 따지기나 좋아하고 두려움을 겁내면 勇으로써 가르치고, 눈이 美色이나 좋아하며 귀가 妙聲이나 좋아하면 義로써 가르쳐야 한다."

≪周易≫에 말하였다.

"그 허리〔限〕에 그친지라, 그 등뼈〔夤〕를 벌림이니, 위태하여 마음이 찌는 듯하도다."

≪詩經≫ 〈衛風 氓〉에 말하였다.

"아아! 여인들이여, 남자들에게 너무 빠지지 말라."

이 모두 사악함과 안일함을 막고, 心志를 조화시키는 말이다.

孔子曰 口欲味하며 心欲佚이면 敎之以仁하고 心欲安[①]하며 身惡勞면 敎之以恭하고 好辯論而畏懼면 敎之以勇하고 目好色하며 耳好聲이면 敎之以義이니라 易曰 艮其限이라 列其夤[②]이니 危薰心[③]이로다하고 詩曰 吁嗟女兮여 無與士耽이로다하니 皆防邪禁佚이요 調和心志라

① 安 : 여러 이본들에 '兵'으로 되어 있으나 옳지 않다. 趙懷玉本에도 '兵'으로 되어 있다.
諸本作兵나 誤라 趙本作兵이라

② 夤 : 趙懷玉本에 '膑'으로 되어 있고, 趙懷玉이 校勘한 내용에 "'夤'과 같다."고 하였다.
趙本作膑이요 校語에 夤同이라호라

③ 心 : '危'는 혹 '厲'로도 되어 있다.

危或作厲라

2-8 높은 담장이 위는 넓고 두텁고 아래가 얇고 약하다고 해서 반드시 무너지는 것은 아니지만, 비가 쏟아지고 물이 넘쳐 이르면 반드시 가장 먼저 무너지고, 초목은 뿌리가 얕다고 해서 반드시 뽑히는 것은 아니지만, 돌개바람이 일고 폭우가 쏟아지면 반드시 가장 먼저 뽑힌다. 군자가 이 나라에 사는데, 仁과 義를 높이고 어진 신하를 존중하며 만물을 순리대로 다스리지 않더라도 반드시 망하는 것은 아니지만, 비상한 변란이 생겨 諸侯가 서로 다투고 사람과 수레가 달리며, 급박하게 화란이 닥친 다음에라야 목이 마르고 입술이 타들어가도록 하늘을 우러러 탄식하면, 평안을 바란다고 한들 또한 너무 늦은 것이 아닌가?

孔子가 말하였다.

"앞일을 염려하지 않았다가는, 나중에 후회하게 된다. 아아! 비록 후회한다 한들 어쩔 수 없다."

≪詩經≫ 〈王風 中谷有蓷〉에 말하였다.

"훌쩍이며 울어도, 탄식한들 무슨 소용 있으랴."

高墻이 豐上(激)〔墝〕[21]下①라도 未必崩也나 降雨興하고 流潦至②하면 則崩必先矣③요 草木이 根荄淺④이라도 未必橛也⑤나 飄風興⑥하고 暴雨墜⑦하면 則橛必先矣⑧라 君子居是邦也에 不崇仁義尊其賢臣하여 以理萬物⑨이라도 未必亡也나 一旦有非常之變하여 諸侯交爭하며 人趨車馳⑩하며 迫然禍至⑪라야 乃始愁憂⑫하여 乾喉焦脣⑬히 仰天而嘆이면 庶幾乎望其安也⑭인들 不亦晚乎아 孔子曰 不愼其前면 而悔其後니 嗟乎라 雖悔無及矣이로다 詩曰 惙其泣矣⑮나 何嗟及矣⑯리오

① 豐上激下 : ≪說苑≫ 〈建本〉에는, "豐牆墝下(풍성한 담장에 빈약한 하부)"로 되어 있다.
說苑建本에 云豐牆墝下라

② 降雨興 流潦至 : '流'의 아래에 ≪說苑≫에는 '行'이 있고, 그 위에 '降雨興(비가 쏟아지고)' 3자는 없다.
流下에 說苑有行字요 而上無降雨興三字라

③ 崩 : '崩'은 ≪說苑≫에 '壞'로 되어 있다.

21) (激)〔墝〕 : 저본에는 '激'으로 되어 있으나, ≪說苑≫ 〈建本〉에 근거하여 수정하였다.

崩은 說苑作壞라

④ 荄 : '荄'도 뿌리이다. ≪說苑≫에 이르기를, "나무의 근본이 얕고, 뿌리가 깊지 않더라도" 라고 하였는데, '核'과 '荄'는 글자가 같다.

荄는 亦根也라 說苑에 云樹本淺이요 根核不深이라하니 核荄字同이라

⑤ 橛 : '橛'은 ≪說苑≫에 '厥'은 그대로 따르되 '木'을 部首로 하였으니, 대개 옛날에는 通用字였다.

橛字는 說苑에 從厥旁木하니 蓋古通이라

⑥ 興 : ≪說苑≫에는 '起'로 되어 있다.

說苑作起라

⑦ 墜 : ≪說苑≫에는 '至'로 되어 있다.

說苑作至라

⑧ 橛 : 이 '橛'은 ≪說苑≫에 '扳'으로 되어 있다. 趙懷玉이 校勘한 내용에 "李善이 주석한 ≪文選≫ 〈陶徵士誄〉에는 '荄'가 '核'로 되어 있고, '墜'는 '隧'로 되어 있으니, 옛날에는 모두 通用字이다."라고 하였다.

此橛은 說苑에 作扳이라 趙校語에 李善注文選陶徵士誄에 荄作核요 墜作隧하니 古皆通이라호라

⑨ 崇仁義尊其賢臣以理萬物 : 趙懷玉本에 '尊其賢臣(그 어진 신하를 높이고)'으로 되어 있다.

趙本에 作尊其賢臣이라

⑩ 趨 : ≪說苑≫에 '趨'는 '走'로 되어 있다.

說苑에 趨作走라

⑪ 迫然 : '迫然'은 ≪說苑≫에 '指而'로 되어 있다.

迫然은 說苑作指而라

⑫ 愁憂 : 2字가 ≪說苑≫에는 없다. 趙懷玉本에 '憂愁'로 되어 있고, 趙懷玉이 校勘한 내용에는 "본래 혹 '愁憂'로 되어 있었던 듯하다."고 하였다.

二字는 說苑無라 趙本에 作憂愁요 校語에 本或作愁憂라호라

⑬ 焦 : '焦'와 '憔'는 옛날의 통용자이다. ≪說苑≫에는 '憔'로 되어 있다.

焦憔古通이라 說苑作憔라

⑭ 望其安也 : ≪說苑≫에는 이르기를, "하늘이 그를 구해줌이"라고 하였다.

說苑에 云天其(赦)〔救〕[22]之라

⑮ 惙其泣矣 : 惙이 지금의 ≪詩經≫에는 '啜'로 되어 있다.

惙은 今詩作啜이라

⑯ 總評 : 趙懷玉이 校勘한 내용에 " ≪說苑≫ 〈建本〉편에도 실려 있다."라고 하였다.

---

22) (赦)〔救〕 : 저본에는 '赦'로 되어 있으나, 문연각 사고전서본 ≪說苑≫에 의거하여 수정하였다.

趙校語에 說苑建本篇에 亦載之라호라

2-9 曾子가 말하였다.

"군자가 관철하여 몸에 지니고 다닐 만한 말은 세 마디입니다. 첫째는 집안 사람들에게 소홀하면서 바깥 사람들에게는 친하게 대하는 일이 없어야 합니다. 둘째는 자신은 잘하지 못하면서 남을 원망하지 말아야 합니다. 셋째는 환란이 이른 뒤에야 하늘에 하소연하지 말아야 합니다."

子貢이 말하였다.

"무슨 말이오?"

증자가 말하였다.

"집안 사람들에게 소홀하면서 바깥 사람들에게는 친하게 대한다면 이는 또한 반하는 것이 아니겠습니까? 자신은 잘하지 못하면서 남만 원망한다면 이는 인정에 먼 행동입니다. 환란이 이른 뒤에야 하늘을 향해 울부짖는다면 이는 너무 늦은 것이 아니겠습니까?"

≪詩經≫ 〈王風 中谷有蓷〉에 말하였다.

"훌쩍이며 울어도, 탄식한들 무슨 소용 있으랴."

曾子曰 君子有三言하니 可貫而佩之라 一曰 無內疏而外親①이요 二曰 〔無〕[23] 身不善而怨他人이요 三曰 〔無〕患至而後呼天②이라 子貢曰 何也오 曾子曰 內疏而外親③이면 不亦反乎④아 身不善而怨他人⑤이면 不亦遠乎⑥아 患至而後呼天⑦이면 不亦晚乎아 詩曰 惙其泣矣나 何嗟及矣리오

① 無內疏而外親 : ≪荀子≫ 〈法行〉篇에 "無內人之疏而外人之親(內人과 소원하면서 外人과 친하게 대하는 일이 없고)"로 되어 있는데, 楊倞의 注에 이 ≪韓詩外傳≫을 인용하였건만 '外' 위에 또한 '無'가 있다. 趙懷玉이 校勘한 내용에는 "≪荀子≫ 〈法行〉篇에 '無內人之疏而外人之親(內人과 소원하면서 外人과 친밀한 일이 없고)'으로 되어 있으나, 뜻은 또한 서로 같다. 楊倞의 注에 ≪孔子家語≫의 '不比於親而比於疏(친하게 대하는 사람들과 어울리지 않고, 멀리해야 할 사람들과 어울리면)'를 인용하고 있는데, 내가 지금의 ≪孔子家語≫ 〈賢君〉篇을 살펴보니 '不比於數(몇몇과 어울리지 않고)'로 되어 있고, 이 구절을 孔子가 顔淵에게 일러준 말로 삼고 있으나 잘못이다. 〈≪孔子家語≫ 〈賢君〉篇의〉 이하 구절이 또한 ≪荀子≫와는 같지 않

23) 〔無〕: 저본에는 '無'가 없으나, ≪荀子≫에 根據하여 補充하였다. 이하 이 단락의 '無'는 모두 같은 근거로 보충된 것이다.

은데, 〈≪荀子≫의 내용은 ≪韓詩外傳≫의〉 이 내용과 같다."고 하였다.

荀子法行에 作無內人之疏而外人之親이라한대 楊注에 引此傳이어늘 外上亦有無字라 趙校語에 荀子法行篇에 作無內人之疏而外人之親이라한대 意亦相同이라 楊注에 引家語不比於親而比於疏한대 案今家語賢君篇하니 作不比於數하고 以爲夫子告顔淵之辭하니 非也라 下亦不同荀子이요 與此同이라호라

② 患至 : '患至'가 ≪荀子≫에는 '刑已至'로 되어 있다.

患至는 荀作刑已至라

③ 內疏而外親 : ≪說苑≫ 〈敬愼〉篇과 ≪孔子家語≫ 〈賢君〉篇에는 모두 '不比於數而比於疏(친해야 할 사람들과 어울리지 않고, 멀리할 사람들과 어울리면)'로 되어 있고, 또 이 구절을 공자가 顔淵에게 일러준 말로 삼았다. 楊倞은 이를 인용하여 注를 달았는데, '數'가 '親'으로 되어 있다.

說苑敬愼과 家語賢君에 竝作不比於數而比於疏하고 又以此句爲孔子語顔淵之辭楊倞引注한대 數作親이라

④ 不亦反乎 : '反'은 ≪荀子≫에 '遠'으로 되어 있다. 趙懷玉이 校勘한 내용에 "≪荀子≫에는 '反'이 아래 구절의 '遠'과 서로 바뀌어 있다."라고 하였다.

反은 荀作遠이라 趙校語에 荀子에 反與下句遠으로 互易이라호라

⑤ 身不善而怨他人 : ≪說苑≫에는 이르기를, "不修中而修外(안을 수양하지 않고 겉만 꾸민다.)"고 하였다.

說苑에 云不修中而修外이라

⑥ 不亦遠乎 : '遠'은 ≪荀子≫에 '反'으로 되어 있다.

遠은 荀作反이라

⑦ 患至而後呼天 : ≪孔子家語≫에 '慮不先定臨事而謀(생각에 미리 정해놓지 않고 일에 맞닥뜨려서야 도모한다.)'라고 하였다.

家語에 云慮不先定臨事而謀라

2-10 대저 서리 · 눈 · 비 · 이슬 등이 萬物을 살리기도 하고 죽이기도 한다. 하늘이 일에 개입하지 않지만 〈사람들은〉 오히려 하늘을 귀하게 여긴다. 법의 집행과 조문의 적용 그리고 공무의 처리와 백성의 다스림은 담당자가 있어 임금이 일에 개입하지 않지만 〈사람들은〉 오히려 임금을 높인다. 대저 땅을 일구어 곡식을 기름은 后稷, 강의 물길을 내고 소통시키는 일은 夏禹가 하였으며 소송을 심리하여 바른 판단을 내리는 일은 皐陶가 하였지만, 성스럽다고 일컬어지는 것은 堯임금이다. 그러므로 도를 가지고 다스리면 자신은 비록 능력이 없더라도 반드시 능력 있는 사람을 부려 자기의 쓰

임으로 삼을 수 있고, 도로 다스리지 못하면 그가 비록 능력이 많더라도 장차 나라의 存亡에는 유익이 되지 못한다.

≪詩經≫ 〈鄭風 大叔于田〉에 말하였다.

"고삐 잡은 손길이 실을 다루는 듯하니, 두 마리의 곁말도 춤추는 듯하네."

이 구절은 말을 잘 다루는 솜씨를 귀하게 여긴 것이다.

后稷

夫霜雪雨露는 殺生萬物者也어늘 天無事焉나 猶之貴天也라 執法厭文과 治官治民者는 有司也어늘 君無事焉나 猶之尊君也라 夫闢土殖穀者는 后稷也요 決江疏河者는 禹也요 聽獄執中者는 皐陶也나 然而有聖(后)〔名〕[24]者는 堯也라 故有道以御之면 身雖無能也라도 必使能者爲己用也요 無道以御之면 彼雖多能이라도 猶將無益於存亡矣라 詩曰 執轡如組하니 兩驂如舞로다라하니 貴能御也라

2-11 傳에서 孔子가 말하였다.

"아름답구나! 顔無父[25]의 말 모는 법이여. 뒤에 수레가 달렸음을 알면서도 말은 이를 가볍게 여기고, 위에 사람이 타고 있음을 알면서도 그를 사랑한다. 말은 스스로 바른 길을 가며 그 맡은 일을 사랑한다. 만약 말이 말을 할 수 있다면 말은 분명히 '즐겁구나! 오늘의 달음박질이여.'라고 할 것이다. 顔淪[26]에 이르러서는 솜씨가 조금 덜하다. 뒤에 수레가 달렸음을 알면서도 말은 이를 가볍게 여기고, 위에 사람이 타고 있음을 알면서도 그를 공경한다. 말은 스스로 바른 길을 가며 그 맡은 일을 공경한다. 만약 말이 말을 할 수 있다면, 말은 분명히 '달리자꾸나. 저 분이 나를 몰아가시는구나.'라고 말하리라. 顔夷에 이르러서는 솜씨가 쇠하여 버렸다. 뒤에 수레가 달렸음을 알고 이를 무겁게 여기고, 위에 사람이 타고 있음을 알기에 그를 무서워하였다. 말은 스스로 바른 길을 가면서도 자신이 맡은 일을 무서워하였다. 말로 하여금 이야기하게

24) (后)〔名〕: 저본에는 '后'로 되어 있으나, ≪太平御覽≫ 卷401에 根據하여 修正하였다.
25) 顔無父 : 말을 잘 몰던 사람인데, ≪漢書≫에는 顔亡父로 되어 있다.
26) 顔淪 : 역시 말을 잘 모는 사람인데, ≪漢書≫에는 顔倫, 또는 顔險倫으로 되어 있다.

할 수 있다면, 말은 분명히 '달리자꾸나, 달리자꾸나. 네가 달리지 않으면 저 사람이 너를 죽일 것이다.' 라고 말하리라. 그러므로 말을 다루는 일에 법도가 있고, 백성을 다루는 일에도 법도가 있다. 법도를 얻으면 말조차 온순해져 기뻐하고, 법도를 얻으면 백성이 편안하게 여겨 모여든다."

≪詩經≫ 〈鄭風 大叔于田〉에 말하였다.

"고삐 잡은 손길은 실을 다루듯, 두 마리의 곁말도 춤추는 듯하네."

이 구절은 잘 다룰 줄 아는 솜씨를 귀하게 여긴 것이다.

傳曰 孔子云美哉라 顔無父之御也여 馬知後有輿而輕之하고 知上有人而愛之하니 馬親其正而愛其事라 如使馬能言이면 彼將必曰 樂哉라 今日之騶也①하리라 至於顔淪하얀 少衰矣라 馬知後有輿而輕之하고 知上有人而敬之하니 馬親其正而敬其事라 如使馬能言이면 彼將必曰 騶來어다 其人之使我也로다 至於顔夷而衰矣라 馬知後有輿而重之하고 知上有人而畏之하니 馬親其正而畏其事라 如使馬能言이면 彼將必曰 騶來어다 騶來어다 女不騶면 彼將殺女리라하리니 故御馬有法矣요 御民有道矣라 法得則馬和而歡하고 道得則民安而集이라 詩曰 執轡如組하니 兩驂如舞로다하니 此之謂也라

① 今日之騶也 : '騶'는 마땅히 〈≪荀子≫의 〈正論〉·〈禮論〉·〈大略〉 等에서 언급된〉 "騶中韶濩(말의 달음박질이 韶음악과 濩음악의 가락에 맞아)[27]"에서의 '騶(말의 달음박질)'의 뜻으로 읽어야 한다.
騶은 當讀爲騶中韶濩之騶라

2-12 顔淵이 魯定公을 臺에서 모시고 앉아 있을 때 東野畢[28]이 臺의 아래에서 말을 부리고 있었는데, 定公이 말하였다.

"훌륭하구나! 동야필의 말 다루는 솜씨여."

顔淵이 말하였다.

"훌륭하긴 합니다만, 저 말은 장차 쓰러질 것입니다."

定公이 불쾌하여 좌우의 사람들에게 말하였다.

"君子는 사람을 헐뜯지 않는다고 들었는데, 君子도 또한 사람을 헐뜯는가?"

---

27) 韶濩 : 韶는 舜임금의 음악이고, 濩은 湯임금의 음악이다.
28) 東野畢 : 말을 잘 모는 사람인데, ≪莊子≫나 ≪呂氏春秋≫에는 東野稷으로 되어 있다.

顔淵이 물러났는데, 얼마 뒤에 마굿간 지기가 와서 東野畢의 말이 쓰러졌다고 아뢰었다. 定公이 자리에서 벌떡 일어나 말하였다.

"서둘러 가마를 보내 顔淵을 불러오너라."

顔淵이 이르자 定公이 말하였다.

"아까 과인이 '훌륭하구나. 동야필의 말 다루는 솜씨여!' 라고 하였을 때, 그대는 말하기를, '훌륭하긴 합니다만, 저 말은 장차 쓰러질 것입니다.'라고 하였는데, 그대는 어떻게 알았던 것인지 모르겠소!"

顔淵이 말하였다.

"臣은 정사를 가지고 알았던 것입니다. 옛날에 舜임금은 사람을 부리는데 솜씨가 있었고, 造父[29]는 말을 부리는데 솜씨가 있었습니다만, 순임금은 그 백성을 궁지로 몰지 않았고, 조보는 그 말을 궁지로 몰지 않았습니다. 이런 까닭으로 순임금에게는 쓰러지는 백성이 없었고, 조보에게는 쓰러지는 말이 없었습니다. 지금 동야필이 말을 부리는 방법은 수레에 올라가 고삐를 쥔 채, 재갈을 물린 몸을 꼿꼿하도록 만듭니다. 이리저리 걷게 하기도 하고 달리게 하기도 해서 조회의 예가 끝나면 험지를 거쳐 먼 곳까지 내달려 말의 힘을 소진시켜 버립니다. 그러면서도 오히려 채찍질을 멈추지 않으니, 그 말이 쓰러질 줄 알 수 있었던 것입니다."

그러자 定公이 말하였다.

"좋습니다. 조금만 더 말해주겠소?"

안연이 말하였다.

"짐승도 궁지에 몰리면 깨물고, 새도 궁지에 몰리면 쪼아대고, 사람도 궁지에 몰리면 거짓을 말합니다. 예로부터 지금까지 그 아랫사람을 궁지에 몰고서도 능히 위태롭지 않았던 사람은 없습니다. ≪詩經≫ 〈鄭風 大叔于田〉에 이르길, '고삐 잡은 손길은 실을 다루듯, 두 마리의 곁마도 춤추는 듯하네.'라고 하였으니, 말을 잘 다룰 줄 아는 것을 말한 것입니다."

定公이 말하였다.

"과인의 잘못이로다."

29) 造父 : 말을 잘 모는 사람인데, 周나라 穆王의 八駿馬를 몰아서 西王母를 만나게 해 주었다. '趙父', 또는 '趙甫'라고도 쓴다.

顔淵이 侍坐魯定公于臺①러니 東野畢이 御馬于臺下②한대 定公曰 善哉라 東野畢之御也③여 顔淵曰 善則善矣나 其馬將佚矣④리이다 定公이 不說하여 以告左右曰 聞君子不譖人⑤이라하더니 君子亦譖人乎아 顔淵退어늘 俄而廐人⑥以東野畢馬敗聞矣⑦라 定公(揭)〔蹶〕[30]席而起⑧하여 曰 趣駕召顔淵⑨하라 顔淵至하니 定公曰 鄕寡人曰 善哉東野畢之御也할새 吾子曰 善則善矣나 然則馬將佚矣라하더니 不識케라 吾子何以知之⑩오 顔淵曰 臣以政知之니이다 昔者에 舜工於使人⑪하고 造父工於使馬나 舜不窮其民하고 造父不極其馬라 是以舜無佚民이요 造父無佚馬⑫라 今東野畢之御⑬는 上車執轡하여 銜體正矣⑭라 周旋步驟⑮하여 朝禮畢矣⑯엔 歷險致遠하여 馬力殫矣어늘 然猶策之不已⑰하니 所以知〔其〕[31]佚也니이다 定公曰 善타 可少進乎아 顔淵曰 獸窮則齧⑱하고 鳥窮則啄⑲하고 人窮則詐하나니 自古及今히 窮其下오도 能不危者는 未之有也니이다 詩曰 執轡如組하니 兩驂如舞로다하니 善御之謂也니이다. 定公曰 寡人之過也⑳로라

① 顔淵侍坐魯定公于臺 : ≪荀子≫ 〈哀公〉과 ≪新序≫ 〈雜事〉와 ≪孔子家語≫ 〈顔回〉편은 모두 같지만, ≪莊子≫ 〈達生〉과 ≪呂氏春秋≫ 〈離俗〉에는 '顔淵'이 '顔闔'으로 되어 있고, '定公'이 '莊公'으로 되어 있다. 내(周廷宷)가 살펴보건대, ≪莊子≫ 〈內篇〉의 "顔闔將傅衛靈公太子問於蘧伯玉(顔闔이 장차 衛靈公의 太子의 태부가 되어야 할 때 蘧伯玉에게 묻기를)"의 구절에 대해 高誘는 顔闔을 春秋後期 시대의 사람이라고 했으니, 대개 魯穆公시대의 사람이다. 아마도 ≪莊子≫와 ≪呂氏春秋≫가 틀린 듯하다. 趙懷玉이 校勘한 내용에 "≪荀子≫ 〈哀公〉과 ≪新序≫ 〈雜事五〉와 ≪孔子家語≫ 〈顔回〉篇에 모두 이 일을 실어 놓았다."고 하였다.
荀子哀公과 新序雜事와 家語顔回에 竝同이나 而莊子達生과 呂覽離俗에 以顔淵爲顔闔하고 定公爲莊公이라 宷按호니 莊子內篇에 顔闔將傅衛靈公太子할새 問於蘧伯玉이라한대 高誘則云顔闔在春秋後라하니 蓋魯穆公時人이라 疑莊呂爲誤라 趙校語에 荀子哀公篇과 新序雜事五와 家語顔回篇에 竝載此事라

② 東野畢 : '畢'이 ≪莊子≫와 ≪呂氏春秋≫에는 '稷'으로 되어 있다.
畢은 莊呂에 作稷이라

③ 御馬于臺下 : '御'의 아래에 여러 책들에는 '上'자가 있다. ≪荀子≫에서 "東野子之善馭(동야자가 말을 잘 다루었다.)"의 구절에 楊倞의 注에 "'馭'와 '御'는 같다."고 하였다.
御下에 諸本有上字라 荀云東野子之善馭라한대 楊注에 馭與御同이라하다

④ 其馬將佚矣 : '佚'은 달린다는 뜻이다. ≪荀子≫에는 모두 "失"로 되어 있는데, 楊倞의 注에 "'失'은 '逸'의 뜻으로 읽는다."고 하였다.

30) (揭)〔蹶〕: 저본에는 '揭'로 되어 있으나, ≪新序≫와 趙懷玉의 校勘에 根據하여 修正하였다.
31) 〔其〕: 저본에는 '其'가 없으나, ≪呂氏春秋≫ 〈適威〉篇과 ≪新序≫ 〈雜事〉篇에 根據하여 補充하였다.

佚은 奔也라 荀竝作失이라한대 楊注에 失讀爲逸이라하다

⑤ 君子不譖人 : '譖'은 ≪荀子≫에 '讒'으로 되어 있고, ≪孔子家語≫에는 '誣'로 되어 있다.
譖은 荀作讒이요 家語作誣라

⑥ 廐人 : '廐'는 ≪荀子≫에 '校'로 되어 있고, ≪孔子家語≫에 '牧'으로 되어 있다.
廐는 荀作校요 家語作牧이라

⑦ 以東野畢馬敗聞矣 : ≪荀子≫에는 "兩驂列 兩服入廐(두 필의 驂馬는 쓰러지고 두 필의 服馬는 마굿간으로 들어갔다.)"라 하고, 楊倞의 注에, "'列'은 '裂'과 같다."라고 하였으며, ≪孔子家語≫에는 "兩驂曳 兩服入於廐也(두 필의 驂馬는 끌리고 두 필의 服馬는 마굿간으로 들어갔다.)"로 되어 있다.
荀云兩驂列하고 兩服入廐라한대 楊注에 列與裂同이라하고 家語에 云兩驂曳하고 兩服入於廐也라하다

⑧ 揭 : '揭'는 ≪荀子≫와 ≪孔子家語≫에 '越'로 되어 있고, ≪新序≫에 '躐'으로 되어 있다. 趙懷玉이 校勘한 내용에 " ≪新序≫에서 '躐席'으로 되어 있으니, 아마도 이 '揭'가 본래는 '蹋'으로 되어 있었던 듯하니, 바로 '躐'의 俗體字이다."라고 하였다.
揭는 荀子家語에 作越하고 新序에 作躐이라 趙校語에 新序作躐席이라하니 疑此揭本作蹋하니 乃躐字之俗體라

⑨ 趣 : '趣'는 ≪荀子≫와 ≪新序≫에 '趨'로 되어 있고, 楊倞의 注에 "'趨'는 '促'의 뜻으로 읽으니, 빨리 한다는 뜻이다."라고 하였다. 이 '趣'는 마땅히 저 독음과 같아야 한다. ≪孔子家語≫에도 '促'으로 되어 있다.
趣는 荀子新序作趨요 楊注趨讀爲促하니 速也라 此趣當與彼音同이라 家語作促이라

⑩ 以何 : 趙懷玉本에 '何以'로 되어 있다. 趙懷玉이 校勘한 내용에 "'何以'가 어떤 책에는 '以何'로 되어 있다."라고 하였다.
趙本에 作何以라 校語에 何以는 一本作以何라호라

⑪ 工 : '工'은 ≪荀子≫와 ≪孔子家語≫에 모두 '巧'로 되어 있다.
工은 荀子家語에 竝作巧라

⑫ 造父無佚馬 : 趙懷玉本에 '也'자가 있다. 趙懷玉이 校勘한 내용에 "어떤 책에는 없으나, '也'자가 ≪荀子≫에는 있다."고 하였다.
趙本有也字라 校語에 一本無나 也字荀子有라호라

⑬ 今東野畢之御 : '之'의 아래에 ≪荀子≫에는 '馭'자가 있어서 이제 보충한다. 趙懷玉本에 '御'자가 없다.
之下에 荀有馭字하여 今補라 趙本無御字라

⑭ 銜體 : 楊倞의 注에 "수레를 끄는 말의 몸에 재갈을 물림이다."라고 하였다. 趙懷玉이 校勘한 내용에 "≪新序≫에는 '銜'이 '御'로 되어 있다."고 하였다.

楊倞云銜(與)〔輿〕馬體也라 趙校語에 新序銜作御라호라

⑮ 周旋步驟 : ≪荀子≫에는 "步驟馳騁(걷고 치달리다.)"으로 되어 있다.

荀云步驟馳騁이라

⑯ 朝禮畢矣 : 趙懷玉이 校勘한 내용에 "조정 예식의 의례를 다함을 말한 것이다."라고 하였다.

趙校語에 言盡朝禮之儀라호라

⑰ 策之 : '策之'는 ≪荀子≫에 '求馬'로 되어 있다.

策之는 荀作求馬라

⑱ 齧 : ≪荀子≫와 ≪孔子家語≫에는 '攫'으로 되어 있고, ≪新序≫에는 '觸'으로 되어 있다. 趙懷玉이 校勘한 내용에도 "≪荀子≫와 ≪孔子家語≫는 '攫'으로 되어 있고, ≪新序≫에는 '觸'으로 되어 있다."라고 하였다.

荀及家語에 作攫이요 新序에 作觸이라 趙校語에 荀子와 家語에 作攫이요 新序作觸이라호라

⑲ 啄 : '喙'는 '啄'의 뜻으로 읽는다. ≪荀子≫와 ≪孔子家語≫에는 '啄'으로 되어 있고, 趙懷玉本에 '鳥窮則啄(새도 궁지에 몰리면 쫀다.)'으로 되어 있다.

喙는 讀爲啄라 荀及家語에 作啄이라 趙本에 作鳥窮則啄이라

⑳ 寡人之過也 : 趙懷玉本에 "寡人之過矣"로 되어 있다. 趙懷玉이 校勘한 내용에 "본래 또한 '也'로 되어 있다. ≪新序≫도 같다."라고 하였다.

趙本에 作寡人之過矣라하고 校語에 本亦作也라 新序同이라호라

2-13 崔杼[32]가 齊莊公을 죽이고 士大夫로 하여금 맹약하도록 하였을 때, 맹약하는 사람들은 모두 칼을 풀어놓고고 들어오게 하였는데, 발언을 신속하게 하지 않거나 손가락에 희생의 피를 묻히지 않는 자는 죽이겠다고 하였다. 그래서 죽음을 당한 사람이 열 명이 넘었는데, 晏子[33]의 차례가 되었다. 晏子가 피가 담긴 술잔을 들고는 하늘을 우러러 탄식하며 말하였다.

"오호라! 崔杼가 장차 무도한 짓을 하려고 그 임금을 죽였구나!"

그러자 맹세하러 온 사람들이 모두 안자를 쳐다보았는데, 崔杼가 안자에게 말하였다.

"그대가 나와 함께 하면 내가 장차 그대에게 나라를 나누어 줄 것이고, 그대가 나와 함께 하지 않는다면 그대를 죽일 것이니, 곧은 칼로 죽이고 굽은 칼로 걸어서 죽일 것이다. 그대가 잘 생각해주기를 나는 바라오."

---

32) 崔杼 : 齊나라 大夫인데, 莊公을 시해하고 史官에게 그 일을 쓰지 못하게 하였다.

33) 晏子 : 춘추시대 齊나라 재상 晏嬰. 靈公, 莊公, 景公을 섬겼다. 그의 언행을 기록한 책이 ≪晏子春秋≫이다.

晏子가 말하였다.

"이익에 얽매여 자기 임금을 배신하는 자는 仁이 아니고 칼날에 위협을 당해 자기 뜻을 잃어버리는 자는 勇이 아니라고 나는 들었소. ≪詩經≫ 〈大雅 旱麓〉에 이르길, '치렁치렁 칡덩굴이 나무가지에 감겨 오르네. 화락하신 군자여. 복을 구함이 구차하지 않네.'라고 하였소. 내가 어찌 굽어질 수 있겠소? 곧은 칼로 죽이고 굽은 칼로 걸어서 죽인다고 하더라도 나는 바뀌지 않소."

崔杼가 말하였다.

"晏子를 놓아 주라."

晏子가 일어나서 수레의 끈을 부여잡고서 수레에 올랐는데, 그 마부가 급히 말을 몰자 晏子가 그의 손을 붙들고 말하였다.

"사슴이 숲속에서 살고 있다고 해도, 그 목숨은 주방을 관리하는 사람 손에 달려 있다. 우리의 목숨은 매인 곳이 따로 있으니, 어찌 빨리 달리는데 달려 있겠느냐."

그리하여 節奏에 맞게 천천히 걸어서 떠나갔다.

≪詩經≫ 〈鄭風 羔裘〉에 말하였다.

"반지르르한 염소 가죽옷을 입으신 분, 참으로 곧고도 의젓하셔라. 저러한 분이라야 죽음에도 변함 없으리."

이 구절은 晏子과 같은 사람을 말한 것이다.

崔杼가 殺莊公①하고 (合)〔令〕[34)]士大夫盟②할새 盟者皆脫劍而入한대 言不疾指血至者死③라 所殺者十餘人이러니 次及晏子라 〔晏子〕[35)]捧杯血④하고 仰天而嘆曰 惡乎라 崔杼將爲無道而殺其君이로다하다 於是에 盟者皆視之⑤한대 崔杼謂晏子曰 子與我면 吾將與子分國이요 子不與我면 殺子니 直兵將推之하고 曲兵將鉤之리라 吾願子之圖之也라 晏子曰 吾聞留以利⑥而倍其君⑦은 非仁也요 劫以刃而失其志者는 非勇也라 詩曰 莫莫葛藟여 延于條枚⑧로다 愷悌君子여 求富不回라하니 嬰其可回矣리오 直兵推之하고 曲兵鉤之라도 嬰不之革也라 崔杼曰 舍晏子어다 晏子起而出하여 援綏而乘한대 其僕⑨馳어늘 晏子撫其手⑩曰 麋鹿在山林⑪이나 其命在庖廚라 命有所縣이어늘 安在疾驅⑫오하고 安行成節⑬하여 然後去之러라 詩曰 羔裘如濡하니 恂直且侯로다 彼己之子여 舍命不偸로다하니 晏子之謂也라

34) (合)〔令〕: 저본에는 '合'으로 되어 있으나, ≪新序≫에 根據하여 修正하였다.
35) 〔晏子〕: 저본에는 '晏子'가 없으나, 趙懷玉의 校勘에 根據하여 補充하였다.

① 崔杼殺莊公 : ≪春秋≫ 〈襄公〉 25년 여름의 기록에 이르기를, "齊나라 崔杼가 그 임금 光을 시해했다."라고 하였다.

春秋襄二十五年夏에 齊崔杼弑其君光이라

② 合 : '合'은 마땅히 ≪新序≫ 〈義勇〉篇을 따라 '令'으로 되어야 한다.

合은 當從新序義勇作令이라

③ 言不疾指血至者死 : '指'자가 위로 붙어 한 구절이 되어 있으나, ≪新序≫와 같은 경우는 아래로 붙여 구절을 만들어 이르기를, "指不至血者死也(손가락에 희생의 피를 묻히지 않는 자는 죽었다.)"라고 하였다. 趙懷玉本에는 '指不至血者死(손가락에 희생의 피를 묻히지 않는 자는 죽었다.)로 되어 있다. 趙懷玉이 校勘한 내용에 "본래 '指血至者死(손가락에 희생의 피가 묻지 않은 자는 죽었다.)'로 잘못되어 있었는데, ≪晏子春秋≫ 〈雜上〉篇과 ≪新序≫ 〈義勇〉篇에 근거하여 고쳐 바르게 했다. ≪呂氏春秋≫ 〈知分〉篇에 실린 것은 내용이 전혀 같지 않다."고 하였다.

指字는 屬上爲句나 若新序則屬下爲句云指不至血者死也라 趙本作指不至血者死라 校語에 本譌作指血至者死한대 據晏子春秋雜上篇과 新序義勇篇하여 改正이라 呂氏春秋知分篇所載는 不盡同이라호라

④ 次及晏子 : 趙懷玉本에 '晏子'라는 2자가 〈이 아래에〉 중첩되어 있다. 趙懷玉이 校勘한 내용에 "舊本에는 중첩되어 있지 않지만, 지금 보충하였다."고 하였다.

趙本에 重晏子二字라 校語에 舊本不重이어늘 今補라호라

⑤ 盟者皆視之 : '之'는 본래 혹 '足'으로 되어 있기도 하지만 잘못이다. 趙懷玉本에 '足'으로 되어 있다. 趙懷玉이 校勘한 내용에 "'之'라고 되어 있으나, 잘못이다."라고 하였다.[36]

之는 本或作足이나 非라 趙本에 作足이요 校語에 作之나 非라호라

⑥ 留 : '留'는 마땅히 ≪新序≫를 따라 '回'로 되어야 한다. 趙懷玉이 校勘한 내용에도 " ≪晏子春秋≫와 ≪新序≫에 '回'로 되어 있다."고 하였다.

留는 當從新序하여 作回라 趙校語에 晏子新序에 作回라

⑦ 倍其君 : 〈이 아래에〉 趙懷玉이 校勘한 내용에는 "≪新序≫에 '者'자가 있다."고 하였다.

趙校語에 新序有者字라호라

⑧ 延于條枚 : '延'은 본래 혹 '施'라고 되어 있었던 듯 하다. ≪呂氏春秋≫ 〈恃君〉篇에는 '延'으로 되어 있다.

延은 本或作施라 呂覽恃君에 作延이라

---

36) 이 부분은 周廷寀와 趙懷玉의 견해가 상반되는 경우이다. '足'을 본다는 것은 맹세에 참여한 자들이 부끄러움으로 고개를 숙인 것이다. '之'라면 안영의 贊同 여부를 주시하는 것이다. 盧文弨 같은 大家는 義利로 보아 '足'이 더 낫다고 보았겠지만, 屈守元은 涵芬樓本 ≪說郛≫를 근거로, "맹세에 동참한 자들이 모두 이미 배신자들이기에 의리를 근거로 삼기에 부족하다"고 보았다. 굴수원의 견해를 따른다.

⑨ 其僕 : 〈이 아래에〉 趙懷玉이 校勘한 내용에는 “≪呂氏春秋≫와 ≪新序≫에 ‘將’자가 있다.” 라고 하였다.
趙校語에 呂覽과 新序에 有將字라호라
⑩ 晏子撫其手 : ‘撫’는 ≪新序≫에 ‘拊’로 되어 있다. ≪呂氏春秋≫에는 ‘無良’으로 되어 있는데, 이 2자는 들어보지 못했다.
撫는 新序作拊라 呂覽에 作無良이나 二字未聞이라
⑪ 麋鹿在山林 : ≪新序≫에 ‘麋鹿’은 ‘虎豹’로 되어 있다.
新序에 麋鹿作虎豹라
⑫ 安在疾驅 : ≪新序≫에는 “馳不益生 緩不益死(내달린다고 하더라도 사는데 보탬이 되지 않고 천천히 간다고 하더라도 죽는데 보탬이 되지 않는다.)”고 하였다.
新序에 云馳不益生이요 緩不益死라호라
⑬ 安行成節 : ‘安行’이 ≪說苑≫에는 ‘按之’로 되어 있다.
安行이 說苑作按之라

2-14 楚 昭王시대에 石奢라는 士가 있었다. 그 사람됨이 公正하고 강직함을 좋아하였기에, 楚 昭王이 刑官으로 삼았다. 이때 길에서 살인사건이 발생하여 石奢가 쫓아가 보니, 범인은 바로 자신의 아버지였다. 石奢가 돌아와 조정에 아뢰었다.

“살인자는 臣의 아비였습니다. 아비를 공무로 집행하는 것은 孝가 아니고, 임금의 法을 집행하지 않는 것은 忠이 아닙니다. 죄인을 용서하고 法을 집행하지 않았으니 그 죄를 伏誅함이 臣이 지켜야 할 것입니다.”

그러고는 마침내 斧鑕[37] 위에 엎드려 말하였다.

“저의 목숨은 임금께 달려있습니다.”

소왕이 말하였다.

“쫓아갔지만 잡지 못했으니, 어찌 죄가 있겠소? 그대는 업무를 보시오.”

石奢가 말하였다.

“자신의 아비를 사사로이 하지 않은 것은 孝가 아니고, 임금의 법을 집행하지 않는 것은 忠이 아니며, 죽을 죄를 짓고도 살아감은 淸廉이 아닙니다. 임금께서 용서하시는 것은 윗사람의 은혜이고, 신하가 법을 잃어서 안 되는 것은 아랫사람의 義입니다.”

그러고는 끝내 斧鑕을 떠나지 않더니, 궁정 안에서 스스로 목을 찔러 죽고 말았다.

37) 斧鑕 : 죄인을 참수하는 기구로, 도끼와 모탕을 말한다.

君子는 이 사실을 듣고서 말하였다.

"곧게 法을 지킨 자로다. 石先生이여!"

孔子는 말하였다.

"자식은 아버지를 위해 감춰 주고, 아버지는 자식을 위해 감춰 주나니, 정직함이란 바로 그 가운데 있는 것이다."

≪詩經≫ 〈鄭風 羔裘〉에 말하였다.

"저러한 분이라야 이 나라의 법을 맡기지."

이 구절은 바로 石先生 같은 이를 말한 것이다.

楚昭王有士曰 石奢①한대 其爲人也 公正而好直②하여 王使爲理러라 於是에 道有殺人者하여 石奢追之則〔其〕[38]父也③라 還返於廷曰 殺人者는 臣之父也니이다 以父成政은 非孝也요 不行君法은 非忠也④라 弛罪廢法하니 而伏其辜는 臣之所守也라하고 遂伏斧鑕하고 曰 命在君니이다 君曰 追而不及하니 庸有罪乎리오 子其治事矣⑤어다 石奢曰 不然하니이다. 不私其父는 非孝也요 不行君法은 非忠也요 以死罪生은 不廉也니이다 君欲赦之는 上之惠也요 臣不能失法⑥은 下之義也니이다 遂不去鈇鑕이라가 刎頸而死乎廷⑦하다 君子聞之하고 曰 貞夫法哉로다 石先生乎여 孔子曰 子爲父隱이요 父爲子隱이니 直在其中矣로다하고 詩曰 彼己之子여 邦之司直이라하니 石先生之謂也라

① 石奢 : ≪呂氏春秋≫ 〈離俗〉편에 '石渚'로 되어 있다. 趙懷玉이 校勘한 내용에 " ≪史記≫ 〈循吏傳〉 과 ≪新序≫ 〈節士〉편에 실린 것과 내용이 같다. ≪呂氏春秋≫ 〈高義〉편에는 '石渚'로 되어 있다. ≪渚宮舊事≫[39]와 내용이 같다."고 하였다.
呂覽離俗에 作石渚라 趙校語에 史記循吏傳과 新序節士篇所載同이라 呂氏春秋高義篇에 作石渚라 渚宮舊事同이라호라

② 公正而好直 : ≪呂氏春秋≫에 이르기를, "공정하고 정직하며 사사로움이 없었다."라고 하였고, ≪新序≫ 〈節士〉편에 이르기를, "공정하면서 義를 좋아하였다."라고 하였다. 趙懷玉本에 "公正而好直(공정하면서 정직함을 좋아했다.)"으로 되어 있는데, 그 校勘한 내용에 "舊本에는 '正'자가 빠졌지만, ≪太平御覽≫ 卷438에 근거하여 보충하였다."고 하였다.
呂覽에 云公直無私하고 新序節士에 云公正而好義라 趙本에 作公正而好直이라한대 校語에 舊脫正字어늘 據御覽四百三十八補라호라

38) 〔其〕: 저본에는 '其'가 없으나, ≪新序≫와 ≪史記≫에 根據하여 補充하였다.
39) 渚宮舊事 : 唐나라 余知古의 저술이다. 楚나라 관련 고사를 시대별로 수록했다.

③ 石奢追之則父也 : 趙懷玉本에 "則其父也(곧 그의 아비였다.)"로 되어 있는데, 그 校勘한 내용에 "舊本에는 '其'자가 빠졌지만, ≪太平御覽≫에 근거하여 덧보태었다."라고 하였다.
趙本作則其父也라한대 校語에 舊脫其字어늘 從御覽增이라호라
④ 以父成政非孝也 不行君法非忠也 : ≪呂氏春秋≫에는 이르기를, "아버지라고 해서 법집행을 하면서 두둔할 수 없고, 죄가 있는데 국법을 폐기하는 것은 불가능하다."라고 하였다.
呂覽에 云以父에 行法不忍阿요 有罪에 廢國法不可라
⑤ 治事 : '治事'는 ≪呂氏春秋≫에 '復事'로 되어 있다.
治事는 呂覽作復事라
⑥ 不能 : 趙懷玉이 校勘한 내용에 "'不能'이 ≪新序≫에는 '不敢'으로 되어 있다."라고 하였다.
趙校語에 不能은 新序作不敢이라호라
⑦ 刎頸 : '刎頸'은 ≪呂氏春秋≫에 '沒頭'로 되어 있다.
刎頸은 呂覽作沒頭라

2-15 남에게는 너그러우면서도 스스로에게는 엄격하니, 스스로를 도덕의 규범 속에 두어 자기에게 엄격하면서도 남에게 너그러우며, 일처리에 뛰어나고도 관직에서 물러났지만 원망하지 않는 것은 蘧伯玉[40)]이 보여준 행동이다. 그러므로 아비된 자는 그를 아들로 삼고 싶어했으며, 자식된 자는 그를 아비로 섬기고 싶어했고, 임금된 자는 그를 신하로 삼고 싶어했고, 신하된 자는 그를 임금으로 섬기고 싶어했으니, 명성이 제후들에게 드러나 천하가 그를 원하게 되었다.

≪詩經≫ 〈鄭風 羔裘〉에 말하였다.

"저러한 분이라야 이 나라의 뛰어난 선비시지."

이는 군자다운 행동이다.

外寬而內直①하니 自設於隱括之中②하여 直己〔而〕[41)]不直人하고 善廢而不悒悒③은 蘧伯玉之行也④라 故爲人父者則願以爲子하며 爲人子者則願以爲父하고 爲人君者則願以爲臣하며 爲人臣者則願以爲君하나니 名昭諸侯하여 天下願焉이니라 詩曰 彼己之子여 邦之彥兮이로다하니 此君子之行也라

① 內直 : ≪孔子家語≫ 〈弟子行〉篇에 '內正'으로 되어 있다.

40) 蘧伯玉 : 이름은 瑗. 孔子의 제자로, 춘추시대 衛나라의 대부이다.
41) 〔而〕 : 저본에는 '而'가 없으나, ≪孔子家語≫ 〈弟子行〉篇에 根據하여 補充하였다.

家語弟子行에 作內正이라

② 設 : '設'은 ≪孔子家語≫에 '極'으로 되어 있다.

設은 家語作極이라

③ 善廢而不悒悒 : ≪孔子家語≫에 이르기를, "仁을 구하는 데 급급하면서, 스스로 잘 마쳤다."라고 하였고, ≪大戴禮≫에는 이르기를, "존망을 잘하는데 급급했다."라고 하였다.

家語에 云汲汲於仁하여 以善自終이라하고 大戴禮에 云以善存亡汲汲이라

④ 總評 : 趙懷玉이 校勘한 내용에 "이 내용은 ≪大戴禮≫ 〈衛將軍文子〉篇에도 보인다."라고 하였다.

趙校語에 見大戴禮衛將軍文子篇이라호라

2-16 傳에 이르기를 다음과 같이 하였다.

"孔子가 郯[42]땅 근처에서 齊나라의 程本子[43]를 만나서 수레 일산을 기울이며 담소를 나누느라 하루를 보냈다. 그러다가 子路를 돌아보며 말하였다.

'由야, 묶은 비단을 가져다가 선생님께 드려라.'

子路가 대답하지 않자, 잠시 뒤에 또 〈자로를〉 돌아보면서 말하였다.

'묶은 비단 열 필을 가져다가 이 선생님께 드려라.'

그러자 자로가 경솔한 태도로 대답하였다.

'예전에 제가 선생님께 듣기로는, 선비는 길 가운데서 사람을 만나지 아니하고, 여자는 중매 없이 시집가는 일은, 군자는 하지 않습니다.'

공자가 말하였다.

'≪詩經≫ 〈鄭風 野有蔓草〉에 이르지 않았더냐. 「들판에 넝쿨풀이 있는데, 이슬에 함빡 젖었네. 저기에 있는 아름다운 사람, 맑은 눈 시원한 이마 예쁘기도 해라. 곱도다. 우연히 서로 만났지만, 바로 내가 바라던 사람이구나.」 게다가 齊나라 程本子는 천하의 賢士이다. 내가 지금 선물을 드리지 않으면 죽을 때까지 그를 만나지 못할 수도 있다. 큰 덕이 한계를 넘지 않으면, 작은 덕은 넘나들어도 괜찮다.'"

傳曰 孔子遭齊程本子於郯之間하여 傾蓋而語라가 終日이어늘 有間①에 顧子路曰 由②아 〔取〕[44]束帛(十匹)[45]③하여 以贈先生하라한대 子路不對라 有間에 又顧〔謂〕[46]曰 〔取〕[47]束

42) 郯 : 지금의 山東省 郯城縣이다.

43) 程本子 : 程本의 자는 子華이고, ≪子華子≫를 남겼다.

帛④(十匹)하여 以贈先生하라한대 子路率爾而對⑤曰 昔者에 由也聞之於夫子호니 士不中道相見⑥하고 女無媒而嫁者하니 君子는 不行也⑦라호라 孔子曰 夫詩不云乎아 野有蔓草하니 零露漙兮로다 有美一人이여 淸揚婉兮⑧로다 邂逅相遇호니 適我願兮로다하고 且夫齊程本子는 天下之賢士也라 吾於是而不贈이면 終身不之見也⑨니 大德不踰閑이나 小德出入可也니라

① 有間 : 趙懷玉이 校勘한 내용에 "≪初學記≫의 인용된 글에는 '甚說(매우 기뻐하였다.)'로 되어 있다."라고 하였다.
趙校語에 初學記引에 作甚說이라호라

② 由 : 趙懷玉本에 '由來取(由야, 가져와서)'로 되어 있는데, 그 校勘한 내용에 "〈'來'와 '取'〉 2자는 본래 빠져 있었는데, ≪初學記≫에는 있었다."라고 하였다.
趙本에 作由來取한대 校語에 二字本脫이나 初學記有라호라

③ 十匹 : ≪說苑≫ 〈尊賢〉편에는 이르기를, "묶은 비단 한 묶음을 가져와서"라고 했는데, 아래 구절도 이와 같다. 趙懷玉本에 "'十匹'이라는 2자가 없는데, 그 校勘한 내용에 "'十匹' 2자는 부연된 것이니, 아래도 같다. ≪說苑≫ 〈尊賢〉편과 ≪孔子家語≫ 〈致思〉편에 모두 이 글자들이 없고, ≪初學記≫에도 없다. 지금 이에 근거하여 刪削했다."라고 하였다.
說苑尊賢에 云取束帛一이라한대 下同이라 趙本에 無十匹二字한대 校語에 衍十匹二字이니 下亦同이라 說苑尊賢篇과 家語致思篇에 皆無요 初學記에 亦無라 今據刪라호라

④ 又顧曰束帛 : 趙懷玉本에 '又顧謂曰取束帛'으로 되어 있는데, 그 校勘한 내용에 "舊本에는 '謂'자와 '取'자가 빠져 있다."라고 하였다.
趙本에 作又顧謂曰 取束帛이라한대 校語에 舊脫謂字取字라호라

⑤ 率爾 : '率爾'이 ≪說苑≫에는 '屑然'으로 되어 있다. 趙懷玉이 校勘한 내용도 같다.
率爾는 說苑作屑然이라 趙校語同이라

⑥ 士不中道相見 : ≪孔子家語≫ 〈致思〉편에는 '士不中間見(士는 길 복판에서 만나보지 않는다.)'로 되어 있고, 王廣謨의 注에 "'中間'은 紹介함이다."라고 하였다. 趙懷玉이 校勘한 내용에 "이 말은 틀렸다. ≪太平御覽≫ 卷402에 '士不中間而見'으로 되어 있고, 注에 이르기를 '中間'은 介紹를 이르는 것이라고 했으니, 더불어 말을 나누지 않는다는 말과 비슷하다."라고 하였다.
家語致思에 作士不中間見이라하고 王注中間謂紹介也라호라 趙校語에 此語譌라 御覽四百二에 作士不中間而見이라하고 注云中間謂介紹也라하니 與不語相類라호라

---

44) 〔取〕 : 저본에는 '取'가 없으나, ≪說苑≫과 ≪孔子家語≫에 根據하여 補充하였다.
45) (十匹) : 저본에는 '十匹'이 있으나, ≪說苑≫과 ≪孔子家語≫에 根據하여 削除하였다. 이하 이 단락에서 '(十匹)'은 모두 같은 근거로 삭제한 것이다.
46) 〔謂〕 : 저본에는 '謂'가 없으나, 趙懷玉의 校勘에 根據하여 補充하였다.
47) 〔取〕 : 저본에는 '取'가 없으나, 趙懷玉의 校勘에 根據하여 補充하였다.

⑦ 君子不行也 : 趙懷玉이 校勘한 내용에 "≪太平御覽≫에는 '非君子之行也(군자다운 행실이 아니다.)'로 되어 있다"라고 하였다.
趙校語에 御覽에 作非君子之行也라호라
⑧ 淸揚婉兮 : 趙懷玉本에 '靑陽宛兮'로 되어 있는데, 그 校勘한 내용에 "'靑'은 본래 모두 '淸'으로 되어 있었다. 지금 ≪詩攷≫에 인용된 것을 따른다."[48]라고 하였다.
趙本에 作靑陽宛兮라한대 校語에 靑本皆作淸이라 今依詩攷所引이라호라
⑨ 終身不之見也 : '之'는 ≪孔子家語≫에 '能'으로 되어 있다.
之는 家語作能이라

2-17 君子는 善을 주장하는 마음을 가져야 하지만 남을 이기려는 기색을 가져서는 안 되니, 德이 천하에 임금 노릇하기에 충분하지만 교만하고 방자한 태도는 없어야 하고, 行實이 미치기에 충분하지만 후세까지 남을 수 있더라도 한 마디라도 남의 선하지 못함을 비난해서는 안 된다. 그러므로 군자는 덕을 풍성하게 갖추고도 남에게 자신을 낮추고, 자기를 비워서 남을 수용하여 널리 행하여 속된 풍조에 휩쓸리지 않고 만물을 대응함에 다함이 없다. 그리하여 비록 낮은 지위에 있더라도 백성들이 그를 추대하기를 원하며, 비록 그가 높은 자리를 탐내지 않더라도 〈결국〉 얻게 되는 것이다.

≪詩經≫ 〈魏風 汾沮洳〉에 말하였다.
"저기 저 분은 꽃처럼 아름다워라. 꽃처럼 아름답지만 대부 아들답지는 못하네."

君子는 有主善之心이나 而無勝人之色이니 德足以君天下나 而無驕肆之容이요 行足以及後世나 而不以一言非人之不善이라 故曰 君子는 盛德而卑하고 虛己以受人이오도 旁行不流하고 應物而不窮하나니 雖在下位라도 民願戴之하고 雖欲無尊이라도 得乎哉인저 詩曰 彼己之子여 美如英이로다 美如英이나 殊異乎公行이로다

2-18 君子란 어울리기는 쉬워도 함부로 대하기는 어렵고, 두렵게 하기는 쉬워도 겁박할 수는 없다. 환란을 두려워 할지라도 의로운 죽음은 피하지 않으며, 이익을 좋아하

48) 본래 모두……따른다 : 이 구절 외에도 〈鄘風 君子偕老〉편의 '子之淸揚'이나, 〈鄭風 野有蔓草〉편의 '婉如淸揚'과 같이 ≪詩經≫에서 '淸揚'이란 표현은 많다. ≪詩集傳≫에는 "'淸'은 눈이 아름다운 것이고, '揚'은 눈썹이 아름다운 것이다." 하였다. 따라서 이 구절은 趙懷玉의 말을 꼭 따를 필요는 없다.

더라도 그릇된 일은 행하지 않는다. 서로 친할 수는 있어도 무리를 만들지 않고, 말을 잘 하더라도 사리를 어지럽히지 않는다. 넉넉하도다! 그러나 그 義를 잃을 일이 없고, 청렴함이 남을 더럽힐 수 없으며, 따뜻하도다! 그 仁厚함이 관대하며, 뛰어나기에 세속 사람들과 다르다.

≪詩經≫ 〈魏風 汾沮洳〉에 말하였다.

"옥처럼 아름다워라. 옥처럼 아름다우나 공족과는 다르네."

君子는 易和①而難狎也하며 易懼而不可劫也②하나니 畏患而不避義死하며 好利③而不爲所非하고 交親而不比하며 言辯而不亂④이라 盪盪乎⑤라 其義不可失也하며 嗛乎⑥라 其廉而不劌也하며 溫乎라 其仁厚之寬⑦大也하며 超乎⑧라 其有以殊於世也로다 詩曰 美如玉이로다 美如玉이나 殊異乎公族이로다

① 和 : ≪荀子≫ 〈不苟〉篇에는 '知'로 되어 있다.
荀子不苟에 作知라

② 不可劫 : '不可劫'는 ≪荀子≫에 '難脅'으로 되어 있다.
不可劫은 荀作難脅이라

③ 好利 : ≪荀子≫에 '欲利'로 되어 있다.
荀作欲利라

④ 亂 : ≪荀子≫에는 '辭'로 되어 있다. 楊倞의 注에 "분명하게 하지만, 함부로 말을 하지는 않는다."라고 하였다.
荀作辭라 楊注에 辯足以明事로되 不至於騁辭也라호라

⑤ 盪盪 : ≪荀子≫에 '蕩蕩'으로 되어 있다.
荀作蕩蕩이라

⑥ 嗛 : 趙懷玉本에 '磏'으로 되어 있는데, 그 校勘한 내용에 "어떤 본에는 '嗛'으로도 되어 있다."고 하였다.
趙本作磏이라한대 校語一作嗛이라호라

⑦ 寬 : 趙懷玉本에 '光'으로 되어 있는데, 그 校勘한 내용에 "'光'이 어떤 본에는 '寬'으로도 되어 있다."라고 하였다.
趙本作光이라한대 校語에 光一本作寬이라호라

⑧ 超乎 : '其義'부터 이 구절까지 25자가 ≪荀子≫에는 없다.
自其義至此히 廿五字荀無라

2-19 商容[49]이 일찍이 깃과 피리를 잡고 말을 치는 사람들에게 의지하면서도[50] 紂임금을 교화시키려는 뜻을 가지고 있었으나 〈결국〉 이루지 못했다. 그래서 마침내 떠나서 태항산에 숨었다. 武王이 殷을 무찌르고 즉위하여 天子가 되자 〈그를〉 三公[51]으로 삼고 싶었다. 그러자 商容이 사양하면서 말하였다.

"저는 일찍이 말을 치는 사람들에게 의지해 紂임금을 교화하려다 하지 못하였으니, 이는 어리석은 것입니다. 간쟁하지도 못하고 숨었으니 용기가 없는 것입니다. 어리석고도 용기가 없으니 三公의 자격을 갖췄다고 할 수는 없습니다."

마침내 굳이 사양하며 命을 받지 않았다.

君子가 이 사실을 듣고 말하였다.

"商容은 안으로 반성하여 자기 능력을 속이지 않은 사람이라고 말할 수 있다. 군자답구나! 공짜 밥이나 탐내는 자들과는 거리가 멀도다."

≪詩經≫ 〈魏風 伐檀〉에 말하였다.

"저 군자여! 공짜로 밥을 먹지 않는도다."

이 구절은 商先生 같은 분을 두고 말한 것이다.

商容이 嘗執羽籥하고 馮於馬徒하여 欲以伐紂而不能이라 遂去하여 伏於太行이러니 及武王克殷에 立爲天子하여 欲以爲三公이라 商容이 辭曰 吾常馮於馬徒하며 欲以伐紂而不能하니 愚也이요 不爭而隱하니 無勇也이라 愚且無勇이면 不足以備乎三公이라하고 遂固辭不受命하다 君子聞之하고 曰 商容은 可謂內省而不誣能矣라 君子哉라 去素餐이 遠矣로다 詩曰 彼君子兮여 不素餐兮로다하니 商先生之謂也로다

2-20 晉文侯가 李離를 刑官으로 삼았는데, 옥사를 잘못 처리하여 사람을 죽게 하였다. 〈李離는〉 자신을 묶어 조정에 와서 죽여주기를 임금에게 청하였다. 임금이 말하였다.

"벼슬에는 貴賤이 있고, 형벌에는 輕重이 있으니, 이는 하급 관리의 잘못이지 그대의 잘못이 아니오."

49) 商容 : 殷나라 때 紂의 大夫. 직간을 하다가 紂에게 버림 받았다.
50) 깃과……의지하면서도 : 禮樂을 주관하는 관리가 되어, 미관말직으로 전전하면서도 紂임금을 교화시키려는 의지를 가지고 있었음을 말한 것이다.
51) 三公 : 세 재상이니, 殷나라의 三公은 太師, 太傅, 太保이다.

李離는 대답하였다.

"臣은 관직의 책임자로 있으면서 하급 관리에게 자리를 양보한 적이 없고, 봉록을 받는 것이 많지만 하급 관리와 그 이익을 나눈 적이 없습니다. 그런데 이제 옥사를 잘못 처리하여 사람을 죽게 하고서는 하급관리가 그 죽을 죄를 뒤집어 쓰도록 한다면, 그건 제가 듣던 바가 아니니, 君命을 받아들일 수 없습니다."

임금이 말하였다.

"그대가 기어이 스스로 有罪라고 주장한다면, 寡人 또한 有罪가 되오."

李離가 말하였다.

"법을 지키지 않았다면 형벌을 받아야 하고, 형벌을 잘못 집행하면 죽음으로 갚아야 합니다. 임금께서는 臣이 미세한 것도 잘 헤아려 듣고 의심스러운 일도 잘 판결하리라 여기셨기에 臣을 刑官으로 삼으신 것인데, 이제 옥사를 잘못 처리하여 사람을 죽이는 죄를 저질렀으니, 그 죄는 죽음에 해당됩니다."

임금이 말하였다.

"지위를 버리고 관직을 내팽개치며, 법에 얽매여 나라를 망치는 것은 바람직한 일이 아니오. 어서 나가서 寡人의 마음을 근심스럽게 마시오."

李離가 대답하였다.

"政事가 어지러워 나라가 위험해지는 것은 임금의 근심이고, 군대가 패하여 병졸이 혼란스러워지는 것은 장수의 근심입니다. 능력도 없으면서 임금을 섬기고, 어리석은 행실로 관직에 있는 것은 공로도 없으면서 녹봉만 축내는 것입니다. 臣은 이런 거짓으로 자신을 속일 수 없습니다."

그러고는 마침내 칼에 엎어져 죽었다. 君子가 이 사실을 듣고서 말하였다.

"충성스럽도다!"

≪詩經≫ 〈魏風 伐檀〉에 말하였다.

"저 군자여! 공짜로 밥을 먹지 않는도다."

이 구절은 李先生 같은 분을 말한 것이다.

晉文侯가 使李離爲大理①러니 過聽殺人②이라 自拘於廷③하여 請死於君이라 君曰 官有貴賤④하고 罰有輕重하니 下吏有罪는 非子之罪也라한대 李離對曰 臣居官爲長하되 不與下吏讓位하고 受(爵)〔祿〕[52)]爲多⑤하되 不與下吏分利어늘 今過聽殺人하고 而下吏蒙其死하면 非所

聞也이니 不受命이니이다 君曰 子必自以爲罪⑥면 則寡人亦有罪矣라 李離曰 法失則刑⑦하고 刑失則死라 君以臣爲能聽微決疑이라 故使臣爲理하시거늘 今過聽殺人臣之罪하니 罪當死⑧니이다 君曰 棄位委官하며 伏法亡國⑨은 非所望也라 趣出이어다 無憂寡人之心하라 李離對曰 政亂國危은 君之憂也요 軍敗卒亂은 將之憂也라 夫無能以事君하고 闇行以臨官⑩이면 是無功以食祿也라 臣不能以虛自誣⑪니이다하고 遂伏劍而死라 君子聞之曰 忠矣乎라 詩曰 彼君子兮여 不素餐兮로다하니 李先生之謂也로다

① 晉文侯使李離爲大理 : ≪新序≫ 〈節士〉편에 "'文侯'를 '文公'이라고 했다. 趙懷玉本에 '大'자가 없다. 趙懷玉이 校勘한 내용에 "본래 '爲大理'로 되어 있었는데, ≪太平御覽≫ 卷231의 인용문에 근거하여 없앴다."라고 하였다.
新序節士에 以文侯爲文公이라 趙本에 無大字라한대 校語에 本作爲大理어늘 據御覽二百三十一引無라

② 過聽殺人 : ≪新序≫에는 이르기를, "죄 없는 사람을 실수로 죽였다."라고 하였다.
新序에 云過殺不辜이라

③ 自拘於廷 : '拘'는 ≪新序≫에 '繫'로 되어 있다.
拘는 新序作繫이라

④ 貴賤 : ≪新序≫에는 '上下'로 되어 있다.
新序에 作上下라

⑤ 受爵爲多 : '爵'은 마땅히 ≪新序≫를 따라 '祿'이 되어야 한다. 趙懷玉本에 '受祿爲多(봉록을 받는 것이 많지만)'로 되어 있는데, 그 校勘한 내용에 "'祿'은 본래 '爵'이다. ≪史記≫ 〈循吏傳〉과 ≪新序≫ 〈節士〉篇에 모두 이 '祿'자로 되어 있어, 지금 이것을 따른다."고 하였다.
爵은 當從新序爲祿이라 趙本에 作受祿爲多라한대 校語에 祿本作爵이라 史記循吏傳과 新序節士篇에 俱是祿字라 今從之호라

⑥ 子必自以爲罪 : '子必' 2자는 ≪新序≫에 근거하여 보충하였다. 趙懷玉本에 '子自以爲罪(그대는 스스로 죄가 있다고 여기는데)'로 되어 있는데, 趙懷玉이 校勘한 내용에 "'子'자가 舊本에는 빠졌는데 지금 보충하였다."고 하였다.
子必二字는 據新序補라 趙本에 作子自以爲罪라한대 校語에 子字舊脫今補라호라

⑦ 法失則刑 : 趙懷玉이 校勘한 내용에 "≪太平御覽≫에는 '失'자가 하나 더 있다."라고 하였다.
趙校語에 御覽에 又有一失字라호라

⑧ 罪當死 : 趙懷玉本에 '臣之罪當死(신의 죄는 죽음에 해당됩니다.)'로 되어 있는데, 趙懷玉이 校勘한 내용에 "舊本에는 '臣' 1자를 빠뜨리고, 잘못하여 '罪' 1자를 두 번 썼다. 지금 삭제하

---

52) (爵)〔祿〕 : ≪新序≫과 趙懷玉의 校勘에 根據하여 修正하였다.

고 보태었다."라고 하였다.

趙本에 作臣之罪當死라한대 校語에 舊脫臣字하고 誤重一罪字라 今删補라호라

⑨ 伏法亡國 : 趙懷玉이 校勘한 내용에 "〈亡國은〉 아마도 '忘國(나라를 잊는)'인 듯하다."라고 하였다.

趙校語에 疑是忘國이라호라

⑩ 闇行以臨官 : ≪新序≫에 이르기를, "능력이 없으면서 관직에 부임하고, 汙名을 관적에 올려 사람을 다스린다."라고 하였다.

新序에 云無能以臨官하고 藉汙以治人이라

⑪ 臣不能以虛自誣 : ≪新序≫에 이르기를, "신도 감히 관직을 더럽히고 잘못 다스리며 살아갈 수는 없습니다."라고 하였다.

新序에 云臣亦不敢汙官亂治以生이라

2-21 楚狂接輿는 직접 밭을 갈아먹고 살았다. 그 아내가 시장에 갔다가 아직 돌아오지 않았는데, 楚王이 使者를 시켜서 100鎰의 금을 가지고 문 앞에 와서 말하였다.

"대왕께서 신에게 100鎰의 금을 받들고 선생께 청하여 淮南을 다스리게 하고 싶소."

接輿가 웃을 뿐 응답하지 않자 使者가 마침내 대답을 얻지 못하고 떠나갔다. 아내가 시장에서 돌아와 말하였다.

"先生은 젊어서부터 義를 행하시더니, 어찌 늙어가면서는 버릴 셈인가요? 문 밖에 난 수레바퀴 자국이 어찌 저리도 깊은가요?"

接輿가 말하였다.

"방금 왕이 使者를 시켜 100鎰의 금을 가지고 와서, 나에게 淮南을 다스려 달라고 하였소."

그 아내가 말하였다.

"설마 허락하셨나요?"

接輿가 말하였다.

"아직 대답하진 않았소."

그 아내가 말하였다.

"임금이 시키는데도 따르지 않는 것은 忠이 아니고, 따른다면 義를 버리는 일이니, 떠나버리는 것만 못합니다."

곧바로 남편은 솥과 시루를 등에 지고, 아내는 베틀을 머리에 이고, 이름을 바꾸어

버리니, 어디로 갔는지 아는 사람이 없었다.

≪論語≫ 〈鄕黨〉에 말하였다.

"〈새도〉 안색을 보고 날아올라 빙빙 돈 뒤에 내려 앉는다."

接輿의 아내가 바로 이런 사람이다.

≪詩經≫ 〈魏風 碩鼠〉에 말하였다.

"내 이제 너를 떠나 저 樂土로 가리라. 저 樂土여 저 樂土여.내 살 곳을 얻으리라."

楚狂接輿躬耕以食할새 其妻之市未返이어늘 楚王使使者齎金百鎰造門하여 曰 大王使臣奉金百鎰하여 願請先生治河南[①]이라한대 接輿笑而不應하니 使者遂不得辭而去하다 妻從市而來하여 曰 先生은 少而爲義라가 豈將老而遺之哉오 門外車軼[②]이 何其深也잇고 接輿曰 今者王使使者齎金百鎰하여 欲使我治河南이라호라 其妻曰 豈許之乎아 曰 未也라 妻曰 君使不從이면 非忠也요 從之면 是遺義也[③]니 不如去之라하고 乃夫負釜甑하며 妻戴織器[④]하고 變易姓字하니 莫知其所之러라 論語曰 色斯擧矣하여 翔而後集이라하니 接輿之妻是也라 詩曰 逝將去汝하고 適彼樂土호리라 適彼樂土[⑤]여 爰得我所로다

① 河南 : ≪列女傳≫에는 '淮南'으로 되어 있다. 趙懷玉이 校勘한 내용에 "≪列女傳≫ 〈賢明〉篇에 '淮南'으로 되어 있으니 옳다. 이 구절 아래도 마찬가지다."라고 하였다.
列女傳에 作淮南이라 趙校語에 列女賢明傳에 作淮南이라하니 是라 下同이라

② 軼 : '軼'과 '轍'은 옛 通用字이다. ≪列女傳≫에는 '跡'으로 되어 있다. 趙懷玉이 校勘한 내용에 "'轍'과 같으니, ≪莊子≫ 〈人間世〉篇의 '螳蜋怒臂以當車軼(사마귀가 앞발을 치켜들고 수레바퀴를 막아섰다.)'의 구절에서 〈'軼'에 대한〉 釋文에서 독음을 '轍'이라고 하였다. ≪戰國策≫ 〈齊策〉篇에 '主者循軼之途也(「主」라는 것은 수레바퀴 자국을 따라 난 길이다.)'라고 하였는데, 高誘의 注에 '「軼」은 수레바퀴자국의 길이다.'라고 하였다."고 하였다.
軼轍古通이다. 傳作跡이라 趙校語에 與轍同이니 莊子人間世螳蜋怒臂以當車軼에 釋文音轍이라 戰國齊策에 主者는 循軼之途也라한대 高誘注에 軼은 途轍之道也라호라

③ 從之是遺義也 : ≪列女傳≫에는 이르기를, "따르기로 하고서 다시 어긴다면 義가 아니다."라고 하였다.
傳云從之又違면 非義也라

④ 織 : '織'은 ≪列女傳≫에 '紝'으로 되어 있다. 趙懷玉本에 '紝器'로 되어 있다. 趙懷玉이 校勘한 내용에 "'紝'은 毛氏本 ≪詩經≫에 '經'으로 잘못되어 있고, 어떤 판본에는 '織'으로 되어 있으나 또한 망령되게 고친 것이다. 이제 ≪列女傳≫을 따른다."라고 하였다.
織傳作紝이라 趙本에 作紝器한대 校語에 紝毛本譌經이요 一本作織이나 亦妄改라 今從列女

傳이라호라

⑤ 適彼樂土 : 아래 구절의 '適彼樂土'는 毛氏本 ≪詩經≫에서 이르기를, '樂土樂土'라고 하였고, 아래 글의 '樂國'도 또한 그러하다. 〈이는〉 韓氏와 毛氏가 본 ≪詩經≫이 서로 다르기 때문이다. 趙懷玉이 校勘한 내용에 "≪新序≫ 〈節士〉篇에 인용된 詩에 '適彼樂郊 適彼樂郊'라고 하였는데, 이 ≪韓詩外傳≫과 서로 같다. 毛氏本 ≪詩經≫이 고쳐진 것이니, 지금의 ≪詩經≫을 따르는 것은 옳지 않다. 이하는 동일하다."라고 하였다.

下句適彼樂土는 毛詩云樂土樂土요 下文樂國亦然하다 韓與毛所見本이 異也일새라 趙校語에 新序節士篇引詩에 適彼樂郊適彼樂郊한대 與此相同이라 毛本改이니 從今詩非是라 下同이라호라

2-22 옛날에 桀王은 술로 연못을 만들고 술지게미도 제방을 만들어 놓고, 靡靡之樂[53)]을 연주하였다. 한번 북을 치면 소처럼 〈고개를 숙이고 술을〉 마시는 자가 삼천 명으로, 여러 신하들이 모두 서로 붙들고 노래하였다.

"江水의 넘실거림이여. 배들을 삼키겠도다. 우리 왕의 문란함이여. 亳땅으로 귀순하여 달려가리니, 亳땅도 넓다네."

또 이런 노래도 하였다.

"즐겁고도 즐겁도다. 네 마리의 말이 잘도 달리네. 여섯 개의 고삐가 선명하네. 나쁜 곳을 떠나 좋은 곳으로 가니, 어찌 즐겁지 아니한가!"

伊尹이 〈易姓革命의〉 크나큰 天命이 장차 이를 줄 알고, 술잔을 들고 桀王을 찾아가 말하였다.

"君王께서 臣의 말을 듣지 아니 하시니, 크나큰 天命이 이를 것입니다. 망국의 날이 얼마 남지 않았습니다."

桀王이 손뼉을 딱딱 치며, 껄껄 웃으며 말하였다.

"그대가 또 요망한 말을 하는구나. 내가 천하를 소유하고 있으니, 하늘에 태양이 있는 것과 같다. 태양이 망할 리가 있느냐? 태양이 망해야 나도 망하겠지."

湯王

53) 靡靡之樂 : 殷 紂王을 위해 樂官 師涓이 지은 악곡의 이름이다.

伊尹이 신을 끌며 떠나서, 마침내 湯王에게 갔더니, 湯王은 그를 재상으로 삼았다. 그러니 "저 樂土로 가리라. 이에 내 살 곳을 얻었네"라고 할 만하다.

≪詩經≫ 〈魏風 碩鼠〉에 말하였다.

"이제 너를 떠나 저 樂土로 가리라. 저 樂土여 저 樂土여. 내 살 곳을 얻으리라."

昔者에 桀爲酒池糟隄하고 縱靡靡之樂이라 〔一鼓〕[54)]而牛飮者三千①이러니 群臣相持而歌② 〔曰〕[55)]江水沛兮여 舟楫敗兮로다 我王廢兮여 趣歸於亳이어다 亳亦大矣③라하고 又曰 樂兮樂兮여 四牡驕兮④로다 六轡沃兮여 去不善兮〔從〕[56)]善⑤하니 何不樂兮오하다 伊尹이 知大命之將至⑥하고 擧觴造桀하여 曰 君王不聽臣言하시니 大命至矣라 亡無日矣로소이다한대 桀拍然而抃⑦하며 嗑然而笑⑧曰 子又妖言矣로다 吾有天下하니 猶天之有日也라 日有亡乎아 日亡이라야 吾亦亡也라 於是에 伊尹이 接履而趨⑨하여 遂適於湯하니 湯以爲相이라 可謂適彼樂土여 爰得其所矣라호라 詩曰 逝將去汝하고 適彼樂土호리라 適彼樂土여 爰得我所로다

① 縱靡靡之樂而牛飮者三千 : '樂' 아래에 ≪新序≫ 〈刺奢〉篇에는 '一鼓' 2자가 있다. 趙懷玉이 校勘한 내용에 "≪新序≫ 〈刺奢〉篇에는 '一鼓而牛飮者三千人(한번 북을 치면 소처럼 고개를 숙이고 술을 마시는 사람이 삼천 명이었다.)'으로 되어 있으니, 이 본문에는 빠진 글자가 있다."고 하였다.

樂下는 新序刺奢에 有一鼓二字라 趙校語에 新序刺奢篇에 作一鼓而牛飮者三千人이라하니 此有脫文이라호라

② 群臣相持而歌 : 〈이 아래에〉 趙懷玉이 校勘한 내용에는 "≪新序≫에 '曰'자가 있다."라고 하였다.

趙校語에 新序에 有曰字라호라

③ 亳 : '亳'이 ≪新序≫에는 '薄'으로 되어 있다. 윗 구절의 '薄'은 그 아래에 '兮'가 있고, 위에는 '於'가 없으며, '矣'도 '兮'로 되어 있다. 이것이 이미 노래로 불렸던 것임을 살펴보면 마땅히 ≪新序≫의 표기를 따라야 한다. 趙懷玉이 校勘한 내용에 "毛氏本 ≪詩經≫에는 '兮'로 되어 있고 ≪尙書≫ 〈殷傳〉[57)]에는 또한 '矣'로 되어 있다."라고 하였다.

亳은 新序作薄이라 上句薄은 下有兮나 而上無於字요 矣亦作兮라 按此旣爲歌하면 則當從新序也라 趙校語에 毛本作兮라하고 尙書殷傳에 亦作矣라호라

④ 驕 : '驕'는 또한 마땅히 ≪新序≫를 따라 '蹻'로 되어야 한다. 趙懷玉이 校勘한 내용에 "'驕'

54) 〔一鼓〕 : 저본에는 '一鼓'가 없으나, ≪新序≫에 根據하여 補充하였다.
55) 〔曰〕 : 저본에는 '曰'이 없으나, ≪新序≫에 根據하여 補充하였다.
56) 〔從〕 : 저본에는 '從'이 없으나, ≪新序≫에 根據하여 補充하였다.
57) 殷傳 : 〈帝告〉篇을 말한다. 이 편에 이 노래가 나온다.

는 의심컨대 '蹻'인 듯하다."라고 하였다.

驕는 亦當從新序作蹻라 趙校語에 驕疑蹻라호라

⑤ 善 : ≪新序≫를 살펴보니 '善' 위에 의심컨대 '從'이 빠진 듯하다. 趙懷玉本에 '去不善而從善'으로 되어 있는데, 趙懷玉이 校勘한 내용에 "'而'와 '從'은 본래 모두 '兮'로 되어 있었다. 살펴보건대 '不善'은 韻이 어울리지 않아 마땅히 하나의 句가 되지 않는다. 이제 ≪新序≫를 따라 고쳤다. ≪尙書大傳≫[58]에는 '去不善而就善'으로 되어 있다."고 하였다.

按序호니 善上疑脫從字라 趙本에 作去不善而從善이라하고 校語而從本皆作兮라 案不善韻不協不當爲句라 今從新序改라 大傳에 作去不善而就善라

⑥ 大命 : '大命'은 ≪新序≫에 '天命'으로 되어 있다. 趙懷玉이 校勘한 내용에 "林本에는 '去'로 되어 있다. 이하는 이와 같다."라고 하였다.

大命은 序作天命이라 趙校語에 林本作去下同이라호라

⑦ 抃 : '抃'은 ≪新序≫에 '作(일어서다.)'으로 되어 있다.

抃은 序作作이라

⑧ 嗑然 : '嗑然'은 ≪新序≫에 '啞然'으로 되어 있다. 趙懷玉이 校勘한 내용에 " '嗑然'은 ≪尙書大傳≫과 ≪新序≫에 '啞然'으로 되어 있다."라고 하였다.

嗑然은 序作啞然이라 趙校語에 嗑然은 大傳新序에 作啞然이라호라

⑨ 趨 : ≪新序≫에는 '趣'로 되어 있다.

新序作趣라

2-23 伊尹은 夏나라를 떠나 殷나라로 들어갔고, 田饒는 魯나라를 떠나 燕나라로 갔으며, 介子推는 晉나라를 떠나 산으로 들어갔다. 田饒는 魯나라 哀公을 섬겼는데 눈여겨 보아주지 않자, 田饒가 哀公에게 말하였다.

"臣은 장차 임금님을 떠나 黃鵠처럼 날아다닐 것입니다."

哀公이 말하였다.

"무슨 말이오?"

"임금께서는 어찌 닭을 보지 못하셨습니까? 머리에 冠을 쓰고 있는 것이 '文'이요, 발톱을 달고 있는 것이 '武'요, 적이 앞에 있으면 용감히 싸우려 함이 '勇'이요, 먹을 것을 얻으면 서로 부름이 '仁'이요, 밤을 새워 때를

伊尹

58) 大傳 : ≪尙書大傳≫을 말한다. 여기에 〈帝告〉篇이 실려 있다.

잃지 않음은 信입니다. 닭이 비록 이 다섯 가지 미덕을 가졌는데도 임금께서 오히려 그것을 날마다 삶아서 드시는 것은 무슨 이유입니까? 그것은 온 곳이 가깝기 때문입니다. 무릇 黃鵠이 한번 천리를 날아와서 임금의 園池에 내려와 임금의 魚鱉을 먹고 임금의 곡식을 먹지만 이 다섯 가지 미덕이 없는데도 임금께서 귀하게 여기시는 것은 무슨 까닭입니까? 그것은 온 곳이 멀기 때문입니다. 臣은 장차 임금을 떠나 黃鵠처럼 날아다닐 것입니다."

哀公이 말하였다.

"멈추시게, 내가 장차 그대의 말을 기록하고자 하네."

田饒가 말했다.

"저는 들으니, 그 음식을 먹는 자는 그 그릇을 깨지 않고, 그 나무에 쉬는 자는 그 가지를 자르지 않는다고 하였습니다. 臣이 있어도 임용하지 않으시면서 무엇하러 기록하십니까?"

그러고는 마침내 떠나가 燕나라로 갔다. 燕나라에는 그를 세워 재상으로 삼았는데, 3년 만에 연나라의 정치가 크게 평안해지고, 나라 안에 도적이 없어졌다. 哀公이 크게 탄식하며 그 때문에 잠자리를 석 달이나 마다했고, 형벌을 줄이고 말하였다.

"미리 삼가지 않다가 뒤에 와서 후회하는구나. 어찌하면 다시 얻을 수 있을까?"

≪詩經≫ 〈魏風 碩鼠〉에 말하였다.

"내 이제 너를 떠나 저 樂國으로 가리라. 저 樂國이여, 저 樂國이여. 내 바르게 살 곳을 얻으리라."

伊尹은 去夏入殷하고 田饒는 去魯適燕하며 介子推는 去晉入山이러라 田饒는 事魯哀公而不見察하여 田饒謂哀公曰 臣將去君하여 黃鵠擧矣①리이다 哀公曰 何謂也오 曰 君獨不見夫雞乎아 首戴冠者는 文也요 足傅距者는 武也요 敵在前敢鬪者는 勇也요 得食相告②는 仁也요 守夜不失時는 信也라 雞雖有此五德이나 君猶日瀹而食之者는 何也오 則以其所從來者近也일새라 夫黃鵠一擧千里하여 止君園池하고 食君魚鱉하고 啄君黍粱③하되 無此五者이어늘 君猶貴之는 何也오 以其所從來者遠矣④일새라 臣將去君하여 黃鵠擧矣리이다. 哀公曰 止어다 吾將書子言也호리라 田饒曰 臣聞호니 食其食者는 不毁其器하고 陰其樹者⑤는 不折其枝라한대 有臣不用이어늘 何書其言〔爲〕[59]오하고 遂去之燕하다 燕立以爲相하니 三年에 燕政大平하고 國無盜賊이라 哀公이 喟然

59) 〔爲〕: 저본에는 '爲'가 없으나, ≪新序≫에 根據하여 補充하였다.

太息하며 爲之辟寢三月⑥하고 減損上服⑦하며 曰 不愼其前而悔其後이니 何可復得이리오 詩曰 近將去汝하고 適彼樂國호리라 適彼樂國여 爰得我直이로다

① 黃鵠 : ≪新序≫ 〈雜事〉篇에는 '鴻鵠'으로 되어 있다.
新序雜事에 作鴻鵠이라
② 得食相告 : ≪新序≫에는 '見食相呼(먹을 것을 보면 서로 부르니)'로 되어 있다.
序作見食相呼라
③ 黍粱 : ≪新序≫에는 '菽粟'으로 되어 있다. 趙懷玉이 校勘한 내용에 "≪文選≫ 〈辯命論〉에 李善이 注를 달며 인용한 글에는 '稻粱'으로 되어 있다."라고 하였다.
序作菽粟이라 趙校語에 文選辯命論注引에 作稻粱이라호라
④ 遠矣 : 趙懷玉本에 '遠也'로 되어 있다. 趙懷玉이 校勘한 내용에 "본래 '矣'로 되어 있었는데, ≪文選≫ 注의 인용문에 '也'로 되어 있다."라고 하였다.
趙本에 作遠也라한대 校語에 本作矣어늘 文選注引하여 作也라호라
⑤ 陰 : '陰'과 '蔭'은 옛 通用字이다. ≪新序≫에는 '蔭'으로 되어 있다.
陰蔭古通이라 序作蔭이라
⑥ 辟 : '辟'와 '避'는 같다.
辟避同이라
⑦ 減 : '減'은 ≪新序≫에 '抽'로 되어 있다.
減序作抽라

2-24 子賤이 單父를 다스릴 때에 거문고나 타면서, 자신은 堂을 내려오지 않았으나, 선보는 잘 다스려졌다. 巫馬期는 별을 보며 출근하고 별을 보며 퇴근하면서, 밤낮으로 쉬지 않고 자신이 몸소 일하여야 선보가 또한 다스려졌다. 巫馬期가 子賤에게 물었더니, 子賤이 말했다.

"나는 남에게 맡겼고, 그대는 자신에게 맡겼지요. 남에게 맡긴 사람은 편안하고, 스스로에게 맡긴 사람은 수고롭습니다."

사람들은 말하였다.

"子賤이야말로 군자이다. 四肢를 편안하게 하며 耳目을 온전하게 하며 心氣를 평안하게 하였으나 百官이 다스려졌으니, 다스리는 규율에 맡겼을 뿐이다. 巫馬期는 그렇게 하지 못했다. 性情을 손상시키고 고달프게 가르치고 일러주니, 비록 다스려졌으나 지극한 경지에 이르지는 못한 것이다."

≪詩經≫ 〈唐風 山有樞〉에 말하였다.

"그대에게 의상이 있으나 입지 않고 걸치지 않으며, 그대에게 수레가 있으나 달리지 않고 몰지도 않네."

子賤治單父할새 彈鳴琴하며 身不下堂이나 而單父治러라 巫馬期는 以星出以星入하여 日夜不處하여 以身親之하여 而單父亦治러라 巫馬期問於子賤한대 子賤曰 我任人이요 子任力이라 任人者佚하고 任力者勞라 人謂子賤則君子矣라 佚四肢하며 全耳目하며 平心氣이나 而百官理하니 任其數而已라 巫馬期則不然이라 (乎然)〔弊性〕事情[60]①하며 勞力教詔②하니 雖治나 猶未至也라 詩曰 子有衣裳호되 弗曳弗婁며 子有車馬로되 弗馳弗驅라

① 乎然事情 : 趙懷玉本에 '蔽性事情'으로 되어 있다. 趙懷玉이 校勘한 내용에 "본래 모두 '然事情'으로 되어 있었는데 誤字이다. 이제 ≪說苑≫ 〈政理〉篇을 따라 고쳤다. ≪呂氏春秋≫ 〈察賢〉편에 '弊生事情'으로 되어 있다."고 하였다.
趙本作蔽性事情라한대 校語에 本皆作然事情譌라 今從說苑政理篇改라 呂氏春秋察賢篇에 作弊生事情이라

② 勞力教詔 : ≪呂氏春秋≫ 〈開春論〉에는 이르기를, "성정을 손상시키고 고달프고 번거롭게 가르치고 일러주었다."라고 했고, ≪說苑≫ 〈政理〉篇에는 '弊性事情 勞煩教詔(사업의 실정에 생명을 소진하여 손발을 힘들여 번거롭게 가르치고 일러주었다.)'로 되어 있다. 내(周廷寀)가 살펴보건대,이 '乎然'은 의심컨대 '弊生' 2자가 잘못된 듯하다. 趙懷玉이 校勘한 내용에 "≪說苑≫에는 '勞煩教詔(수고롭고 번거롭게 가르치고 일러주었다.)'로 되어 있고, ≪呂氏春秋≫에는 '勞手足 煩教詔(손발을 수고롭혀 번거롭게 가르치고 일러주었다.)'로 되어 있다."고 하였다.
呂氏開春論에 云弊生事情하여 勞手足煩教詔이라하고 說苑政理에 作弊性事情하여勞煩教詔이라호라 寀按호니 此乎然疑爲弊生二字之譌也라 趙校語에 說苑에 作勞煩教詔하고 呂氏作勞手足煩教詔라호라

2-25 子路가 말하였다.

"士가 부지런히 힘쓰지 못하고, 죽음을 가볍게 볼 줄 모르며, 가난을 달갑게 여기지도 못하면서, '나는 善을 행한다'고 말하는 사람을 나는 믿지 못하겠다. 옛날에 申包胥는 秦나라 조정에서 칠일 밤낮을 통곡하며 그 소리가 끊이지 않았기에 그 덕분에 楚나라를 보존했다. 능히 부지런히 수고하지 못하면 어찌 능히 이를 행할 수 있었겠는

60) (乎然)〔弊性〕 : 저본에는 '乎然'으로 되어 있으나, ≪說苑≫ 및 周廷寀와 兪樾의 校勘에 根據하여 修正하였다.

가? 比干은 죽을 것을 알면서도 간한 말이 더욱 충성스러웠고, 伯夷와 叔齊는 首陽山에서 굶으면서도 그 뜻이 더욱 창성했으니, 죽음을 가볍게 볼 줄 모르면 어찌 능히 이를 행할 수 있었겠는가? 曾子는 거친 옷과 헌 솜을 누빈 도포조차도 온전한 적이 없었고 거친 밥도 배불리 먹은 적이 없었으나 義에 부합되지 않으면 上卿의 자리도 마다하였으니, 가난을 달갑게 여기지 못하였다면 어찌 능히 이를 행할 수 있었겠는가? 대저 士가 몸을 세워 道를 행하려면 어려운지 쉬운지를 따지지 말아야 이를 행할 수 있고, 義를 행하고 명예를 따라 죽으려면 이로운지 해로운지를 돌아보지 않아야 이를 행할 수 있다."

≪詩經≫ 〈唐風 椒聊〉에 말하였다.

"저 우리 임이여, 위대하기 짝이 없으시네."

참으로 독실하게 수양하고 몸소 행하는 군자가 아니라면 그 누가 여기에 낄 수 있으랴.

子路曰 士不能勤苦하고 不能輕死亡하며 不能恬貧窮이오도 而曰 我行善은 吾不信也로라 昔者에 申包는 立於秦廷하여 七日七夜을 哭不絶聲하여 是以存楚이라 不能勸苦면 焉能行此리오 比干은 且死而諫愈忠하고 伯夷叔齊는 餓于首陽而志益彰하니 不輕死亡이면 焉能行此리오 曾子는 褐衣縕緒①를 未嘗完也하고 糲米之食②을 未嘗飽也이나 義不合이면 則辭上卿하니 不恬貧窮이면 焉能行此리오 夫士欲立身③行道면 無顧難易라야 然後能行之하고 欲行義狥名④면 無顧利害라야 然後能行之⑤니라 詩曰 彼己之子여 碩大且篤이라하니 非良篤脩身行之君子⑥면 其孰能與之哉리오

① 縕緒 : '縕緒'는 未詳이다. ≪說苑≫ 〈立節〉篇에는 이르기를, "布衣縕袍(베로 만든 윗도리와 헌 솜을 누빈 도포)"라고 했다. 趙懷玉이 校勘한 내용에 "'著'와 음과 뜻이 같다."라고 하였다.
縕緒未詳이라 說苑立節에 云布衣縕袍라 趙校語에 與著音義同이라호라

② 糲米之食 : ≪說苑≫에 이르기를, "콩잎 국"이라고 하였다.
說苑에 云黎藿羹이라

③ 身 : ≪說苑≫에는 '義'로 되어 있다.
說苑作義라

④ 行義狥名 : ≪說苑≫에는 '立身著名'으로 되어 있다. 趙懷玉本에 '行義白名'으로 되어 있고, 趙懷玉이 校勘한 내용에 "≪說苑≫ 〈立節〉篇에는 '著名猶白也'으로 되어 있다. 본래 혹 '徇名'으로 되어 있었던 듯 하다."고 하였다.
說苑에 作立身著名이라 趙本에 作行義白名라하고 校語에 說苑立節篇에 作著名猶白也라 本

或作徇名이라호라

⑤ 行 : 이 '行'은 마땅히 ≪說苑≫에 '成'으로 되어 있는 것을 따라야 한다. 趙懷玉이 校勘한 내용에 "≪說苑≫에는 '成之'로 되어 있다."고 하였다.

此行字는 當從說苑作成이라 趙校語에 說苑作成之라호라

⑥ 非良篤脩身行之君子 : ≪說苑≫에는 '良篤修激(선량하고 독실하며 수양하고 분발하는)'으로 되어 있다. 살펴보건대 이는 '身'자는 衍字가 아닌가 의심스럽다. 趙懷玉이 校勘한 내용에 "'非良'은 본래 혹 '良非'로도 되어 있었는 듯한데, 틀린 것이다. ≪說苑≫에는 '非良篤修激之君子(선량하고 독실하며 수양하고 분발하는 군자)'로 되어 있다."고 하였다.

說苑에 作良篤修激라 按此疑身字爲衍이라 趙校語에 非良本或作良非誤也라 說苑作非良篤修激之君子

2-26 子路가 巫馬期와 함께 轀丘의 아래에서 땔나무를 하고 있었을 때, 陳땅의 부자인 處師氏라는 사람이 좋은 수레〔脂車〕 일백 乘을 끌고 轀丘의 위에서 술잔치를 열고 있었다. 子路가 巫馬期에게 말했다.

"만약 그대의 지식을 보존한채 잊지 않고, 또한 그대의 능력이 더 나아지지도 않는 상태로, 부유해질 수 있지만 죽을 때까지 선생님을 뵐 수 없다면 그대는 하겠는가?"

巫馬期는 한숨을 내쉬며 탄식하며 하늘을 쳐다보며 묵묵히 선 채로 땅에다 낫을 던지고는 말했다.

"내가 일찍이 선생님께 들으니, '勇士는 자신의 머리를 잃을 각오를 잊지 않고, 志士와 仁人은 〈무덤도 없이〉 구덩이에 던져질 각오를 잊지 않는다'고 하셨소. 그대가 나를 모르는가? 나를 시험하는 것인가? 아니면 혹시 본인이 하고 싶은 뜻인가?"

子路는 마음에 부끄러웠다. 그래서 땔나무를 등에 지고 먼저 돌아왔다. 孔子가 말했다.

"由야, 이리 오너라. 어찌하여 함께 외출하였다가 먼저 돌아온 것이냐?"

子路가 말하였다.

"아까 제가 巫馬期와 함께 轀丘의 아래에서 땔나무를 하고 있었을 때, 陳땅의 부자인 處師氏라는 사람이 있어 좋은 수레〔脂車〕 일백 乘을 끌고 轀丘의 위에서 술잔치를 베풀었습니다. 제가 巫馬期에게 말했습니다.

'만약 그대가 아는 지식을 그대로 잊지 않고, 또한 그대의 능력이 더 나아짐도 없는 상태로, 부유해질 수 있지만 죽을 때까지 선생님을 뵐 수 없다면 그대는 하겠는가?'

巫馬期는 한숨을 내쉬며 탄식하며 하늘을 쳐다보며 묵묵히 선 채로 땅에다 낫을 던지고는 말했습니다.

'내가 일찍이 선생님께 들으니, 「勇士는 자신의 머리를 잃을 각오를 잊지 않고, 志士와 仁人은 〈무덤도 없이〉 구덩이에 던져질 각오를 잊지 않는다」고 하셨소. 그대가 나를 모르는가? 나를 시험하는 것인가? 아니면 혹시 본인이 하고 싶은 뜻인가?'

저는 마음에 부끄러웠습니다. 그래서 땔나무를 등에 지고 먼저 돌아왔던 것입니다."

孔子는 거문고를 끌어당겨 연주하면서 말했다.

"≪詩經≫ 〈唐風 鴇羽〉에서 말하기를, '푸드덕 나는 너새여, 떨기진 뽕나무에 앉았도다. 왕이 시키신 일을 견고히 하지 않을 수 없는지라, 벼와 기장을 심어 가꾸지 못하니, 부모님은 무엇을 잡수실까. 아스라한 저 푸른 하늘아, 언제나 안정을 찾을 수 있을까?'라고 하였다. 나의 道가 행해지지 않을 듯하더냐? 만약 네가 소원한 것을"[61]

子路가 與巫馬期로 薪于韞丘之下할새 陳之富人有處師氏者가 脂車百乘①으로 觴於韞丘之上이러라 子路(與)〔語〕[62]②巫馬期曰 使子無忘子之所知하고 亦無進子之所能하여 得此富하되 終身無復見夫子면 子爲之乎아한대 巫馬期喟然仰天而嘆하며 闟③然投鎌於地④하고 曰 吾嘗聞之夫子호니 勇士不忘喪其元하고 志士仁人不忘在溝壑이라호라 子不知予與아 試予與아 意者其志與아 子路心慙이라 故⑤負薪先歸하다 孔子曰 由來어다 何爲偕出而先返也오 子路曰 向也由與巫馬期薪于韞丘之下할새 陳之富人有處師氏者가 脂車百乘으로 觴于韞丘之上이러이다 由謂巫馬期曰 使子無忘子之所知하고 亦無進子之所能하여 得此富하되 終身無復見夫子면 子爲之乎아한대 巫馬期喟然仰天而嘆하며 闟然投鎌於地하고 曰 吾嘗聞之夫子⑥호니 勇士不忘喪其元하고 志士仁人不忘在溝壑이라호라 子不知予與아 試予與아 意者其志與아하여늘 由也心慚이라 故先負薪歸이니이다. 孔子援琴而彈하고 詩曰 肅肅鴇羽여 集於苞栩로다 王事靡盬라 不能蓺稷黍호니 父母何怙오 悠悠蒼⑦天아 曷其有所오하니 予道不行邪아 使汝願者⑧

① 脂車 : 趙懷玉이 校勘한 내용에 "'脂車'는 본래 모두 '指車'로 되어 있고, ≪太平御覽≫ 卷472의 인용문에는 '枝車'로 되어 있으니, 〈무엇이 옳은지〉 모두 알 수 없다."고 하였다. 趙校語에 脂車는 本皆作指車라 御覽四百七十二引作枝車라 皆不可曉호라

② 與 : 趙懷玉이 校勘한 내용에 "마땅히 '語'로 되어야 한다."라고 하였다.

---

61) 만약……소원한 것 : 이하는 원문 자체에 訛脫이 있다.

62) (與)〔語〕 : 저본에는 '與'로 되어 있으나, 趙懷玉의 校勘에 根據하여 修正하였다.

趙校語에 當作語라호라

③ 趙懷玉이 校勘한 내용에 "音은 '塧'이다."라고 하였다.

趙校語에 音塧이라호라

④ '闟'은 머물러 버티고 선 모습이다. '鎌'은 뾰족하니 몸체가 작고 얇다. 그래서 그 베어낸 바를 조금씩만 모을 수 있다. 또 '廉'과 〈字形도〉 비슷하다. ≪廣雅≫에 이르기를, "'鏺(양날 낫)'은 '鎌'이다."라고 하였다.

闟은 住立貌요 鎌은 廉也니 體廉薄也라 其所刈稍稍取之라 又似廉者也라 廣雅鏺鎌也라

⑤ 趙懷玉本에 '慚'으로 되어 있고, '故'가 없다. 趙懷玉이 校勘한 내용에 "이 아래에 본래 '故'자가 있는데 衍字이다."고 하였다.

趙本作慚이요 無故字라 校語에 此下本有故字衍이라호라

⑥ 趙懷玉本에 '吾嘗聞之夫子(내가 일찍이 선생님께 들으니)'로 되어 있다.

趙本에 作吾嘗聞之夫子라

⑦ 趙懷玉本에 '倉'으로 되어 있다.

趙本作倉이라

⑧ 의심컨대 잘못되거나 빠진 글자가 있는 듯하다.

疑有譌脫이라

2-27 孔子가 말하였다.

"士에는 다섯 부류가 있으니, 권세가 尊貴한 사람, 가문이 부유한 사람, 타고난 자질이 용감하고 억센 사람, 마음속에 지혜와 은혜가 있는 사람, 용모가 아름다운 사람이다. 尊貴한 사람이 백성을 사랑하지도 의리를 행하지도 않고 도리어 사납고 오만하다거나, 집안이 부유한 사람이 궁핍한 자를 진휼하거나 결핍 있는 사람을 구제하지도 않고 도리어 사치하며 절도가 없다거나, 타고난 자질이 용감하고 억센 사람이 임금을 보위하지도 전쟁에 나서서 싸우지 못하면서 도리어 남에게 덤비며 사사로운 싸움이나 일삼는다거나, 마음속에 지혜와 은혜가 있는 사람이 정직하게 술수를 계산하지 않고 도리어 간사함이나 일삼아 거짓된 모습을 꾸미거나, 용모가 아름다운 사람이 조정을 통솔하여 백성에게 임하지는 못하면서 도리어 여자를 유혹하여 욕망만 따르기나 한다면, 이 다섯 부류의 사람은 이른바 士이면서도 아름다운 자질을 잃어버린 자들이다."

≪詩經≫ 〈秦風 小戎〉에 말했다.

"그 모습은 옥구슬처럼 따뜻하구나. 지금은 그 판옥에 가 계시니, 내 마음 어지럽구나."

孔子曰 士有五하니 有埶尊貴者요 有家富厚者요 有資勇悍者요 有心智(惠)〔慧〕[63]者①요 有貌美好者라② (有)[64]埶尊貴者가 不以愛民行義理而反以暴敖요 家富厚者가 不以振窮救不足而反以侈靡無度하고 資勇悍者가 不以衛上攻戰而反以侵陵私鬬하고 心智(惠)〔慧〕者가 不以端計數而反以事姦飾詐貌하고 美好者가 不以統朝涖民而反以蠱女從欲하면 此五者는 所謂士失其美質者也라 詩曰 溫其如玉이로다 在其板屋하여 亂我心曲이로다

① 惠 : '惠'는 마땅히 '慧'로 되어야 한다.
惠는 當爲慧라
② 有貌美好者 : 趙懷玉本에 아래 구절에 '有'자가 없는데, 趙懷玉이 校勘한 내용에 "이 아래에 본래 모두 1자씩 '有'자가 衍字로 더 있었다. 간혹 맨 처음 '士有五有'를 한 구절로 삼고, 그 아래 다섯 개의 '有'로 모두 한 구절로 삼아 읽기도 하지만 자세히 살펴보면 옳지 않은 듯하다."라고 하였다.
趙本에 下句無有字한대 校語에 此下本皆衍一有字라 或讀首士有五有爲句하여 以下五有字皆爲句이나 細審似非是라호라

2-28 지위가 높은 사람을 만날 때면, 모습과 안색을 맨 처음 보고, 목소리는 그 다음이며, 일처리는 맨 나중이다. 그러므로 멀리서 바라보고도 마땅히 임금될 만한 사람인지를 알 수 있는 것은 그의 모습이고, 가까이서 신뢰를 주는 것은 그의 안색이며, 표현하는 것이 안정되고 사리에 맞는 것은 그의 말이고, 문채가 나서 볼만한 것은 그의 행실이다. 그러므로 군자의 모습과 안색은 천하의 모범이 되니 바라보기만 하고 말을 빌리지 않아도 마땅히 임금될 만한 사람인지를 알 수 있는 것이다.

≪詩經≫〈秦風 終南〉에 말했다.

"얼굴이 불그스레하시니, 우리의 임금다우시도다"

上之人所遇에 〔容〕[65]色爲先이요 聲音次之며 事行爲後라 故望而〔知〕[66]宜爲人君者는 容也요 近而可信者色也요 發而中者①言也요 文②而可觀者行也라 故君子容色은 天下儀象이니

63) (惠)〔慧〕: 周廷寀의 校勘에 根據하여 修正하였다. 이하 이 단락의 '惠'는 모두 같은 根據로 '慧'로 修正하였다.
64) (有) : 저본에는 '有'가 있으나, 趙懷玉의 校勘에 根據하여 削除하였다.
65) 〔容〕: 저본에는 '容'이 없으나, 曾慥의 ≪類說≫에 根據하여 補充하였다.
66) 〔知〕: 저본에는 '知'가 없으나, 許維遹의 校勘에 根據하여 補充하였다. 이하 이 단락의 '知'는 모두 같은 根據로 補充하였다.

而望之하고 不假言而〔知〕宜爲人君者③라 詩曰 彦如渥赭④하시니 其君也哉샷다

① 發而中者 : 趙懷玉本에 '發而安中者(표현하는 것이 안정되고 사리에 맞는 것)'으로 되어 있다. 毛氏本 ≪詩經≫도 같다.
趙本에 作發而安中者이라 毛本同이라

② 文 : 본래 혹 '久'로 되어 있었던 듯하다. 趙懷玉本에 '久'로 되어 있다.
本或作久라 趙本作久라

③ 不假言而知宜爲人君者 : '暇'는 본래 혹 '假'로 되어 있었던 듯하다. '宜人'의 '人'자는 의심컨대 衍字이다. 趙懷玉本에 '不假言而知宜爲人君者(말을 빌리지 않아도, 마땅히 임금될 만한 사람인 줄 안다.)'로 되어 있다.
暇는 本或作假라 宜人人字疑衍이라 趙本에 作不假言而知宜爲人君者라

④ 彦如渥赭 : '頳'는 毛氏本 ≪詩經≫에 '丹'으로 되어 있고, 釋文에 "'丹'은 ≪韓詩內傳≫에 '沰'으로 되어 있는데, '沰'은 '赭'이다"라고 하였으니, 대개 ≪韓詩外傳≫은 ≪韓詩內傳≫과 문장이 달랐던 것 같다. '沰'은 '囊橐'의 '橐'과 같이 발음하여 읽는다. 趙懷玉本에 '赭'로 되어 있다.
頳는 毛詩作丹이라하고 釋文에 丹韓詩作沰이라 沰은 赭也라하니 蓋外傳은 與內異文이라 沰讀如囊橐之橐이라 趙本作赭라

2-29 子夏가 ≪書經≫을 다 읽자 공자가 물었다.

"너도 ≪書經≫에 대해서 말할 수 있게 되었지?"

자하가 대답하였다.

"≪書經≫이 行事에 대해서는 밝디밝아 해와 달의 광명과 같고, 분명하고 분명하여 별들이 교대하는 운행과 같으며, 위로는 堯舜의 道가 있고, 아래로는 三王의 義가 있습니다. 제자로서 선생님께 받은 것을 마음 속에 기억하여 감히 잊지 않을 것입니다. 비록 초라하고 가난한 집에 산다고 해도 거문고를 연주하며 先王의 풍도를 노래할 수 있게 되었으니 사람이 있어도 즐거워하고, 나를 알아줄 사람이 없어도 즐거워할 수 있게 되었으니 또한 發憤하여 밥먹는 것조차 잊을 수 있을 것입니다. ≪詩經≫ 〈陳風 衡門〉에 이르기를, '오두막 누추해도, 마음 편하게 살 수 있네. 샘물이 넘쳐 흘러 배고픔을 면할 수 있네.'라고 하였습니다."

공자가 갑자기 얼굴빛을 바꾸면서 말하였다.

"아! 네가 비로소 ≪書經≫을 말할 수 있게 되었구나. 그러나 너는 그 겉만 보았지, 그 속은 아직 보지 못하고 있구나."

顔淵이 말하였다.

"그 겉을 이미 보았다면, 그 속에는 또 어떤 것이 있습니까?"

공자가 말하였다.

"문 밖에서 들여다만 보고 그 안으로 들어가지 않으면 깊숙한 방구석과 곳간에 무엇이 있는지를 어찌 알겠느냐? 그러나 감추어진 것을 아는 것이 어려운 일은 아니다. 나는 일찍이 마음과 뜻을 다하여 이미 그 속에 들어가 보았는데, 앞에는 높은 언덕이 있고 뒤에는 깊은 골짜기가 있었다. 그렇게 또렷히 서 있어 보았다. 그 속을 보지 못하고는 아직 그 정밀하고 은미한 것을 말할 수 없다."

子夏讀(詩)〔書〕[67]已畢①할새 夫子問曰 爾亦可言於(詩)〔書〕矣②란대 子夏對曰 (詩)〔書〕之於事也③는 昭昭乎若日月之光明④이요 燎燎乎⑤如星辰之錯行이요 上有堯舜之道요 下有三王之義라 子弟⑥〔所受於夫子者를 志之於心하여〕[68] 不敢忘이로리라 雖居蓬戶之中⑦이라도 彈琴以詠先王之風⑧하여 有人亦樂之하고 無人亦樂之리니 亦可發憤忘食矣⑨리이다 詩曰 衡門之下여 可以棲遲로다 泌⑩之洋洋이여 可以療饑⑪로다 夫子造然變容⑫曰 嘻라 吾子始[69]可以言(詩)〔書〕已矣⑬로다 然子以⑭見其表요 未見其裏로라 顔淵曰 其表已見이면 其裏는 又何有哉릿고 孔子曰 闚其門이나 不入其中이면 安知其奧藏之所在乎리오 然藏又非難也라 丘嘗悉心盡志하여 已⑮入其中하니 前有高岸이요 後有深谷이러라 泠泠然如此히 既立而已矣라 不能見其裏면 未謂精微者也⑯라

① 子夏讀詩已畢 : ≪孔叢子≫ 〈論書〉篇에는 '詩'가 모두 '書'로 되어 있다. 趙懷玉本에 '讀書'로 되어 있는데, 趙懷玉이 校勘한 내용에 "'讀書'는 본래 모두 '讀詩'로 되어 있었다. ≪尙書大傳≫ 〈略說〉과 ≪孔叢子≫ 〈論書〉篇을 살펴보면 모두 이 대목이 '讀書'로 되어 있는데, 〈≪孔子家語≫에서〉 이하의 논한 내용은 또한 '詩'로 만들어 써놓았다. 의심컨대 후대 사람들이 ≪論語≫를 읽던 것에 익숙해서 망령되게 이 글을 고친 듯하다. 이제 두 권의 책을 근거로 하여 그 옛 모습을 복원하였다."고 하였다.

孔叢子論書에 詩竝作書라 趙本作讀書한대 校語에 讀書本皆作讀詩라 案尙書大傳略說과 孔

---

67) (詩)〔書〕: ≪孔叢子≫ 및 趙懷玉의 校勘에 根據하여 修正하였다. 이하 이 단락의 '詩'는 모두 같은 根據로 '書'로 修正하였다.

68) 〔所受於夫子者志之於心〕: 저본에는 '所受於夫子者志之於心'이 없으나 ≪尙書大傳≫ 〈略說〉 및 ≪孔叢子≫ 〈論書〉篇에 根據하여 補充하였다.

69) 始 : 저본에는 '始'로 되어 있으나, ≪尙書大傳≫ 〈略說〉 및 ≪孔叢子≫ 〈論書〉篇에는 '殆'로 되어 있다.

叢論書篇컨대 皆是讀書어늘 此下所論亦是書其作詩者라 疑後人習讀論語因妄改此라 今據二書以復其舊라호라

② 爾亦可言於詩矣 : '可言'은 ≪孔叢子≫에 '何爲'로 되어 있다. 趙懷玉本에 '於書'로 되어 있는데, 趙懷玉이 校勘한 내용에 "'可言'은 毛氏本 ≪詩經≫에 '何大'로 되어 있고, ≪尙書大傳≫과 ≪孔叢子≫에는 모두 '子何爲於書(너는 ≪書經≫에서 무엇을 배웠느냐.)'로 되어 있다." 라고 하였다.

可言은 孔叢作何爲라 趙本作於書한대 校語에 可言毛本作何大요 大傳孔叢에 皆作子何爲於書라호라

③ 詩之於事也 : 趙懷玉本에 '書之於事也(≪書經≫이 일에 있어서)'로 되어 있는데, 趙懷玉이 校勘한 내용에 "≪尙書大傳≫과 ≪孔叢子≫의 두 책에는 모두 '論'으로 되어 있다."라고 하였다.

趙本에 作書之於事也한대 校語에 兩書於皆作論이라호라

④ 光 : '光'은 ≪孔叢子≫에 '代'로 되어 있다.

光은 孔叢作代라

⑤ 燎燎 : '燎燎'는 ≪孔叢子≫에 '離離'로 되어 있다. 趙懷玉이 校勘한 내용에 "'燎燎'는 ≪尙書大傳≫과 ≪孔叢子≫의 두 책에 모두 '離離'으로 되어 있다."라고 하였다.

燎燎는 孔叢作離離라 趙校語에 燎燎는 兩書皆作離離라호라

⑥ 子弟 : 〈이 아래에〉 趙懷玉本에는 "所受於夫子者志之於心(선생님께 수업 받은 것을 마음에 기억하며)"라고 하였는데, 趙懷玉이 校勘한 내용에 "이상 10자는 본래 모두 빠져 있던 것을 ≪尙書大傳≫에 의거하여 보충한 것이며, ≪尙書大傳≫에도 누락되었던 글자는 ≪藝文類聚≫에 인용된 내용을 근거로 보충한 것이다. ≪孔叢子≫에는 '凡商之所受書於夫子者 志之於心弗敢忘(무릇 제〔商〕가 선생님께 수업 받은 ≪書經≫을 마음에 기억하며, 감히 잊지 않겠습니다.)'으로 되어 있다."고 하였다.

趙本에 有所受於夫子者志之於心한대 校語에 此上十字는 本皆脫이나 據大傳補하되 大傳闕者字는 據藝文類聚引補라 孔叢에 作凡商之所受書於夫子者를 志之於心하여 弗敢忘이라호라

⑦ 雖居蓬戶之中 : ≪孔叢子≫에는 "河水와 濟水 사이로 물러나 가난하게 거처하며, 흙집을 짓고 쑥대로 지게문을 엮었더라도 "라고 하였다.

孔叢에 云退而窮居河濟之閒하며 作壤室編蓬戶라

⑧ 彈琴以詠先生之風 : '詠'은 ≪孔叢子≫에 '歌'로 되어 있고, '風'은 '道'로 되어 있다.

詠은 孔叢作歌요 風作道라

⑨ 總評 : ≪孔叢子≫에 이르기를, "어느덧 우환과 죽음 따위는 알지 못하게 됩니다."라고 하였다. 趙懷玉이 校勘한 내용에 " ≪尙書大傳≫에는 '雖退而窮居河濟之閒 深山之中作 壤室編蓬戶 尙彈琴其中 以歌先王之風 則可以發憤忼慨 忘己貧賤 有人亦樂之 無人亦樂之 而忽不知憂患與死也(비록 물러나 "河水와 濟水 사이와 깊은 산 속에 거처하며, 흙집을 짓고 쑥대로 지게문

을 엮었더라도, 그 속에서 오히려 거문고를 연주하여 先王의 풍도를 노래한다면, 분발하고 고무되어 자기의 빈천을 잊을 것이니, 사람이 있어도 즐거워하고, 사람이 없어도 즐거워 어느덧 우환과 죽음 따위는 알지 못하게 됩니다.)'로 되어 있다. 지금의 ≪尙書大傳≫ 판본에는 '窮居'를 '巖居'라 하였으니 잘못되었다."고 하였다.

孔叢에 云忽不知憂患與死也라 趙校語에 大傳에 作雖退而窮居河濟之間과 深山之中하며 作壤室編蓬戶라도 尙彈琴其中하여 以歌先王之風이면 則可以發憤忼慨하여 忘已貧賤하리니 有人亦樂之하며 無人亦樂之하여 而忽不知憂患與死也라 今本大傳은 窮居作巖居하니 非라호라

⑩ 泌 : 趙懷玉이 校勘한 내용에 "程榮의 ≪漢魏叢書≫에 수록된 ≪韓詩外傳≫판본과 胡文煥의 ≪格致叢書≫에 수록된 ≪韓詩外傳≫판본에는 '泌'이 모두 '沁'으로 되어 있다."고 하였다.
趙校語에 程本胡本에 泌俱作沁이라호라

⑪ 療 : '療'는 毛氏本 ≪詩經≫에 '樂'으로 되어 있는데, 釋文에는 본래 또 '藥'으로도 되어 있다. 沈辨之[70]는 "옛날에는 모두 '樂'으로 되어 있었다. 逸詩가 본래 '疒' 아래에 '樂'으로 된 것이 있었던 것은 자형과 소리가 비슷하기 때문이다." 라고 했는데, 말이 매우 그 뜻과 어긋난다. 이 글자는 마땅히 '疒' 아래에 '尞'를 써야 한다. ≪說文解字≫를 살펴보면, 이르기를, "藥는 치료함이다."라고 하였으니 '療'는 혹 '藥'으로 쓰기도 한다. 趙懷玉本에 '肌'로 되어 있다.
療는 毛詩作樂한대 釋文에 本又作藥이라 沈云舊皆作樂이라 逸詩本有作疒下樂者似形聲일새라 한대 言之殊非其義라 字當從疒下尞라 按說文하면 云藥治也라하니 療或藥字也라 趙本作肌라

⑫ 造 : '造'는 ≪孔叢子≫에 '愀'로 되어 있다.
造는 孔叢作愀라

⑬ 吾子始可以言詩已矣 : 趙懷玉本에 '殆可以言書已矣(아마도 ≪書經≫을 말할 수 있겠도다.)'로 되어 있다. 趙懷玉이 校勘한 내용에 "'殆'는 본래 모두 '始'로 되어 있었는데 誤字이기에, ≪尙書大傳≫과 ≪孔叢子≫에 근거하여 고쳤다. '以'와 '與'는 같은 말이고, '已'자는 의심컨대 衍字이다. 위의 두 책에는 없는 글자이다."
趙本에 作殆可以言書已矣한대 校語에 殆는 本皆作始譌이니 據大傳孔叢改라 以與同이요 已字疑衍이니 兩書皆無라

⑭ 以 : 趙懷玉이 校勘한 내용에 "마땅히 '已'가 되어야 한다."고 하였다.
趙校語에 當作已라호라

⑮ 已 : 趙懷玉이 校勘한 내용에 "≪尙書大傳≫에는 '以'로 되어 있다."라고 하였다.
趙校語에 大傳作以라호라

⑯ 未 : '未'는 어떤 본에는 '蓋'라고 되어 있다. ≪尙書大傳≫ 〈略說〉과 ≪孔叢子≫도 마찬가지이다. 趙懷玉本에 '蓋'로 되어 있다.
未은 本一作蓋라 尙書大傳略說與孔叢同이라 趙本作蓋라

---

70) 沈辨之 : 野竹齋本 ≪韓詩外傳≫을 엮은 明나라 藏書家이다. 字는 與文, 蘇州人이다.

2-30 傳에 이렇게 말하였다.

"나라에 道가 없으면 회오리 바람이 매섭게 몰아치고, 暴雨가 나무를 부러뜨리며, 음양의 기운이 어그러져 여름에 춥고 겨울에 따뜻하며, 봄에 곡식이 익고 가을에 꽃이 핀다. 해와 달이 빛을 잃고, 별들의 운행이 어긋나 백성들은 병든 자가 많아지고, 나라에는 상서롭지 못한 일이 많아지며, 여러 생명들이 오래 살지 못하게 되고, 五穀이 결실을 맺지 못하게 된다. 成周의 시대에는 陰陽이 조화롭고 추위와 더위가 고르며, 여러 생명들이 〈天壽를〉 이루고, 萬物들이 평안을 얻었다. 그래서 풍속은 다스려지고 즐거움은 계속되었으며, 부리는 말조차 편안해 하였고 백성들도 유순해졌으며, 행동이 느슨해지고 마음도 따뜻해졌다고 말하였다."

≪詩經≫ 〈檜風 匪風〉에 말하였다.

"바람이 일어나지도 않고, 수레가 빨리 달리지도 않으니, 주나라 가는 길 돌아보아도 내 마음만 슬퍼지네."

傳曰 國無道면 則飄風厲疾하고 暴雨折木하고 陰陽錯氛하고 夏寒冬溫하고 春熱秋榮하고 日月無光하고 星辰錯行하고 民多疾病하고 國多不祥하고 群生不壽하고 而五穀不登이라 當成周之時하얀 陰陽調하고 寒暑平하고 群生遂하고 萬物寧이라 故曰 其風治하고 其樂連하고 其驅馬舒하고 其民依依하고 其行遲遲하고 其意好好러라 詩曰 匪風發兮며 匪車揭兮①라 顧瞻周道요 中心怛兮호라

① 揭 : '揭'는 毛氏本 ≪詩經≫에 '偈'로 되어 있다. 내(周廷寀)가 살펴보니, ≪漢書≫ 〈王吉傳〉에서 ≪詩經≫을 인용한 내용에는 '揭'로 되어 있다. 말하자면 그 옛날 시절처럼 바람이 쌩쌩 부는 것도 아니고, 그 옛날 시절처럼 수레가 씽씽 달리는 것도 아니니, 대개 상심해 하는 것이다.
揭는 毛詩作偈라 寀按호니 漢書王吉傳引詩에 作揭라 說曰 是非古之風也發發者요 是非古之車也揭揭者니 蓋傷之也라

2-31 무릇 기질을 다스리고 마음을 기르는 방법은 혈기가 굳세고 강하면 조화롭게 하는데 힘쓰고, 지혜와 사려가 너무 깊으면 쉽고 바른 것으로 일관하며, 용기와 과단성이 지나치면 옳은 방법으로 돕고, 재빠르고 날쌔면 고요하고 편안함으로 안정시키고, 비굴하게 굴며 이익이나 탐낼 때에는 고상한 뜻으로 막고, 용렬한 무리처럼 노둔하고

산만하면 스승이나 벗을 통해 바로잡는다. 태만하여 자기를 포기하면 재난을 예고해서 일깨우며 순박하고 온순하며 정직하고 성실하면 禮樂으로 합치시킨다.

무릇 기질을 다스리고 마음을 기르는 방법으로는 禮를 통하는 것보다 지름길은 없고, 스승을 얻는 것보다 나은 것이 없으며, 〈禮를〉 한결같이 좋아하는 것보다 신중한 것이 없으니, 〈禮를〉 좋아하면 집중하게 되고, 집중하면 정밀해지고, 정밀해지면 신묘해지며, 신묘해지면 변화한다. 이러므로 군자는 마음을 하나로 묶는데 힘써야 하는 것이다.

≪詩經≫ 〈曹風 鳲鳩〉에 말하였다.

"훌륭한 군자여, 그 위의가 한결같도다. 그 위의가 한결같으니 마음도 맺은 듯 변함 없도다."

夫治氣養心之術은 血氣剛强則務之以調和①하고 智慮潛深②則一之以易諒③하고 勇毅强果④則輔之以道術⑤하고 齊給便捷⑥則安之以靜退⑦하고 卑攝⑨[71]貪⑧利則抗之以高志하고 (容衆好散)〔庸衆駑散〕[72]⑩則劫之以師友하고 怠慢摽棄⑪則慰之以禍災⑫하고 愿婉端慤⑬則合之以禮樂⑭이라 凡治氣養心之術은 莫徑由禮요 莫優得師⑮요 莫愼一好⑯니 好一則(傳)〔摶〕[73]하고 (傳)〔摶〕則精하고 精則神하고 神則化라 是以君子務結心乎一也니라 詩曰 淑人君子여 其儀一兮로다 其儀一兮하니 心如結兮로다

① 務 : '務'자는 의심컨대 誤字이니, 마땅히 ≪荀子≫ 〈修身〉篇을 따라 '柔'로 되어야 한다.
　務字는 疑譌니 當從荀子修身爲柔라
② 潛 : '潛'은 ≪荀子≫에 '漸'으로 되어 있으니, '漸'과 '潛'은 옛 通用字이다.
　潛은 荀作漸이니 漸潛古通이라
③ 諒 : ≪荀子≫에 '良'으로 되어 있으니, '良'과 '諒'도 또한 옛 通用字이다.
　荀作良이니 良諒亦古通이라
④ 勇毅强果 : ≪荀子≫에 "勇膽猛戾(용감하고 사나우면)"라고 되어 있다.
　荀云勇膽猛戾라
⑤ 術 : ≪荀子≫에 '順'으로 되어 있다.

---

71) 攝 : 注釋의 내용상 원주⑨는 이곳에 위치해야 하기에 원주의 위치를 修正하였다.
72) (容衆好散)〔庸衆駑散〕: 저본에는 '容衆好散'으로 되어 있으나, ≪荀子≫와 趙懷玉의 校勘에 根據하여 修正하였다.
73) (傳)〔摶〕: 저본에는 '傳'로 되어 있으나, 許維遹의 校勘에 根據하여 修正하였다. 이하 이 단락의 '傳'는 모두 같은 根據로 '摶'으로 修正하였다.

荀作順이라

⑥ 捷 : ≪荀子≫에 '利'로 되어 있다.

荀作利라

⑦ 安之以靜退 : ≪荀子≫에는 "절제하여 움직이고 멈추어야 하니"라고 했고, 이 구절 아래에 "狹隘褊小則廓之以廣大(심지가 좁고 작다면 넓고 큰 도량으로 키우며)"라는 10자가 더 있다. 趙懷玉이 校勘한 내용에 "≪荀子≫ 〈修身〉篇에 이 구절 아래에 '狹隘褊小則廓之以廣大(심지가 좁고 작다면 넓고 큰 도량으로 키우며)'라는 두 구절이 있다."라고 하였다.

荀云節之以動止라하고 句下에 又有狹隘褊小면 則廓之以廣大十字라 趙校語에 荀子修身篇에 此句下有狹隘褊小則廓之以廣大二句라호라

⑧ 貪 : 趙懷玉本에 '貧'으로 되어 있다.

趙本作貧이라

⑨ 攝 : '攝'은 ≪荀子≫에 '溼'으로 되어 있는데, 楊倞의 注에 "'溼'은 또한 스스로 낮추기를 마치 땅의 낮은 쪽이 축축한 것과 같은 것을 말함이다. 揚雄의 ≪方言≫에 '「溼」은 근심한다는 뜻이다. 函谷關의 서쪽 땅에서는, 뜻을 품고도 얻지 못한 경우나, 하고자 한 것을 이루지 못한 경우나, 높았는데 아래로 떨어진 경우나, 가던 중에 멈추게 되었을 경우에 보통 모두 「溼」이라고 말한다.'"고 하였다.

攝은 荀作溼한대 楊注에 溼은 亦謂自卑下如地之下溼然也라 方言에 溼憂也니 自關而西론 凡志而不得이나 欲而不獲이나 高而下墜나 行而中止를 皆謂之溼이라호라

⑩ 容衆好散 : ≪荀子≫에 이르기를, "庸衆駑散(용렬한 무리처럼 노둔하고 산만하면)"이라고 했는데, 의심컨대 이 '容'자와 '好'자는 誤字이다. 趙懷玉이 校勘한 내용에 "≪荀子≫에는 '庸衆駑散(용렬한 무리처럼 노둔하고 산만하면)'으로 되어 있다."고 하였다.

荀云庸衆駑散이라한대 疑此容好字譌라 趙校語에 荀作庸衆駑散라호라

⑪ 摽 : 摽는 ≪荀子≫에 '僄'로 되어 있는데, 楊倞의 注에 "'僄'는 경솔함이다. 揚雄의 ≪方言≫에 '초나라에는 서로 경박한 것을 「僄」라고 한다.'"라고 하였다.

摽는 荀作僄한대 楊注에 僄輕也라 方言에 楚謂相輕薄爲僄라호라

⑫ 慰 : '慰'는 ≪荀子≫에 '炤'로 되어 있다. 趙懷玉이 校勘한 내용에 "'摽棄'는 요즘 사람들이 말하는 '拋棄'와 같다. ≪荀子≫에는 '摽'가 '僄'로 되어 있는데, 그 注에 ≪方言≫의 '초나라에는 서로 경박한 것을 「僄」라고 한다.'라고 한 구절을 인용하고 있다. 또 '慰'가 '炤'로 되어 있다."

慰는 荀作炤라 趙校語에 摽棄는 猶今人言拋棄라 荀子에 摽作僄한대 注引方言楚謂相輕薄爲僄라하고 又慰作炤라호라

⑬ 愿婉 : '愿婉'은 ≪荀子≫에 '愚款'으로 되어 있으나 '愚'자는 의심컨대 誤字이다.

愿婉은 荀作愚款이나 愚字疑誤라

⑭ 合之以禮樂 : 아래에 '通之以思索(思索으로 通達시킨다.)'이라는 5자가 있다.

下有通之以思索五字라

⑮ 優 : '優'는 ≪荀子≫에 '要'로 되어 있다.

優는 荀作要라

⑯ 愼 : '愼'은 ≪荀子≫에 '神'으로 되어 있다. 趙懷玉이 校勘한 내용에 "이상의 내용은 ≪荀子≫의 글과 대략 같다."라고 하였다.

愼은 荀作神이라 趙校語에 以上荀子文略同이라호라

2-32 玉은 쪼아 다듬지 않으면 그릇이 되지 못하고, 사람은 배우지 않으면 훌륭한 행실을 이룰 수 없다. 집 안에 천금의 보옥이 있어도 다듬지 않으면 가난한 것과 마찬가지이고, 좋은 솜씨의 공인이 잘 다루면 부유함이 자손에까지 이르는 법이다. 군자가 이것을 배운다면 나라의 쓰임이 될 수 있다. 그러므로 움직이면 백성을 편안하게 만들고, 의론하면 백성들의 목숨을 길게 하는 것이다.

≪詩經≫ 〈曹風 鳲鳩〉에 말하였다.

"훌륭하신 군자여, 나랏사람들을 바르게 하셨네. 나랏사람들을 바르게 하셨니, 어찌 만수무강하시지 않으랴!"

玉不琢이면 不成器하고 人不學이면 不成行이라 家有千金之玉이라도 不知治면 猶之貧也요 良工이 宰之면 則富及子孫이니라 君子學[74]之면 則爲國用이라 故動則安百姓하고 議則延民命이니라 詩曰 淑人君子여 正是國人이로다 正是國人이여 胡不萬年이리오

2-33 딸을 시집보내는 집은 사흘 동안 밤에 불을 끄지 않으니, 서로 헤어짐을 마음아파하기 때문이다. 며느리를 얻는 집에는 사흘 동안 음악을 연주하지 않으니, 부모의 대를 잇는 일임을 생각하기 때문이다. 이런 까닭으로 昏禮는 축하하지 않으니 사람의 세대 차서를 잇기 때문이다. 석 달이 되어 사당에 참배하며 '來婦(시집 온 며느리)'라고 일컫는다. 그 다음 날 시부모를 뵐 때 시부모는 서쪽 계단으로 내려오고, 며느리는 동쪽 계단으로 내려오니, 며느리에게 家事를 넘겨 주기 때문이다. 사흘 동안의 근심스런 생각이 석 달이 되도록 줄어들지 않은 것은 孝子의 情 때문이다. 그러므로 禮라는 것은 人情을 말미암아 만든 규정이다.

---

74) 學 : '謀'로 되어 있는 異本도 상당수 있다.

≪詩經≫ 〈豳風 東山〉에 말하였다.

"어머니가 향주머니 채워 주시니, 그 위의가 성대하구나."

이는 법도가 많음을 말한 것이다.

嫁女之家는 三夜不息燭하니 思相離也①일새라 取婦之家는 三日不擧樂하니 思嗣親也②일새라 是故로 昏禮不賀하니 人之序也③일새라 三月而廟見④하며 稱來婦也⑤라 厥明見(현)舅姑⑥할새 舅姑降于西階하고 婦(升)〔降〕[75] 自阼階⑦하니 授之室也⑧일새라 憂思三日에 三月不殺(쇄)는 孝子之情也일새라 故禮者는 因人情爲文이라 詩曰 親結其縭하니 九十其儀라하니 言多儀也로다

① 思相離也 : ≪禮記≫ 〈曾子問〉篇의 글 가운데 鄭玄의 注에 "친골육간이기 때문이다."라고 하였다.
禮曾子問文에 鄭注에 云親骨肉也라호라

② 思嗣親也 : 鄭玄의 注에 "世代의 變更을 중시하기 때문이다."라고 하였다. 趙懷玉이 校勘한 내용에 "≪禮記≫ 〈曾子問〉篇의 글이다."라고 하였다.
鄭注에 重世變也라 趙校語에 禮記曾子問文이라호라

③ 人之序也 : ≪禮記≫ 〈郊特牲〉篇의 글이다. 注에 "'序'는 '代'와 같다."고 하였다. 趙懷玉이 校勘한 내용에 " ≪禮記≫ 〈郊特牲〉篇의 글이다."라고 하였다.
郊特牲文이라 注에 序猶代也라 趙校語에 郊特牲文이라호라

④ 三月而廟見 : 또한 ≪禮記≫ 〈曾子問〉篇의 글이다. 注에 "시부모가 모두 돌아가신 경우이다. ≪儀禮≫ 〈士昏禮〉에는 '시부모가 돌아가셨으면 며느리는 석 달이 지난 후에야 비로소 사당에 음식을 올린다.'라고 했다." 하였다. ≪禮記正義≫에서 熊氏는 "만약 鄭玄이 말한 뜻과 같다면, 天子로부터 士에 이르기까지 모두 마땅히 당일 저녁에 혼인이 성립된다."라고 하였다. 시부모가 돌아가신 경우에는 석 달이 지난 다음에야 사당에 참배하는 것은 賈逵나 服虔의 뜻이기도 하니, 大夫 이상이면 시부모님의 생존 여부와 상관없이, 모두 석 달이 지나 祖廟에 참배한 후에야 이에 비로소 혼인이 성립된다. 만약 시부모 가운데 한쪽이 돌아가신 경우라면 庾氏는 말하길, "혼례를 치른 다음 날에 바로 생존해 계신 분을 뵙고서 손을 씻고 음식을 올리는 禮를 행하고, 석 달이 되어도 돌아가신 분을 사당에 참배하지 말아야 한다."라고 했지만, 崔氏가 말하기로는, "혼인 다음날 생존해 계신 분을 뵙고서 손을 씻고 음식을 올리고, 석 달이 되면 돌아가신 분을 사당에 참배한다."라고 했다. 내(周廷寀)가 살펴보건대, 이 "厥明見舅姑(그 다음날에 시부모를 뵙는다.)"의 구절이 "三月廟見(석 달 뒤에 사당에 참배한다.)"의 뒤를 잇는다면, ≪韓詩外傳≫의 이 대목은 아마도 마땅히 賈逵나 服虔의 뜻과 같아야 할 것이다.

75) (升)〔降〕 : 저본에는 '升'으로 되어 있으나, ≪禮記≫와 趙懷玉의 校勘에 근거하여 수정하였다.

亦曾子問文이라 注謂舅姑沒者也라 士昏禮에 舅姑既沒이면 則婦人三月乃奠菜라 正義에 熊氏云如鄭義면 則自天子以下至於士히 皆當夕成昏라 舅姑沒者三月廟見은 若賈服之義이니 大夫以上無問舅姑在否하고 皆三月見祖廟之後에야 乃始成昏이라 若舅姑偏有沒者에 庾氏는 云昏夕之明日에 卽見其存者하여 以行盥饋之禮하고 至三月不須廟見亡者라하나 崔氏는 云厥明에 婦盥饋於其存者하고 三月廟見於其亡者라 宋按호니 此厥明見舅姑文이 承三月廟見之後면 則傳義는 恐當如賈服也라

⑤ 稱來婦也 : 趙懷玉이 校勘한 내용에 "≪禮記≫ 〈曾子問〉篇의 글이다."라고 하였다.

趙校語에 曾子問文이라호라

⑥ 厥明見舅姑 : ≪儀禮≫ 〈士昏禮〉篇을 살펴보니 '質明贊見(혼례 다음 날 贊者가 신부를 시부모에게 뵈이는 것)'은 '盥饋(손을 씻고 음식을 올림)와 '特豚[76] (돼지를 바침)'보다 앞 순서의 일이니, 이 대목은 앞에 행하는 절차를 가지고 나중의 절차까지 포함하고 있다. 〈郊特牲〉의 구절인 "厥明婦盥饋舅姑卒食婦餕餘(혼례한 다음 날에 신부가 손을 씻고, 음식을 올릴 적에 시부모가 식사를 마치면 며느리가 나머지를 먹는 것)"와 비교해볼 때, 나중의 절차를 들어 앞의 절차를 갖추어 설명할 수 있으니, 그러므로 그 뜻은 한가지이다.

按士昏禮호니 質明贊見은 在盥饋特豚之先이니 此擧前以包後라 與郊特牲에 厥明婦盥饋하여 舅姑卒食에 婦餕餘者니 擧後以該前하니 其義一也라

⑦ 婦升自阼階 : 또한 ≪禮記≫ 〈郊特牲〉篇의 글이다. 〈鄭玄의〉 주석에 "마땅히 가사를 주관하는 이가 되어야 함을 밝힌 것이다."라고 하였다. 살펴보건대, ≪儀禮≫ 〈士昏禮〉篇에 "舅姑共饗婦以一獻之禮 舅姑先降自西階 婦降自阼階(시부모는 모두 一獻의 禮로 신부를 대접한다. 시부모는 먼저 서쪽 계단으로 내려가고, 며느리는 동쪽 계단으로 내려간다.)"고 하였고, ≪禮記≫ 〈郊特牲〉편에도 또한 '降'으로 되어 있으니, 본문의 '升'은 誤字이다.

亦郊特牲文이라 注明當爲家事之主也라 按士昏禮舅姑共饗婦以一獻之禮하고 舅姑先降自西階하고 婦降自阼階라한대 郊特牲亦作降하니 升字는 誤라

⑧ 授之室也 : 趙懷玉本에 '婦降自阼階授之室也(며느리가 동쪽 계단으로 내려옴은 집안일을 맡겨 준다는 뜻이다.)'로 되어 있다. ≪禮記≫의 〈郊特牲〉篇과 〈昏義〉篇에서도 말하기를, "이렇게 하여 세대 〈교체〉를 드러낸다."고 하였다. 舊本에 '婦降(며느리가 내려온다.)'이 잘못되어 '婦升(며느리가 올라간다.)'으로 되었다. 이제 ≪禮記≫의 〈郊特牲〉과 〈昏義〉 두 篇을 근거로 본문을 고쳐서 바르게 하였다.

趙本에 作婦降自阼階授之室也라 郊特牲文又昏義云以著代也舊本婦降誤作婦升이라 今據禮記兩篇하여 改正이라

76) 特豚 : 사당에 제사 지낼 때 士가 행하던 禮로, 돼지 한 마리를 제물로 바치는 것을 가리킨다.

2-34 天命에 근원을 두며, 心術을 다스리고 好惡를 다스리며, 情性을 조화롭게 해야 治道가 이룩된다. 天命에 근원을 두면 禍福에 미혹되지 않고, 禍福에 미혹되지 않으면 動靜이 순리에 맞게 된다. 心術을 다스리면 喜怒를 망령스럽게 내지 않고, 喜怒를 망령스럽게 내지 않으면 賞罰에 아첨하지 않게 된다. 好惡를 다스리면 쓸데 없는 물건을 탐하지 않게 되고, 쓸데 없는 물건을 탐하지 않으면 물건이 사람 본성을 해치지 못한다. 情性을 조화롭게 하면 욕망이 절도를 넘지 않고, 욕망이 절도를 넘지 않으면 본성을 기르고 만족을 알게 된다. 이 네 가지는 바깥에서 구할 수도 없고, 남에게서 빌릴 수도 없는 것이니, 자기를 돌아보아 보존해야만 하는 것이다. 사람이란 남을 기쁘게 하는 존재이다. 표현은 仁義에 맞고, 행동은 남의 준칙이 된다.

≪詩經≫ 〈豳風 伐柯〉에 말하였다.

"도끼자루를 베고, 도끼자루를 벰이여. 그 본보기가 멀리 있지 않구나."

原天命하며 治心術하고 理好惡하며 適情性이라야 而治道畢矣라 原天命이면 則不惑禍福하고 不惑禍福이면 則動靜(修)〔循理矣〕[77]라 治心術이면 則不妄喜怒하고 不妄喜怒면 則賞罰不阿〔矣〕[78]라 理好惡면 則不貪無用하고 不貪無用이면 則不(害物)〔以物害〕[79]性〔矣〕라 適情性이면 則(不過欲하고 不過欲이면)〔欲不過節하고 欲不過節이면〕[80] 則養性知足〔矣〕라 四者는 不求於外요 不假於人이니 反諸已而存矣니라 夫人者는 說人者也라 形而爲仁義하고 動而爲法則이라 詩曰 伐柯伐柯여 其則不遠이로다

모두 34傳이다.

凡傳三十有四라

---

77) (修)〔循理矣〕: 저본에는 '修'로 되어 있으나, ≪群書治要≫와 許維遹 및 屈守元의 校勘에 根據하여 修正하고 補充하였다.

78) 〔矣〕: 저본에는 '矣'가 없으나, ≪群書治要≫와 許維遹 및 屈守元의 校勘에 根據하여 補充하였다. 이하 이 단락의 '矣'는 모두 같은 根據로 補充하였다.

79) (害物)〔以物害〕: 저본에는 '害物'로 되어 있으나, ≪群書治要≫와 許維遹 및 屈守元의 校勘에 根據하여 修正하고 補充하였다.

80) (不過欲不過欲)〔欲不過節欲不過節〕: 저본에는 '不過欲不過欲'으로 되어 있으나, ≪群書治要≫와 許維遹 및 屈守元의 校勘에 根據하여 修正하고 補充하였다.

韓詩外傳 卷第三

3-1 傳에 말하였다.

"옛날 舜임금은 시루와 동이에 고기가 없었으므로 백성들은 풍족함 때문에 죄를 짓지 않았고, 질그릇에 음식을 담아 먹고 마셨으므로 농부들은 좋은 그릇을 마련하느라 힘을 기울이는 것 때문에 죄를 짓지 않았으며,[1] 사슴 갖옷에 둥근 옷깃으로 간소하게 입었으므로 여자들은 예쁜 치장 때문에 죄를 짓지 않았고, 법령을 내리면 따르기 쉽고 일은 간소하여 공적을 이루기 쉬우므로 백성들은 政令 때문에 죄를 짓지 않았다. 그러므로 大道는 많은 사람을 포용하고 大德은 백성들이 귀의하니, 성인은 作爲的으로 하는 일이 적었기 때문에 늘 큰일을 할 수 있었던 것이다."

≪周易≫에 말하였다.

"쉽고 간단한 데서 천하의 이치가 얻어진다.[2]"

진심을 다하면 예에 합당하기 쉽고 성실하면 훌륭한 말이 되기 쉬우며, 賢人은 良人이 되기 쉽고 工人은 재목을 사용하기 쉬운 것이다.

≪詩經≫ 〈周頌 天作〉에 말하였다.

"岐山에 평탄한 길이 있으니 자손들은 보전할지어다."

傳曰 昔者에 舜甑盆無膻①이라 而下不以餘獲罪하며 飯乎土簋하고 啜乎土型②이라 而農不以力獲罪하며 麑衣而紾領③이라 而女不以巧獲罪하며 法下易由하고 事寡易爲功④이라 而民不以政獲罪라 故大道多容하고 大德衆下⑤하나니 聖人寡爲라 故用物常壯也라 傳曰 易簡而天下之理得矣⑥라하니 忠易爲禮요 誠易爲辭요 賢人易爲民이요 工巧易爲材라 詩曰 岐⑦有夷之行⑧하니 子孫保之어다

① 舜甑盆無膻 : '膻'은 ≪禮記≫ 〈祭義〉에 '亨孰羶薌(누리고 향내 난 것을 삶고 익힌다.)'의 '羶'의

---

1) 농부들은……않았으며 : 원문의 '而農不以力獲罪'에 대해 趙善詒는 흙으로 그릇을 만드는 것은 百工의 직임이므로 뒤에 농부라고 한 것은 타당하지 않으니, ≪初學記≫와 ≪太平御覽≫에서처럼 '工不以巧獲罪(공인은 기술을 정교하게 만들었기 때문에 죄를 짓지 않았다.)'로 되어야 의미가 통한다고 하였다.(≪韓詩外傳集釋≫)

2) 쉽고……얻어진다 : ≪周易≫ 〈繫辭 上〉에 보인다.

뜻으로 읽어야 한다. 趙懷玉이 교감한 내용에 "膻은 '羶' 字의 俗字이다. ≪初學記≫에는 '羶'으로 되어 있고, 뒤에 '而工不以巧獲罪(工人은 기술의 정교함 때문에 죄를 짓지 않는다.)'라고 하였는데 잘못된 듯하다." 하였다.

膻當讀爲亨孰羶薌之羶이라 趙校語에 膻俗羶字라 初學記에 作羶이요 下云 而工不以巧獲罪라하니 似誤라

② 飯乎土簋 啜乎土型 : '簋'는 ≪史記≫ 〈李斯列傳〉에 '甂'로 되어 있고 어떤 本에는 '溜'로 되어 있다. '型'은 '鉶'으로 되어 있는데 〈太史公自序〉에는 '刑'으로 되어 있다. '刑'은 '鉶'을 줄인 글자이다. '簋'와 '甂', '型'과 '鉶'은 모두 옛날에 통용되었다. 趙懷玉이 교감한 내용에 "≪史記集解≫ 〈秦始皇本紀〉에는 呂靜이 말한 '飯器謂之簋(음식 그릇을 簋라고 한다.)'를 인용하였고, '型'은 '形'으로 되어 있다. 如淳이 말하기를 '土形 飯器之屬瓦器(土形은 음식 그릇 따위의 瓦器이다.)'라고 하였다. ≪史記索隱≫ 本에는 '簋'가 '塯'로 되어 있다." 하였다.

簋는 史記李斯傳에 作甂요 一作溜라 型作鉶이니 自序作刑이라 刑鉶省文이라 簋甂型鉶은 竝古通이라 趙校語에 史記秦始皇本紀集解에 引呂靜云飯器謂之簋라 型作形이라 如淳曰 土形飯器之屬瓦器라 索隱本에 簋作塯라

③ 麑衣而槷領 : 내(周廷寀)가 살펴보건대 ≪韓非子≫ 〈五蠹〉의 내용에 "堯 임금이 天下에 왕 노릇할 때에 겨울에는 사슴 갖옷을 입고 여름에는 갈옷을 입었다."라고 하였는데, ≪史記≫에서 이를 인용하여 '麑裘' 대신에 '鹿裘'라고 하였다. 槷領은 未詳이다. '槷'는 '蓋'의 잘못인 듯하다. '蓋'는 '葛'의 뜻이니 옛날에 '葛'과 '蓋'는 통용되었다. '領' 또한 옷이다. 어떤 本에 '竪領'으로 되어 있으니 틀린 것이다. 趙懷玉이 교감한 내용에 "≪晏子春秋≫ 〈諫下〉篇에 '옛날에는 낡고 남루한 옷을 입고서도 천하에 왕 노릇한 자가 있었다.'라고 하였고, ≪尙書大傳≫ 〈略說〉에 '옛 사람은 모자를 쓰고 굽은 옷깃을 했다.'고 하였으니, 지금 이 '槷'字는 '盩'가 되어야 할 듯하다. 音은 周이다. 盩는 '曲(굽다)'의 뜻이 있다. 또 '盭' 인 듯하니 '戾(어그러지다)'의 뜻과 같다. 모두 구부린다는 뜻과 서로 합치된다. 毛晉의 汲古閣津逮秘書本에는 '竪'로 되어 있으니 더욱 잘못되었다." 하였다.

寀按컨대 韓子五蠹說에 堯之王天下에 冬日麑裘하고 夏日葛衣라하고 史記에 引作鹿裘라 槷領은 未詳이라 疑槷爲蓋之譌라 蓋讀曰葛이니 古葛與蓋通이라 領亦衣也라 一本作竪領者非라 趙校語에 晏子春秋諫下篇에 古者嘗有紩衣攣領而王天下者라하고 尙書大傳略說에 古人冒而句領이라하니 今此槷字는 疑當作盩니 音周라 盩有曲義라 又疑是盭字니 與戾同이니 竝與攣句義相合이라 毛本에 作竪하니 更譌라

④ 事寡易爲功 : 趙懷玉이 교감한 내용에 "'功'字는 衍字인 듯하다." 하였다.

趙校語에 功字疑衍이라

⑤ 大德衆下 : 趙懷玉本에 '大德多下'로 되어 있고, 그 교감한 내용에 "'多'는 어떤 本에 '衆'으로 되어 있기도 하나 이제 林本과 通津草堂本을 따른다." 하였다.

趙本에 作大德多下요 校語에 多本或作衆하나 今從林本通津草堂本이라

⑥ 易簡而天下之理得矣 : 趙懷玉이 교감한 내용에 "이 구절 뒤에 毛晉의 汲古閣津逮秘書本에는 곧 '詩曰……' 11字가 있으니 잘못된 衍文이다." 하였다.

趙校語에 此下毛本에 卽有詩曰云云十一字하니 係誤衍이라

⑦ 岐 : 趙懷玉이 교감한 내용에 "어떤 本에는 '正'으로 되어 있기도 하나 잘못된 것이다." 하였다.

趙校語에 本或作正譌라

⑧ 岐有夷之行 : '岐'字는 옛날에 뒤 구절에 붙여 읽었다. 〈天作〉篇의 箋[3]에 "훗날에 간 것은 또 岐邦의 군주에게 아름답고 화락한 행실이 있었기 때문이다."라고 하였다.

岐字古讀屬下爲句라 天作箋云 後之往者는 又以岐邦之君이고 有佼易之行故也라

3-2 殷나라 때에 穀樹(닥나무)가 湯王의 궁중 뜰에서 나서 사흘 만에 그 크기가 한 아름이나 되었다. 湯王이 伊尹에게 물었다.

"무엇인가?"

〈이윤이〉 대답하였다.

"穀樹입니다."

탕왕이 물었다.

"어찌하여 이곳에서 자라는가?"

이윤이 대답하였다.

"곡수는 못가에서 자라는 야생 식물인데, 지금 천자의 뜰에서 자라니 매우 불길한 징조입니다."

탕왕이 물었다.

"어떻게 해야 하는가?"

이윤이 대답하였다.

"신이 듣기로 妖孽은 재앙이 닥치기 전에 생기고, 祥瑞는 복이 오기 전에 생긴다고 합니다. 재앙의 조짐을 보고 善을 행하면 재앙이 닥치지 않고, 상서로운 조짐을 보고 나쁜 일을 하면 복이 이르지 않는 법입니다."

탕왕이 이에 재계하고 조용히 지내면서 아침 일찍부터 저녁 늦게까지 정사에 힘썼

---

3) 天作의 箋 : 이 내용은 ≪詩經≫ 鄭玄의 箋에 나와 있다. 天作은 ≪詩經≫ 〈周頌 天作〉의 편명이다.

다. 그리하여 죽은 자를 조문하고 병든 자를 위문하며, 잘못이 있는 자를 용서하고 곤궁한 사람을 구휼하였다. 그러자 7일째가 되는 날 곡수가 죽고 재앙의 조짐이 나타나지 않아 국가가 昌盛해졌다.

≪詩經≫ 〈周頌 我將〉에 말하였다.

"하늘의 위엄을 敬畏하여 文王의 유업을 보전하리라."

有殷之時에 穀이 生湯之庭①하여 三日而大拱②이어늘 湯問伊尹③曰 何物也오 對曰 穀樹也니이다 湯問 何爲而生오 伊尹曰 穀之出澤野物也④라 今生天子之庭⑤하니 殆不吉也로이다 湯曰 奈何오 伊尹曰 臣聞 妖者는 禍之先이요 祥者는 福之先이라하니 見妖而爲善이면 則⑥禍不至하고 見祥而爲不善이면 則福不臻하나니이다 湯乃齋戒靜處하고 夙興夜寐⑦하여 弔死問疾하고 赦過賑窮하니 七日而穀亡⑧하고 妖孼不見하여 國家其昌⑨이라 詩曰 畏天之威하여 于時保之라하니라

① 有殷之時 穀生湯之庭 : ≪呂氏春秋≫ 〈季夏紀〉 高誘의 注에 이르기를 "〈尙書序〉에 '伊陟이 太戊의 재상으로 있을 때 亳땅에 상서로운 뽕나무와 곡나무가 조정에서 자랐다.' 하였다. 太戊는 太甲의 손자이고 太康의 아들이다. 中宗이라 불리는데 탕왕과의 거리가 5대가 떨어져 있는 임금이다. 그러니 여기에서 탕왕의 시절이라고 한 것은 또한 잘못된 것이 아니겠는가."라고 하였고, ≪說苑≫ 〈君道〉에도 태무의 때라고 하였다. 趙懷玉이 교감한 내용에 "≪呂氏春秋≫ 〈制樂〉篇에는 또한 탕왕의 때라고 하였다." 하였다.

呂氏春秋季夏紀高誘注云 書序에 伊陟相太戊할새 亳有祥桑穀하여 其生於朝라하니라 太戊는 太甲之孫이요 太康之子也니 號爲中宗이니 去湯凡五君矣라 此云湯之時는 不亦謬乎아 說苑君道에 亦以爲太戊時也라 趙校語에 呂氏春秋制樂篇에 亦以爲湯之時라

② 三日而大拱 : 孔安國의 ≪尙書大傳≫ 注에 "두 나무가 함께 자라 7일 만에 그 크기가 한 아름이나 되었다."고 하였다. ≪呂氏春秋≫와 劉向의 ≪說苑≫에 모두 이르기를 "아침이 되어 그 크기가 한 아름이나 되자 사관이 탕왕의 사당에서 점을 치기를 요청하였다."고 하였으니 전해들은 내용이 다르다.

孔安國書注云 二木合生하여 七日大拱이라 呂劉竝云 比旦大拱이어늘 史請卜之湯廟라하니 蓋所傳聞異辭라

③ 湯問伊尹 : 〈尙書序〉에 이르기를 "伊陟이 巫咸을 도왔다."고 하였다.

書序云 伊陟贊于巫咸也라

④ 穀之出澤野物也 : ≪說苑≫에 "桑穀은 야생초이다."라고 하였다.

說苑云 桑穀者는 野草也라

⑤ 庭 : 趙懷玉이 교감한 내용에 "또한 '廷'이 되어야 한다." 하였다.

趙校語에 亦當作廷이라

⑥ 則 : 趙懷玉本에는 '卽'으로 되어 있다.
趙本에 作卽이라

⑦ 夙興夜寐 : ≪呂氏春秋≫와 劉向의 ≪說苑≫에는 모두 "아침 일찍 조정에 나가 저녁 늦게 물러나다."라고 하였다.
呂劉竝云 早朝晏退이라

⑧ 七日而穀亡 : ≪呂氏春秋≫와 劉向의 ≪說苑≫에는 모두 "3일이다."라고 하였다. 의심컨대 이 기록의 '三'과 '七' 두 字는 앞뒤로 바뀐 듯하다.
呂劉竝云 三日이라 疑此傳三七二字는 前後錯互耳라

⑨ 湯乃齋戒靜處……國家其昌 : ≪孔子家語≫ 〈五儀〉에 "태무가 두려워하고 놀라 몸을 뒤척이며 불안해하면서 행실을 닦아, 先王께서 행하신 정치를 생각하고 노인을 봉양하는 방도를 밝혔다. 그렇게 3년이 지나자 먼 지역에서 의리를 흠모하여 重譯[4]을 거치면서 이른 나라가 16개 나라였다. 이는 바로 자신이 天時를 거역한 것이니, 화를 얻었다가 복으로 바뀐 경우이다."라고 하였다.
家語五儀에 太戊恐駭하여 側身脩行하여 思先王之政하고 明養老之道하니 三年之後에 遠方慕義하여 重譯至者十有六國이라 此는 以己逆天時니 得禍爲福者也라

3-3 옛날 周나라 文王 때에 즉위한 지 8년째 되는 해 6월에 있었던 일이다. 文王이 병들어 누운 지 5일 만에 지진이 일어났는데 그 범위가 東西南北으로 國都를 벗어나지 않았다. 그러자 有司가 모두들 말하였다.

"신들이 듣건대 지진이 일어나는 것은 임금 때문이라고 합니다. 지금 임금께서 병들어 누운 지 5일 만에 지진이 일어났는데, 그 범위가 사방으로 국도를 벗어나지 않아 群臣들이 모두 두려워하고 있습니다. 청컨대 책임을 다른 데로 옮겨가도록 하십시오."

문왕이 물었다.

"어떻게 다른 데로 옮겨가도록 할 수 있는가?"

유사가 대답하였다.

"공사를 벌이고 사람들을 동원하여 나라의 城을 增築하면 책임을 다른 데로 옮겨 가도록 할 수 있습니다."

그러자 문왕이 말하였다.

---

4) 重譯 : 한 나라의 사신이 왕래할 때에 이중, 삼중의 통역을 거치는 것을 말하므로, 먼 나라를 의미한다. 周公이 섭정할 때에 越裳氏가 중역을 거쳐 와서 꿩을 바친 일이 ≪韓詩外傳≫ 卷5에 보인다.

"안 된다. 하늘이 재앙의 징조를 보인 것은 죄가 있는 자를 벌하기 위해서이다. 내가 필시 죄가 있기 때문에 이러한 방법으로 나에게 죄를 주는 것일 텐데, 이제 또 일부러 공사를 벌이고 사람들을 동원하여 나라의 성을 증축한다면 이는 나의 죄를 더 보태는 꼴이니, 그렇게 해서는 안 된다. 내가 행실을 고치고 선한 일을 더 해서 책임을 다른 데로 돌리면 아마도 재앙을 면할 수 있을 것이다."

그러고는 드디어 예절을 갖추고 皮革을 마련하여 諸侯와 교제하고, 辭令을 정돈하고 幣帛을 보내 훌륭한 선비들을 예우하며, 등급에 따른 爵位와 田地를 하사하여 공이 있는 자에게 상을 주었다. 마침내 群臣들과 함께 하니 이 일을 시행한지 얼마 되지 않아 문왕의 병이 나았다. 문왕이 즉위한지 8년째 되는 해에 지진이 일어났지만, 지진이 일어난 뒤로 43년 동안 아무 일이 없었고 국가를 다스린 지 51년이 되어 죽었으니, 이는 문왕이 요사한 징조를 제거하였기 때문이다.

≪詩經≫ 〈周頌 我將〉에 말하였다.

"하늘의 위엄을 敬畏하여 文王의 유업을 보전하리라."

昔者周文王之時에 莅國八年歲①六月에 文王寢疾하여 五日而地動이어늘 東西南北不出國郊하니 有司皆曰 臣聞地之動은 爲人主也라하니 今者君王寢疾하여 五日而地動이어늘 四面不出國郊라 群臣皆恐하니 請移之하소서 文王曰 奈何其移之也오 對曰 興事動衆하여 以增國城이면 其可以移之乎인저 文王曰 不可하다 夫天之(道)見妖(是)〔也〕②는 以罰有罪也③니 我必有罪라 故以此罰我也어늘 今又專興事動衆하여 以增國城이면 是重吾罪也니 不可(以之)④라 昌也 請改行重善⑤하여 移之면 其可以免乎인저하고 於是에 遂謹其禮(節)袟⑥皮革하여 以交諸侯하며 飭⑦其辭令幣帛하여 以禮俊士하며 頒其爵列等級田疇하여 以賞有功이라 遂與群臣⑧하니 行此⑨無幾何而疾止러라 文王卽位하여 八年而地動⑩이나 〔已動〕之後⑪四十三年이요 凡莅國五十一年而終하니 此文王之所以踐妖也⑫라 詩曰 畏天之威하여 于時保之라하니라

① 歲 : 趙懷玉이 교감한 내용에 "'歲'는 어떤 本에 '夏'로 되어 있기도 하다." 하였다.
趙校語에 歲本或作夏라

② 夫天之道見妖是 : 내(周廷寀)가 살펴보건대 ≪呂氏春秋≫에는 '見' 앞에 '道'字가 없고, '是'는 '也'로 되어 있다. 이 기록의 衍字와 誤字는 모두 ≪呂氏春秋≫를 따라 고쳐야 한다.
寀按컨대 呂氏春秋에 見上無道字요 是作也라 此傳衍誤는 竝當從呂라

③ 以罰有罪也 : 趙懷玉이 교감한 내용에 "≪呂氏春秋≫ 〈制樂〉篇에는 '是'字가 없다. 이 부분

은 어떤 本에 '以是'로 되어 있기도 하니 글이 도치되었을 뿐이다." 하였다.

趙校語에 呂氏春秋制樂篇에 無是字라 此或本作以是하니 文倒耳라

④ 以之 : 2字는 또한 衍文이다. 趙懷玉이 교감한 내용에 "'以之' 2字는 衍文이다. ≪呂氏春秋≫에 '文王曰' 3字가 더 있으니 화제를 바꾸는 말이다. 後人들이 모두 文王의 말이므로 중복하여 거론해서는 안 된다고 하였으므로 마침내 이 3字를 제거하여 바꾼 것이다. 이 2字는 매우 심한 오류이다." 하였다.

二字亦衍이라 趙校語에 以之二字衍이라 呂氏에 作文王曰三字는 蓋更端之辭이라 後人以爲皆文王之言이니 不當複擧라하여 遂去之而易이라 此二字謬甚이라

⑤ 請改行重善 : '善' 뒤에 ≪呂氏春秋≫에는 '以'字가 있다.

善下에 呂有以字라

⑥ 於是遂謹其禮節袟 : '節'도 衍字이다. '袟'은 ≪呂氏春秋≫에 '秩'로 되어 있다. 趙懷玉本에는 '於是遂謹其禮秩'로 되어 있고, 그 교감한 내용에 "舊本에 '禮'와 '秩' 중간에 '節' 1字가 쓸데없이 덧붙어 있었는데, ≪呂氏春秋≫에 의거하여 삭제하였다. '秩'은 어떤 本에 또한 '袟'로 되어 있다." 하였다.

節亦衍字라 袟呂作秩이라 趙本에 作於是遂謹其禮秩이요 校語에 舊本禮秩中間衍一節字니 依呂氏刪之라 秩本亦作袟이라

⑦ 飾 : 趙懷玉이 교감한 내용에 "≪呂氏春秋≫에는 '飭'으로 되어 있다." 하였다.

趙校語에 呂作飭이라

⑧ 以賞有功遂與群臣 : '賞' 뒤에 ≪呂氏春秋≫에는 '有功遂與' 4字가 없다. '遂'字도 衍字인 듯하다.

賞下에 呂無有功遂與四字라 遂字疑亦衍이라

⑨ 行此 : 살펴보건대 이 구절은 뒤 구에 붙여야 한다.

案當屬下爲句라

⑩ 八年而地動 : '地動' 뒤에 ≪呂氏春秋≫를 따라 '已動' 2字를 보충해야 한다.

地動下에 當從呂하여 補已動二字라

⑪ 之後 : 趙懷玉本에 '已動之後'로 되어 있고, 그 교감한 내용에 "'已動' 2字는 모두 빠져 있으나 ≪呂氏春秋≫에 근거하여 보충하였다." 하였다.

趙本에 作已動之後요 校語에 已動二字本皆脫이나 依呂氏補라

⑫ 踐妖也 : ≪呂氏春秋≫에는 "止殃翦妖(재앙을 차단하고 요망한 기운을 잘라 버리다.)"라고 하였으니, '踐'과 '翦'字는 모두 옛날에 통용되었다. 趙懷玉이 교감한 내용에 "'踐'은 ≪春秋左氏傳≫의 '妖夢是踐'의 '踐'과 같다. 杜預의 注에 '「踐」은 「壓(막다)」의 뜻이다.' 하였다. ≪呂氏春秋≫에 '止殃翦妖'로 되어 있으니 '翦'과 '踐'은 옛날에도 통용되었다." 하였다.

呂에 云止殃翦妖라하니 踐翦字竝古通이라 趙校語에 踐如左傳妖夢是踐之踐이라 杜注에 踐

厭也라 呂氏作止殃翦妖하니 翦踐古亦通用이라

3-4 王者가 사람을 평가하는 德을 논해 보면 다음과 같다. 功이 없는 자를 높이지 않고, 덕이 없는 자를 임용하지 않으며, 죄가 없는 자를 처벌하지 않는다. 그리하여 조정에는 행으로 자리를 차지한 신하가 없고 백성은 요행으로 살아가는 일이 없다. 그러므로 賢者를 높이고 유능한 자를 임용하되 등급은 해진 법도를 넘지 않고, 포학한 자를 제거하고 사나운 자를 금지하되 형벌이 정해진 규율을 벗어나지 않는다. 그리하여 백성들이 모두 자기의 집안에서 善을 행하더라도 조정에서 상을 받고, 보이지 않는 곳에서 惡行을 저지르더라도 공공연하게 형벌을 받을 수 있다는 것을 알게 되니, 이것을 확고부동한 논의라고 한다. 이것이 왕자가 지녀야 할 덕이다.

≪詩經≫ 〈周頌 時邁〉에 말하였다.

"밝고 밝은 周나라가 차례대로 제후 왕을 자리에 세운다."

王者之論德也①라 而②不尊無功하며 不官無德하며 不誅無罪③라 朝無幸臣④하며 民無幸生이라 故上賢使能호대 而等級不踰⑤하고 折暴禁悍⑥호대 而刑罰不過라 百姓曉然皆知夫爲善於家라도 取賞於朝也요 爲不善於幽라도 而蒙刑於顯하니 夫是之謂定論이라 是王者之德⑦이라 詩曰 明昭有周 式序在位라하니라

① 王者之論德也 : '論' 뒤에 ≪荀子≫ 〈王制〉에는 '德'字가 없다. 倞楊의 注에 "論은 賞罰에 관해 논의하고 평론하는 것을 이른다."라고 하였다.
論下에 荀子王制에 無德字라 楊注에 論謂論說賞罰也라

② 而 : 趙懷玉本에는 '而'字가 없고, 그 교감한 내용에 "'而'字는 衍字이다." 하였다.
趙本에 無而字요 校語에 而字衍이라

③ 不誅無罪 : ≪荀子≫ 〈王制〉에 "덕이 없으면 귀하게 여기지 않고 능력이 없으면 임용하지 않으며, 공이 없으면 상을 주지 않고 죄가 없으면 처벌하지 않는다."라고 하였다.
荀云 無德不貴하며 無能不官하며 無功不賞하며 無罪不罰이라

④ 臣 : 趙懷玉本에는 '位'로 되어 있다.
趙本에 作位라

⑤ 等級不踰 : ≪荀子≫에는 "등급이 그들의 재주에 걸맞아 빠뜨리지 않는다."라고 하였다.
荀云 等位不遺라

⑥ 折暴禁悍 : '折暴'는 ≪荀子≫에 '析愿'으로 되어 있는데, 楊倞의 注에 "析은 나누어 다르게 한

다는 뜻이니, 성실한 백성을 분별하여 흉포한 자와 다르게 대하는 것을 말한다."고 하였다.
折暴는 荀作析愿이니 楊注에 析은 分異也라 言分別愿愨之民하여 使與凶悍者異也라

⑦ 德 : ≪荀子≫에는 또한 '論'으로 되어 있다. 趙懷玉이 교감한 내용에 "≪荀子≫ 〈王制〉篇에 이 글이 있는데, 末句에 '是王者之論也'로 되어 있다." 하였다.
荀에 亦作論이라 趙校語에 荀子王制篇에 有此文하니 末句에 作是王者之論也라

3-5 傳(≪荀子≫)에 말하였다.

"풍속을 따르는 것을 좋게 여기고 재화를 보물로 여기며 생명을 保養하는 것을 자신의 지극한 道로 여기는 것은 일반 백성의 덕이지, 선비의 경지에는 미치지 못한다. 행실이 법도에 맞고 의지가 확고하여 개인의 욕망 때문에 자신이 알고 있는 도리를 해치지 않는 것은 꼿꼿한 선비의 덕이지, 군자의 경지에는 미치지 못한다. 행실이 법도에 맞고 의지가 확고하여 자신이 알고 있는 도리를 잘 수행하여 性情을 바로잡기를 좋아하며, 언어와 행실이 대부분 합당하나 자연스럽거나 분명하지 못하고 지혜와 사려가 대부분 합당하지만 주도면밀하지 못하며, 위로는 자신이 追崇하는 도를 크게 발전시키고 아래로는 자기보다 못한 사람을 啓導하는 것은 독실한 군자의 덕이지, 성인의 경지에는 미치지 못한다. 역대 제왕들의 법을 본받아 행하기를 마치 黑白을 분별하듯 하고 당시의 변화에 대응하기를 마치 三綱을 헤아리듯 쉽게 하며, 예를 행하고 예절에 알맞게 하기를 마치 四肢를 움직이듯 하고 변화를 따라 공을 세우기를 마치 사계절이 순환하듯 하여, 천하가 질서정연해지고 만물이 편안해지는 것은 성인의 덕이다."

≪詩經≫ 〈周頌 時邁〉에 말하였다.

"밝고 밝은 周나라가 차례대로 제후 왕을 자리에 세운다."

傳曰 以從俗爲善하고 以貨財爲寶하며 以養性爲己至道①는 是民德也니 未及於士也라 行法而志堅②하여 不以私欲害其所聞은 是勁士也니 未及於君子也라 行法而志堅하여 好修其所聞하여 以矯其情③하고 言行多當이나 未安諭也하고 知慮多當이나 未周密也하며 上則能大其所隆也하고 下則開道不若己者는 是篤厚君子니 未及聖人也라 若夫〔修〕百王之法④을 若別白黑하고 應當世之變을 若數三綱⑤하며 行禮要節을 若性⑥四支⑦하고 因化(之)〔立〕功⑧을 若推四時⑨하여 天下得序하고 群物安居는 是聖人也라 詩曰 明昭有周 式序在位라하니라

① 以養性爲已至道 : '性'은 ≪荀子≫ 〈儒效〉에 '生'으로 되어 있으니 뒤에 '若性'도 같다. 이 기록에서는 대부분 '生'을 '性'의 뜻으로 썼다. 趙懷玉이 교감한 내용에 "'至'는 毛晉의 汲古閣津逮秘書本에 '爲'로 되어 있다." 하였다.

性荀子儒效에 作生하니 下若性同이라 此傳多以生爲性也라 趙校語에 至毛本作爲라

② 行法而志堅 : '志'는 ≪荀子≫에 '至'로 되어 있으니 뒤에도 같다. 楊倞의 注에 "行法은 행실에 법도가 있음을 말한다."라고 하였다. 이를 근거해보면 뒤에도 '志堅'이 되어야 하니, ≪荀子≫의 '至'字는 틀린 것이다.

志荀作至니 下同이라 楊注에 行法謂行有法度也라하니 據此則下當爲志堅이니 彼至字非라

③ 以矯其情 : ≪荀子≫에 "橋飾其情性"이라고 하였는데, 楊倞의 注에 "橋與矯同('橋'는 '矯'와 뜻이 같다.)"이라고 하였다.

荀云 橋飾其情性이라하니 楊注에 橋與矯同이라

④ 若夫百王之法 : '百' 앞에 ≪荀子≫를 따라 '修'字를 보충해야 한다.

百上當從荀하여 補修字라

⑤ 若數三綱 : '三綱'은 ≪荀子≫에 '一二'로 되어 있다.

三綱은 荀作一二라

⑥ 性 : 趙懷玉本에 '運'으로 되어 있다.

趙本에 作運이라

⑦ 行禮要節 若性四支 : '支'는 ≪荀子≫에 '枝'로 되어 있는데, 楊倞의 注에 "예절에 편안하기를 마치 몸에서 사지가 생기듯 부자연스럽지 않다는 것을 말한다."라고 하였다.

支荀作枝니 楊注에 言安於禮節을 若身之生四枝하여 不以造作爲也라

⑧ 因化之功 : ≪荀子≫에 "要時立功(시기를 맞추어 공을 세운다.)"이라고 하였으니, 이를 근거해보면 '之'는 '立'이 되어야 한다.

荀云 要時立功이라하니 據此則之當爲立이라

⑨ 若推四時 : '推'는 ≪荀子≫에 '詔'로 되어 있다.

推는 荀作詔라

3-6 魏나라 文侯[5]가 재상을 임명하려고 할 때에 李克[6]을 불러 물었다.

"寡人이 재상을 임명하려고 하오. 翟璜이 아니면 魏成子[7]니, 선생께서 〈이 둘 중에

5) 魏나라 文侯 : 전국 초기 魏나라의 군주이다. 桓子의 손자로, 이름은 斯, 혹은 都이다. 50년간 재위하며 뛰어난 인재들을 초빙하여 나라를 부흥시켰다.

6) 李克 : 전국 초기 魏나라의 정치가로, '里克'이라고도 쓴다. ≪漢書≫ 〈藝文志 儒家〉에 ≪里克≫ 7편이 있었으나, 일실되었다.

7) 魏成子 : 魏나라 文侯의 아우로, 季成子 또는 公季成子 등으로도 불린다.

서 재상을〉 정해 주시오."

그러자 이극이 자리를 피하고 사양하며 말하였다.

"신이 듣기로 미천한 사람은 존귀한 사람에 대해 의논하지 않고, 소원한 사람은 친근한 사람의 일에 끼어들지 않는다고 합니다. 신은 대궐 밖에 있는 사람이니 감히 명령을 따르지 못하겠습니다."

문후가 말하였다.

"선생은 일에 임하여 사양하지 마시오."

이극이 대답하였다.

"선비를 살피는 법은 다음과 같습니다. 평상시에는 누구와 친하게 지내는지 살펴보고, 부유할 때에는 누구에게 주는지 살펴보며[8], 현달할 때에는 누구를 천거하는지 살펴보고, 곤궁할 때에는 하지 않는 일이 무엇인지 살펴보며, 가난할 때에는 취하지 않는 것이 무엇인지 살펴보아야 하니, 이 다섯 가지로 충분히 알 수 있습니다."

문후가 말하였다.

"선생은 館舍로 가시오. 과인의 재상을 결정하였소."

이극이 나와 적황을 만났는데, 〈적황이〉 물었다.

"오늘 임금께서 선생을 불러 재상을 결정하신다고 하던데, 과연 누가 재상이 되겠습니까?"

이극이 대답하였다.

"위성자가 될 것입니다."

적황이 발끈하여 안색을 바꾸며 말하였다.

"제가 어찌하여 위성자보다 못하단 말입니까? 西河의 태수는 제가 천거한 자이고, 임금께서 鄴縣을 걱정하시기에 제가 西門豹[9]를 천거하였으며, 임금께서 中山을 정벌하려고 하시기에 제가 樂羊을 천거하였고, 중산이 이미 함락되자 지킬 만한 자가 없었으므로 제가 선생을 천거하였으며, 임금께서 태자의 師傅를 세우려고 하시기에 제가 趙蒼唐[10]을 천거하여 모두 功을 이루고 일을 성취하였습니다. 그러니 제가 어찌하

8) 누구에게……살펴보며 : 원문의 '視其所與'의 '與'字에 대해 다양한 해석이 있는데 여기에서는 '주다'의 뜻으로 번역하였다. 일설에는 '더불다'의 뜻으로 해석하여 '누구와 함께하는지 살펴보며'라고 번역하는 경우도 있으나, '주다'의 뜻으로 보는 경우가 대부분이다.

9) 西門豹 : 西河의 태수가 되어 무당과 미신을 물리친 인물이다.

여 위성자보다 못하단 말입니까?"

이극이 대답하였다.

"그대가 그대의 임금에게 나를 추천한 이유가 혹 偏黨하여 높은 관직을 구하려는 것입니까? 임금께서 묻기를 '재상에 임명할 사람은 위성자가 아니면 적황인데 그 둘은 어떻소?' 하기에, 신이 대답하여 말하기를 '임금께서 잘 살펴보지 못하였기 때문입니다. 〈잘 살펴보면 알 수 있습니다.〉 평상시에는 누구와 친하게 지내는지 살펴보고, 부유할 때에는 누구에게 주는지 살펴보며, 현달할 때에는 누구를 천거하는지 살펴보고, 곤궁할 때에는 하지 않는 일이 무엇인지 살펴보며, 가난할 때에는 취하지 않는 것이 무엇인지 살펴보아야 합니다. 이 다섯 가지로 충분히 결정할 수 있는데 어찌 저의 의견을 들으실 필요가 있겠습니까.' 하였습니다. 이 때문에 위성자가 재상이 될 줄 안 것입니다. 또 그대가 어찌 위성자와 견줄 수 있겠습니까. 위성자는 받은 녹봉이 날마다 千鍾인데 10분의 1만 집안에 쓰고, 〈나머지는〉 천하의 선비들을 초빙하고 信義를 맺는데 썼습니다. 이 때문에 卜子夏[11], 田子方[12], 段干木[13]을 얻을 수 있었는데 이 세 사람을 임금께서 모두 師友로 삼으셨고, 그대가 천거한 사람은 모두 신하로 삼으셨으니, 그대가 어찌 위성자와 견줄 수 있겠습니까."

그러자 적황이 머뭇거리며 再拜하고 말하였다.

"비루한 제가 固陋하여 夫子에게 대답할 말이 없습니다."

≪詩經≫ 〈周頌 時邁〉에 말하였다.

"밝고 밝은 周나라가 차례대로 제후 왕을 자리에 세운다."

魏文侯欲置相할새 召李克하여 問曰 寡人欲置相하노니 非翟黃則魏成子①니 願卜之於先生하노라 李克避席而辭曰 臣聞之호니 卑不謀尊하고 疏不間親이라하니 臣外居者也②라 不敢當命이로소이다 文侯曰 先生은 臨事勿讓하라 李克曰 夫觀士也에 居則視其所親하며 富則視其所與하며 達則視其所擧하며 窮則視其所不爲하며 貧則視其所不取니 此五者에 足以觀矣니이다 文侯曰 請先生은 就舍하라 寡人之相을 定矣와라 李克出할새 遇翟黃한대 曰 今日에 聞君召先生而卜相이라하니 果誰爲之오 李克曰 魏成子爲之니라 翟黃悖然作色曰 吾何負於魏成子리오 西河之守③는 吾所進也④요 君以鄴爲

10) 趙蒼唐 : 魏나라 태자의 스승이다.
11) 卜子夏 : 孔子의 제자인 卜商이다.
12) 田子方 : 魏나라 文侯의 스승이다.
13) 段干木 : 魏나라 文侯의 스승이다.

憂어늘 吾進西門豹⑤하고 君欲伐中山이어늘 吾進樂羊하고 中山旣拔에 無守之者⑥어늘 吾進先生하고 君欲置太子傅어늘 吾進趙蒼⑦하여 皆有成功就事하니 吾何負於魏成子리오 克曰 子之言克於子之君也 豈比周以求大官哉리오 君問 置相은 非成則黃이니 二子如何오하여늘 臣對曰 君不察故也니이다 居則視其所親하며 富則視其所與하며 達則視其所擧하며 窮則視其所不爲하며 貧則視其所不取니 五者에 足以定矣어늘 何待克哉리오하니 是以知魏成子爲相也니라 且子焉得與魏成子比오 魏成子는 受祿⑧日千鍾에 什一在內⑨하여 以聘約天下之士라 是以得卜子夏田子方段干木하니 此三人은 君皆師友之하고 子之所進은 皆臣之⑩하니 子焉得與魏成子比乎리오 翟黃逡巡再拜曰 鄙人固陋라 失對於夫子니이다 詩曰 明昭有周 式序在位라하니라

① 魏文侯欲置相……非翟黃則魏成子 : ≪呂氏春秋≫ 〈離俗〉에 "衛나라 文侯의 아우는 季成이고 벗은 翟黃이다. 재상을 임명하려 하였으나 결정하지 못하여 季充에게 물었다."라고 하였다. 내(周廷寀)가 살펴보건대, 여러 책에 모두 '李克'으로 되어 있는 것을 보면 아마도 '季充'이란 글자가 '李克'과 字形이 비슷하여 잘못된 듯하다. ≪說苑≫ 〈臣術〉에는 적황이 자신을 일컬을 때 모두 '觸'이라고 하였다. 趙懷玉이 교감한 내용에 "≪說苑≫ 〈臣術〉篇에 '翟黃'은 '翟觸'으로 되어 있는데, '觸'은 黃의 이름이다. 뒤에도 '黃'으로 되어 있다. '魏成子'는 '季成子'로 되어 있다." 하였다.

呂覽離俗에 衛文侯弟曰季成이요 友曰翟黃이니 欲相之而未能決하여 以問季充이라 寀按컨대 諸書에 皆作李克이라하니 疑季充이 以字形相近而譌也라 說苑臣術에 翟黃自稱을 皆曰觸이라하니라 趙校語에 說苑臣術篇에 翟黃은 作翟觸하니 觸은 黃之名也라 下亦作黃이라 魏成子作季成子라

② 臣外居者也 : ≪說苑≫에 "신은 소원하고 미천한 자입니다."라고 하였다.

說苑云 臣者疎賤이라

③ 西河之守 : 吳起를 말한다.

謂吳起라

④ 西河之守 吾所進也 : ≪說苑≫에 "西河郡을 다스릴 太守가 없자 신이 吳起를 천거하여 西河의 바깥 지역이 편안해졌다."라고 하였다.

說苑에 西河無守어늘 臣進吳起하여 而西河之外甯이라

⑤ 君以鄴爲憂 吾進西門豹 : 魏나라는 趙나라에 대한 근심이 없었다.

魏無趙患이라

⑥ 無守之者 : 다스리게 할 만한 신하가 없다는 말이다. 趙懷玉이 교감한 내용에 "'者'字가 없기도 하다." 하였다.

言無使治之臣라 趙校語本에 或無者字라

⑦ 吾進趙蒼 : 趙懷玉本에 '趙蒼唐'으로 되어 있고, 그 교감한 내용에 "舊本에는 '唐'字가 빠져

있는데, 뒤의 8권에 근거하여 보충하였다. ≪說苑≫ 〈臣術〉篇에는 '屈侯鮒'로 되어 있다." 하였다.

趙本에 作趙蒼唐이요 校語에 舊本脫唐字로대 下八卷內有據補라 說苑臣術篇에 作屈侯鮒라

⑧ 受祿 : 趙懷玉本에 '食祿'으로 되어 있다.

趙本에 作食祿이라

⑨ 受祿日千鍾 什一在內 : ≪說苑≫에 "季成子는 采邑에서 나오는 千鍾의 수입에 10분의 9는 밖에서 쓰고 10분의 1은 집안에서 썼다."라고 하였다. 趙懷玉本에 '什一在內九在外'로 되어 있고, 그 교감한 내용에 "이 3字(九在外)는 여러 本에 모두 빠져 있다. 살펴보건대 ≪說苑≫에 '什九居外 一居中'이라고 되어 있으니, 여기에서도 마땅히 3字를 보충해야 말뜻이 비로소 명확해질 것이다." 하였다.

說苑에 季成子는 食采千鍾에 什九居外하고 一居中이라 趙本에 作什一在內九在外요 校語에 此三字本皆闕이라 案컨대 說苑에 作什九居外하고 一居中이라하니 則此亦當補三字라야 語意方顯이라

⑩ 此三人 君皆師友之 子之所進 皆臣之 : ≪說苑≫에 "저 사람이 천거한 사람은 왕의 스승이고, 그대가 천거한 사람은 신하의 재목이다."라고 하였다.

說苑에 彼其所擧人은 王之師也요 子之所擧人은 臣之材也라

3-7 成侯와 嗣公[14]은 백성의 재물을 착취하고 계교를 잘 꾸미는 군주지만 민심을 얻는 데는 미치지 못하였고, 子産은 민심을 얻은 사람이지만 정사를 잘하는 데는 미치지 못하였으며,[15] 管仲은 정사를 잘한 사람이지만 禮義를 행하는 데는 미치지 못하였다.[16] 그러므로 예의를 행한 자는 王者가 되고 정사를 잘한 자는 나라가 부강하며,

---

14) 成侯와 嗣公 : 전국시대 衛나라의 군주들이다. 성후는 부친이 聲公 訓인데, 자신이 군주로 있을 때 위나라가 약해지자 侯로 낮추어 칭하고 趙나라에 붙었다. 사공은 바로 嗣君의 손자로, 성후가 죽자 즉위하였다.

15) 子産은……못하였으며 : 자산은 개인적인 친절함으로 민심을 얻었지만 정치의 대체를 얻지 못했다는 말이다. ≪孟子≫ 〈離婁 下〉에 "자산이 鄭나라의 정사를 다스릴 적에 자기가 타는 수레를 가지고 溱水와 洧水에서 사람들을 건네주자, 맹자가 이에 대해 말하기를 '은혜로우나 정치를 하는 법을 알지 못한 것이다. 11월에 작은 교량이 이루어지며 12월에 수레가 다니는 큰 교량이 이루어지면 백성들이 물을 건너는 것을 괴롭게 여기지 않을 것이다. 군자가 정사를 공평히 한다면 행차할 때에 사람들을 辟除할 수 있는데, 어찌 사람마다 모두 건네주겠는가.'라고 하였다.〔子産聽鄭國之政 以其乘輿 濟人於溱洧 孟子曰 惠而不知爲政 歲十一月 徒杠成 十二月 輿梁成 民未病涉也 君子平其政 行辟人可也 焉得人人而濟之〕"라고 한 내용이 보인다.

16) 管仲은……못하였다 : 관중은 정사를 잘 행하였지만 禮를 몰랐다는 말이다. 관중은 춘추시대 齊나라의 名宰相으로 桓公으로부터 叔父의 칭호를 들으며 富國强兵을 이룩하여, 제후를 규합하고 천하를 통일함으로써 환공으로 하여금 춘추시대 五霸 가운데 으뜸이 되게 만들었다. 하

민심을 얻은 자는 나라가 편안하고 백성의 재물을 착취한 자는 멸망한다. 그러므로 백성의 재물을 착취하면 이로써 도적을 불러들이게 되고 재물을 쌓아두면 이로써 敵을 살찌우게 되니, 이는 자신을 위태롭게 하고 나라를 망치는 길이다.

현명한 임금은 이를 이행하지 않아, 장차 예의를 행하여 조정을 다스리고 법을 바로잡아 관리를 다스리며 정사를 공평하게 시행하여 아랫사람들을 다스린다. 그러한 뒤에 예절과 제도가 조정에서 정돈되고 법칙과 도량형이 관아에서 정해지며 충성과 성실, 애정과 배려의 미덕이 민간에 나타난다. 이렇기 때문에 백성들이 부모처럼 사랑하고 神明처럼 경외하는 것이다. 그러므로 德澤이 四海에 가득 넘치고 福祿이 王公에게 돌아가는 것이다.

管仲

≪詩經≫ 〈周頌 執競〉에 말하였다.

"큰 복을 내려주시니 제사 지내는 威儀 신중하네. 신께서 이미 술에 취하고 배부르시어 복과 녹을 거듭 내려주시네."

成侯嗣公①은 聚斂計數之君也니 未及取民也요 子産은 取民者也나 未及爲政也요 管仲은 爲政者也나 未及修禮也②라 故修禮者王하고 爲政者强하며 取民者安하고 聚斂者亡이라 故聚斂以招(轂)〔寇〕③하고 積財以肥敵이니 危身亡國之道也라 明君不蹈也하여 將修禮以齊朝하며 正法以齊官④하며 平政以齊下⑤라 然後節奏齊乎朝⑥하며 法則度量正乎官하며 忠信愛利刑乎下⑦라 如是라 百姓愛之如父母하고 畏之如神明이라 是以德澤洋乎海內하고 福祉歸乎王公이라 詩曰 降福簡簡이어늘 威儀反反하니 既醉既飽하여 福祿來反이로다

① 成侯嗣公 : ≪荀子≫ 〈王制〉 楊倞의 注에 "≪史記≫ 〈衛康叔世家〉에 '衛聲公이 卒하자 그의 아들 成侯가 즉위하였고, 成侯가 卒하자 그의 아들 平侯가 즉위하였으며, 平侯가 卒하자 그의 아들 嗣君이 즉위하였다.' 하였다."라고 하였다.
荀子王制楊注云 史記衛聲公卒에 子成侯立하고 成侯卒에 子平侯立하고 平侯卒에 子嗣君立이라

지만 임금만 가질 수 있는 문을 가리는 병풍과 임금만 둘 수 있는 反坫을 관중이 참람하게 소유하여, 공자에게 예를 모른다는 비판을 받았다.(≪論語≫ 〈八佾〉)

② 未及修禮也 : 趙懷玉本에 '未及修禮也'로 되어 있고, 그 교감한 내용에 "'也'字는 여러 本에 모두 빠져 있으나 ≪荀子≫ 〈王制〉篇을 살펴 보충하였다." 하였다.

趙本에 作未及修禮也요 校語에 也字本皆脫이나 案荀子王制篇補之라

③ 聚斂以招穀 : '穀'은 ≪荀子≫를 따라 '寇'가 되어야 한다. 趙懷玉本에 '聚斂以招寇'로 되어 있고, 그 교감한 내용에 "'寇'는 여러 本에 모두 잘못되어 '穀'으로 되어 있었는데 ≪荀子≫에 '召寇'로 되어 있는 것을 살펴 이제 이에 근거하여 고친다." 하였다.

穀은 當從荀作寇라 趙本에 作聚斂以招寇요 校語에 寇本皆誤作穀하니 案荀子作召寇하여 今據改라

④ 正法以齊官 : 趙懷玉이 교감한 내용에 "'正'은 어떤 本에 '王'으로 되어있는 곳도 있지만 틀린 것이다." 하였다.

趙校語에 正本或作王非라

⑤ 平政以齊下 : 趙懷玉이 교감한 내용에 "어떤 本에 '平正以齊政'으로 되어있는 곳도 있지만 잘못된 것이다. 이제 林本과 通津草堂本을 따라 고친다." 하였다.

趙校語에 本或作平正以齊政譌니 今從林本通津草堂本이라

⑥ 節奏齊乎朝 : 趙懷玉이 교감한 내용에 "어떤 本에 '齊'字가 빠져 있기도 하고, 또 '乎'는 '于'로 되어 있으니 뒤에도 같다. 이제 毛晉의 汲古閣津逮秘書本과 通津草堂本을 따라 보충하여 바로 잡는다." 하였다.

趙校語에 本或脫齊字요 又乎作于하니 下同이라 今從毛本通津本하여 補正이라

⑦ 法則度量正乎官 忠信愛利刑乎下 : ≪荀子≫ 〈富國〉에 "모든 일은 관아에서 정돈되고, 백성들은 아래에서 정돈된다."라고 하였다. 이 두 구절은 ≪荀子≫ 〈儒效〉篇의 말과 뒤섞어 쓴 것이다. '利'는 어떤 本에 '刑'으로 되어 있기도 하나, 잘못된 것이다. 뒤에 '刑'은 ≪荀子≫에 '形'으로 되어 있는데, 楊倞의 注에 "形 見也('形'은 '나타나다.'는 뜻이다.)" 하였다. 趙懷玉本에 '愛刑平乎下'로 되어 있고, 그 교감한 내용에 "어떤 本에 '刑于下'로 되어 있기도 하나 이제 毛晉의 汲古閣津逮秘書本과 通津草堂本을 따라 고친다." 하였다.

荀子富國에 百事齊於官衆庶齊於下라 此二句는 參用儒效篇語라 利本或作刑者誤라 下刑荀作形이니 楊注에 形見也라 趙本에 作愛刑平乎下하니 校語에 本或作刑于下나 今從毛本通津本이라

3-8 楚나라 莊王이 병들어 눕자 점을 쳤는데, 점괘에 '河水의 神이 빌미가 되었다.'라고 하였다. 그러자 대부들이 말하였다.

"犧牲을 써서 제사를 지내십시오."

초나라 장왕이 대답하였다.

"그만두어라. 옛날에 聖王의 제사는 望祭[17]의 범위를 넘지 않았다. 濉水, 漳水, 長江, 漢水는 초나라가 望祭를 지내는 곳이다. 寡人이 비록 不德하지만 하수의 신에게 죄를 얻지는 않았을 것이다."

그러고는 끝내 제사를 지내지 않았다. 그 후로 사흘이 지나 병이 나았다. 孔子가 이 일을 듣고 말하였다.

"초나라 장왕이 霸者가 된 데는 그럴만한 이유가 있다. 절제하고 맡은 직분을 잘 수행하며 자신을 돌이켜 반성하고 두 번 잘못을 저지르지 않았으니, 패자가 된 것이 또한 마땅하지 않겠는가."

≪詩經≫ 〈周頌 臣工〉에 말하였다.

"아, 保介[18]여!"

이는 초나라 장왕을 두고 말한 것이다.

楚莊王寢疾①이어늘 卜之 曰 河爲祟이라 大夫曰 請用牲하소서 莊王曰 止하라 古者에 聖王之祭는 不過望②하니 濉漳江漢③은 楚之望也라 寡人雖不德④이나 河非所獲罪也라하고 遂不祭라 三日而疾有瘳어늘 孔子聞之曰 楚莊王之霸는 其有方矣라 制節守職하고 反身不貳하니 其霸不亦宜乎아 詩曰 嗟嗟保介라하니 莊王之謂也인저

① 楚莊王寢疾 : ≪春秋左氏傳≫ 哀公 6年 및 ≪說苑≫ 〈君道〉와 ≪孔子家語≫ 〈正論〉에 모두 '昭王'으로 되어 있는데, 여기에서는 '莊王'이라고 하였으니 잘못된 것이다. 趙懷玉이 교감한 내용에 "'莊'은 '昭'가 되어야 하니 이 일은 ≪春秋左氏傳≫ 哀公 6년에 보인다. ≪說苑≫ 〈君道〉篇과 ≪孔子家語≫ 〈正論解〉도 모두 같다." 하였다.

春秋哀六年左傳及說苑君道와 家語正論에 竝作昭王이라하여늘 此云莊王誤라 趙校語에 莊當作昭니 事見左氏哀六年傳이라 說苑君道篇과 家語正論解에 竝同이라

② 聖王之祭不過望 : ≪春秋左氏傳≫에 "三代命祀(三代 때 王命으로 규정한 제사)"라고 하고, ≪說苑≫에 "先王割地制土(先王이 땅을 분할하여 封해준다.)"라고 하였으니, 아마도 이 구절 뒤에 '制'字가 빠진 듯하다. 趙懷玉이 교감한 내용에 "'之'字는 衍字가 아니면 뒤에 빠진 글이 있다. 通津本에는 '之'가 '制'로 되어 있고, 어떤 本에는 '之制'가 되어야 한다고 하였으니, 옳은 듯하다" 하였다.

左傳云 三代命祀라하고 說苑云 先王割地制土라하니 疑此之下에 脫制字라 趙校語에 之字非

17) 望祭 : 고대 山川에 제사 지낼 때에는 멀리 바라보이는 곳까지만 제사를 지냈기 때문에 '望'이라고 한다.

18) 保介 : 농사를 권장하는 農官의 副官인데, 여기에서는 천자를 보필하는 제후의 뜻으로 쓰였다.

衍이면 則下有脫文라 通津本之作制하고 或當作之制하니 近是라
③ 漼漳江漢 : '漼'는 ≪春秋左氏傳≫에 '睢'로 되어 있다.
漼는 左傳作睢라
④ 德 : 趙懷玉이 교감한 내용에 "어떤 本에 또한 '得'으로 되어 있으니, 옛날에 '得'과 '德'은 통용되었다. 毛本과 通津本에는 '德'으로 되어 있다." 하였다.
趙校語에 本亦作得하니 古與德通用이라 毛本과 通津本에 作德이라

3-9 임금의 질병에는 12가지 발병이 있으니 훌륭한 의원이 있지 않으면 고칠 수 없다. 12가지 발병은 무엇인가? 痿病, 蹶病, 逆病, 脹症, 滿病, 支病, 膈病, 盲病, 煩症, 喘息, 痺病, 風病이니 이것을 '12가지 발병(十二發)'이라고 한다. 훌륭한 의원은 어떻게 고치는가? 勞役을 줄이고 형벌을 가볍게 하므로 痿病이 생기지 않는다. 백성들을 굶주리게 하거나 추위에 떠는 일이 없게 하면 蹶病이 생기지 않는다. 재화를 윗사람에게 집중되게 하는 일이 없게 하면 疫病이 생기지 않는다. 창고의 곡식을 쌓아두거나 부패시키는 일이 없게 하면 脹症이 생기지 않는다. 府庫의 재물을 가득 채워두는 일이 없게 하면 滿病이 생기지 않는다. 群臣들이 방자하고 제멋대로 하는 일이 없게 하면 支病이 생기지 않는다. 백성들의 사정을 모두 위로 통하게 하면 膈病이 생기지 않는다. 윗사람의 재능으로 아랫사람들을 구휼하므로 盲病이 생기지 않는다. 法令을 공경히 준수하면 煩燥症이 생기지 않는다. 아랫사람들이 원망하는 일이 없게 하면 喘息이 생기지 않는다. 賢人을 숨어 살게 하는 일이 없게 하면 痺病이 생기지 않는다. 백성들이 노래로 비방하는 일이 없게 하면 風病이 생기지 않는 것이다.

大臣과 백성은 임금의 心腹과 肢體이니 심복과 지체에 질병이 없으면 임금은 질병이 없을 것이다. 그러므로 훌륭한 의원을 쓰지 않으면 병을 고칠 수 없다. 사람에게 모두 이런 12가지의 질병이 있는데도 훌륭한 의원을 쓰지 않으면 나라다운 나라가 아니다.

≪詩經≫ 〈大雅 板〉에 말하였다.

"활활 타오르는 불꽃 같아서 병 고칠 약도 없게 되었네."

이는 결국 또한 반드시 망하게 됨을 말한 것이다. 그러므로 훌륭한 의원을 쓰면 백성들에게 질병이 없을 것인데, 하물며 임금에게 있어서야 더 말할 필요가 있겠는가.

人主之疾은 十有二發하니 非有賢醫면 莫能治也라 何謂十二發고 痿①蹶②逆③脹④滿⑤支⑥膈⑦盲⑧煩⑨喘⑩痺⑪風⑫이니 此之曰十二發이라 賢醫治之何⑬오 曰 省事輕刑이라 則痿不作하며 無使小民饑⑭寒이라 則蹶不作하며 無令財貨上流라 則逆不作하며 無令⑮倉廩積腐라 則脹不作하며 無使府庫充實이라 則滿不作하며 無使群臣縱恣라 則支不作하며 無使下情不上通이라 則膈⑯不作하며 上材恤下라 則盲不作하며 法令奉行이라 則煩不作하며 無使下怨이라 則喘不作하며 無使賢伏匿⑰이라 則痺不作하며 無使百姓歌吟誹謗이라 則風不作이니라 夫重臣群下者는 人主之心腹支體也니 心腹支體無疾⑱이면 則人主無疾矣리라 故非有賢醫면 莫能治也라 人皆有此十二疾而不用賢醫면 則國非其國也라 詩曰 多將熇熇하여 不可救藥라하니 終亦必亡而已矣라 故賢醫用이면 則衆庶無疾이온 況人主乎아

① 痿 : 醫書에서 말한 中風으로, 痿躄, 脈痿, 筋痿, 肉痿, 骨痿가 있다.
方書에 所謂癱瘓也라 有痿躄하며 有脈痿하며 有筋痿하며 有肉痿하며 有骨痿이라

② 蹶 : 醫書에 '厥'로 되어 있다. 厥病은 氣血이 거꾸로 치밀어 올라가는 증상이다.
方書에 作厥이라 厥者는 氣逆上也라

③ 逆 : 기침이니, 醫書에서 말한 딸꾹질이다.
欬逆이니 方書에 所謂噦也라

④ 脹 : 蠱脹이다. 배꼽노리 및 四肢가 모두 붓는 것은 水脹이고, 배만 부르고 사지는 그다지 붓지 않는 것은 脹症이다.
蠱脹也라 臍腹及四肢悉腫者爲水요 但腹脹而四肢不甚腫者爲脹이라

⑤ 滿 : 뱃속이 가득 찬 증상이다. 五臟이 차가우면 滿病이 생긴다.
中滿也라 藏寒生滿病이라

⑥ 支 : 사지가 마비되어 굽히거나 펼 수 없는 것이다.
四肢拘攣하여 不得屈伸也라

⑦ 膈 : 醫書에서 말한 格이다. 格은 구역질로, 위아래가 모두 병든 것이다. 趙懷玉本에 '隔'으로 되어 있고, 그 교감한 내용에 "어떤 本에 '膈'으로 되어 있으니 잘못된 것이다. ≪太平御覽≫ 738권에 '隔'으로 되어 있으니 이를 따른다." 하였다.
方書所謂格也니 格者는 吐逆上下俱病이라 趙本作隔이라 校語本作膈誤라 御覽七百三十八에 作隔하니 從之라

⑧ 盲 : 눈이 보이지 않는 것이다.
目不明也라

⑨ 煩 : 煩燥症이다. 안에서 열이 나는 것을 '煩'이라 하고, 밖에서 열이 나는 것을 '躁'라고 한다.
煩躁也라 內熱曰煩이요 外熱曰躁라

⑩ 喘 : 喘息으로, 氣血이 머리로 치밀어 오르는 것이다.
喘息上氣라
⑪ 痺 : 風, 寒, 濕의 세 기운이 한데 섞여 병이 된 것으로, 風氣가 우세하면 行痺가 되고, 寒氣가 우세하면 痛痺가 되고, 濕氣가 우세하면 著(착)痺가 된다.
風寒濕三氣가 雜合爲病也라 風勝者爲行痺요 寒勝者爲痛痺요 濕勝者爲著痺라
⑫ 風 : 문둥병이다.
癘風也라
⑬ 治之何 : 趙懷玉本에 '治之如何'로 되어 있고, 그 교감한 내용에 "어떤 本에 '如'字가 빠져 있으나 ≪太平御覽≫에 근거하여 보충하였다." 하였다.
趙本에 作治之如何요 校語에 本脫如字나 據御覽補라
⑭ 饑 : 趙懷玉本에 '肌'로 되어 있다.
趙本에 作肌라
⑮ 令 : 趙懷玉이 교감한 내용에 "≪太平御覽≫에는 '使'로 되어 있다." 하였다.
趙校語에 御覽에 作使라
⑯ 膈 : 趙懷玉本에 '隔'으로 되어 있다.
趙本에 作隔이라
⑰ 無使賢伏匿 : 趙懷玉本에 '無使賢人伏匿'으로 되어 있고, 그 교감한 내용에 "'人'字가 빠져 있으나 ≪太平御覽≫에 근거하여 보충하였다." 하였다.
趙本作無使賢人伏匿이요 校語에 脫人字나 據御覽補라
⑱ 疾 : 趙懷玉이 교감한 내용에 "≪太平御覽≫에 '患'으로 되어 있다." 하였다.
趙校語에 御覽作患이라

3-10 傳에 말하였다.

"태평시절에는 벙어리, 귀머거리, 절름발이, 애꾸, 번정다리, 난쟁이, 손발이 끊어진 자가 없었으며, 〈아들이 아버지보다 먼저 죽거나 아우가 형보다 먼저 죽지 않아〉 아버지가 아들을 위해 哭을 하거나 형이 아우를 위해 哭을 하는 일이 없었고, 길에는 繦褓에 쌓인 채로 버려진 아이가 없었다. 그러면서 저마다의 나이 순서대로 삶을 마칠 수 있었으니, 이는 훌륭한 의원(훌륭한 정치가)을 썼기 때문이다. 그러므로 국가가 편안하고 태평하기 위해 병폐를 제거하는 방도는 다른 것이 없다. 훌륭한 의원을 쓰는 것 뿐이다."

≪詩經≫ 〈周頌 有瞽〉에 말하였다.

"눈 먼 저 악사가 周나라 궁정 뜰에 있네."

이는 紂王의 遺民을 말한 것이다.

傳曰 太平之時에 無瘖癰跛眇尫(왕)蹇侏儒折短①하며 父不哭子하고 兄不哭弟하며 道無襁負之遺育이라 然各以其序終者는 賢醫之用也라 故安止平正除疾之道는 無他焉이라 用賢而已矣라 詩曰 有瞽有瞽여 在周之庭이로다하니 紂之餘民也라

① 太平之時 無瘖癰跛眇尫蹇侏儒折短 : ≪禮記≫ 〈禮王〉에 "벙어리, 귀머거리, 절름발이, 앉은뱅이, 손발이 끊어진 자, 난쟁이와 온갖 기능공들까지 각자의 재능에 따라 작업을 시키고 먹여 준다."라고 하였다. '瘖'은 말하지 못하는 것을 이르고, '聾'은 소리를 듣지 못하는 것을 말하니, 바로 여기의 '瘖癰'이다. '聾'과 '癰'은 통용된다. '跛躃'은 걸을 수 없는 것을 말하니 바로 여기의 '跛蹇'이다. '斷者'는 四肢가 끊어진 것을 말하니 바로 여기의 '折短'이다. 여기의 '眇尫'은 〈王制〉에 보이지 않지만, ≪國語≫에 이른바 "장님은 소리를 수련하고 천상바라기는 옥경쇠를 쳐다보며 치게 한다."와 같다. 趙懷玉이 교감한 내용에 "≪禮記≫ 〈王制〉에 '瘖聾跛躃'이라고 하였으니 여기의 '癰'은 바로 '聾'과 다른 글자가 되어야 한다. ≪集韻≫에서는 이것을 '수척한 병'이라고 하였는데 뒤의 '尫蹇'과 중복되니 틀린 것이다." 하였다.

禮王制에 瘖聾跛躃과 斷者와 侏儒와 百工과는 各以其器로 食(사)之니라 瘖은 謂口不能言이요 聾은 謂耳不聞聲이니 卽此瘖癰也라 聾癰通이라 跛躃은 謂足不能行이니 卽此跛蹇也라 斷者는 謂支節解絶이니 卽此折短也라 此眇尫은 於王制無所見이니 國語所謂矇瞍脩聲蘧篨蒙璆라 趙校語에 禮記王制에 瘖聾跛躃이라하니 此癰은 當卽聾之別體라 集韻에 以爲羸病이라하니 則與下尫蹇複이니 非也라

3-11 傳(≪禮記≫)에 말하였다.

"喪禮와 祭禮가 없어지면 신하와 자손들의 恩情이 각박해지고, 신하와 자손들의 恩情이 각박해지면 죽은 조상을 배반하고 살아있는 어버이를 잊는 자가 많아진다."

≪詩經≫ 〈小雅 楚茨〉에 말하였다.

"子子孫孫에 이르기까지 끊어지지 않고 이어가리로다."

傳曰 喪祭之禮廢하면 則臣子之恩薄하고 臣子之恩薄하면 則背死亡生者衆①이라 小雅曰 子子孫孫이 勿替引之로다하니라

① 喪祭之禮廢則臣子之恩薄 臣子之恩薄則背死亡生者衆 : 趙懷玉이 교감한 내용에 "≪禮記≫

〈經解〉와 ≪大戴禮記≫ 〈禮察〉篇에 이 글이 있다." 하였다.
趙校語에 記經解와 大戴禮察篇에 有此文이라

3-12 人事가 도리에 맞으면 귀신의 뜻에 순응하고, 귀신의 뜻에 순응하면 복을 두루 내려준다.

≪詩經≫ 〈周頌 潛〉에 말하였다.

"제향을 올리고 제사를 지내어 큰 복 내려 주길 비네."

人事倫則順于鬼神하고 順于鬼神則降福孔偕①하나니 詩曰 以享以祀하여 以介景福②이라하니라

① 偕 : 趙懷玉이 교감한 내용에 "林本과 通津草堂本에 모두 '皆'로 되어 있다." 하였다.
趙校語에 林本과 通津本에 作皆라
② 以享以祀 以介景福 : 趙懷玉이 교감한 내용에 "程本에 '祀'는 '配'로 되어 있다." 하였다.
趙校語에 程本에 祀作配라

3-13 武王이 紂王을 정벌할 때에 邢丘에 이르렀는데 끌채가 세 동강이 나고 비가 사흘 동안 그치지 않고 내렸다. 무왕이 마음속으로 두려워하여 太公을 불러 물었다.

"혹시라도 주왕을 정벌하여서는 안 되는가?"

태공이 대답하였다.

"그렇지 않습니다. 끌채가 세 동강이 난 것은 군대를 셋으로 나누어야 한다는 뜻이고, 비가 사흘 동안 그치지 않고 내린 것은 우리의 병기를 씻어주려는 것입니다."

무왕이 물었다.

"그렇다면 어떻게 해야 하는가?"

태공이 대답하였다.

"그 사람을 사랑하면 그 집 지붕에 앉은 까마귀도 사랑하고, 그 사람을 미워하면 그 집의 담벼락도 증오하는 법입니다. 그러니 적들을 모두 죽여 남은 사람이 없게 해야 합니다."

그러자 무왕이 말하였다.

"아, 천하가 안정되지 않겠구나."

周公이 종종걸음으로 나아가 말하였다.

“그렇지 않습니다. 각자 집에서 살고 자기의 농토에서 농사를 짓게 하며 예전 백성과 새 백성을 구별하지 말며, 백성에게 잘못이 있으면 나 한 사람에게 잘못이 있다고 여기소서.”

무왕이 말하였다.

“아, 천하가 안정되겠구나.”

그러고는 甯땅에서 무기를 정비하고 군사를 정돈하고서 지명을 바꾸어 邢丘를 ‘懷’라 하고, 甯을 ‘脩武’라고 한 다음, 가서 牧野에서 싸워 紂王을 이겼다.

≪詩經≫ 〈大雅 大明〉에 말하였다.

“넓고 넓은 牧野에 박달나무 전차가 휘황찬란하며 네 필 말이 건장하도다. 太師인 尙父가 매처럼 날아 저 무왕을 도와 군사를 풀어 商나라를 치니, 전쟁하던 날 아침 날씨가 청명하도다.”

이윽고 商나라에 이르러 수레에서 내리기도 전에 黃帝의 후예를 薊(계)에 封해주고, 帝堯의 후예를 祝에 봉해주며, 舜임금의 후예를 陳에 봉해주었다. 수레에 내려서는 夏后氏의 후예를 杞에 봉해주고, 殷나라의 후예를 宋에 봉해주며, 比干의 무덤에 封墳하고, 箕子의 囚禁을 풀어주며, 商容의 마을에 旌表하였다. 그런 다음 河水를 건너 서쪽으로 가서 華山 남쪽에 軍馬를 풀어 놓고 다시는 타지 않을 뜻을 보이고, 桃林의 들판에 소를 풀어 놓고 다시는 끌지 않을 것임을 보였으며, 수레와 갑옷에 짐승 피를 발라 제사를 지내고 무기고에 보관하여 다시는 쓰지 않을 것임을 보였다. 이에 군대를 해산시키고 교외에서 활쏘기를 익히되, 왼편에서는 〈貍首〉를 연주하게 하고, 오른편에서는 〈騶虞〉를 연주하게 하였다. 그러한 뒤에야 천하 사람들이 무왕이 다시는 군대를 쓰지 않으리라는 것을 알았다. 明堂에서 제사를 지내니 백성들이 효도할 줄을 알고, 朝見한 뒤에야 제후들이

騶虞

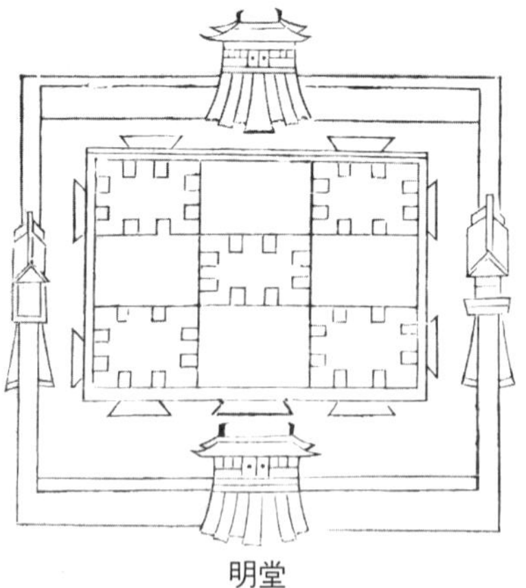

明堂

공경할 바를 알게 되었다. 太學에 三老를 앉히고서는 천자가 직접 장을 가지고 먹이고 술잔을 들어 마시게 하였으니, 이것으로써 제후들에게 공손함을 가르쳤다. 이 네 가지는 천하의 큰 가르침이니, 武樂이 오래가는 것이 또한 마땅하지 않겠는가.

≪詩經≫ 〈周頌 武〉에 말하였다.

"殷나라를 이기고 殺戮을 막아 너의 공로를 이루었다."

이는 紂王을 정벌하여 殷나라를 멸망시킨 사람이 武王임을 말한 것이다.

武王伐紂할새 到於邢丘러니 楯折爲三①하고 天雨三日不休어늘 武王心懼하여 召太公而問曰 意者紂未可伐乎아 太公對曰 不然하니이다 楯②折爲三者는 軍當分爲三也요 天雨三日不休는 欲灑③吾兵也니이다 武王曰 然何若矣오 太公曰 愛其人은 及屋上烏하고 惡其人者④는 憎其胥餘⑤하나니 咸劉厥敵하여 靡使有餘⑥니이다 武王曰 於戲라 天下未定也로다 周公趨而進曰 不然하니이다 使各度其宅하고 而佃其田하며 無獲舊新⑦하며 百姓有過어든 在予一人하소서 武王曰 於戲라 天下已定矣로다 乃脩武勒兵於甯하여 更名邢丘曰懷라하고 甯曰脩武⑧라하고 行克紂于牧之野⑨하다 詩曰 牧野洋洋하니 檀車皇皇하며 駟騵彭彭이로다 維師尙父 時維鷹揚하여 涼彼武王하여 肆伐大商하니 會朝淸明이로다 既反商⑩에 未及下車⑪하여 封黃帝之後於薊⑫하며 封帝堯之後於祝하며 封舜之後於陳하고 下車而封夏氏之後於杞하며 封殷之後於宋하며 封比干之墓하며 釋箕子之囚하며 表商容之閭러라 濟河而西하여 馬를 放華山之陽하여 示不復乘하며 牛를 放桃林之野하여 示不復服也하며 車甲釁⑬而藏之於府庫하여 示不復用也라 於是廢⑭軍而郊射호대 左射貍首하고 右射騶虞라 然後天下知武王不復用兵也라 祀乎明堂而民知孝하며 朝覲然後諸侯知以敬⑮이라 坐⑯三老於大學⑰호대 天子執醬而饋하며 執爵而酳하니 所以教諸侯之悌也니 此四者는 天下之大敎也니 夫武之久不亦宜乎아 詩曰 勝殷遏劉하여 耆定爾功이라하니 言伐紂而殷亡은 武也⑱라

① 楯折爲三 : 趙懷玉本에 '軛折爲三'으로 되어 있고, 그 교감한 내용에 "여러 本에 모두 '楯'으로 되어 있으나, ≪太平御覽≫ 776권 軛類에 실린 것에는 '軛'으로 되어 있으니 이제 이에 근거하여 고친다." 하였다.

趙本에 作軛折爲三이요 校語에 本皆作楯이나 御覽七百七十六軛類載之作軛하니 今據改라

② 楯 : 趙懷玉本에 '軛'으로 되어 있고, 그 교감한 내용에 "어떤 本에 이 글자가 빠져 있기도 한데, ≪太平御覽≫에 근거하여 보충하였다." 하였다.

趙校에 作軛이요 校語에 本或脫此字나 據御覽補라

③ 灑 : 趙懷玉本에 '洒'로 되어 있고, 그 교감한 내용에 "여러 本에 '灑'로 되어 있으나 이제 ≪太平御覽≫을 따른다." 하였다.

趙校에 作泗요 校語에 本作灑나 今從御覽이라

④ 惡其人者 : '人'字 앞에 어떤 本에는 '有'字가 있는데 衍字이다.

人上에 一本有有字衍이라

⑤ 憎其胥餘 : '胥'는 '胥'의 古字이니 새기는 과정에서 잘못되어 '骨'로 되었다. ≪尙書大傳≫의 注에 "胥餘는 집의 담벽이다."라고 하였다. 趙懷玉이 교감한 내용에 "'胥'는 곧 '胥'字인데, 어떤 本에 잘못되어 '骨'로 되어 있었다. ≪尙書大傳≫에 근거하여 改正하였다." 하였다.

胥는 古胥字니 刻誤作骨이라 尙書大傳注에 胥餘는 里落之壁也라 趙校語에 胥卽胥字어늘 本譌作骨하니 據尙書大傳하여 改正이라

⑥ 咸劉厥敵 靡使有餘 : 趙懷玉이 교감한 내용에 "이 두 구절은 ≪尙書大傳≫에 '이는 召公의 말이다.'라고 하였다." 하였다.

趙校語에 此二句는 大傳에 是召公語라

⑦ 使各度其宅 而佃其田 無獲舊新 : 趙懷玉이 교감한 내용에 "'度'는 '宅(살다)'과 같다. '而佃' 이하 두 구절은 ≪尙書大傳≫에 '各佃其田 毋故毋新'으로 되어 있다. ≪說苑≫ 〈貴德〉篇에 '獲'字는 '變'으로 되어 있다. '是' 뒤에 또 '惟仁之親' 한 구절이 있고, ≪尙書大傳≫에도 '唯仁是親'으로 되어 있는데, 여기에서는 빠져 있다." 하였다.

趙校語에 度與宅同이라 而佃二句는 大傳에 作各佃其田毋故毋新이라 說苑貴德篇에 獲字作變하고 是下又有惟仁之親一句이라 大傳作唯仁是親하니 此闕이라

⑧ 甯曰脩武 : ≪漢書≫ 地理志에 "懷와 脩式는 모두 河內郡의 屬縣이다."라고 하였다. 應劭의 注에 "晉나라가 비로소 南陽으로 영토를 넓히자 秦나라가 '脩式'라고 지명을 바꾸었다."라고 하였다. 臣瓚이 말하기를 "≪韓非子≫에 '秦 昭王이 趙나라 長平을 넘어서 서쪽으로 脩式를 정벌하였을 때에도 秦나라가 천하를 겸병하지는 못하였다.'라고 하였으니 '脩武'라는 지명이 있은 지 오래이다."라고 하였다. 내(周廷寀)가 살펴보건대 應劭의 설은 틀렸다. 이 기록은 바로 臣瓚의 설과 함께 서로 증명된다.

漢書地理志에 懷脩式는 竝河內郡屬縣이라 注應劭云 晉始啓南陽이어늘 秦改曰脩式라 臣瓚云 漢非書秦昭王이 越趙長平하여 西伐脩式時에 秦未兼天下라하니 脩武之名이 久矣라 寀按應說非也라 此傳正與瓚說互相證明이라

⑨ 行克紂于牧之野 : 〈尙書序〉의 注에 "牧野는 紂王의 남쪽 교외 지명이다."라고 하였다. ≪尙書大傳≫에 '坶野'로 되어 있으니, '坶'는 옛 글자이고 '牧'은 지금 글자이다.

書序注에 牧野는 紂南郊地名이라 大傳에 作坶野니 坶牧古今字라

⑩ 旣反商 : 이 이하로는 모두 ≪禮記≫ 〈樂記〉의 글이다. 鄭玄의 注에 "'反'은 '及'字의 誤記이다." 하였다.

此以下竝禮樂記文이라 鄭注에 反當爲及字之誤也라

⑪ 未及下車 : '未'字는 〈樂記〉에 근거하여 보충하였다. 趙懷玉이 교감한 내용에 "舊本에 이 글

자가 빠져 있었는데 《禮記》 〈樂記〉에 근거하여 보충하였다." 하였다.
未字는 據樂記補라 趙校語에 舊脫이러니 依禮記樂記補라

⑫ 薊 : 《經典釋文》에 "涿郡(탁군) 薊縣이니 바로 燕나라의 수도이다."라고 하였다. 趙懷玉이 교감한 내용에 "舊本에 잘못되어 '蒯'로 되었는데 〈樂記〉에 근거하여 고쳤다." 하였다.
釋文涿郡薊縣이니 卽燕國之都也라 趙校語에 舊譌蒯러니 據樂記改라

⑬ 車甲衅 : '衅'字는 또 '釁'으로 되어 있다.
衅字는 又作釁이라

⑭ 廢 : 趙懷玉이 교감한 내용에 "《禮記》에는 '散'으로 되어 있다." 하였다.
趙校語에 記作散이라

⑮ 朝覲然後諸侯知以敬 : 〈樂記〉에 "제후들이 신하된 도리를 알았다."라고 하였다. 趙懷玉本에는 '朝覲然後諸侯知所以臣 耕籍然後諸侯知所以敬(朝見한 뒤에야 제후들이 신하된 도리를 알고 親耕한 뒤에야 제후들이 공경할 바를 알게 되었다.)'으로 되어 있고, 그 교감한 내용에 "舊本에는 '朝覲諸侯知以敬'으로 되어 있고 나머지는 대부분 빠져 있었는데, 이제 《禮記》의 글에 근거하여 11자를 보충한다." 하였다.
樂記에 云諸侯知所以臣이라 趙本에 作朝覲然後諸侯知所以臣하고 耕籍然後諸侯知所以敬이요 校語에 舊本作朝覲諸侯知以敬이요 餘多脫이러니 今據記文하여 補十一字라

⑯ 坐 : 趙懷玉이 교감한 내용에 "《禮記》에는 '食'으로 되어 있다." 하였다.
趙校語에 記作食이라

⑰ 坐三老於大學 : 趙懷玉本에 '坐三老五更於大學(三老와 五更을 太學에 앉히다.)'으로 되어 있고, 그 교감한 내용에 "'五更' 2字는 舊本에 빠져 있었는데, 또한 《禮記》의 글에 근거하여 보충하였다." 하였다.
趙本에 作坐三老五更於大學이요 校語에 五更二字舊脫이러니 亦據記文補라

⑱ 言伐紂而殷亡武也 : '言'은 어떤 本에 '信'으로 되어 있고, '也'는 '乎'로 되어 있는데 모두 잘못된 것이다. 趙懷玉이 교감한 내용에 "'言'은 어떤 本에 '信'으로 되어 있기도 하고 '也'는 어떤 本에 '乎'로 되어 있기도 하지만, 이제 모두 毛晉의 汲古閣津逮秘書本을 따라 고친다. 하지만 여전히 빠진 글이 있는 듯하다." 하였다.
言本一作信하고 也作乎하니 竝非라 趙校語에 言本或作信이요 也本或作乎나 今皆從毛本이라 似尙有脫文이라

3-14 孟嘗君이 閔子에게 배움을 청하기 위해 수레를 보내 민자를 모셔 오게 하였다. 민자가 말하였다.

"禮에 와서 배우는 경우는 있어도 가서 가르치는 경우는 없습니다. 스승을 불러서

배우면 제대로 배울 수 없고, 스승이 가서 가르치면 君을 교화시킬 수 없습니다. 그렇게 되면 君은 이른바 제대로 배우지 못한 사람이 되고, 臣은 이른바 제대로 교화시키지 못한 사람이 됩니다."

그러자 맹상군이 말하였다.

"삼가 가르침을 따르겠습니다."

다음날 옷자락을 걷고 제자의 예를 하고 수업을 듣기를 청하였다.

≪詩經≫ 〈周頌 敬之〉에 말하였다.

"날로 달로 진보한다."

孟嘗君請學於閔子하여 使車往迎閔子한대 閔子曰 禮有來學無往敎①하니 致師而學이면 不能學②하고 往敎則不能化君也라 君所謂不能學者也요 臣所謂不能化者也라 於是에 孟嘗君曰 敬聞命矣로이다하고 明日袪衣③請受業하니라 詩曰 日就月將이라하니라

① 禮有來學無往敎 : 趙懷玉이 교감한 내용에 "어떤 本에 '無'字가 빠져 있기도 하나 林本에는 있다." 하였다.
趙校語에 本或脫無字나 林本有라

② 不能學 : '學'은 어떤 本에 '禮'로 되어 있다. 趙懷玉이 교감한 내용에 "어떤 本에 '禮'로 되어 있기도 하나 잘못된 것이다." 하였다.
學本一作禮라 趙校語에 本或作禮譌라

③ 明日袪衣 : '袪'는 '摳衣趨隅(옷자락을 걷고 구석을 향해 가다.)'[19]의 '摳(걷다)'의 뜻으로 읽어야 한다.
袪는 當讀爲摳衣趨隅之摳라

3-15 劍이 아무리 날카로워도 숫돌에 갈지 않으면 자를 수 없고, 사람의 재질이 아무리 훌륭하더라도 배우지 않으면 높은 경지에 오를 수 없으며, 아무리 맛있는 술과 안주가 있더라도 맛을 보지 않으면 그 맛을 알지 못하고, 아무리 훌륭한 道가 있더라도 배우지 않으면 그 공적을 달성하지 못한다. 그러므로 배운 뒤에야 자신의 학문이 부족함을 알고, 가르친 뒤에야 자신의 학문이 깊지 못함을 알게 되는 것이다. 그래서 부족하기 때문에 스스로 부끄럽게 여겨 학문에 힘쓰고, 깊지 못하기 때문에 모든 스승

19) 摳衣趨隅 : ≪禮記≫ 〈曲禮 上〉에 보이는 구절로, 스승을 섬기는 예를 말한 것이다.

을 찾아다니며 익히는 것이다. 이를 통해 살펴보면 가르치고 배우는 것이 서로의 학문을 증진시키는 것이다. 子夏가 ≪詩經≫에 대해 물을 때 하나를 배우고서 둘을 알자, 공자가 말하였다.

"나를 흥기시키는 자는 商(자하)이다. 비로소 ≪詩經≫을 말할 만하다.[20)]"

공자는 英傑보다 재주가 더 뛰어난데다 성인의 덕도 갖추었고, 제자는 공자의 교화를 입어 덕이 드러났다.

≪詩經≫ 〈周頌 敬之〉에 말하였다.

"날로 달로 진보한다."

劍雖利라도 不厲不斷하고 材雖美라도 不學不高하며 雖有旨酒嘉殽라도 不嘗不知其旨하고 雖有善道라도 不學不達其功이라 故學然後知不足하고 教然後知不究①하나니 不足故自愧而勉②하며 不究故盡師而熟③이라 由此觀之컨대 則教學相長也라 子夏問詩에 學一而知二④하니 孔子曰 起予者商也로다 始可與言詩已矣로다하니 孔子賢乎英傑而聖德備어늘 弟子被光景而德彰이라 詩曰 日就月將이라

① 教然後知不究 : ≪禮記≫ 〈學記〉에 "가르친 뒤에 곤궁함을 안다." 하였다.
禮學記云 教然後知困이라

② 不足故自愧而勉 : 趙懷玉이 교감한 내용에 "'愧'는 다른 本에 '壞'로 되어 있으나 이제 毛晉의 汲古閣津逮秘書本을 따른다." 하였다.
趙校語에 愧別本作壞로대 今從毛本이라

③ 不足故自愧而勉 不究故盡師而熟 : ≪禮記≫ 〈學記〉에 "부족함을 안 뒤에야 스스로 반성할 수 있고, 곤궁함을 안 뒤에야 스스로 힘쓸 수 있다." 하였다.
學記云 知不足然後能自反也하고 知困然後能自强也라

④ 學一而知二 : 趙懷玉이 교감한 내용에 "'而'는 毛晉의 汲古閣津逮秘書本에 '以'로 되어 있다." 하였다.
趙校語에 而毛本作以라

3-16 학문의 도는 스승을 존경하는 것이 어렵다. 스승이 존경받는 뒤에야 도가 높아지고, 도가 높아진 뒤에야 백성들이 학문을 공경할 줄을 안다. 그러므로 太學에서의 예절은 비록 천자에게 詔書를 받을 때도 北面하지 않는 것이 스승을 높이고 도를 존

20) 나를……만하다 : ≪論語≫ 〈八日〉에 보인다.

숭하는 방도이다. 그러므로 말하지 않아도 믿고 화내지 않아도 경외하는 것은 스승을 두고 말한 것이다.

≪詩經≫ 〈周頌 敬之〉에 말하였다.

"날로 달로 진보하여 빛나고 밝을 때까지 계속 배우리라."

凡學之道는 **嚴師爲難**하니 **師嚴然後道尊**하고 **道尊然後民知敬學**이라 **故太學之禮**는 **雖詔於天子**라도 **無北面**이 **尊師尙道也**①니라 **故不言而信**하며 **不怒而威**는 **師之謂也**라 **詩曰 日就月將**하여 **學有緝熙于光明**이라하니라

① 太學之禮……尊師尙道也 : ≪禮記≫ 〈學記〉 鄭玄의 注에 "신하의 자리에 처하지 않게 하는 것이다. 武王이 왕위에 올라 師尙父에게 丹書를 받을 때, 사상보가 端冕을 입고 글을 받들고 들어와 병풍을 등지고 서니, 무왕이 단면을 입고 堂下로 내려가 서쪽으로 가서 꺾어서 남쪽에 가서 동쪽을 향하여 서니, 사상보가 서쪽을 향하고 글의 내용을 말하였다."라고 하였다.
學記注云 不使處臣位也라 武王踐阼하여 受丹書於師尙父할새 師尙父端冕奉書而入하여 負屛而立이어늘 王端冕下堂하여 行西折而南하여 東面而立하니 師尙父西面하고 道書之言라

3-17 傳(≪春秋左氏傳≫)에 말하였다.

"宋나라에 홍수가 나자 魯나라 사람이 위문하며 말하였다.

'하늘이 큰 비를 내려 제사에 올리는 곡식에 해를 끼치고 임금이 거주하는 곳까지 미쳐서 執政을 걱정스럽게 하였으므로 신을 보내 삼가 위문하게 하였습니다.'

그러자 송나라 임금이 응답하여 말하였다.

'과인이 어질지 못한 탓으로 재계를 경건하게 하지 못하고 백성을 제때에 부리지 못하여 하늘이 재앙을 내리고, 또 귀국 임금에게까지 근심을 끼쳐 수고롭게 오시니 감사합니다.'

공자가 이 말을 듣고 말하였다.

'송나라는 잘 다스려질 것이다.'

제자가 물었다.

'무슨 뜻으로 그렇게 말씀하십니까?'

공자가 대답하였다.

'옛날 桀王과 紂王은 자신의 잘못을 책임지지 않아 갑작스럽게 망하였고, 成湯과 文王은 자신의 잘못을 책임질 줄 알아서 우뚝 일어났다. 잘못을 고치면 이는 잘못이 아니다.'

송나라 임금이 이 말을 듣고 이에 아침 일찍부터 늦은 밤까지 정사에 힘써 죽은 자를 조문하고 병든 자를 위문하며, 힘을 다해 국내를 다스려 3년 만에 풍년이 들고 태평해졌다. 만약 송나라 임금이 공자의 말을 듣지 못했다면 농사는 풍년이 들지 않고 국가도 편안하지 못하였을 것이다."

≪詩經≫ 〈周頌 敬之〉에 말하였다.

"일 맡은 신하들로 돕게 하여, 내가 밝은 덕으로 나아감을 보이리라."

傳曰 宋大水어늘 魯人弔之曰 天降淫雨①하여 害於粢盛하고 延及君地하여 以憂執政일새 使臣敬弔하니이다 宋人應之曰 寡人不仁하여 齋戒不脩하고 使民不時하여 天加以災하고 又遺君憂하니 拜命之辱하니이다 孔子聞之②曰 宋國은 其庶幾矣인저 弟子曰 何謂오 孔子曰 昔桀紂不任其過③하여 其亡也忽焉하고 成湯文王知任其過④하여 其興也勃焉하니 過而改之면 是不過也라 宋人聞之하고 乃夙興夜寐하여 弔死問疾하고 戮力宇內하여 三歲에 年豐政平이라 鄕使宋人不聞孔子之言이면 則年穀未豐하고 而國家未寧이리니 詩曰 弗時仔肩⑤하여 示我顯德行이라하니라

① 天降淫雨 : ≪春秋左氏傳≫ 莊公 11년에는 '降'이 '作'으로 되어 있다.
春秋莊十一年左傳에 降作作이라

② 孔子聞之 : ≪春秋左氏傳≫을 근거해보면 臧文仲의 말이다. 공자가 태어난 것은 魯 襄公의 시대에 있었으므로 시대 상 거리가 머니, 여기에서 공자라고 한 것은 잘못된 것이다. ≪說苑≫ 〈君道〉에 '孔子'는 '君子'로 되어 있고 뒤에도 같다. 또 '弟子'라는 글자가 없고 단지 '問曰'이라고 하였으니 ≪說苑≫의 내용이 옳다. 趙懷玉이 교감한 내용에 "이 일은 ≪春秋≫ 莊公 11년에 보인다. 이때 공자는 태어나지 않았다. ≪春秋左氏傳≫에 '臧文仲'으로 되어 있고 뒤에도 또 그의 아버지 臧孫達의 말을 기록하였으니 '臧文仲'도 오기인 듯하다. ≪說苑≫에 '君子聞之'로 된 것이 타당함만 못하다. 뒤의 '弟子曰'은 ≪說苑≫에 '問曰'로 되어 있다." 하였다.
據左傳하면 則臧文仲語也라 孔子生在襄公之世라 遠不相及하니 此作孔子誤라 說苑君道에 孔子作君子하고 下同이라 又無弟子字요 但云問曰하니 說苑是也라 趙校語에 事見春秋莊十一年이라 是時에 孔子未生也라 左傳에 作臧文仲하고 下又記其父臧孫達之言하니 似文仲亦誤記라 不如說苑作君子聞之爲當이라 下弟子曰作問曰이라

③ 桀紂不任其過 : ≪春秋左氏傳≫에는 "桀王과 紂王은 남에게 죄를 덮어 돌렸다."라고 하였다.

左傳云 桀紂罪人이라

④ 成湯文王知任其過 : ≪春秋左氏傳≫에는 "禹王과 湯王은 자기에게 죄를 돌렸다."라고 하였다.
左傳云 禹湯罪己라

⑤ 弗時仔肩 : '弗'은 '佛'과 통용된다. 어떤 本에는 ≪毛詩≫를 따라 '佛'로 되어 있다.
弗佛通이라 一本에 依毛詩하여 作佛이라

3-18 齊나라 桓公이 宮庭에 횃불을 밝혀 놓고 인재들로 하여금 찾아오기를 바랐는데, 1년이 지나도록 선비들이 찾아오지 않았다. 이때 東野에 九九法의 능력만 가지고 뵈려는 자가 있었는데, 제나라 환공이 사람을 보내 희롱하며 말하였다.

"구구법의 능력만으로 나를 만날 수 있겠는가?"

그러자 동야의 촌사람이 대답하였다.

"신은 임금께서 궁정에 횃불을 밝혀 놓고 선비들을 기다렸으나 1년이 지나도록 선비들이 찾아오지 않았다고 들었습니다. 선비들이 찾아오지 않은 이유는 임금께서 천하의 현명한 임금이시기 때문입니다. 사방의 선비들이 모두 스스로 임금의 현명함에 미치지 못하다고 여기기 때문에 찾아오지 않은 것입니다. 구구법은 하찮은 재능이지만 임금께서 오히려 그런 사람도 예우하시는데, 하물며 구구법보다 뛰어난 재주를 가진 사람에 있어서야 더 말할 필요가 있겠습니까. 太山은 자갈도 사양하지 않고, 江海는 작은 물줄기도 사양하지 않기 때문에 크게 될 수 있는 것입니다. ≪詩經≫에 이르기를 '先賢의 말에 나무꾼에게도 물어보라.' 하였으니 널리 의견을 구해야 함을 말한 것입니다."

제나라 환공이 말하였다.

"그 말이 좋다."

이에 그를 진실로 예우하였다. 그러자 한 달 만에 사방의 선비들이 서로 이끌고 찾아왔다.

≪詩經≫ 〈周頌 絲衣〉에 말하였다.

"묘당에서 내려와 문전에 가며, 작은 양에서 큰 소까지."

이는 작은 것에서 큰 것을 이룸을 말한 것이다.

齊桓公設庭燎하고 爲使人欲造見者①러니 朞年而士不至라 於是에 東野②有以九九見者③어늘

桓公使戱之曰 九九足以見乎아 鄙人曰④ 臣聞 君設庭燎以待士호대 朞年而士不至하니 夫士之所以不至者는 君天下之賢君也일새라 四方之士 皆自以不及君⑤이라 故不至也니이다 夫九九는 薄能耳어늘 而君猶禮之어든 況賢於九九者乎아 夫太山不讓礫石⑥하고 江海不辭小流⑦일새 所以成其大也니이다 詩曰 先民有言호대 詢于芻蕘라하니 博謀也⑧니이다 桓公曰 善하다하고 乃固禮之⑨한대 朞月에 四方之士 相導而至矣⑩러라 詩曰 自堂徂基하며 自羊來牛⑪라하니 以小成大⑫라

① 爲使人欲造見者 : '使'는 어떤 本에 '便'으로 되어 있다. ≪說苑≫ 〈尊賢〉에 '使人'은 '士之'로 되어 있다. 趙懷玉本에 '爲士之欲造見者(선비가 찾아오기를 바라다.)'로 되어 있고, 그 교감한 내용에 "'士之'는 毛晉의 汲古閣津逮秘書本에 '便人'으로 되어 있고 어떤 本에는 '使人'으로 되어 있다. 살펴보건대 ≪文選≫ 〈聖主得賢臣頌〉의 注에서 인용한 글에는 '士之'로 되어 있으니 이제 이에 근거하여 고친다." 하였다.

使本一作便이라 說苑尊賢에 使人作士之라 趙本에 作爲士之欲造見者요 校語에 士之는 毛本作便人이요 一本作使人이라 案文選聖主得賢臣頌注引에 作士之하니 今據改하노라

② 東野 : 趙懷玉本에 '東野鄙人(동야의 촌사람)'으로 되어 있고, 그 교감한 내용에 "'鄙人' 2字는 舊本에 빠져 있었는데, 이제 ≪說苑≫ 〈尊賢〉篇에 근거하여 보충한다." 하였다.

趙本에 作東野鄙人이요 校語에 二字舊脫이러니 今據說苑尊賢篇補라

③ 東野有以九九見者 : ≪漢書≫ 〈梅福傳〉 注에 "九九는 산술책이니 九章[21]과 五曺 같은 따위이다." 하였다.

漢書梅福傳注에 九九는 算書니 若九章五曺之輩也라

④ 鄙人曰 : 趙懷玉本에는 '촌사람이 말하기를 「신은 九九法의 능력으로는 뵐 수 없습니다.」 라고 하였다.'로 되어 있고, 그 교감한 내용에 "이 9字는 여러 本에 모두 빠져 있었는데, ≪文選≫의 注에 근거하여 보충하였다. ≪說苑≫에는 '臣非以九九爲足以見也'로 되어 있다." 하였다.

趙本에 作鄙人曰臣不以九九足以見也요 校語에 此九字는 本皆脫이라 據文選注補라 說苑에 作臣非以九九爲足以見也라

⑤ 皆自以不及君 : 趙懷玉이 교감한 내용에 "≪文選≫ 注에는 '自以' 뒤에 '爲'字가 있다." 하였다.

趙校語에 選注에 自以下有爲字라

⑥ 夫太山不讓礫石 : '礫'은 ≪說苑≫에 '壤'으로 되어 있다.

礫은 說苑作壤이라

⑦ 江海不辭小流 : ≪說苑≫에는 '辭'가 '逆'으로 되어 있다.

說苑辭作逆이라

---

21) 九章 : 九章算術로, 주공이 지었다는 계산법이다. 方田, 粟布, 衰分, 少廣, 商功, 均輸, 盈朒, 方程, 句股의 아홉 가지가 있다.(≪詳明算法≫)

⑧ 博謀也 : 趙懷玉本에 '言博謀也'로 되어 있고, 그 교감한 내용에 "舊本에는 '言'字가 빠져 있었는데, ≪說苑≫에 근거하여 '言'字를 보탠다." 하였다.
趙本에 作言博謀也요 校語에 舊脫言字하니 依說苑增이라

⑨ 乃固禮之 : 趙懷玉本에 '乃因禮之'로 되어 있고, 그 교감한 내용에 "'因'은 여러 本에 모두 '固'로 되어 있는데, ≪說苑≫에 근거하여 고쳤다. ≪文選≫ 注에는 이 글자가 없다." 하였다.
趙本에 作乃因禮之요 校語에 因本皆作固로대 依說苑改라 選注에 無此字라

⑩ 相導而至矣 : '相導'는 ≪說苑≫에 '相攜'로 되어 있다. 趙懷玉이 교감한 내용에 "≪文選≫注에는 '相遝而竝至矣(몰려들어 함께 이르렀다.)'로 되어 있다." 하였다.
相導는 說苑作相攜라 趙校語에 選注에 作相遝而竝至矣라

⑪ 自羊來牛 : 趙懷玉이 교감한 내용에 "林本과 通津草堂本에 '來'는 '徂'로 되어 있다." 하였다.
趙校語에 林本通津本에 來作徂라

⑫ 以小成大 : 趙懷玉이 교감한 내용에 "≪說苑≫에 '안에서 밖으로 미치며 작은 것에서 큰 것을 이룸을 말한 것이다.'로 되어 있는데, 여기에서는 〈몇 글자가〉 빠진 듯하다." 하였다.
趙校語에 說苑에 作言以內及外以小成大也하니 此疑脫이라

3-19 太平시대에는 백성을 行役에 동원하는 것이 때를 넘기지 않아 남녀가 때를 놓치지 않고 짝을 찾았고, 孝子가 때를 놓치지 않고 어버이를 봉양하였다. 그래서 밖으로는 홀아비가 없고 안으로는 과부가 없었으며, 위로는 仁慈하지 않는 아버지가 없고 아래로는 不孝하는 자식이 없어, 父子간에 서로 덕행을 성취해 주고 夫婦간에 서로 보호해 주었다. 그리하여 천하가 화평하고 국가가 안정되며, 인간사가 아래에서 갖추어지고 天道가 위에서 순응하였다. 그러므로 하늘은 떳떳한 이치가 변하지 않고 땅은 일정한 형체가 바뀌지 않았으며 일월이 밝게 빛나고 별들이 일정하게 운행하였다. 이처럼 하늘은 雨露를 내리고 땅은 만물을 변화시켜 음과 양이 서로 화합함으로써, 우레와 번개로 振動하고 바람과 비로 적셔주며, 山川으로 조절하고 추위와 더위를 고르게 하였다. 그리하여 만백성을 生育하여 저마다 제자리를 얻어 국가의 財用을 만들어냈다. 그러므로 나라는 안정되고 그 땅에는 주관하는 사람이 있게 되었다. 聖人이 나무를 파내어 배를 만들고 나무를 깎아서 노를 만들어 사방의 물자를 유통시켜, 못가에 사는 사람도 나무가 충분하고 산에 사는 사람도 생선이 충분하였으며 남은 재물은 널리 유통하였다. 그러므로 비옥한 땅이라도 홀로 즐기지 않고 척박한 땅이라도 홀로 괴로워하지 않아, 비록 흉년과 기근을 만나고 禹임금과 湯임금 때처럼 홍수와 가뭄을 만나더라도 백성들은 추위

에 떨거나 굶주리는 기색이 없었다. 그러므로 살아서는 재용이 부족하지 않고 죽어서는 시신이 골짜기에 굴러다니지 않았으니, 이것을 즐거움이라고 한다.

≪詩經≫ 〈周頌 酌〉에 말하였다.

"아, 아름다운 임금님의 용병술이여! 이 어두운 세상을 훌륭히 다스리시네."

太平之時에 民行役者不踰時하여 男女不失時以偶하며 孝子不失時以養하여 外無曠夫하고 內無怨女하며 上無不慈之父하고 下無不孝之子하여 父子相成하고 夫婦相保하며 天下和平하고 國家安寧하며 人事備乎下하고 天道應乎上이라 故天不變經하고 地不易形하며 日月昭明하고 列宿有常이라 天施地化하고 陰陽和合하여 動以雷電하고 潤以風雨하며 節以山川하고 均其寒暑일새 萬民育生하여 各得其所하여 而制國用이라 故國有所安하고 地有所主라 聖人이 刳木爲舟하고 剡木爲檝하여 以通四方之物하여 使澤人足乎木하고 山人足乎魚①하고 餘衍之財有所流라 故豐膏不獨樂하고 磽确不獨苦하여 雖遭凶年饑歲하고 禹湯之水旱이라도 而民無凍餓之色이라 故生不乏用하고 死不轉壑②하니 夫是之謂樂이라 詩曰 於(오)鑠王師 遵養時晦라

① 使澤人足乎木 山人足乎魚 : 두 구절은 또한 ≪荀子≫ 〈王制〉에 보인다.
二句는 亦見荀子王制라

② 死不轉壑 : '壑'은 어떤 本에 '尸'로 되어 있기도 하다. 趙懷玉本에 '死不轉尸'로 되어 있고, 그 교감한 내용에 "어떤 本에 '壑'으로 되어 있기도 하나 이제 林本을 따른다." 하였다.
壑本或作尸라 趙本에 作死不轉尸요 校語에 本或作壑이나 今從林本이라

3-20 천하를 통치할 수 있는 자는 반드시 그 백성들을 保養하는 법이니, 백성을 잘 보양할 수 있는 까닭은 자신을 잘 수양하였기 때문이다. 음식을 內臟에 알맞게 하고, 맛난 음식을 기운에 알맞게 하며, 노동과 휴식을 筋骨에 알맞게 하고, 추위와 더위를 피부에 알맞게 한다. 그러한 뒤에야 기운과 내장이 평안하고 心術이 다스려지며 思慮가 제자리를 얻고 喜怒가 때에 알맞아서, 일상생활 하는 데 안락하고 일을 시기적절하게 하여 財用이 충분하게 된다. 이를 자신을 잘 수양하는 것이라고 한다. 그러므로 성인께서 안일하고 사치하지 않는 것은 美色을 경시하고 재물을 아껴서가 아니라, 알맞게 보양할 뿐 지나치면 즐겁지 않기 때문에 하지 않는 것이다. 이 때문에 여름에 자주 목욕하지 않는 것은 물을 아껴서가 아니고, 겨울에 자주 물을 끓이지 않는 것은 땔감을 아껴서가 아니며, 臺榭를 높게 짓지 않는 것은 흙과 나무가 없어서가 아니고, 鐘

鼎을 크게 만들지 않는 것은 쇠와 朱錫이 없어서가 아니다. 또 술에 빠지지 않고 미색을 탐하지 않는 것은 추악한 일을 피하려는 것이 아니다. 性情에 편안한 바를 순히 따라서 절제하고 법도에 따르면 천하에 본보기가 될 수 있기 때문이다.

그러므로 사용하는 데 재물을 낭비하지 않아 백성의 생명을 기를 수 있으므로 천하 사람들이 仁하다고 칭찬하고, 본성을 해치지 않고 길러서 교화를 이룰 수 있으므로 천하 사람들이 의롭다고 칭찬한다. 알맞게 사용하고 나머지는 사양하여 자기의 소유가 아니면 구하지 않으므로 천하 사람들이 청렴하다고 칭찬하고, 어떤 일을 하여 功을 이룸에 사람들이 그 공을 가릴 수 없고, 형벌을 쓰지 않되 사람들이 죄를 범하지 않아 하나의 이치를 꼭 붙들고 만물을 가볍게 여기므로 천하 사람들이 용감하다고 칭찬하는 것이다. 이 네 가지 덕행이 백성들에게 베풀어져, 평소 거처할 때는 온화한 안색을 하고 노할 때는 적과 싸워 이긴다. 그러므로 어떻게 길러야 할지 잘 살피므로 국가를 다스리는 방법이 갖추어지고, 다스리는 방법이 갖추어지므로 遠近의 사람들이 모여들게 되는 것이다.

≪詩經≫ 〈周頌 酌〉에 말하였다.

"아, 아름다운 임금님의 용병술이여! 도를 따라 힘을 기르며 때로 감추네."

이는 도와서 기르는 자가 덕을 감추는 데 이름을 말한 것이다.

能制天下①는 必能養其民也니 能養民者는 爲自養也일새라 飮食適乎藏하며 滋味適乎氣하며 勞佚適乎筋骨하며 寒暖適乎肌膚라 然後氣藏平하며 心術治하며 思慮得하며 喜怒時②하여 起居而遊樂하고 事時而用足하나니 夫是之謂能自養者也라 故聖人不淫佚侈靡者는 非鄙夫色而愛財用也라 養有適하고 過則不樂라 故不爲也라 是以로 夏不數浴은 非愛水也요 冬不頻湯은 非愛火也③요 不高臺榭는 非無土木也요 不大鐘鼎은 非無金錫也라 不沈於酒하고 不貪於色은 非辟醜也라 直行情性之所安而制度면 可以爲天下法矣일새라 故用不靡財하여 足以養其生이라 而天下稱其仁也요 養不害性하여 足以成敎이라 而天下稱其義也요 適情辟(피)餘④하여 不求非其有이라 而天下稱其廉也요 行成不可掩하고 息刑不可犯하여 執一道而輕萬物이라 天下稱其勇也라 四行在乎民하여 居則婉愉하고 怒則勝敵이라 故審其所以養而治道具矣라 治道具而遠近畜矣라 詩曰 於(오)鑠王師로 遵養時晦라하니 言相養者之至於晦也라

① 能制天下 : '制'는 어떤 本에 또한 '治'로 되어 있다.
制는 本亦作治라

② 喜怒時 : 여러 本에 '時'字가 빠져 있다. 趙懷玉이 교감한 내용에 "어떤 本에 '時'字가 빠져 있기도 하나, 毛晉의 汲古閣津逮秘書本에는 '時'字가 있다." 하였다.

諸本에 脫時字라 趙校語에 本或脫時字나 毛本有라

③ 夏不數浴非愛水也 冬不頻湯非愛火也 : ≪呂氏春秋≫에는 "여름에 갖옷을 입지 않는 것은 갖옷을 아껴서가 아니라 입지 않아도 따뜻하기 때문이고, 겨울에 부채질하지 않는 것은 부채를 아껴서가 아니라 부치지 않아도 시원하기 때문이다."라고 하였는데 뜻이 또한 여기와 같다. 趙懷玉本에는 '겨울에 자주 목욕하는 것은 물을 아껴서가 아니고, 여름에 자주 물을 끓이지 않는 것은 땔감을 아껴서가 아니다.'로 되어 있고, 그 교감한 내용에 "'冬'과 '夏' 2字는 毛晉의 汲古閣津逮秘書本과 通津草堂本에 모두 서로 바뀌어 있다. ≪太平御覽≫ 59권에서 또한 인용한 글에 '夏不數浴'으로 되어 있다." 하였다.

呂氏春秋에 夏不衣裘는 非愛裘也라 煖有餘也요 冬不用翣은 非愛翣也라 凊有餘也라하니 意亦與此同이라 趙本에 作冬數浴은 非愛水也요 夏不頻湯은 非愛火也요 校語에 冬夏二字는 毛本通津本에 俱互易이라 御覽五十九亦引에 作夏不數浴이라

④ 適情辟餘 : 趙懷玉本에 '適情辭餘'로 되어 있고, 그 교감한 내용에 "'辭'는 여러 本에 모두 '辟'로 되어 있는데, 지금 文義를 살펴 고친다." 하였다.

趙本에 作適情辭餘요 校語에 辭本皆作辟이니 今案文義改라

3-21 公儀休는 魯나라의 재상으로 생선을 좋아하였는데, 온 나라 사람들이 생선을 바쳤지만 받지 않았다. 그러자 그의 아우가 따져 물었다.

"생선을 좋아하면서 받지 않는 것은 어째서입니까?"

공의휴가 대답하였다.

"생선을 좋아하기 때문에 받지 않은 것이다. 생선을 받아 재상에서 면직되면 생선을 自給해서 먹을 수 없지만, 받지 않아 재상에서 면직되지 않는다면 늘 생선을 자급해서 먹을 수 있을 것이다."

이는 생선을 통해 자기 자신을 위하는 데 밝은 자임을 알 수 있다. 그러므로 ≪老子≫에 말하기를 "자신의 몸을 뒤로 물리지만 몸이 앞서고, 자신의 몸을 도외시하지만 몸이 보전되니, 그에게 사사로움이 없기 때문이 아니겠는가. 그러므로 자신의 사사로움을 이룰 수 있는 것이다.[22)]"라고 하였다.

≪詩經≫ 〈魯頌 駉〉에 말하였다.

---

22) 자신의……것이다 : ≪老子≫ 제7장에 보인다.

"생각함에 사특함이 없다."

이를 두고 말한 것이다.

公儀休相魯而嗜魚①하니 一國人獻魚而不受어늘 其弟諫曰 嗜魚不受는 何也오 曰 夫欲嗜魚라 故不受也니라 受魚而免於相하면 則不能自給魚어니와 無受而不免於相이면 長自給於魚리라 此明於魚爲己者也②라 故老子曰 後其身而身先하며 外其身而身存하니 非以其無私乎아 故能成其私니라 詩曰 思無邪라하니 此之謂也라

① 公儀休相魯而嗜魚 : 公儀休는 ≪韓非子≫ 〈外儲說〉에 '公孫儀'로 되어 있다.[23] ≪新序≫ 〈節士〉에는 "鄭나라 재상이지만 성명이 알려지지 않았다."라고 하였다.
公儀休는 韓子外儲說에 作公孫儀라 新序節士則云 鄭相而不著姓名이라

② 曰夫欲嗜魚……此明於魚爲己者也 : ≪韓非子≫에 "〈公儀休가 대답하기를〉 '대저 생선을 받으면 반드시 자신을 남에게 낮추는 안색이 있게 되고, 자신을 남에게 낮추는 안색이 있으면 장차 법을 왜곡하게 되고, 법을 왜곡하면 재상에서 면직되고, 재상에서 면직되면 아무리 생선을 좋아하더라도 이는 필시 나에게 생선을 가져오게 할 수 없고 나도 생선을 자급해서 먹을 수 없을 것이다. 반대로 만약 생선을 받지 않아서 재상에서 면직되지 않는다면 아무리 생선을 좋아하더라도 나는 늘 생선을 자급해서 먹을 수 있을 것이다.'라고 하였다. 이는 남을 믿는 것보다 자신을 믿는 것이 낫다는 사실에 밝은 것이고, 남이 자신을 위하는 것보다는 자기가 자신을 위하는 것이 낫다는 사실에 밝은 것이다." 하였다. 趙懷玉本에 '此明於爲己者也'로 되어 있고, 그 교감한 내용에 "'爲己' 앞에 여러 本에 모두 '魚'字가 있는데 衍字이다. ≪韓非子≫ 〈外儲說右下〉에 '明於人之爲己者 不如己之自爲也'로 되어 있으니, 말이 더욱 분명하다." 하였다.
韓子云 夫旣受魚하면 必有下人之色하고 有下人之色하면 將枉於法하고 枉於法이면 則免於相하고 免於相이면 雖嗜魚라도 此必不能致我魚하고 我又不能自給魚리라 卽無受魚而不免於相이면 雖嗜魚라도 我能長自給魚라하니 此明乎恃人不如自恃也요 明於人之爲己者 不如己之自爲也라 趙本에 作此明於爲己者也요 校語에 爲己上本皆有魚字衍이라 韓非外儲說右下에 作明於人之爲己者 不如己之自爲也하니 語尤明이라

3-22 傳에 말하였다.

"魯나라에 父子간에 소송을 건 자가 있었다. 季康子가 죽이려고 하자, 공자가 말하

---

23) 公儀休는……있다 : ≪韓非子≫ 〈外儲說右下〉에는 '公孫儀'로 되어 있지 않고, ≪韓詩外傳≫과 마찬가지로 '公儀休'로 되어 있다. 周廷寀가 착각한 듯하다.

였다.

'죽여서는 안 됩니다. 백성들이 의리에 맞지 않게 부자간에 소송을 거는 일이 오래 되었으니, 이는 윗사람이 道를 잃었기 때문입니다. 윗사람에게 도가 있었다면 이런 사람은 없었을 것입니다.'

소송을 건 자가 이 말을 듣고 소송하지 않겠다고 요청하였다.

계강자가 물었다.

'백성은 효도로써 다스려야 하니, 의롭지 못한 한 사람을 죽임으로써 不孝를 징계한다면 또한 옳지 않겠습니까?'

공자가 대답하였다.

'그렇지 않습니다. 가르치지 않고 獄事를 처리한다면 無辜한 사람을 죽이는 것입니다. 三軍이 大敗했다 하더라도 그들을 다 죽일 수 없고, 옥사를 잘못 처리했다 하더라도 그 사람에게 형벌을 줄 수 없는 것입니다. 윗사람이 가르침을 베풀고 먼저 이를 실행하면 백성들은 바람에 풀이 쓰러지듯 따를 것이니, 나쁜 행실을 하면서 가르침을 따르지 않은 뒤에야 형벌을 준다면 백성들이 자신의 죄를 알 것입니다. 한 길 되는 담장은 사람들이 넘지 못하지만 백 길 되는 산을 아이도 올라가 놀 수 있는 것은 경사가 완만하기 때문입니다. 지금은 仁義가 무너진 지 오래인데 백성들에게 넘지 말라고 할 수 있겠습니까? ≪詩經≫ 〈小雅 節南山〉에 「백성들이 미혹되지 않게 하라.」 하였으니, 옛날의 군자는 백성들을 인도하여 미혹되지 않게 하였습니다. 이 때문에 위엄을 시험해보지도 않았고 형벌을 버려두고 쓰지 않았던 것입니다.

그러므로 仁義를 밝게 드러내고 백성을 教導하는 것을 신중히 하여, 백성들이 분명하게 보고 백성들이 분명하게 들으며 백성들이 마음속으로 분명하게 알 수 있게 하면, 미혹되지 않게 인도하여 백성들의 뜻이 현혹되지 않을 것입니다. ≪詩經≫ 〈周頌 敬之〉에 이르기를 「나의 밝은 덕행이 나타나게 한다.」 하였습니다. 그러므로 道義를 행하기가 쉽지 않으면 백성들이 따르지 못하고, 禮樂을 분명히 밝히지 못하면 백성들이 보지 못하는 것입니다. ≪詩經≫ 〈小雅 大東〉에 이르기를 「周나라로 가는 길이 숫돌처럼 판판하고 화살처럼 곧도다.」라고 하였으니 쉬움을 말한 것이고, 그 다음 구절에 「군자가 밟는 바요, 소인이 우러러보는 바이다.」라고 하였으니 분명함을 말한 것이며, 그 다음 구절에 「머리를 돌려 그 길을 돌아보며 눈물을 줄줄 흘린다.」

라고 하였으니, 禮教를 배우지 못하여 형벌을 받게 되는 것을 슬퍼함을 말한 것입니다. 대저 근본적인 교화를 소홀히 한 채 형벌만 시행하는 것은 우리를 열어 가축을 풀어 놓고는 이를 독화살로 쏘는 것과 같으니, 또한 슬프지 않겠습니까. 그러므로 죽여서는 안 된다고 한 것입니다.

옛날에 先王께서 백성을 禮로써 다스렸던 것은 비유하자면 말을 모는 것과 같습니다. 〈예는 고삐와 재갈이고〉 형벌은 채찍인데, 지금은 고삐와 재갈은 없고 채찍만으로 말은 모는 것과 같습니다. 말이 앞으로 가려고 하는데 말의 뒤를 때리고 말이 뒤로 물러나려고 하는데 말의 앞을 때리니, 말을 모는 자는 수고스럽고 말도 상처가 많이 나게 됩니다. 지금은 이러한 상황과 같아 윗사람은 근심하고 수고하며 백성들은 많은 형벌을 받고 있습니다. ≪詩經≫ 〈鄘風 相鼠〉에 이르기를 「사람으로 태어나 예가 없다면 일찍 죽지 않고 무엇 하는가?」 라고 하였으니, 윗사람으로서 예가 없으면 환난을 면치 못하고 아랫사람으로서 예가 없으면 형벌을 면치 못합니다. 이처럼 상하가 예가 없으면 일찍 죽지 않고 무엇 한단 말입니까.'

季康子가 자리를 피하여 再拜하고 말하였다.

'제가 비록 不敏하지만 이 말씀을 따르겠습니다.'

공자가 조정에서 물러나오자 門人 자로가 詰難하며 물었다.

'부자간에 소송을 거는 것이 도리에 맞습니까?'

공자가 대답하였다.

'아니다.'

자로가 물었다.

'그렇다면 선생님께서는 어찌하여 다른 君子(執政者)를 대신해서 사면해 주려고 나서십니까?'

공자가 대답하였다.

'미리 경계하지도 않고 임무를 완성하도록 요구하는 것을 害라고 하고, 명령을 태만히 하면서 기일을 각박하게 하는 것을 暴라고 하며, 가르치지도 않고 죽이는 것을 賊이라고 하니, 군자가 정치를 하는 데 이 세 가지를 피해야 하는 것이다. ≪詩經≫ 〈魯頌 泮水〉에 이르기를 「온화한 얼굴로 웃으면서 성내지 않고 가르치셨네.」 라고 하였다.'"

傳曰 魯有父子訟者①한대 康子欲殺之어늘 孔子曰 未可殺也니이다 夫民②父子訟之爲不義久

矣[③]니 是則上失其道[④]라 上有道면 是人亡矣리이다 訟者聞之하고 請無訟[⑤]하더라 康子曰 治民以孝하나니 殺一不義以僇不孝[⑥]면 不亦可乎아 孔子曰 否라 不教而聽其獄이면 殺不辜也니이다 三軍大敗라도 不可誅也요 獄讞不治[⑦]라도 不可刑也니이다 上陳之教而先服之면 則百姓從風矣니 邪行不從[⑧]然後에 俟之以刑이면 則民知罪矣리이다 夫一仞之墻을 民不能踰[⑨]로대 百仞之山을 童子登遊焉[⑩]은 陵遲故也니이다 今世仁義之陵遲久矣니 能謂民無踰乎아 詩曰 俾民不迷라하니 昔之君子道其百姓하여 不使迷라 是以威厲[⑪]〔不試〕而刑措不用也[⑫]하니이다 故形其仁義[⑬]하고 謹其教道하여 使民目晰焉而見之하며 使民耳晰焉而聞之하며 使民心晰焉而知之면 則道不迷而民志不惑矣리이다 詩曰 示我顯德行이라하니 故道義不易면 民不由也요 禮樂不明하면 民不見也라 詩曰 周道如砥하니 其直如矢라하니 言其易也며 君子所履요 小人所視라하니 言其明也며 睠焉顧之 潸焉出涕라하니 哀其不聞禮教而就刑誅也라 夫散其本教而待之刑辟은 猶決其牢而發以毒矢也니 亦不哀乎[⑭]잇가 故曰未可殺也니이다 昔者에 先王使民以禮는 譬之如御也라 刑者는 鞭策也니 今猶無轡銜而鞭策以御也라 欲馬之進이어든 則策其後하고 欲馬之退어든 則策其前하면 御者以勞요 而馬亦多傷矣[⑮]리이다 今猶此也라 上憂勞而民多罹刑하니 詩曰 人而無禮면 胡不遄死아하니 爲上無禮면 則不免乎患하고 爲下無禮면 則不免乎刑하니 上下無禮면 胡不遄死리오 康子避席再拜曰 僕雖不敏하나 請承此語矣로이다 孔子退朝한대 門人子路難曰 父子訟이 道邪잇가 孔子曰 非也라 子路曰 然則夫子胡爲君子而免之也잇고 孔子曰 不戒責成는 害也요 慢令致期는 暴也요 不教而誅는 賊也[⑯]니 君子爲政에 避三者하니라 且詩曰 載色載笑하니 匪怒伊教[⑰]라하니라

① 魯有父子訟者 : ≪孔子家語≫ 〈始誅〉에는 이것이 공자가 魯 司寇로 있었을 때의 일이라고 하였다.
家語始誅에 以此爲孔子爲魯司寇時事라

② 夫民 : '民' 뒤에 ≪說苑≫ 〈政理〉에는 '不知' 2字가 있다.
民下에 說苑政理有不知二字라

③ 父子訟之爲不義久矣 : 趙懷玉이 교감한 내용에 "≪說苑≫ 〈政理〉篇에는 '夫民不知子父訟之爲不善久矣(백성들이 부자간에 소송을 거는 것이 좋지 못한 일임을 알지 못한지 오래이다.)'로 되어 있다." 하였다.
趙校語에 說苑政理篇에 作夫民不知子父訟之爲不善久矣라

④ 是則上失其道 : '也'字가 빠진 듯하다.
疑脫也字라

⑤ 訟者聞之 請無訟 : ≪荀子≫ 〈宥坐〉篇에 "孔子가 그들을 수감한 뒤 3개월 동안 시비를 판별하지 않았는데, 그 아버지가 소송을 정지하기를 요청하자 공자가 그들을 풀어주었다."라

고 하였다.

荀子宥坐篇云 孔子拘之에 三月不別이어늘 其父請止한대 孔子舍之라

⑥ 殺一不義 以僇不孝 : 趙懷玉本에 '殺一人 以僇不孝(한 사람을 죽임으로써 不孝를 징계하다.)'로 되어 있고, 그 교감한 내용에 "'一人'은 여러 本에 모두 '一不義'로 되어 있는데 잘못된 것이다. ≪說苑≫에 근거하여 改正한다." 하였다.

趙本에 作殺一人以僇不孝요 校語에 一人은 本皆作一不義譌라 依說苑改正이라

⑦ 獄讞不治 : '讞'은 ≪荀子≫에는 '犴'으로 되어 있고, ≪說苑≫에는 '訟'으로 되어 있다. 趙懷玉이 교감한 내용에 "≪荀子≫ 〈宥坐〉篇과 ≪孔子家語≫ 〈始誅〉篇에 모두 '獄犴不治'로 되어 있다." 하였다.

讞荀子作犴이요 說苑作訟이라 趙校語에 荀子宥坐篇과 家語始誅篇에 俱作獄犴不治라

⑧ 邪行不從 : '邪行'은 ≪荀子≫와 ≪孔子家語≫에는 '邪民'으로 되어 있고 ≪說苑≫에는 '躬行'으로 되어 있다. 만약 ≪荀子≫와 ≪孔子家語≫의 내용을 따르면 '行'字가 오기가 되고, 만약 ≪說苑≫의 내용을 따르면 '邪'字가 오기가 되니 밝힐 수 없을 듯하다. 趙懷玉이 교감한 내용에 "≪荀子≫와 ≪孔子家語≫에 '邪行'은 '邪民'으로 되어 있고, ≪說苑≫에는 '躬行'으로 되어 있다." 하였다.

邪行은 荀及家語에 作邪民이요 說苑作躬行이라 若從荀子家語면 則行字爲誤요 若從說苑이면 則邪字爲誤니 疑不能明也라 趙校語에 荀子家語에 邪行作邪民이요 說苑作躬行이라

⑨ 夫一仞之墻 民不能踰 : ≪荀子≫에 "세 자의 언덕은 빈 수레로도 오를 수 없다."라고 하였다. ≪孔子家語≫에 '岸'은 '限'으로, '虛'는 '空'으로 되어 있다.

荀子云 三尺之岸은 虛車不能登也라 家語에 岸作限이요 虛作空이라

⑩ 童子登遊焉 : ≪荀子≫에 "짐 실은 수레가 오르다."라고 하였고, ≪孔子家語≫에 "무거운 짐을 싣고 오르다."라고 하였다.

荀子云 任負車登焉이요 家語云 重載陟焉이라

⑪ 是以威厲 : '厲' 뒤에 ≪荀子≫를 따라 '不試' 2字를 보충해야 한다.

厲下當從荀子하여 補不試二字라

⑫ 威厲而刑措不用也 : 趙懷玉이 교감한 내용에 "≪荀子≫와 ≪孔子家語≫에 모두 '威厲而不試刑措而不用'으로 되어 있다." 하였다.

趙校語에 荀子와 家語에 俱作威厲而不試하고 刑措而不用이라

⑬ 形其仁義 : 趙懷玉이 교감한 내용에 "'形'은 어떤 本에 '刑'으로 되어 있기도 하다." 하였다.

趙校語에 形本或作刑이라

⑭ 亦不哀乎 : 趙懷玉本에 '不亦哀乎'로 되어 있고, 그 교감한 내용에 "'不'과 '亦'은 舊本에 도치되었는데, 이제 文義을 살펴 순서를 바꾼다." 하였다.

趙本에 作不亦哀乎요 校語에 不亦은 舊本倒하니 今案文義乙이라

⑮ 先王使民以禮……而馬亦多傷矣 : ≪孔叢子≫ 〈刑論〉에 "예로써 백성을 가지런히 하는 것은 말을 모는 것에 비유하면 고삐이고, 형벌로써 백성을 가지런히 하는 것은 말을 모는 것에 비유하면 채찍이다. 이쪽에서 고삐를 잡고서 저쪽으로 말을 움직이게 하는 것은 말을 잘 몬 것이지만, 고삐는 없이 채찍만 사용한다면 말이 길을 잃을 것이다."라고 하였다.
孔叢子刑論에 以禮齊民은 譬之於御則轡也요 以刑齊民은 譬之於御則鞭策也라 執轡於此而動於彼는 御之良也어니와 無轡而用策이면 則馬失道矣라

⑯ 不戒責成害也 慢令致期暴也 不教而誅賊也 : ≪孔子家語≫에 "君令을 업신여기고 죽이는 것만 힘쓰는 것을 賊이라고 하고, 시도 때도 없이 徵收하는 것을 暴라고 하고, 한 번 써보지도 않고 책임을 요구하는 것을 虐이라고 한다."라고 하였는데, '昧'는 '誅'의 잘못인 듯하니 ≪荀子≫를 따라 '誅'가 되어야 한다. '試'는 '誡'의 잘못이고, '誡'는 '戒'와 뜻이 같다.
家語云 慢令謹昧는 賦也요 徵斂無時는 暴也요 不試責成은 虐也라 疑昧爲誅之譌니 當從荀子爲誅요 試爲誡之譌요 誡與戒同이라

⑰ 載色載笑 匪怒伊教 : 趙懷玉이 교감한 내용에 "舊本에 '夫散其本教'부터 뒤는 별도로 한 조목을 만들었는데 옳지 않다. 이제 고쳐서 윗 문장과 연결한다." 하였다.
趙校語에 舊本自夫散其本教下는 別爲一條하니 非是라 今改與上文連이라

3-23 舜임금 때에 有苗氏가 복종하지 않았다. 그들이 복종하지 않은 이유는 남쪽에는 衡山이 있고 북쪽에는 岐山이 있으며, 왼쪽에는 洞庭湖의 방죽이 있고 오른쪽에는 彭澤湖의 물이 있어서, 이 험한 지형에 처하여 있기 때문에 복종하지 않은 것이었다. 禹가 정벌하기를 청하자, 순임금이 허락하지 않고 말하였다.

"내가 타이르고 가르치는 일에 아직 힘을 다 쏟지 못했다."

타이르고 가르치는 일에 힘을 다 쏟자, 유묘씨가 복종하기를 청하였다. 천하 사람들이 이 일을 듣고 모두 우의 義를 업신여기고 순임금의 德을 찬미하였다.

≪詩經≫ 〈魯頌 泮水〉에 말하였다.

"온화한 얼굴로 웃으면서 성내지 않고 가르치셨네."

이는 순임금을 두고 말한 것이다. 누군가 물었다.

"그렇다면 우의 덕이 순임금에 미치지 못합니까?"

그러자 다음과 같이 대답하였다.

"그렇지 않다. 우가 정벌하기를 청한 이유는 순임금의 덕을 드러내려고 해서였다. 그러므로 잘한 것은 임금에게 공로를 돌리고 못한 것은 자신에게 책임을 돌리는 것이

신하의 의리이다. 가령 우가 임금이고 순이 신하였더라도 또한 이렇게 했을 것이다. 우는 신하된 도리의 大體에 통달하였다고 할 수 있다."

當舜之時하여 有苗不服하니 其不服者는 衡山在南하고 岐山在北①하며 左洞庭之陂②요 右彭澤之水③라 由此險也하여 以其不服이라 禹請伐之어늘 而舜不許曰 吾喩教猶未竭也④니라 (久)〔究〕喩教⑤하니 而有苗(民)〔氏〕請服⑥이러라 天下聞之하고 皆薄禹之義하고 而美舜之德이라 詩曰 載色載笑하니 匪怒伊教라하니 舜之謂也라 問曰 然則禹之德不及舜乎잇가 曰 非然也라 禹之所以請伐者는 欲彰舜之德也라 故善則稱君하고 過則稱己는 臣下之義也니라 假使禹爲君하고 舜爲臣인댄 亦如此而已矣라 夫禹可謂達乎人臣之大體也라

① 衡山在南 岐山在北 : ≪說苑≫ 〈君道〉에 '衡山'은 '大山'으로 되어 있고 '岐山'은 '殿山'으로 되어 있는데 모두 잘못된 것이다. 趙懷玉이 교감한 내용에 "'岐山'은 '峧山'으로 되어야 한다. ≪戰國策≫ 〈魏策〉에 '文山'으로 되어 있으니 또한 '汶山'의 잘못이다. 汶山, 峧山, 崏山은 모두 岷山과 동일하다." 하였다.
說苑君道에 衡山作大山이요 岐山作殿山하니 竝誤라 趙校語에 岐山當作峧山이라 戰國魏策에 作文山하니 亦汶山之譌라 汶峧崏는 皆與岷同이라

② 左洞庭之陂 : 趙懷玉本에 '左洞庭之波'로 되어 있고, 그 교감한 내용에 "어떤 本에 '陂'라고 되어 있기도 하지만 이제 이를 따른다. 通津草堂本과 ≪說苑≫ 〈君道〉篇도 동일하다." 하였다.
趙本에 作左洞庭之波요 校語에 本或作陂나 今從이라 通津本與說苑君道篇同이라

③ 左洞庭之陂 右彭澤之水 : ≪說苑≫에 '陂'는 '波'로 되어 있고, '澤'은 '蠡'으로 되어 있고, '水'는 '川'으로 되어 있다.
說苑에 陂作波요 澤作蠡요 水作川이라

④ 吾喩教猶未竭也 : '喩'는 '諭'와 뜻이 같다.
喩諭同이라

⑤ 久喩教 : '久'는 ≪說苑≫을 따라 '究'가 되어야 한다.
久當從說苑하여 作究라

⑥ 有苗民請服 : '民'은 ≪說苑≫을 따라 '氏'가 되어야 한다.
民當從說苑하여 作氏라

3-24 季孫子가 魯나라를 다스릴 때에 많은 사람을 죽였지만 반드시 그들의 죄에 합당하게 시행하였고, 많은 사람에게 형벌을 내렸지만 반드시 그들의 잘못에 합당하게 처벌하였다. 子貢이 말하였다.

"포악하다. 다스림이여!"

계손자가 이 말을 듣고 물었다.

"나는 반드시 죄에 합당하게 사람을 죽였고 반드시 잘못에 합당하게 벌을 주었는데, 선생께서 포악하다고 하시니 어째서입니까?"

자공이 대답하였다.

"어찌하여 子産이 鄭나라를 다스리는 것처럼 하지 못한다는 말입니까? 〈자산이 나라를 다스린 지〉 1년이 되자 처벌을 받을만한 잘못을 저지른 사람이 줄어들었고, 2년이 되자 사형을 받을만한 죄를 지은 사람이 없어졌으며, 3년이 되자 감옥에 갇힌 사람이 없게 되었습니다. 그러므로 백성들이 물이 아래로 내려가듯 그에게 귀의하였고, 효자가 부모를 공경하듯 그를 사랑하였습니다. 그리하여 자산이 병들어 죽으려 할 때에 나라 사람들이 모두 슬퍼 탄식하며 말하기를 '누가 자산을 대신하여 죽겠는가?' 하였습니다. 죽음에서 벗어나지 못하자 사대부들은 조정에서 통곡하였고 장사꾼들은 시장에서 통곡하였으며 농부들은 들판에서 통곡하되, 모두 부모를 잃은 것처럼 자산을 위해 통곡하였습니다. 그런데 지금 들어보니, 夫子께서 병이 들었을 때 나라 사람들이 모두 기뻐하고, 살아나자 나라 사람들이 모두 두려워했다고 합니다. 죽게 되자 서로 축하하다가 살아나자 서로 두려워하니, 이것이 포악이 아니고 무엇이겠습니까? 제가 들으니 법에만 의지하여 다스리는 것을 暴라고 하고, 미리 경계하지 않고 기일을 각박하게 하는 것을 虐이라고 하며, 가르치지 않고 죽이는 것을 賊이라고 하고, 자신이 남보다 낫다고 여기는 것을 責이라고 한다고 합니다. 責徵한 자는 몸을 망치고, 殘賊한 자는 신하를 잃으며, 貪虐한 자는 정사를 그르치고, 暴惡한 자는 민심을 잃는 법입니다. 제가 또 들으니 윗자리에 있으면서 이 네 가지 악덕을 행하고서 망하지 않는 자는 없다고 합니다."

그러자 계손이 머리를 조아리고 사죄하며 말하였다.

"삼가 가르침을 따르겠습니다."

≪詩經≫ 〈魯頌 泮水〉에 말하였다.

"온화한 얼굴로 웃으면서 성내지 않고 가르치셨네."

季孫之治魯也에 衆殺人而必當其罪하며 多罰人而必當其過한대 子貢曰 暴哉라 治乎여 季孫聞之曰 吾殺人必當其罪하며 罰人必當其過어늘 先生以爲暴는 何也오 子貢曰 夫奚不若子產

之治鄭고 一年而負罰之過省하고 二年而刑殺之罪亡하고 三年而庫無拘人이라 故民歸之如水就下하며 愛之如孝子敬父母라 子産病將死에 國人皆吁嗟曰 誰可使代子産死者乎아 及其不免死也하여는 士大夫哭之於朝하며 商賈哭之於市하며 農夫哭之於野하대 哭子産者皆如喪父母러니 今竊聞夫子疾之時則國人喜하고 活則國人皆駭라하니 以死相賀하고 以生相恐하니 非暴而何哉오 賜聞之호니 託法而治를 謂之暴요 不戒致期를 謂之虐이요 不教而誅를 謂之賊이요 以身勝人을 謂之責이라하니 責者는 失身하며 賊者는 失臣하며 虐者는 失政하며 暴者는 失民이라 且賜聞호니 居上位하여 行此四者而不亡者는 未之有也라하니이다 於是에 季孫稽首謝曰 謹聞命矣로다 詩曰 載色載笑하니 匪怒伊教라

3-25 어떤 사람이 물었다.

"지혜로운 사람은 무엇 때문에 물을 좋아하는가?"

대답하였다.

"물이란 순리대로 흘러가서 작은 틈도 빠뜨리지 않으니 지혜가 있는 사람과 같고, 낮은 곳으로 流動하니 禮가 있는 사람과 같으며, 의심 없이 깊은 곳으로 들어가니 용기가 있는 사람과 같고, 堤防에 막혀있지만 맑으니 天命을 아는 사람과 같으며, 험한 곳을 거쳐 멀리까지 흘러 끝내 훼손되지 않으니 덕이 있는 사람과 같다. 천지가 이로써 이루어지고 만물이 이로써 자라며, 국가가 이로써 편안하고 만사가 이로써 평온하며, 品物이 이로써 바르게 되니, 이것이 지혜로운 사람이 물을 좋아하는 이유이다."

≪詩經≫ 〈魯頌 泮水〉에 말하였다.

"즐겁도다！ 泮水에서 순채를 뜯노라. 魯侯께서 오셔서 泮宮에서 술을 드시네."

이는 물에 대해 말한 것이다.

問者曰 夫智者는 何以樂於水也오 曰 夫水者는 緣理而行①하여 不遺小間은 似有智者②요 動而(下之)〔之下〕③는 似有禮者요 蹈深不疑④는 似有勇者요 漳防而淸⑤은 似知命者⑥요 歷險致遠하여 卒成不毁⑦는 似有德者⑧요 天地以成하며 群物以生하며 國家以寧⑨하며 萬事以平하며 品物以正하니 此智者所以樂於水也라 詩曰 思樂泮水에 薄采其茆호라 魯侯戾止하니 在泮飮酒라하니 水之謂也⑩라

① 夫水者緣理而行 : '緣'은 ≪說苑≫ 〈雜言〉에 '循'으로 되어 있고, 이 구절 앞에 '泉源潰潰不釋

晝夜其似力者(샘물이 끊임없이 밤낮으로 흐르는 것은 힘센 사람과 같다.)' 12字가 있다.

緣은 說苑雜言作循이라 句上有泉源潰潰不釋晝夜其似力者十二字라

② 似有智者 : '有智'는 劉向의 ≪說苑≫에 '持平(공평함을 지키다.)'으로 되어 있다.

有智는 劉作持平이라

③ 動而下之 : '下之'는 ≪說苑≫을 따라 '之下'가 되어야 한다. 趙懷玉本에 '動而之下'로 되어 있고, 그 교감한 내용에 " 舊本에 '下之'로 되어 있었는데, 이제 ≪太平御覽≫ 59卷에서 인용한 것을 따라 순서를 바꾸어 바로 잡는다." 하였다.

下之는 當從說苑하여 作之下라 趙本에 作動而之下요 校語에 舊本作下之러니 今從御覽五十九引乙正이라

④ 蹈深不疑 : ≪說苑≫에 "천 길이나 되는 못을 의심 없이 내달리다."라고 하였다.

說苑云 赴千仞之淵而不疑라

⑤ 漳汸而淸 : '漳'과 '障', '汸'과 '防'은 옛날에 통용되었다. 趙懷玉本에 '障防而淸'으로 되어 있고, 그 교감한 내용에 "'障'은 어떤 本에 '漳'으로 잘못되어 있었으나 이제 通津草堂本을 따라 고친다. ≪說苑≫ 〈雜言〉篇도 같다. ≪春秋繁露≫ 〈山川頌〉에는 '鄣防山而能淸淨(산에 가로막혀 있어도 청정하다.)'으로 되어 있는데 '鄣'은 '障'과 같다.

漳障汸防은 古通이라 趙本에 作障防而淸이요 校語에 障本譌作漳이나 今改從通津本하니 與說苑雜言篇同이라 春秋繁露山川頌에 作鄣防山而能淸淨하니 鄣與障同이라

⑥ 似知命者 : 이 구절 뒤에 ≪說苑≫에 또 "깨끗하지 못한 상태로 들어갔다가 깨끗해져서 나오는 것은 교화를 잘하는 사람과 같다."라고 하였다.

句下又云 不淸以入이라가 鮮絜而出은 似善化者라

⑦ 歷險致遠 卒成不毁 : ≪說苑≫에 "사람들이 공평하게 되고 品物이 바르게 되어, 만물이 물을 얻으면 살고 잃으면 죽는다."라고 하였다. 趙懷玉이 교감한 내용에 "'卒成不毁' 이 4字는 ≪藝文類聚≫와 ≪太平御覽≫에는 모두 없다." 하였다.

說苑云 衆人取平하고 品類以正하여 萬物得之則生하고 失之則死라 趙校語에 四字는 藝文類聚와 御覽에 俱無라

⑧ 似有德者 : 이 구절 뒤에 ≪說苑≫에 또 "맑고 넓어서 그 깊이를 헤아릴 수 없는 것은 성인과 같다."라고 하였다.

句下又云 淑淑淵淵하여 深不可測은 其似聖者이라

⑨ 天地以成 群物以生 國家以寗 : ≪說苑≫에 "천지 사이의 만물을 두루 윤택하게 하여 국가가 이로써 형성된다."라고 하였다.

說苑云 通潤天地之間하여 國家以成이라

⑩ 水之謂也 : 趙懷玉本에 '樂水之謂也(물을 좋아함을 말한 것이다.)'로 되어 있다.

趙本에 作樂水之謂也

3-26 어떤 사람이 물었다.

“어진 사람은 무엇 때문에 산을 좋아하는가?”

대답하였다.

“산은 모든 사람이 우러러보는 대상이다. 초목이 여기에서 생장하고 만물이 자라며 날짐승이 모여들고 길짐승이 서식한다. 사방에서 이익을 취하고 구름과 바람을 일으키며 천지 사이에 우뚝 서 있어, 천지가 이로써 형성되고 국가가 이로써 편안해지니, 이것이 어진 사람이 산을 좋아하는 이유이다.”

≪詩經≫ 〈魯頌 閟宮〉에 말하였다.

“太山이 높고 높아 魯나라 사람들이 우러러보네.”

이는 산을 좋아함을 말한 것이다.

問者曰 夫仁者는 何以樂於山也오 曰 夫山者①는 萬民之所瞻仰也라 草木生焉하며 萬物植焉②하며 飛鳥集焉③하며 走獸休焉④하며 四方益取與焉⑤하며 出雲道風하여 從乎天地之間⑥하여 天地以成하고 國家以寧⑦하니 此仁者所以樂於山也⑧라 詩曰 太山巖巖하니 魯邦所瞻⑨이라하니 樂山之謂也라

① 夫山者 : 이 구절 뒤에 ≪說苑≫에는 ‘巃嵸𡾋嶵(높고 가파르다)’ 4字가 있다.
句下에 說苑有巃嵸𡾋嶵(농종누죄)四字라

② 萬物植焉 : ≪說苑≫에 ‘萬’은 ‘衆’으로 되어 있고, ‘植’은 ‘立’으로 되어 있다.
說苑에 萬作衆이요 植作立이라

③ 飛鳥集焉 : ‘鳥集’은 劉向의 ≪說苑≫에 ‘禽萃’로 되어 있다.
鳥集은 劉에 作禽萃이라

④ 走獸休焉 : 이 구절 뒤에 劉向의 ≪說苑≫에 ‘寶藏殖焉 奇夫息焉 育群物而倦焉(저장된 보물이 生殖하고 奇人이 은거하며, 온갖 사물을 양육하면서도 권태를 느끼지 않는다.) 15字가 있다.
句下에 劉有寶藏殖焉하고 奇夫息焉하고 育群物而倦焉十五字라

⑤ 四方益取與焉 : ≪說苑≫에 “사방에서 함께 취하여도 한정이 없다.’ 하였다.
說苑云 四方竝取而不限焉이라

⑥ 出雲道風 從乎天地之間 : ‘從’은 어떤 本에 ‘嵸’으로 되어 있기도 하다. ≪說苑≫에 “구름과 바람을 일으켜 천지 사이에 기운이 통하게 한다.”라고 하였다. 趙懷玉本에 ‘嵸乎天地之間’으로 되어 있고, 그 교감한 내용에 “‘嵸’은 어떤 本에 ‘從’으로 되어 있기도 하다.” 하였다.
從은 本或作嵸이라 說苑云 出雲風하여 通氣於天地之間이라 趙本에 作嵸乎天地之間하니 校

語에 従本或作從이라

⑦ 國家以寗 : '寗'은 또한 '成'으로 되어 있다.

寗亦作成이라

⑧ 草木生焉……此仁者所以樂於山也 : 趙懷玉이 교감한 내용에 "≪太平御覽≫ 28卷에서 인용한 글에는 '材木이 자라고 저장된 보물이 불어나며 날짐승이 모여들고 길짐승이 서식하며 만물을 양육하여도 권태를 느끼지 않으니, 仁人과 志士와 같다. 이것이 어진 사람이 산을 좋아하는 이유이다.'로 되어 있다." 하였다.

趙校語에 御覽二十八引에 材用生焉하며 寶藏植焉하며 飛禽萃焉하며 走獸伏焉하며 育萬物而不倦하니 有似乎仁人志士라 是仁者所以樂山也라

⑨ 魯邦所瞻 : ≪說苑≫에서 인용한 글에는 '魯侯是瞻(魯侯가 우러러 본다.)'으로 되어 있다.

說苑引에 作魯侯是瞻이라

3-27 傳(≪說苑≫)에 말하였다.

"晉 文公이 일찍이 망명하였다가 귀국하여 세 차례 상을 하사하면서도 陶叔狐[24]에게는 상을 하사하지 않자 도숙호가 咎犯[25]에게 말하였다.

'제가 임금을 따라 11년이나 망명하는 동안 얼굴은 새까맣게 타고 손발은 굳은살이 박혔습니다. 그런데 지금 임금께서 귀국하여 세 차례나 상을 하사하셨지만 저는 거기에 끼지 못하였으니, 임금께서 저를 잊으신 걸까요? 아니면 저에게 큰 잘못이 있는 걸까요? 그대는 저를 위해 한번 임금께 말씀해 주십시오.'

구범이 도숙호의 말을 전하자, 문공이 대답하였다.

'아! 내 어찌 이 사람을 잊었겠는가. 고명하고 매우 현명하며 뜻과 행실이 완전하게 이루어져 나를 道로써 즐겁게 하고 나를 仁으로써 설득하며, 나의 행실을 변화시키고 나를 밝게 드러내어 나를 완전한 사람으로 만들어 준 자에게는 내가 최고의 상을 주었다. 또 나를 禮로써 공손하게 하고 나를 義로써 방어하며 나를 보호하고 도와서 내가 잘못을 저지르지 않게 한 자에게는 내가 그 다음 상을 주었다. 그리고 용맹하

---

24) 陶叔狐 : 춘추시대 晉나라 사람으로, 晉 文公이 公子의 신분으로 망명하여 여러 나라를 떠돌 때 수종하였다. 陶叔은 複姓이다.

25) 咎犯 : 춘추시대 晉나라 사람으로, 晉 文公의 외삼촌이라 하여 舅犯으로도 쓴다. 이름은 狐偃이고, 字는 子犯이다. 晉 文公이 망명하여 狄땅으로 도망갈 적에 그를 따라가 19년 동안 늘 호위하고 보좌하였으며, 진 문공이 본국으로 돌아와 임금이 된 뒤에도 잘 보좌하여 패업을 이룰 수 있도록 도왔다.

고 굳세며 氣勢로 자신을 다스려 환난이 앞에 닥치면 앞에 나서서 처리하고 환난이 뒤에 닥치면 뒤에 남아 처리하여, 나를 危難 가운데서 벗어나게 해 준 자에게는 내가 또 그 다음 상을 주었다. 하지만 애쓰고 고생한 선비에게는 그 다음 상을 주었다. ≪詩經≫ 〈商頌 長發〉에 이르기를 「예법에 따라 어김이 없으시니, 법도가 두루 행하여졌네.」라고 하였는데, 지금 도숙호는 안으로 잘못을 반성하지도 않고 백성들을 기쁘게도 하지 못하니 장차 무슨 상을 하사하겠는가.'"

傳曰 晉文公嘗出亡이라가 **反國**하여 **三行賞而不及陶叔狐**①어늘 **陶叔狐謂咎犯曰 吾從而亡十有一年**②에 **顔色黯黑**③하고 **手足胼胝**어늘 **今反國**하여 **三行賞而我不與焉**하니 **君其忘我乎**아 **其有大過乎**아 **子試爲我言之**하라 **咎犯言之**한대 **文公曰 噫**라 **我豈忘是子哉**리오 **高明至賢**하고 **志行全成**④하여 **湛我以道**⑤하고 **說我以仁**하며 **變化我行**하고 **昭明我**⑥하여 **使我爲成人者**는 **吾以爲上賞**⑦이라 **恭我以禮**하고 **防我以義**⑧하며 **蕃援我**⑨하여 **使我不爲非者**는 **吾以爲次**⑩라 **勇猛强武**하고 **氣勢自御**⑪하여 **難在前則處前**하고 **難在後則處後**하여 **免我危難之中者**는 **吾〔又〕以爲次**⑫라 **然勞苦之士**는 **次之**⑬니라 **詩曰 率履不越**⑭하니 **遂視既發**이라하니 **今不內自訟過**하고 **不悅百姓**하니 **將何錫之哉**리오

① 三行賞而不及陶叔狐 : ≪呂氏春秋≫ 〈不苟論〉에는 '叔'字가 없다.
呂氏春秋不苟論에 無叔字라

② 吾從而亡十有一年 : '從'字 뒤에 ≪說苑≫ 〈復恩〉에는 '君'字가 있고, '一'은 '三'으로 되어 있다. 趙懷玉本에 '吾從君而亡'으로 되어 있고, 그 교감한 내용에 "'君'字는 여러 本에 모두 빠져 있었는데 ≪說苑≫ 〈復恩〉篇에 근거하여 보충하였다. '一'은 ≪說苑≫에 '三'으로 되어 있다." 하였다.
從下에 說苑復恩에 有君字하고 一作三이라 趙本에 作吾從君而亡이요 校語에 君字本皆脫이나 據說苑復恩篇補라 一은 說苑作三이라

③ 黯黑 : 趙懷玉이 교감한 내용에 "≪說苑≫에는 '黎黑'으로 되어 있다." 하였다.
趙校語에 說苑作黎黑이라

④ 志行全成 : 趙懷玉이 교감한 내용에 "≪說苑≫에는 '德行全誠(德行이 완전하고 성실하다.)'으로 되어 있다." 하였다.
趙校語에 說苑作德行全誠이라

⑤ 湛我以道 : '湛'은 '耽(즐기다)'과 뜻이 같다.
湛與耽同이라

⑥ 變化我行 昭明我 : '變化'는 劉向의 ≪說苑≫에 '暴浣'으로 되어 있고 '明我' 뒤에 '名'字가 있

다. 趙懷玉本에 '昭明我名'으로 되어 있고, 그 교감한 내용에 "'變化'는 ≪呂氏春秋≫ 〈當賞〉篇에 '暴浣'으로 되어 있다. '名'字는 여러 本에 모두 빠져 있었는데 ≪呂氏春秋≫에 근거하여 보충하였다." 하였다.

變化는 劉作暴浣이요 明我下有名字라 趙本에 作昭明我名이요 校語에 變化는 呂氏當賞篇作暴浣이라 名字本皆脫이나 據呂氏補라

⑦ 高明至賢……吾以爲上賞 : ≪呂氏春秋≫에 "나를 義로써 보좌하고 나를 禮로써 引導한 자에게는 내가 최고의 상을 주었다."라고 하였다.

呂云 補我以義하고 導我以禮者는 吾以爲上賞이라

⑧ 恭我以禮 防我以義 : '恭'은 劉向의 ≪說苑≫에 '防'으로 되어 있고, '防'은 '諫'으로 되어 있다. 趙懷玉이 교감한 내용에 "≪呂氏春秋≫에는 '恭'은 '防'으로 되어 있고, '防'은 '諫'으로 되어 있다." 하였다.

恭劉作防하고 防作諫이라 趙校語에 呂氏恭作防하고 防作諫이라

⑨ 藩援我 : '藩'과 '蕃'은 옛날에 통용되었다.

藩蕃古通이라

⑩ 恭我以禮……吾以爲次 : ≪呂氏春秋≫에 "나를 善으로써 가르치고 내가 현명하도록 힘쓴 자에게는 내가 그 다음 상을 주었다."라고 하였다. 趙懷玉이 교감한 내용에 "≪呂氏春秋≫에는 '不'字 뒤에 '得'字가 있다." 하였다.

呂云 敎我以善하고 强我以賢者는 吾以爲次賞이라 趙校語에 呂氏不字下有得字라

⑪ 氣勢自御 : 劉向의 ≪說苑≫에 "용감하고 굳세다."라고 하였다.

劉云 勇壯强禦이라

⑫ 勇猛强武……吾以爲次 : 여기의 '吾'字 뒤에는 ≪說苑≫을 따라 '又'字를 보충해야 한다. ≪呂氏春秋≫에는 "나의 욕심을 막고 나의 잘못을 자주 지적해 준 자에게는 내가 가장 낮은 상을 주었다."라고 하였다. 趙懷玉本에 '吾又以爲次'로 되어 있고, 그 교감한 내용에 "여러 本에 모두 '又'字가 빠져 있었는데, ≪呂氏春秋≫에 '吾又以爲之次'로 되어 있으므로 이제 文義를 살펴 '又'字를 보충해야 한다." 하였다.

此吾字下에 當從說苑補又字라 呂氏則云 拂吾所欲하고 數擧吾過者는 吾以爲末賞也라 趙本에 作吾又以爲次요 校語에 本皆脫又字로대 呂氏作吾又以爲之次하니 今案文義하여 當有又字補之라

⑬ 然勞苦之士次之 : ≪呂氏春秋≫에 "만약 唐나라[26]의 수고한 무리에게 상을 준다면 陶狐가 장차 으뜸이 될 것이다."라고 하였다.

呂云 若賞唐國之勞徒면 則陶狐將爲首矣라

26) 唐나라 : 堯임금의 옛 도읍지인데, 뒤에 晉으로 국호를 고쳤다. ≪詩經≫ 國風 가운데 唐風도 이 지역이다. 여기에서는 晉나라를 말한다.

⑭ 率履不越 : 趙懷玉本에 '率禮不越'로 되어 있고, 그 교감한 내용에 "'禮'는 여러 本에 모두 '履'로 되어 있는데, ≪詩攷≫에서 인용한 것을 살펴보면 '禮'로 되어 있고 ≪說苑≫도 같다. 이제 이에 근거하여 고친다." 하였다.
趙本에 作率禮不越이요 校語禮本皆作履라 案詩攷引作禮요 說苑同이라 今據改라

3-28 남을 속이는 자가 말하였다.

"옛날과 지금은 사정이 다르니, 국가가 안정되거나 어지러운 이유는 다스리는 방법이 달라서이다."

일반 군중들은 모두 어리석어 無知하고 고루하여 옳고 그름을 헤아리지 못하는 자들이다. 눈으로 보는 것도 오히려 속일 수 있는데 하물며 천 년 전의 일에 있어서이겠는가. 남을 속이는 저 사람은 집에서 벌어지는 일조차 오히려 거짓으로 남을 속일 수 있는데 하물며 천 년 전의 일에 있어서이겠는가. 그렇다면 성인은 무엇 때문에 속일 수 없는가? 성인은 자기의 생각으로 옛 사람을 헤아리는 자이다. 지금 사람의 마음으로 옛 사람 마음을 헤아리며, 지금 사람의 감정으로 옛 사람의 감정을 헤아리며, 한 가지 사물로 비슷한 종류의 사물을 헤아리는 것은, 古今의 정황이 동일하기 때문이다. 비슷한 종류의 사물은 서로 어긋나지 않아, 아무리 오랜 세월이 지나도 이치가 같다. 그러므로 본성이 이치를 따라 미혹되지 않는 것이다.

대저 五帝 이전의 사람으로 후세에 전해지지 않는 것은 賢人이 없어서가 아니라 세월이 오래되었기 때문이다. 오제 가운데 후세에 전해지는 政事가 없는 것은 善政이 없어서가 아니라 세월이 오래되었기 때문이다. 虞舜과 夏禹는 후세에 전해지는 정사가 있긴 하지만 殷과 周처럼 분명하지 못하니, 이는 선정이 없어서가 아니라 세월이 오래되었기 때문이다. 전해지는 것이 오래되면 더욱 소략해지고 가까우면 더욱 상세한 법이니, 소략하면 큰 것만 열거하고 상세하면 작은 것만을 열거한다. 그러므로 어리석은 자는 큰 것만 듣고 상세한 정황은 알지 못하며, 상세한 것만 듣고 그 큰 정황은 알지 못한다. 이 때문에 세월이 오래됨에 따라 어긋나게 되는 것이다. 三王과 五帝는 지극히 훌륭한 정사를 펼치신 분이다.

≪詩經≫ 〈商頌 長發〉에 말하였다.

"上帝의 命이 어긋나지 않아 湯王에 이르러 부합하였네."

夫詐人者曰① 古今異情하니 其所以治亂異道라호대 而衆人皆愚而無知②하고 陋而無度(탁)者也라 於其所見에 猶可欺也어든 況乎千歲之後乎③아 彼詐人者는 門庭之間도 猶挾欺어든 而況千歲之上乎아 然則聖人何以不可欺也오 曰 聖人以己度人者也라 以心度心④하며 以情度情하며 以類度類는 古今一也라 類不悖하여 雖久同理라 故性緣理而不迷也⑤라 夫五帝之前無傳人은 非無賢人이라 久故也요 五帝之中無傳政은 非無善政이라 久故也요 虞夏有傳政⑥호대 不如殷周之察也⑦하니 非無善政이라 久故也라 夫傳者久則愈略⑧하고 近則愈詳하니 略則擧大하고 詳則擧細라 故愚者聞其大하고 不知其細하며 聞其細하고 不知其大⑨라 是以久而差니라 三王五帝는 政之至也라 詩曰 帝命不違하여 至于湯齊⑩라하니라

① 夫詐人者曰 : ≪荀子≫ 〈非相〉에 "'詐人'은 '妄人'으로 되어 있다.
荀子非相에 詐人作(安)〔妄〕[27] 人이라

② 衆人皆愚而無知 : '知'는 ≪荀子≫에 '說'로 되어 있다.
知荀作說이라

③ 況乎千歲之後乎 : '後'는 ≪荀子≫에 '傳'으로 되어 있다.
後荀作傳이라

④ 以心度心 : ≪荀子≫에는 "지금 사람의 정황으로 옛 사람의 정황을 헤아린다."라고 하였다.
荀云 以人度人이라

⑤ 性緣理而不迷也 : ≪荀子≫에는 "〈성인은〉 그릇된 주장에 직면해도 미혹되지 않고 복잡한 사물을 보아도 현혹되지 않는다."라고 하였다.
荀云 鄕乎邪曲而不迷하고 觀乎雜物而不惑이라

⑥ 虞夏有傳政 : '虞夏'는 ≪荀子≫에 '禹湯'으로 되어 있다.
虞夏는 荀作禹湯이라

⑦ 不如殷周之察也 : '周' 앞에 ≪荀子≫에는 '殷'字가 없다.
周上에 荀無殷字라

⑧ 久則愈略 : '愈'는 ≪荀子≫에 '論'으로 되어 있다. 뒤에도 같다.
愈荀作論이라 下同이라

⑨ 愚者聞其大不知其細 聞其細不知其大 : ≪荀子≫에는 "어리석은 자는 그 소략한 부분만 듣고 그 상세한 정황을 알지 못하며, 그 상세한 것만 듣고 그 큰 정황을 알지 못한다."라고 하였다.
荀云 愚者聞其略而不知其詳하고 聞其詳而不知其大也라

⑩ 湯齊 : 趙懷玉이 교감한 내용에 "≪詩攷≫에 '≪韓詩外傳≫에는 「湯躋」로 되어 있다.'라고 하였

27) (安)〔妄〕: 저본에는 '安'으로 되어 있으나, ≪荀子集解≫에 근거하여 '妄'으로 바로잡았다.

고, ≪禮記≫ 〈孔子閒居〉 注에 '「齊」는 「躋」의 뜻으로 간주하여 읽는다.'라고 하였다." 하였다.
趙校語에 詩攷云 外傳作湯躋요 禮記孔子閒居注에 齊讀躋라

3-29 舜임금은 諸馮(제풍)에서 태어나 負夏로 옮겼다가 鳴條에서 돌아가셨으니 東夷 사람이다. 文王은 岐周에서 태어나 畢郢(필영)에서 돌아가셨으니 西夷 사람이다. 서로 살던 지역의 거리가 천여 리이고 서로 살던 시대적 거리가 천여 년이지만, 뜻을 얻어 중국에 〈도를〉 시행한 점에 있어서는 符節을 합한 듯 똑같았다. 공자가 말하였다.

"앞의 성인과 뒤의 성인이 그 법도가 똑같다.[28)]"

≪詩經≫ 〈商頌 長發〉에 말하였다.

"上帝의 命이 어긋나지 않아 湯王에 이르러 부합하였네."

舜

舜生於諸馮하여 遷於負夏하여 卒於鳴條하니 東夷之人也니라 文王은 生於岐周하여 卒於畢郢하니 西夷之人也니라 地之相去也 千有餘里며 世之相後也 千有餘歲로대 然得志行乎中國하여는 若合符節하니라 孔子曰 先聖後聖이 其揆一也①니라 詩曰 帝命不違하여 至于湯齊이라

① 先聖後聖 其揆一也 : 이 두 구절은 이 기록에서 공자의 말이라고 하였으니 ≪맹자≫와 다르다.
此二句는 傳以爲孔子之辭하니 與孟子異라

3-30 공자가 周나라 祠堂을 參觀할 때에 欹器[29)]가 있었다. 공자가 사당을 지키는 자에게 물었다.

"이것은 무슨 그릇인가?"

사당을 지키는 자가 대답하였다.

"宥座라는 그릇입니다."

---

28) 舜임금은 …… 똑같다 : ≪孟子≫ 〈離婁 下〉에도 같은 내용이 보이는데, 거기에는 모두 孟子의 말로 되어 있고 '然'과 '孔子曰'이 없다.

29) 欹器 : 비스듬하게 기울어져 쉽게 엎어지는 그릇으로, 물이 적으면 기울어지고 물이 중간쯤 차면 똑바로 서고 가득차면 엎어지는데, 군주가 곁에 두고 경계로 삼았다.

공자가 물었다.

"듣기로 유좌라는 그릇은 속이 가득차면 엎어지고, 속이 비면 기울고, 알맞게 차면 바르게 선다고 하던데, 그러한가?"

사당을 지키는 자가 대답하였다.

"그러합니다."

그러자 공자가 자로에게 물을 떠서 한번 붓게 하였는데, 가득 채우자 엎어지고, 알맞게 채우자 바르게 서고, 텅 비자 기울어졌다. 공자가 喟然이 탄식하며 말하였다.

"아, 어찌 가득 차고서 엎어지지 않는 것이 있겠는가."

자로가 물었다.

"감히 묻습니다. 가득 찬 것을 〈넘치지 않게〉 유지할 수 있는 방법[30]이 있습니까?"

공자가 대답하였다.

"가득 찬 것을 〈넘치지 않게〉 유지할 수 있는 방법은 누르고 덜어내는 것이다."

자로가 물었다.

"덜어내는 데 방법이 있습니까?"

공자가 대답하였다.

"道德과 덕행이 관대한 자는 공손함으로써 지키고, 토지가 넓고 큰 자는 검소함으로써 지키며, 녹봉이 많고 지위가 높은 자는 자신을 낮춤으로써 지키고, 백성이 많고 군대가 강한 자는 두려움으로써 지키며, 聰明하고 叡智가 있는 자는 우매함으로써 지키고, 학문이 넓고 기억이 뛰어난 자는 그것을 얕게 함으로써 지키는 법이니, 이것을 누르고 덜어낸다고 하는 것이다."

≪詩經≫ 〈商頌 長發〉에 말하였다.

"湯王의 탄생이 늦지 않으며, 성스럽고 공경하는 덕이 날로 높아지셨네."

孔子觀于①周廟②할새 有欹器焉이라 孔子問於守廟者曰 此(謂)〔爲〕何器也③오 對曰 此蓋爲宥座之器④로이다 孔子曰 聞宥座⑤器는 滿則覆하고 虛則欹하고 中則正이라하니 有之乎아 對曰 然하니이다 孔子使子路取水試之⑥한대 滿則覆하고 中則正하고 虛則欹러라 孔子喟然而歎曰 嗚

30) 가득 찬……방법 : 持滿戒盈의 준말로, 물이 가득 찬 그릇을 들고서 혹 넘칠까 조심하는 것을 가리킨다. 일반적으로 높은 지위에 있지만 교만하지 않도록 스스로를 경계한다는 의미로 사용된다. 曹操의 〈善哉行〉의 세 번째에 "물이 가득 찬 그릇을 들고 넘치지 않게 할 수 있다면 덕 있는 자가 능히 좋게 마무리할 수 있을 것이다.〔持滿如不盈 有德者能卒〕"라고 하였다.

呼⑦라 惡有滿而不覆者哉아 子路曰 敢問持滿有道乎잇가 孔子曰 持滿之道는 抑而損⑧之니라 子路曰 損之有道乎잇가 孔子曰 德行寬裕者는 守之以恭하며 土地廣大者는 守之以儉하며 祿位尊盛者는 守之以卑하며 人衆兵强者는 守之以畏하며 聰明睿智者는 守之以愚하며 博聞强記者는 守之以淺⑨하니 夫是之謂抑而損之⑩니라 詩曰 湯降不遲하며 聖敬日躋라

① 于 : 趙懷玉本에 '於'로 되어 있다.
趙本에 作於라

② 周廟 : ≪荀子≫ 〈宥坐〉에 "魯 桓公의 사당이다."라고 하였다. 趙懷玉이 교감한 내용에 "≪荀子≫ 〈宥坐〉篇과 ≪孔子家語≫ 〈三恕〉篇과 ≪淮南子≫ 〈道應訓〉에 모두 '魯桓公之廟'로 되어 있다." 하였다.
荀子宥坐에 以爲魯桓公之廟也라 趙校語에 荀子宥坐篇과 家語三恕篇과 淮南道應訓에 皆作魯桓公之廟라

③ 此謂何器也 : '謂'는 ≪荀子≫를 따라 '爲'가 되어야 한다. 趙懷玉本에 '此爲何器也'로 되어 있고, 그 교감한 내용에 "'爲'는 舊本에 '謂'로 되어 있었는데 ≪荀子≫에 '爲'로 되어 있고, ≪說苑≫ 〈敬愼〉篇에도 같으니, 이제 이를 따른다." 하였다.
謂는 當從荀子作爲라 趙本에 作此爲何器也요 校語에 爲舊本作謂러니 荀子作爲요 說苑敬愼篇亦同하니 今從之라

④ 此蓋爲宥座之器 : '宥'는 ≪說苑≫ 〈敬愼〉에 '右'로 되어 있다. '座'는 '坐'와 뜻이 같다. 趙懷玉本에 '此蓋爲宥坐之器'로 되어 있고, 그 교감한 내용에 "'坐'는 舊本에 '座'로 있으니 '坐'의 속자이다. 지금 개정한다. 뒤에도 같다." 하였다.
宥說苑敬愼作右라 座與坐同이라 趙本에 作此蓋爲宥坐之器요 校語에 坐舊本作座俗하니 今改正이라 下同이라

⑤ 座 : 趙懷玉本에 '坐'로 되어 있다.
趙本에 作坐라

⑥ 孔子使子路取水試之 : ≪荀子≫에 "孔子가 제자를 돌아보고 말하기를 '물을 부어 보아라.' 하니 제자가 물을 부었다."라고 하였다.
荀子云 孔子顧謂弟子曰 注水焉하라하니 弟子把水而注之라

⑦ 嗚呼 : '呼' 뒤에 ≪孔子家語≫ 〈三恕〉에는 '夫物' 2字가 있다.
呼下에 家語三恕有夫物二字라

⑧ 抑而損 : 趙懷玉이 교감한 내용에 "≪淮南子≫에는 '抑'이 '揖'으로 되어 있고, ≪說苑≫에는 '把'로 되어 있다." 하였다.
趙校語에 淮南抑作揖하고 說苑作把라

⑨ 德行寬裕者……守之以淺 : 내(周廷寀)가 살펴보건대 ≪荀子≫에 "聰明하고 叡智가 있으면

우매함으로써 지키고, 공로가 천하를 덮으면 사양함으로써 지키며, 勇力이 세상을 떨치면 두려움으로써 지키고, 부유함이 천하를 소유하면 겸손으로써 지킨다."라고 하였다. ≪說苑≫에 "높은 자리에 있거든 몸을 낮추고, 가득 찼거든 비우며, 부유하거든 검소하고, 존귀하거든 겸손하며, 지혜가 있거든 어리석은 듯이 하고, 용맹하거든 겁내는 듯이 하며, 말을 잘하거든 어눌한 듯이 하고, 박학하거든 얕은 듯이 하며, 명철하거든 우매한 듯이 해야 한다."라고 하였다. 모두 이 기록과 전해들은 내용이 다르기 때문에 상세히 기재한다.
宋按컨대 荀子云 聰明聖知하면 守之以愚하며 功被天下면 守之以讓하며 勇力撫世면 守之以怯하며 富有四海면 守之以謙이라 說苑云 高而能下하며 滿而能虛하며 富而能儉하며 貴而能卑하며 智而能愚하며 勇而能怯하며 辯而能訥하며 博而能淺하며 明而能闇이라 竝與此傳으로 傳聞異辭라 故詳載焉이라

⑩ 夫是之謂抑而損之 : '抑'은 ≪荀子≫에 '把'로 되어 있으니 '把'와 '抑'은 옛날에 통용되었다. ≪孔子家語≫에 "이것이 이른바 덜어내고 또 덜어내는 방도이다."라고 하였다.
抑荀作把니 把抑蓋古通이라 家語云 此所謂損之又損之之道也라

3-31 周公이 천자의 地位를 攝政한 7년 동안 벼슬하지 않은 선비 중에 주공이 폐백을 들고 스승의 예로 만난 사람이 10명이고, 벗으로 만난 사람이 30명이며, 궁벽한 곳의 가난한 사람을 먼저 찾아가 만난 사람이 49명이었다. 또 주공에게 때때로 좋은 말을 올린 사람이 100명이고, 그를 가르쳐 준 선비가 1,000명이며, 조정으로 찾아와 만난 사람이 10,000명이었다.

成王이 伯禽을 魯나라에 封하자, 아버지 周公이 경계하며 말하였다.

"노나라에 가거든 너는 노나라를 소유하였다는 이유로 선비들을 교만하게 대하지 말라. 나는 文王의 아들이고 武王의 아우이며 성왕의 숙부이고 게다가 천하의 재상이니, 내가 천하에 있어 또한 그 지위가 가볍지 않다. 하지만 한 번 머리를 감을 때에 세 번이나 감던 머리카락을 잡고서 선비를 만났고, 한 번 밥을 먹을 때에 세 번이나 먹고 있던 음식을 내뱉고서 선비를 만나면서도 오히려 천하의 선비를 잃을까 걱정하였다. 내가 듣기로 德行이 관대하고 넉넉한데도 그것을 공손함으로써 지키는 자는 영화롭고, 토지가 넓고 큰데도 그것을 검소함으로써 지키는 자는 편안하며, 지위가 높고 녹봉이 많은데도 자신을 낮춤으로써 그것을 지키는 자는 귀하고, 백성이 많고 군대가 강한데도 그것을 두려움으로써 지키는 자는 승리하며, 聰明하고 叡智가 있는데도 그것을 우매함으로써 지키는 자는 善하고, 학문이 넓고 기억이 뛰어나더라도 그것

을 얕음으로 지키는 자는 지혜롭다고 하였다. 이 여섯 가지는 모두 겸손한 덕이다.

존귀하기로는 천자이고 부유하기로는 천하를 소유하였더라도 위에서 열거한 덕행을 말미암아야 한다. 겸손하지 않아 천하를 잃고 자신을 망친 자는 桀王과 紂王이니, 삼가지 않아서야 되겠느냐. 그러므로 ≪周易≫에 하나의 방도가 있다. 크게는 천하를 지키고 중간은 국가를 지키고 가까이는 자신을 지킬 수 있으니, 겸손을 말한 것이다. 대저 天道는 가득 차면 허물어뜨리고 겸손하면 더해주며, 地道는 가득 차면 변화시키고 겸손한 곳으로 흐르며, 鬼神은 가득 차면 재앙을 내리고 겸손하면 복을 주며, 人道는 가득 차면 싫어하고 겸손하면 좋아한다. 이 때문에 옷을 만들면 반드시 옷깃의 한 쪽을 완전하지 않은 채로 두고, 궁궐을 만들면 반드시 한쪽 모퉁이를 완성되지 않은 채로 두며, 방을 지으면 반드시 거칠게 덧칠하는 것은 완성되지 않음을 보인 것이니, 천도가 그러하다. ≪周易≫에 이르기를 '겸손하면 형통하니 군자가 겸손함으로 마치면 吉하다.'[31] 하였고, ≪詩經≫ 〈商頌 長發〉에 이르기를 '湯王의 겸손히 몸을 낮추는 것을 게을리 하지 않아, 성스럽고 공경하는 덕이 날로 높아지셨네.' 하였다. 그러니 경계하여 노나라를 소유하였다는 이유로 선비들을 교만하게 대하지 말라."

周公踐天子之位①七年에 布衣之士 所贄而師者十人②이요 所友見者(十三)〔三十〕人③이요 窮巷白屋先見者四十九人④이요 時進善者百人⑤이요 教士者千人⑥이요 宮朝者萬人⑦이러라 成王封伯禽於魯⑧한대 周公誡之曰 往矣어든 子其無以魯國驕士하라 吾는 文王之子요 武王之弟요 成王之叔父也⑨며 又相天下⑩니 吾於天下에 亦不輕矣니라 然一沐三握髮하고 一飯三吐哺호대 猶恐失天下之士로다 吾聞德行寬裕⑪호대 守之以恭者榮하며 土地廣大⑫호대 守之以儉者安하며 祿位尊盛호대 守之以卑者貴하며 人衆兵强호대 守之以畏者勝하며 聰明睿智호대 守之以愚者善⑬하며 博聞强記호대 守之以淺者智⑭하나니 夫此六者⑮는 皆謙德也니라 夫貴爲天子요 富有四海하고 由此德也로대 不謙而失天下하고 亡其身者는 桀紂是也니 可不愼歟아 故易有一道라 大足以守天下하고 中足以守其國家하고 近足以守其身⑯하니 謙之謂也라 夫天道는 虧盈⑰而益謙하며 地道는 變盈而流謙하며 鬼神은 害盈而福謙하며 人道는 惡盈而好謙이라 是以衣成則必缺衽하며 宮成則必缺隅하며 屋成則必加拙⑱은 示不成者니 天道然也니라 易曰 謙亨하니 君子有終吉이라하고 詩曰 湯降不遲하며 聖敬日躋라하니 誡之哉하여 其無以魯國驕士也어다

---

31) 겸손하면……吉하다 : ≪周易≫ 謙卦의 卦辭에 보인다.

① 踐天子之位 : '踐'은 ≪說苑≫ 〈尊賢〉에 '攝'으로 되어 있다.
踐은 說苑尊賢作攝이라

② 所贄而師者十人 : '贄' 앞에 ≪荀子≫ 〈堯問〉에는 '執'字가 있다. 趙懷玉이 교감한 내용에 "≪太平御覽≫ 474卷에서 인용한 글에는 '執贄所師見者十人'으로 되어 있다." 하였다.
贄上에 荀子堯問有執字라 趙校語에 御覽四百七十四引作執贄所師見者十人이라

③ 所友見者十三人 : ≪荀子≫ 에 "還贄而相見者三十人(폐백을 되돌려주고 만난 사람이 30명이다.)"이라고 하였는데 '還贄'는 ≪尙書大傳≫에 '委贄'로 되어 있다. 내(周廷寀)가 살펴보건대 ≪荀子≫ 및 ≪書傳≫을 따라야 한다. '三'과 '十'은 글자가 도치되었다. '三'은 여러 本에 모두 '二'로 잘못되어 있었는데 이제 ≪後傳≫에 근거하여 교정한다. 趙懷玉本에는 '十二人'으로 되어 있다.
荀云 還贄而相見者三十人이라 還贄는 尙書大傳作委贄라 寀按컨대 當從荀及書傳이라 蓋三與十文倒也라 三은 本皆譌爲二하니 今據後傳校正이라 趙本에 作十二人이라

④ 窮巷白屋先見者四十九人 : 이 구절은 ≪說苑≫에만 보인다. 趙懷玉本에 '窮巷白屋所先見者四十九人'으로 되어 있고, 그 교감한 내용에 "이 구절에서 '所'字는 舊本에 없었는데, ≪太平御覽≫에 근거하여 보충하였다." 하였다.
此句惟見說苑이라 趙本에 作窮巷白屋所先見者四十九人이요 校語에 此句所字는 舊無러니 據御覽補라

⑤ 時進善者百人 : ≪荀子≫에 "예의 있는 모습을 갖추고 접대한 선비가 백여 명이다."라고 하였는데, 楊倞의 注에 "'執'은 '待(접대하다)'의 뜻이니 예의를 갖추고 접대한 사람 중에 10인은 公卿에 속하는 사람들이고, 30인은 뭇 대부에 속하는 사람들이고, 100인은 뭇 선비에 속하는 사람들이다." 하였다. ≪尙書大傳≫에 "폐백을 가지고 만나보지 못한 선비가 100인이다."라고 하였다.
荀云 貌執之士百有餘人이라 楊注에 執待也니 以禮貌接待之十人은 公卿之中也요 三十人은 群大夫之中也요 百人은 群士之中也라 大傳云 其未執贄之士百이라

⑥ 教士者千人 : ≪荀子≫에 "말하는 사람이 말하고 싶은 것을 끝까지 다 마치도록 요청한 1,000여 인이다."라고 하였고, ≪尙書大傳≫에 "내가 모든 지혜를 발휘하여 사정을 알려고 한 사람이 1,000인이다."라고 하였다.
荀云 欲言而請畢事者千有餘人이요 大傳에 我欲盡智得情者千人이라

⑦ 宮朝者萬人 : '宮'은 ≪說苑≫에 '官'으로 되어 있다. ≪荀子≫에는 또한 이 구절이 없다. 趙懷玉本에 '官朝者萬人'으로 되어 있고, 그 교감한 내용에 "≪太平御覽≫에는 '進善' 뒤와 '教士' 뒤에 모두 '者'字가 있다. '官'은 舊本에 '宮'으로 되어 있었는데, ≪太平御覽≫에 근거하여 개정하였다." 하였다.
宮은 說苑作官이라 荀子亦無此句라 趙本에 作官朝者萬人이요 校語에 御覽進善下와 教士下

에 俱有者字라 官舊作宮이러니 據御覽改正이라

⑧ 成王封伯禽於魯 : 趙懷玉本에 '當此之時 誠使周公驕而且吝 則天下賢士至者寡矣 成王封伯禽於魯(이때에 진실로 周公이 교만하고 인색하였다면 천하의 賢士들 중에 찾아오는 자가 적었을 것이다. 成王이 伯禽을 魯나라에 封해 주었다.)'로 되어 있고, 그 교감한 내용에 "이 21字는 舊本에 없었는데 ≪太平御覽≫에서 인용한 글에 근거하여 보충하였다." 하였다.

趙本에 作當此之時에 誠使周公驕而且吝이면 則天下賢士至者寡矣리라 成王封伯禽於魯요 校語에 此二十一字는 舊本無러니 據御覽引補라

⑨ 成王之叔父也 : 楊倞의 注에 "周公이 成王보다 먼저 죽었으니 성왕의 시호를 알 리가 없을 것인데 여기에서 성왕이라고 하였으니 바로 後人들이 보탠 것이다."라고 하였다. ≪說苑≫ 〈敬愼〉에는 '今王'으로 되어 있다. 趙懷玉이 교감한 내용에 "≪荀子≫ 〈堯問〉篇에는 또한 '成王'으로 되어 있고, ≪說苑≫ 〈敬愼〉篇에는 '今王'으로 되어 있다." 하였다.

楊倞云 周公先成王薨하니 未宜知成王之諡어늘 此云成王이라하니 乃後人所加라 說苑敬愼에 作今王이라 趙校語에 荀子堯問篇亦作成王이요 說苑敬愼篇作今王이라

⑩ 又相天下 : 趙懷玉本에 '又相天子'로 되어 있고, 그 교감한 내용에 "여러 本에 '子'는 모두 '下'로 되어 있으나, 이제 ≪說苑≫에 근거하여 '子'로 고친다." 하였다.

趙本에 作又相天子요 校語에 本皆作下나 今依說苑改라

⑪ 寬裕 : 劉向의 ≪說苑≫에는 '廣大'로 되어 있다.

劉作廣大라

⑫ 廣大 : 劉向의 ≪說苑≫에는 '博裕'로 되어 있다.

劉作博裕라

⑬ 善 : 劉向의 ≪說苑≫에는 '益'으로 되어 있고, 뒤의 기록(본서 8-31)에는 '(晳)〔哲〕'[32]로 되어 있다. 趙懷玉이 교감한 내용에 " ≪說苑≫에는 '益'으로 되어 있다." 하였다.

劉作益이요 後傳作晳이라 趙校語에 說苑作益이라

⑭ 智 : 劉向의 ≪說苑≫에는 '廣'으로 되어 있고 뒤의 기록에는 '不溢'로 되어 있다. 趙懷玉이 교감한 내용에 "≪太平御覽≫에는 '廣'으로 되어 있다." 하였다.

劉作廣이요 後傳作不溢이라 趙校語에 御覽作廣이라

⑮ 夫此六者 : '六' 뒤에 劉向의 ≪說苑≫에는 '守'字가 있다.

六下에 劉有守字라

⑯ 近足以守其身 : 趙懷玉이 교감한 내용에 "'近'은 ≪太平御覽≫에 '小'로 되어 있다." 하였다.

趙校語에 近御覽作小라

⑰ 虧盈 : ≪說苑≫에는 '盈'이 모두 '滿'으로 되어 있다.

說苑에 盈皆爲滿이라

32) (晳)〔哲〕 : 저본에는 '晳'으로 되어 있으나, 본서(8-31)에 근거하여 '哲'로 바로잡았다.

⑱ 拙 : 劉向의 ≪說苑≫에는 '錯(덧칠하다)'으로 되어 있다. 趙懷玉이 교감한 내용에 "≪說苑≫에는 이 구절이 없다.[33)]" 하였다.
劉作錯이라 趙校語에 說苑無此句라

3-32 傳(≪孔子家語≫)에 말하였다.

"子路가 화려하게 차려입고 孔子를 뵙자, 공자가 말하였다.

'由야! 말쑥하게 차려 입는 것은 어째서인가? 옛날에 강물이 濆水에서 발원하였는데 처음 흘러나올 때에는 술잔을 띄울 정도였다. 그러다가 강나루에 이르러서는 배를 나란히 띄우지 않고 바람을 피하지 않으면 건널 수 없었다. 이는 강물이 많아져서가 아니겠느냐. 지금 너의 의복은 매우 화려하고 안색에 자신감이 넘치니, 천하 사람들이 누가 너에게 보태주려 하겠느냐.'

자로가 종종걸음으로 나갔다가 옷을 바꿔 입고 들어왔는데 거만한 모습은 그대로였다. 공자가 말하였다.

'유야! 기억해 두어라. 내가 너에게 말해주겠다. 대저 말을 삼가는 자는 시끄럽지 않고 행실을 삼가는 자는 자랑하지 않는 법이니, 겉으로 지혜가 있고 잘난 체하는 자는 小人이다. 그러므로 군자가 아는 것을 안다고 하고 모르는 것을 모른다고 하는 것이 말의 요체이고, 할 수 있는 것을 하고 할 수 없는 것을 하지 않는 것이 행동의 준칙이다. 말에 요체가 있으면 지혜롭고, 행동에 준칙이 있으면 어질다. 이미 어질고 지혜로운데 또 무엇을 보태겠느냐.'"

≪詩經≫ 〈商頌 長發〉에 말하였다.

"湯王의 탄생이 늦지 않으며, 성스럽고 공경하는 덕이 날로 높아지셨네."

傳曰 子路盛服하고 以見孔子한대 孔子曰 由아 疏疏者①何也오 昔者에 江於濆②하니 其始出也 不足以濫觴③이라 及其至乎江之津也하여는 不方舟④하고 不避風하면 不可渡也하니 非其衆川之多歟⑤아 今汝衣服(其)〔甚〕盛⑥하고 顏色充滿하니 天下有誰加汝哉⑦리오 子路趨出하여 改服而入한대 蓋攝如也⑧러라 孔子曰 由아 志之하라 吾語汝호리라 夫愼於言者不譁하고 愼於行者不伐⑨하나니 色知而有長者⑩는 小人也라 故君子知之爲知之하고 不知爲不知는 言之要也요 能之爲

33) 說苑에는……없다 : 이 부분은 趙懷玉이 착각한 듯하다. ≪說苑≫에 '屋成則加錯'이라는 구절이 있다.

能之하고 不能爲不能은 行之要也[11]라 言要則知하고 行要則仁하니 既知且仁이어니 又何加哉리오 詩曰 湯降不遲하며 聖敬日躋라

① 疏疏者 : ≪荀子≫ 〈子道〉에 '裾裾'로 되어 있는데, 楊倞의 注에 "衣服盛貌(衣服이 성대한 모양이다.)"라고 하였다. ≪說苑≫ 〈雜言〉에는 '襜襜'으로 되어 있고, ≪孔子家語≫ 〈三恕〉에는 '倨倨'로 되어 있다. 趙懷玉이 교감한 내용에 "'疏疏'는 ≪荀子≫ 〈子道〉篇에 '裾裾'로 되어 있고, ≪說苑≫ 〈雜言〉篇에 '襜襜'으로 되어 있고, ≪孔子家語≫ 〈三恕〉篇에 '倨倨'로 되어 있다." 하였다.

荀子子道에 作裾裾라 楊注에 衣服盛貌라 說苑雜言에 作襜襜하고 家語三恕에 作倨倨라 趙校語에 疏疏는 荀子子道篇에 作裾裾요 說苑雜言篇에 作襜襜이요 家語三恕篇에 作倨倨라

② 江於濆 : '濆'은 '岷'의 뜻으로 읽는다. ≪荀子≫에 "江出於䎽山(양자강은 䎽山에서 발원한다.)"이라고 하였는데 '䎽'과 '岷'은 같다. 趙懷玉이 교감한 내용에 "≪說苑≫에 '江水出於岷山'으로 되어 있는데 '岷'은 또한 '䎽'과 '汶'으로 되어 있다. 여기에서 '濆'으로 쓴 것은 아마도 또한 音이 비슷해서 차용한 것인 듯하다." 하였다.

濆은 讀曰岷이라 荀云 江出於䎽山하니 䎽與岷同也라 趙校語에 說苑作江水出於岷山하니 岷亦作䎽汶이라 此作濆은 或亦音近借用이라

③ 其始出也 不足以濫觴 : '不'은 ≪說苑≫에 '大'로 되어 있다. ≪荀子≫ 및 ≪孔子家語≫에 "그 근원은 술잔을 띄울 정도이다."라고 하였다. 趙懷玉이 교감한 내용에 "'不'은 ≪說苑≫에 '大'로 되어 있다. ≪荀子≫에는 '其源可以濫觴'으로 되어 있다." 하였다.

不은 說苑作大라 荀及家語云 其源可以濫觴이라 趙校語에 不은 說苑作大요 荀子作其源可以濫觴이라

④ 不方舟 : '方'은 ≪荀子≫에 '放'으로 되어 있는데, 楊倞의 注에 "放讀爲方('放'은 '方'의 뜻으로 읽어야 한다.)"이라고 하였다. ≪孔子家語≫에는 '舫'으로 되어 있다.

方은 荀作放이라 楊注云 放讀爲方이라 家語作舫이라

⑤ 非其衆川之多歟 : ≪說苑≫에는 '衆川' 앞에 '下流' 2字가 있다. ≪荀子≫와 ≪孔子家語≫도 같다.

說苑에 衆川上有下流二字라 荀及家語同이라

⑥ 今汝衣服其盛 : '其'는 ≪說苑≫을 따라 써야 하니, '甚'字의 誤記이다. ≪荀子≫와 ≪孔子家語≫에는 '既'로 되어 있다. 趙懷玉本에 '今汝衣服甚盛'으로 되어 있고, 그 교감한 내용에 "'甚'은 옛날에 '其'로 잘못되어 있었는데, 이제 ≪說苑≫에 의거하여 고친다." 하였다.

其는 當從說苑作이니 甚字之誤也라 荀及家語에 作既라 趙本에 作今汝衣服甚盛이요 校語에 甚舊譌作其러니 今依說苑改라

⑦ 天下有誰加汝哉 : '有誰'는 ≪說苑≫에 '誰肯'으로 되어 있고, ≪荀子≫에는 "諫하다."라고 하였고, ≪孔子家語≫에는 "잘못을 너에게 알려주다."라고 하였다.

有誰는 說苑作誰肯이요 荀子云 諫也요 家語云 以非告汝也라

⑧ 蓋攝如也 : '攝如'는 어떤 本에 '揖'으로 되어 있기도 하나 틀린 것이다. ≪荀子≫에는 "猶若(그대로이다.)"이라고 하였다. 趙懷玉이 교감한 내용에 "毛晉의 汲古閣津逮秘書本과 通津草堂本에 '攝'은 '揖'으로 되어 있다. ≪荀子≫에는 '蓋猶若也'로 되어 있고, ≪說苑≫에는 '蓋自如也'로 되어 있고, ≪孔子家語≫에는 '蓋自若也'로 되어 있다." 하였다.

攝如는 本或作揖非라 荀云 猶若이라 趙校語에 毛本通津本攝作揖이라 荀子作蓋猶若也요 說苑作蓋自如也요 家語作蓋自若也라

⑨ 夫慎於言者不譁 慎於行者不伐 : ≪荀子≫에는 "모두 우쭐대며 말하는 자는 번지르르한 것이고 우쭐대며 행동하는 자는 뻐기는 것이다."라고 하였는데, 楊倞의 注에 "'奮'은 '振'과 같으니 '자랑하다'의 뜻이다."라고 하였다.

荀云 竝云奮於言者華하고 奮於行者伐이라 楊注에 奮猶振이니 矜也라

⑩ 色知而有長者 : '長'은 ≪荀子≫에 '能'으로 되어 있는데, 楊倞의 注에 "色知는 아는 것이 안색에 드러남을 말한 것이고, 有能은 스스로 그 능력을 소유함을 말한 것이니, 모두 자랑하고 뻐기는 뜻이다."라고 하였다. ≪說苑≫과 ≪孔子家語≫에는 모두 '知'가 '智'로 되어 있다. 趙懷玉이 교감한 내용에 "'長'은 세 책에 모두 '能'으로 되어 있다." 하였다.

長은 荀作能이라 楊注에 色知는 謂所知見於顔色이요 有能은 謂自有其能이니 皆矜伐之意라 說苑과 家語에 竝以知爲智라 趙校語에 長은 三書皆作能이라

⑪ 行之要也 : 여기의 '要'는 여러 책에 '至'로 되어 있으니, 뒷 문장에 "行至則仁(행실이 지극하면 어질다.)[34]"라고 하였다.

此要는 諸書作至니 下文云 行至則仁이라

3-33 君子는 행실에 대해 구차하게 어려운 일을 하는 것을 귀하게 여기지 않고, 주장에 대해 구차하게 살피는 것을 귀하게 여기지 않으며, 명성에 대해 구차하게 전해지는 것을 귀하게 여기지 않고, 禮義에 맞는 것만을 귀하게 여긴다. 돌을 지고 강으로 뛰어드는 것은 행하기 어려운 일이지만 申徒狄[35]은 능히 해냈다. 하지만 군자가 귀하게 여기지 않는 것은 예의에 맞지 않기 때문이다. 또 〈論辯하는 내용에〉 산과 못은 높낮이가 고르고, 하늘과 땅은 높낮이가 비슷하며, 齊나라와 秦나라는 붙어 있으며, 귀로 들어왔다가 입으로 나가며, 할머니가 수염이 있고, 알에 털이 있다고 하는 것은 이

34) 行至則仁 : ≪韓詩外傳≫에는 보이지 않고, ≪荀子≫와 ≪孔子家語≫에 보인다.
35) 申徒狄 : 殷나라의 賢人으로 忠諫이 받아들여지지 않자 돌을 안고 황하에 몸을 던져 자결하였다 한다. 申屠狄이라도 한다.(≪莊子≫ 〈盜跖〉)

치에 맞지 않아 설득하기 어려운 것들인데 鄧析과 惠施[36]는 능히 해냈다. 하지만 군자가 귀하게 여기지 않는 것은 예의에 맞지 않기 때문이다. 또 盜跖[37]은 人口에 회자되어 명성이 해와 달과 같아서 舜임금, 禹임금과 함께 후세에 전해져 사라지지 않는다. 하지만 군자가 귀하게 여기지 않는 것은 예의에 맞지 않기 때문이다. 그러므로 군자는 행실에 대해 구차하게 어려운 일을 하는 것을 귀하게 여기지 않고, 주장에 대해 구차하게 살피는 것을 귀하게 여기지 않으며, 명성에 대해 구차하게 전해지는 것을 귀하게 여기지 않고 예의에 맞는 것만을 귀하게 여긴다.

≪詩經≫ 〈商頌 長發〉에 말하였다.

"굳세지도 않고 느슨하지도 않으며, 강하지도 않고 유약하지도 않게 하시네."

君子는 行不貴苟難하며 說不貴苟察하며 名不貴苟傳하고 惟其當之爲貴라 夫負石而赴河는 此行之難爲者也어늘 而申徒狄能之러로대 君子不貴者는 非禮義之中也요 山淵平하고 天地比①하며 齊秦襲②하며 入乎耳라가 出乎口③하며 鉤有鬚④하고 卵有毛⑤는 此說之難持者也어늘 而鄧柎惠施能之⑥로대 君子不貴者는 非禮義之中也라 盜跖吟口⑦하여 名聲若日月하여 與舜禹俱傳而不息이로대 君子不貴者는 非禮義之中也라 故君子行不貴苟難하며 說不貴苟察하며 名不貴苟傳하고 惟其當之爲貴⑧니라 詩曰 不競不絿하고 不剛不柔⑨로다

① 山淵平 天地比 : ≪荀子≫ 楊倞의 注에 "≪莊子≫에 하늘과 땅은 똑같이 낮고 산과 못은 똑같이 고르다."라고 하였다.
楊注荀子云 莊子曰天與地卑하고 山與澤平이라

② 齊秦襲 : '襲'은 '合'의 뜻이다.
襲合也라

③ 入乎耳 出乎口 : 곧 산에도 입이 있다는 것이다. ≪莊子≫ 司馬의 注에 "하나의 산에서 고함을 지르면 여러 산에서 모두 메아리친다."라고 하였다.
卽山出口也라 司馬注莊云 呼於一山이면 衆山皆應이라

④ 鉤有鬚 : ≪荀子≫에 '須'로 되어 있으니 '須'와 '鬚'는 통용된다. 바로 ≪莊子≫의 "丁子(개구리)가 꼬리가 있다."라는 말이다.

---

36) 鄧析과 惠施 : 모두 춘추전국시대의 사람으로, 荀子에게 말의 조리가 있어 어리석은 대중을 속이고 미혹시켰다는 비판을 받은 자들이다.(≪荀子≫ 〈非十二子〉)

37) 盜跖 : 춘추시대 魯나라 柳下惠의 아우로, 9천 명의 무리를 거느리고 남의 牛馬와 婦女를 마음대로 빼앗고 제후에게 횡포를 부렸던 천하의 大盜이다. 堯임금이 聖人을 대표하는 이름인데 비하여 도척은 惡人을 대표하는 이름이다.(≪莊子≫ 〈盜跖〉)

荀子作須니 須鬚通이니 卽丁子有尾也라

⑤ 卵有毛 : 司馬의 注에 "털의 기운이 털 달린 짐승이 되고 깃털의 기운이 깃털 달린 새가 되니, 胎生하고 卵生하는 것이 아직 태어나지 않았더라도 털과 깃털의 性이 이미 드러난 것이다."라고 하였다.

司馬云 毛氣成毛하고 羽氣成羽하니 雖胎卵未生이라도 而毛羽之性以著라

⑥ 此說之難持者也 而鄧柎惠施能之 : 鄧析은 鄭나라 大夫로 駟歂(사천)에게 살해 되었다. 惠施는 梁나라 재상으로 莊子와 동시대 사람이다. 趙懷玉이 교감한 내용에 "'柎'은 '析'의 別體이다." 하였다.

鄧析은 鄭大夫니 爲駟歂所殺라 惠施는 梁相이니 與莊子同時라 趙校語에 柎爲析之別體라

⑦ 盜跖吟口 : '吟咏'은 오래도록 인구에 회자되는 것이다. ≪說苑≫에 '盜跖凶貪(盜跖은 흉포하고 탐학하다.)'으로 되어 있다.

吟咏은 長在人口也라 說苑에 作盜跖凶貪이라

⑧ 君子行不貴苟難……惟其當之爲貴 : 趙懷玉이 교감한 내용에 "또한 ≪荀子≫ 〈不苟〉篇에 보인다." 하였다.

趙校語에 亦見荀子不苟篇이라

⑨ 不競不絿 不剛不柔 : 趙懷玉本에는 '言當之爲貴也(예의에 합당한 것이 귀함을 말한 것이다.)' 6字가 있다.

趙本에 有言當之爲貴也六字라

3-34 伯夷와 叔齊는 눈으로는 나쁜 모습을 보지 않고 귀로는 나쁜 소리를 듣지 않으며, 올바른 임금이 아니면 섬기지 않고 올바른 백성이 아니면 다스리지 않았다. 그리하여 포악한 政事가 나오는 곳과 포악한 백성들이 거주하는 곳에는 차마 거처하지 않았으며, 무식한 시골 사람과 함께 있는 것을 마치 관복과 朝冠을 쓰고서 진흙이나 잿더미 위에 앉아 있는 것처럼 생각하였다. 그러므로 伯夷의 風度를 들은 자들은 탐악한 사람이 분별이 있게 되고 나약한 사람이 뜻을 세우게 되었다. 柳下惠 같은 경우는 그렇지 않아서, 더러운 임금 섬기기를 부끄러워하지 않고 작은 벼슬을 사양하지 않으며 조정에 나아가서는 능력을 숨기지 않아 반드시 그 도리대로 하였다. 곤란한 상황에 처해도 걱정하지 않고 벼슬길에서 버림을 받아도 원망하지 않으며, 시골 사람과 함께 있어도 즐거워하며 떠나지 않았다. 그러면서 말하기를 '내 옆에서 웃통을 벗고 벌거벗는다한들 저 사람들이 어찌 나를 더럽힐 수 있겠는가.' 하였다. 그러므로 柳下惠의 風度를 들은 자들은 속이 좁은 자가 관대해지고 각박한 자가 후덕해지게 되었

다. 공자의 경우에는 魯나라를 떠날 때 '더디고 더디구나, 내 발걸음이여!' 하였으니 떠날 만하면 떠나고 머무를 만하면 머무르는 것은 부모의 나라를 떠나는 도리이다. 伯夷는 성인 가운데 맑은 분이고 柳下惠는 성인 가운데 조화로운 분이고 孔子는 성인 가운데 중도에 맞게 하신 분이다.

≪詩經≫ 〈商頌 長發〉에 말하였다.

"굳세지도 않고 느슨하지도 않으며 강하지도 않고 유약하지도 않게 하시네."

이는 中庸과 和通의 道를 말한 것이다.

伯夷叔齊는 目不視惡色하며 耳不聽惡聲하고 非其君不事하며 非其民不使하여 橫政之所出과 橫民之所止에 弗忍居也하며 思與鄉人居호대 若朝衣朝冠으로 坐於塗炭也라 故聞伯夷之風者는 貪夫廉하며 懦夫有立志하니라 至柳下惠하여는 則不然하여 不羞汚君하며 不辭小官하며 進不隱賢하여 必由其道하며 阨窮而不憫하며 遺佚而不怨하며 與鄉人居호대 愉愉然不去也하여 雖袒裼裸裎於我側인들 彼安能浼我哉리오하니 故聞柳下惠之風은 鄙夫寬하며 薄夫厚하니라 至乎孔子하여는 去魯에 遲遲乎其行也여하니 可以去而去하며 可以止而止는 去父母國之道也라 伯夷는 聖人之淸者也요 柳下惠는 聖人之和者也요 孔子는 聖人之中者也①라 詩曰 不競不絿하고 不剛不柔라하니 中庸和通之謂也라

① 聖人之中者也 : 이 기록에서는 '中'이라고 하고, ≪孟子≫에서는 '時'라고 하였으니, 두 가지의 뜻이 충족되게 한 것이다.
此傳言中하고 孟子言時하니 二義互相足也라

3-35 王者가 세금을 균등하게 賦課하고 일처리를 정확하게 하는 것은 다음과 같다. 田地에 대해서는 10분의 1의 세금을 거두고 關門과 저자에 대해서는 기찰만 하고 세금을 거두지 않으며, 山林과 澤梁에 대해서는 제때에 들어가게 할 뿐 禁하지 않는다. 토지를 살펴 토지세를 차등 있게 거두고 도로의 원근을 따져 貢物을 거두며, 모든 재화를 다 옮겨 와서 적체되는 일이 없이 물자를 유통하고 이동시킨다. 그러므로 가까운 사람은 그 재능을 숨기지 않고 먼 사람은 그 노고를 싫어하지 않는다. 비록 깊숙하고 궁벽한 나라라도 모두 달려와 사역을 받으며 안락하게 지내니, 이것을 왕자가 세금을 균등하게 부과하고 일처리를 정확하게 하는 것이라고 한다.

≪詩經≫ 〈商頌 長發〉에 말하였다.

"너그럽게 정사를 펴니 온갖 복록이 다 모여드네."

王者之等賦正事는 田野什一하며 關市譏而不征①하며 山林澤梁은 以時入而不禁②이라 相地而正壤③하며 理道而致貢④하며 萬物群來하여 無有流滯⑤하여 以相通移⑥이라 近者不隱其能하고 遠者不疾其勞라 雖幽間僻陋之國이라도 莫不趨使而安樂之하니 夫是之謂王者之等賦正事라 詩曰 敷政優優하니 百祿是遒로다

① 譏而不征 : '譏'는 ≪荀子≫ 〈王制〉에 '幾'로 되어 있는데, 楊倞의 注에 "질책하고 캐물어 조사하는 것이다."라고 하였다.
譏荀子王制에 作幾니 楊注云 呵察也라

② 山林澤梁 以時入而不禁 : ≪荀子≫에 "때에 따라 금하거나 개방할 뿐 세금을 거두지 않는다."라고 하였는데, 그 注에 "때가 아니면 금지하고 때에 맞으면 개방한다."라고 하였다.
荀云 以時(征)〔禁〕[38]發而不稅하니 注에 非時則禁하고 及時則發이라

③ 相地而正壤 : '正壤'은 ≪荀子≫에 '衰(최)政'으로 되어 있는데, 그 注에 "衰差也 政讀爲征(衰는 차등의 뜻이다. 政은 征의 뜻으로 읽는다.)"이라고 하였다. 趙懷玉이 교감한 내용에 "≪荀子≫ 〈王制〉篇에 '相地而衰政'으로 되어 있는데, 楊倞의 注에 '衰는 차등의 뜻이니 初와 危의 反切이다. 政은 征의 뜻으로 읽기도 한다.'라고 하였다." 하였다.
正壤은 荀作衰政이니 注衰差也라 政讀爲征이라 趙校語에 荀子王制篇作相地而衰政하니 楊倞注云 衰差也니 初危反이라 政或讀爲征이라

④ 理道而致貢 : 趙懷玉이 교감한 내용에 "≪荀子≫에는 '理道遠近而致貢'으로 되어 있다." 하였다.
趙校語에 荀作理道遠近而致貢이라

⑤ 無有流滯 : 趙懷玉이 교감한 내용에 "≪荀子≫에는 '滯留'로 되어 있으니, 여기의 '流'는 또한 '留'가 되어야 한다." 하였다.
趙校語에 荀作滯留니 此流亦當作留라

⑥ 以相通移 : '通移'는 ≪荀子≫에 '歸移'로 되어 있는데, 그 注에 "'歸'는 '饋'의 뜻으로 읽어야 한다." 하였다.
通移荀作歸移니 注歸讀爲饋라

3-36 孫卿이 臨武君과 趙 孝成王 앞에서 兵法에 관해 토론하였다. 왕이 물었다.
"감히 병법의 요체에 관해 듣고 싶습니다."

---

38) (征)〔禁〕 : 저본에는 '征'으로 되어 있으나, ≪荀子集解≫에 근거하여 '禁'으로 바로잡았다.

임무군이 말하였다.

"병법의 요체는 위로 天時를 얻고 아래로 地利를 얻으며, 敵보다 늦게 출발하고 적보다 먼저 도착하는 것이 바로 병법의 요체입니다."

그러자 손경이 대답하였다.

"그렇지 않습니다. 대저 병법의 요체는 백성들을 가까이 따르게 하는 데 있을 뿐입니다. 여섯 마리의 말이 화합하지 못하면 造父[39]도 멀리 갈 수 없고, 활과 화살이 고르지 못하면 后羿(예)[40]도 작은 목표물을 맞출 수 없으며, 백성들이 가까이 따르지 않으면 湯王과 武王[41]도 전쟁에서 승리할 수 없는 법입니다. 이로 말미암아 본다면 요체는 백성들을 가까이 따르게 하는 데 달려 있을 뿐입니다."

임무군이 반박하며 말하였다.

"그렇지 않습니다. 대저 군사를 쓰는 것은 임기응변이고, 귀하게 여기는 것은 모략과 속임수입니다. 군사를 잘 쓰는 사람은 오히려 神出鬼沒하여 어디로 나올지 알 수 없게 합니다. 孫武와 吳起[42]도 이러한 방법을 써서 천하에 대적할 자가 없었으니, 이로 말미암아 본다면 어찌 백성들이 가까이 따르기를 기다린 뒤에야 군사를 쓰겠습니까."

그러자 손경이 말하였다.

"그렇지 않습니다. 그대가 말하는 것은 諸侯의 병법이고 謀臣의 일이며, 신이 말하는 것은 仁人의 병법이고 聖王의 일입니다. 속일 수 있는 상대는 필시 태만한 군대일 것이니, 군신 상하 간에 갑자기 마음이 일치하지 않는 경우입니다. 대저 盜跖이 桀王을 속인다면 그래도 교묘하고 졸렬한 속임수로 이길 수 있겠지만, 걸왕이 堯임금을 속인다면 이는 손가락으로 끓는 물을 휘젓는 것과 같으며, 달걀로 바위를 치는 것과

---

39) 造父 : 周나라 穆王 때 사람으로, 말을 잘 몰았으므로 후대에서는 말을 잘 모는 사람의 대명사로 쓰인다. 목왕이 서쪽으로 가서 수렵에 빠져 돌아오길 잊었는데, 徐 偃王이 반란을 일으키자 그가 왕의 말을 몰아 하루에 천 리를 달려가 서 언왕을 공격하여 대파하였다. 그 공으로 趙城을 받았다고 한다.(≪史記≫ 권43 〈趙世家〉)

40) 后羿 : 夏나라 太康 시절 有窮 땅의 임금으로 활을 잘 쏘았는데, ≪莊子≫ 〈德充符〉에 "羿의 사정거리 안에 노닐면서 그 한복판에 서 있는 자가 화살을 맞지 않는다면 그것은 命이라 할 수밖에 없다." 하였다.

41) 湯王과 武王 : 모두 혁명을 일으켜서 暴君을 몰아내어 聖君으로 칭송받는 왕이다. 湯王은 夏나라의 桀 왕을 축출하고 殷나라를 건국하였고, 武王은 은나라의 紂왕을 축출하고 周나라를 개국하였다.

42) 孫武와 吳起 : 孫武는 춘추시대 오나라의 闔閭를 섬기던 명장이고, 吳起는 전국시대 衛나라 장군으로, 모두 유명한 兵法家이다.

같으며, 날개를 접고 뜨거운 불길 속에 뛰어드는 것과 같아서 들어가면 타버릴 것인데, 어떻게 속일 수 있겠습니까. 그리고 强暴한 나라를 위해 장차 누가 함께 이르겠습니까. 저 함께 오는 군대는 반드시 그 백성들을 속여서 오는 것일 것입니다. 백성들이 우리를 친근하게 여기기를 마치 향초와 난초처럼 향기롭게 여기고 父子관계처럼 기뻐하면서도, 그들이 도리어 자신들의 군주를 돌아보기를 마치 참혹하고 악독한 사람처럼 여긴다면 아무리 걸왕과 도척 같이 아무리 나쁜 사람이라도 어찌 그들이 매우 증오하는 군주를 위해 그들이 매우 사랑하는 대상을 해치려 하겠습니까. 이는 남의 아들과 손자로 하여금 제 부모를 해치게 하는 것과 같습니다. 저들이 먼저 자신들의 잘못을 깨달을 것인데, 어떻게 속임수를 쓰겠습니까.

또 어진 사람이 운용하는 군대는, 모이면 隊伍를 이루고 흩어지면 行列을 이루며, 가로로 길게 진을 치면 莫邪(야)[43]의 긴 칼과 같아 접근하면 잘려 나가고, 세로로 뾰족하게 진을 치면 막야의 예리한 칼날과 같아 닿기만 하면 흩어지며, 둥글게 진을 치면 산과 같아 옮길 수 없고, 네모지게 진을 치면 磐石과 같아 뽑을 수 없습니다. 그리하여 적들은 뿔이 꺾이고 부절이 쪼개지듯 물러날 것인데, 어찌 속임수를 쓰겠습니까. ≪詩經≫ 〈商頌 長發〉에 이르기를 '武王께서 깃발을 세우시고 경건히 斧鉞을 잡으니, 그 모습이 타오르는 불꽃같아 아무도 막아내지 못하였네.'라고 하였으니, 이는 탕왕과 무왕의 병법을 두고 말한 것입니다."

그러자 효성왕이 자리를 피하며 고개를 들고 말하였다.

"寡人이 비록 不敏하지만 선생의 병법을 따르겠습니다."

孫卿與臨武君으로 議兵於趙孝成王之前①이라 王曰 敢問兵之要하노이다 臨武君曰 夫兵之要는 上得天時하고 下得地利②하며 後之發하고 先之至니 此兵之要也니이다 孫卿曰 不然하니이다 夫兵之要는 在附親士民而已③니이다 六馬不和면 造父不能以致遠하며 弓矢不調면 羿不能以中微하며 士民不親附면 湯武不能以戰勝하나니 由此觀之컨대 要在於附親士民而已矣니이다 臨武君曰 不然하니이다 夫兵之用은 變故也요 其所貴는 謀詐也④니이다 善用之者는 猶脫兔⑤하여 莫知其出이라 孫吳用之⑥하여 無敵於天下하니 由此觀之컨대 豈待附親士民而後可哉잇가 孫卿曰 不然하니이다 君⑦之所道者는 諸侯之兵이요 謀臣之事也며 臣之所道者는 仁人之兵이요 聖王之事也니이다 彼可詐者는 必怠慢者也⑧니 君臣上下之際에 突然有離德者也⑨니이다 夫以跖而詐桀⑩이면 猶有

43) 莫邪 : 천하의 名劍이다.

工拙焉어니와 以桀而詐堯면 如以指撓沸하고 以卵投石하며 抱羽毛而赴烈火하여 入則燋也⑪니 夫何可詐也리오 且夫暴國이 將孰與至哉리잇가 彼其所與至者는 必欺其民이리이다 民之親我也는 芬若椒蘭하고 歡如父子⑫로대 彼〔反〕顧其上⑬은 如憯毒蜂蠆人⑭이니 雖桀跖이라도 豈肯爲其所至惡(오)하여 賊其所至愛哉리잇가 是猶使人之子孫自賊其父母也니이다 彼則先覺其失⑮이니 何可詐哉⑯리잇가 且仁人之兵은 聚則成卒하고 散則成列하며 延居⑰則若莫邪之長刃하여 嬰之者斷하고 銳居⑱則若莫邪之利鋒하여 當之者潰하며 圜⑲居則若丘山之不可移也하며 方居⑳則若磐石之不可拔也라 觸之摧角折節而退爾㉑리니 夫何可詐也리잇가 詩曰 武王載旆㉒하여 有虔秉鉞하니 如火烈烈이라 則莫我敢曷㉓이로다하니 此謂湯武之兵也니이다 孝成王避席仰首㉔曰 寡人雖不敏하나 請依先生之兵也로이다

① 孫卿與臨武君 議兵於趙孝成王之前 : ≪荀子≫ 〈議兵〉의 注에 "臨武君은 楚나라 장수이다." 라고 하였고, 或者는 "바로 孫臏이다."라고 하였다. ≪劉向敍錄≫에 "孫卿이 趙나라에 이르러 손빈과 孝成王 앞에서 兵法을 토론하였다."라고 하였다. 살펴보건대 ≪史記年表≫에 "齊 宣王 2년에 손빈이 君師가 되어 馬陵에서 魏나라를 패배시켰다."라고 하였는데, 조 효성왕 元年까지는 이미 77년이나 거리가 있어 연대가 크게 차이가 나니, 틀린 듯하다.
荀子議兵注云 臨武君은 蓋楚將이라 或曰卽孫臏也라 劉向敍云 孫卿至趙하여 與孫臏으로 議兵孝成王前이라 按컨대 史記年表에 齊宣王二年에 孫臏爲君師하여 敗魏於馬陵이라하니 至趙孝成王元年하여는 已七十七年하여 年代相遠하니 疑非也라

② 下得地利 : 趙懷玉이 교감한 내용에 "≪荀子≫ 〈議兵〉篇에 '觀敵之變動(敵의 동태를 살피다.)' 이란 구절이 있는데 여기에서는 빠진 듯하다." 하였다.
趙校語에 荀子議兵篇有觀敵之變動一句하니 此似脫라

③ 夫兵之要 在附親士民而已 : ≪荀子≫에 "무릇 군사를 일으켜서 공격하고 싸우는 근본은 백성들과 일치단결하는 데 있다."라고 하였다.
荀云 凡用兵攻戰(戰)[44] 之本이 在乎壹民이라

④ 其所貴 謀詐也 : ≪荀子≫에 "병법에서 귀하게 여기는 것은 형세의 이로움이고 시행하는 것은 임기응변과 속임수이다."라고 하였다. ≪新序≫ 〈雜事〉에 '所行'은 '所上'로 되어 있다.
荀云 兵之所貴者는 勢利也요 所行者는 變詐也라 新序雜事에 所行作所上라

⑤ 猶脫免 : ≪荀子≫에는 "感忽悠闇(신속하고 신묘하다.)"이라고 하였고, ≪新序≫에는 "奄忽(신속하다.)"이라고만 하였다.
荀云 感忽悠闇이라 新序에 但云 奄忽이라

⑥ 孫吳用之 : '孫'은 孫武이니 吳王 闔閭의 장수이고, '吳'는 吳起이니 魏 武侯의 장수이다.

44) 戰 : 저본에는 있으나, ≪荀子集解≫에 근거하여 衍文으로 보아 번역하지 않았다.

孫은 孫武니 吳王闔閭將이요, 吳는 吳起이니 魏武侯將也라

⑦ 君 : 趙懷玉本에 '子'로 되어 있고, 그 교감한 내용에 "어떤 本에 '君'으로도 되어 있기도 하다. ≪荀子≫도 같다." 하였다.

趙本에 作子요 校語에 本或作君이니 荀子同이라

⑧ 彼可詐者 必怠慢者也 : 이 구절 다음에 ≪荀子≫에는 또 '路亶者也(피로한 자이다.)' 4字가 있다. '路亶'은 ≪新序≫에 '落單'으로 되어 있다.

句下에 荀又有路亶者也四字라 路亶은 新序作落單이라

⑨ 突然有離德者也 : '突'은 ≪荀子≫에는 '滑'로 되어 있고, 劉向의 ≪新序≫에는 '渙'으로 되어 있다. 趙懷玉이 교감한 내용에 "'突'은 ≪荀子≫에 '滑'로 되어 있으니 '亂(어지럽다.)'의 뜻이다." 하였다.

突荀作滑이요 劉作渙이라 趙校語에 突荀作滑이니 亂也라

⑩ 夫以跖而詐桀 : ≪荀子≫와 劉向의 ≪新序≫에는 모두 "桀王이 걸왕을 속이다."라고 하였다.

荀劉竝云 以桀詐桀이라

⑪ 抱羽毛而赴烈火 入則燋也 : '燋'는 '焦'와 같다. ≪新序≫에 "마치 날아서 뜨거운 불속에 뛰어드는 것과 같아 들어가면 타서 없어져 버린다."라고 하였다.

燋與焦同이라 新序에 若羽蹈烈火하니 入則焦沒耳라

⑫ 歡如父子 : ≪荀子≫와 劉向의 ≪新序≫에 '子'는 모두 '母'로 되어 있다.

荀劉에 子竝作母라

⑬ 彼顧其上 : ≪荀子≫를 따라 '顧' 앞에 '反'字를 보충해야 한다.

顧上當補反字니 從荀子라

⑭ 如憯毒蜂蠆人 : ≪荀子≫에 "烙刑과 墨刑을 두려워하듯 하고 원수를 미워하듯 하다."라고 하였다. '人' 앞에 '於'字가 빠진 듯하다.

荀云 若灼黥하고 若仇讎라 人上에 疑脫於字라

⑮ 彼則先覺其失 : ≪荀子≫에 "저들이 반드시 와서 그 정황을 말해줄 것이다."라고 하였다.

荀云 彼必將來告之라

⑯ 彼則先覺其失 何可詐哉 : 趙懷玉이 교감한 내용에 "≪荀子≫에 '저들이 반드시 와서 그 정황을 말해 줄 것이니 또 어찌 속임수를 쓰겠는가.'로 되어 있다." 하였다.

趙校語에 荀作彼必將來告之니 夫又何可詐也리오

⑰ 延居 : ≪荀子≫에는 '居'字가 없다. 뒤에도 같다. ≪新序≫에 '延'은 '鋋'으로 되어 있다.

荀子에 無居字하니 下同이라 新序에 延作鋋이라

⑱ 銳居 : '銳'는 ≪荀子≫에 '兌'로 되어 있으니, '兌'는 '銳'와 뜻이 같다.

銳荀作兌니 兌與銳同이라

⑲ 圜 : 趙懷玉本에 '圓'으로 되어 있다.

趙本作圓이라

⑳ 方居 : ≪說苑≫에는 '方止'로 되어 있다.

說苑作方止라

㉑ 觸之摧角折節而退爾 : ≪荀子≫에는 "깨져서 사기가 꺾여 戰意를 상실하고 비실대며 물러나다."라고 하였다.

荀云 角摧하여 案角鹿埵隴種東籠而退耳라

㉒ 武王載旆 : ≪荀子≫에서 인용한 글에는 '載發'로 되어 있다. 趙懷玉本에 '武王載發'로 되어 있고, 그 교감한 내용에 "舊本에는 모두 '旆'로 되어 있었다. 살펴보건대 ≪詩攷≫에서 인용한 글에는 '發'로 되어 있으니 ≪荀子≫와 같다. 이를 따른다." 하였다.

荀子에 引作載發이라 趙本에 作武王載發이요 校語에 舊本皆作旆라 案컨대 詩攷에 引作發하니 與荀子同이라 從之라

㉓ 莫我敢曷 : '曷'은 '害(해치다.)'의 뜻이다. ≪荀子≫에 '遏'로 되어 있으니, '遏'은 '止(막다.)'의 뜻이다. 趙懷玉이 교감한 내용에 "≪荀子≫에는 '遏'로 되어 있다." 하였다.

曷害也라 荀作遏이니 遏止也라 趙校語에 荀作遏이라

㉔ 避席仰首 : 趙懷玉이 교감한 내용에 "'仰首'가 옳으니 '抑首'는 잘못된 것이다." 하였다.

趙校語에 仰首當是하니 抑首之誤라

3-37 王命을 받은 선비가 衣冠을 정제하고 서서 엄숙하게 있으면 사람들이 바라보고 믿고, 그 다음은 말을 듣고 믿고, 그 다음은 행실을 보고 믿는다. 이미 행실을 보고서도 사람들이 모두 믿지 않는으면 이는 下等의 선비이다.

≪詩經≫ 〈小雅 巷伯〉에 말하였다.

"그대들 말조심 하게나. 그대들을 믿지 못하겠다고 하겠네."

受命之士가 **正衣冠而立**하여 **儼然**하면 **人望而信之**하고 **其次**는 **聞其言而信之**하고 **其次**는 **見其行而信之**라 **旣見其行**하고 **而衆皆不信**이면 **斯下矣**니라 **詩曰 愼爾言矣**어다 **謂爾不信**이리라

3-38 옛날에 문을 나서지 않고도 천하의 일을 알고 창밖을 내다보지 않고도 天道를 볼 수 있었던 것은, 눈이 千里 앞의 일을 볼 수 있어서가 아니고 귀가 천리 밖의 일을 들을 수 있어서가 아니라, 자기의 정황으로 헤아렸기 때문이다. 예를 들어 자기가 굶주림과 추위를 싫어하면 천하 사람들이 옷과 식량을 바란다는 것을 알 수 있으며, 자기가 노동과 고생을 싫어하면 천하 사람들이 편안하고 안락함을 바란다는 것을 알 수

있으며, 자기가 衰하고 궁핍함을 싫어하면 천하 사람들이 부유하고 풍족함을 바란다는 것을 알 수 있다. 이 세 가지를 알기 때문에 聖王은 왕의 자리에서 내려오지 않고도 천하를 바로잡을 수 있었던 것이다. 그러므로 군자의 도는 자신의 마음을 다하고 자신의 마음을 미루어 남을 헤아리는 것일 뿐이다.

굶주림과 갈증에 직면하고 血氣에 괴롭힘을 당하며, 추위와 더위에 곤란을 겪고, 육체와 피부가 수고로운 것, 이 네 가지는 백성에게 크게 피해를 주는 것들이다. 이 큰 피해를 제거하지 않으면 가르치거나 다스릴 수 없다. 옷이 없어 몸을 가리지 못하는 것은 어진 사람이 드물기 때문이고, 식량이 없어 뱃속이 텅 비는 것은 절조 있는 선비가 없기 때문이다. 그러므로 先王의 법에 천자가 親耕하고 后妃가 親蠶하여서 천하 사람들에 앞서 입고 먹을 것을 걱정하도록 한 것이다.

≪詩經≫에 말하였다.

"부모님은 무얼 드시고 계시나? 내 마음속 근심은 그대에게 치마가 없는 거라네.[45]"

昔者에 不出戶而知天下하고 不窺牖而見天道는 非目能視乎千里之前요 非耳能聞乎千里之外라 以己之情量之也일새라 己惡饑寒焉하면 則知天下之欲衣食也요 己惡勞苦焉하면 則知天下之欲安佚也요 己惡衰乏焉하면 則知天下之欲富足也라 知此三者라 聖王之所以不降席而匡天下라 故君子之道는 忠恕而已矣니라 夫處饑渴하며 苦血氣하며 困①寒暑하며 動肌膚 此四者는 民之大害也니 大害不除면 不②可敎御也라 四體不掩은 則鮮仁人이요 五藏空虛는 則無立士라 故先王之法에 天子親耕하고 后妃親蠶하여 先天下憂衣與食也라 詩曰 父母何嘗고 心之憂矣는 之子無裳이로다

① 困 : 趙懷玉本에 '因'으로 되어 있다.
趙本에 作因이라
② 不 : 趙懷玉本에 '未'로 되어 있다.
趙本에 作未라

모두 38장이다.

凡傳三十有八이라

45) 부모님은……거라네 : ≪詩經≫ 〈唐風 鴇羽〉와 〈衛風 有狐〉의 구절을 합한 것이다.

韓詩外傳 卷第四

4-1 紂王이 炮烙[1)]의 형벌을 만들자 왕자 比干이 말하였다.

"임금이 포악한데 간하지 않으면 충성이 아니고 죽음이 두려워 말하지 않으면 용맹이 아니니, 잘못을 보면 간언을 하고 간언을 하였는데도 받아들여지지 않으면 죽는 것이 지극한 충성이다."

마침내 간하며 3일 동안 조정을 떠나지 않으니 주왕이 그를 가두고서 죽였다.

≪詩經≫ 〈小雅 巧言〉에 말하였다.

"昊天의 위엄이 심히 크나 내 살펴보건대 잘못이 없도다."

紂作炮烙之刑①한대 王子比干曰 主暴不諫이 非忠也요 畏死不言이 非勇也니 見過卽諫②하고 不用卽死가 忠之至也라하고 遂諫③하여 三日不去朝하니 紂囚而殺之④하다 詩曰 昊天大憮나 予愼無辜로다

① 紂作炮烙之刑 : 趙懷玉이 교감한 내용에, "≪江隣幾雜志≫에는 陳和叔이 '≪韓詩≫에는 '炮烙'으로 되어 있고 ≪漢書≫에는 '炮格'으로 되어 있다.'라고 한 것을 인용하였는데, 지금의 ≪漢書≫를 살펴보니 또한 '炮烙'으로 되어 있다. 段玉裁가 말하기를, '「格」자가 옳으니 「烙」자로 되어 있는 것은 모두 잘못이다.' 하였다." 하였다.
趙校語에 江鄰幾雜志에 引陳和叔云韓詩에 作炮烙하고 漢書에 作炮格한대 案今漢書하니 亦作炮烙이라 段氏玉裁云格字是니 作烙은 皆譌라

② 見過卽諫 : '卽'은 ≪新序≫ 〈節士〉에 '作'로 되어 있으니 아래도 같다.
卽은 新序節士에 作則하니 下同이라

③ 遂諫 : '遂' 아래에 ≪新序≫ 〈節士〉에는 '進'이 있다.
遂下에 序有進字라

④ 紂囚而殺之 : '囚'는 ≪新序≫ 〈節士〉에 '因'으로 되어 있다.
囚는 序에 作因이라

4-2 桀王이 술로 못을 만드니 배도 띄울 만하였고 술지게미 언덕은 높기가 10리를 바

1) 炮烙 : 紂王 때의 극형인데, 불 위에 구리기둥을 걸쳐 놓고 그 위를 건다가 불에 떨어져 죽게 하는 형벌이다.

라볼 만하였는데, 소처럼 엎드려 술을 마시는 자가 3천 명이나 되었다. 關龍逢이 간언하여 말하였다.

"옛날의 인군은 몸소 예의를 행하며 백성을 아끼고 재물을 절약하였기 때문에 나라는 편안하고 자신은 장수를 누렸습니다. 그런데 지금 임금께서는 끝이 없는 것처럼 재물을 쓰고 다 죽이지 못할까 걱정이라도 하듯 사람을 죽이시니, 임금께서 만약 그만두지 않으신다면 하늘이 반드시 재앙을 내려 주벌이 기어이 이를 것입니다."

그러고는 선 채로 조정을 떠나지 않으니 걸왕이 가두고서 죽였다. 군자들이 이를 듣고 말하였다.

"하늘의 운명이로다."

≪詩經≫ 〈小雅 巧言〉에 말하였다.

"昊天의 위엄이 심히 크나 내 살펴보건대 잘못이 없도다."

桀爲酒池①하여 **可以運舟**하고 **糟丘足以望十里**②하니 **而牛飮者三千人**이라 **關龍逢進諫曰 古之人君**은 **身行禮義**하고 **愛民節財**라 **故國安而身壽**어늘 **今君用財若無窮**하고 **殺人若恐弗勝**③하니 **君若弗革**이면 **天殃必降**하여 **而誅必至矣**리이다 **君其革之**하소서 **立而不去朝**④하니 **桀囚而殺之**⑤하다 **君子聞之曰 天之命矣**⑥로다 **詩曰 昊天大憮**나 **予愼無辜**⑦로다

① 桀爲酒池 : 이 일은 앞의 傳과 서로 증명이 되는 것이다.
此事는 當與前傳互證이라

② 糟丘足以望十里 : ≪新序≫ 〈節士〉篇에는 '七里'로 되어 있으니 잘못이다.
節士篇에 作七里하니 譌라

③ 殺人若恐弗勝 : ≪新序≫ 〈節士〉에는 "用人若恐不能死(사람 쓰기를 마치 죽이지 못할까 걱정이라도 하듯이 하였다.)"라고 하였다.
序云 用人若恐不能死라

④ 立而不去朝 : 趙懷玉이 교감한 내용에 "'去'는 어떤 本에 혹 잘못하여 '及'으로 되어 있으니, 이제 毛晉의 汲古閣津逮秘書本을 따른다." 하였다.
趙校語에 去는 本或譌作及하니 今從毛本이라

⑤ 桀囚而殺之 : '殺'은 ≪新序≫ 〈節士〉에 '拘'로 되어 있다.
殺은 序에 作拘라

⑥ 天之命矣 : ≪新序≫ 〈節士〉에는 "天之命矣夫(하늘의 운명이구나!)'라고 하였고, 趙懷玉本에는 '天之命矣'로 되어 있다.
序云 天之命矣夫하고 趙本에 作天之命矣라

⑦ 詩曰 予愼無辜 : ≪新序≫ 〈節士〉에는 이 句 아래에 또 "云無辜而死 不亦哀乎(죄 없이 죽으니 또한 슬프지 않은가!)"라고 하였다.

句下序又云無辜而死하니 不亦哀乎아

4-3 상등의 충신이 있고 중등의 충신이 있고 하등의 충신이 있으며 나라의 奸賊이 있다. 道로 임금을 덮어 주고 교화하는 것이 상등의 충성이고, 덕으로 임금을 조화롭게 하고 보좌하는 것이 중등의 충성이고, 옳음으로 임금의 잘못을 간하여 원망을 받는 것이 하등의 충성이며, 公道와 達義는 아랑곳하지 않고 임금에게 구차히 영합하여 자기의 녹봉을 지키고 패거리를 기르는 것이 나라의 간적이다. 周公은 成王에게 상등의 충신이라 할 수 있고 管仲은 桓公에게 중등의 충신이라 할 수 있고 伍子胥는 夫差에게 하등의 충신이라 할 수 있으며, 曹觸龍은 紂王에게 나라의 간적이라 할 수 있다. 이 모두가 신하의 행위이니 그 길함과 흉함, 어짊과 못남의 차이에 따라 효과가 달라지는 것이다.

伍子胥

≪詩經≫ 〈小雅 巧言〉에 말하였다.

"직분을 공손히 수행하는 것이 아니라 王을 병들게 할 뿐이로다."

有大忠者하고 有次忠者하고 有下忠者하며 有國賊者라 以道覆君而化之① 是謂大忠也요 以德調君而輔之② 是謂次忠也요 以是諫非君而怨之③ 是謂下忠也요 不恤乎公道達義④하여 偸合苟同⑤하여 以之持祿養交者⑥ 是謂國賊也라 若周公之於成王에 可謂大忠也요 管仲之於桓公에 可謂次忠也요 子胥之於夫差에 可謂下忠也요 曹觸龍之於紂⑦에 可謂國賊也라 皆人臣之所爲也니 吉凶賢不肖之效也라 詩曰 匪其止恭⑧이라 惟王之邛이로다

① 以道覆君而化之 : ≪荀子≫ 〈臣道〉에는 '道覆'이 '德復'으로 되어 있으니, 楊倞의 注에 "'復은 보답함이다.' ≪周禮≫ 〈天官冢宰〉에 '宰夫는 신하들이 國事에 관해 아뢰는 것을 관장한다.' 하였다." 하였다.

道覆은 荀子臣道에 作德復이니 楊注云 復은 報也라 周禮에 宰夫는 掌諸臣之復이라

② 以德調君而輔之 : '輔'는 ≪荀子≫ 〈臣道〉에 '補'로 되어 있다.

輔는 荀에 作補라

③ 是謂次忠也 以是諫非君而怨之 : ≪荀子≫ 〈臣道〉에 근거하여 '是'를 보충하였다. '怨'은 ≪荀子≫ 〈臣道〉에 '怒'로 되어 있다. 趙懷玉本에는 '以是諫非而死之'로 되어 있다. 교감한 내용에 "본래 '以諫非君而怨之'로 되어 있는데 이는 잘못이다. ≪太平御覽≫ 418권에 근거하여 바로잡았다." 하였다.

是字는 據荀子補라 怨은 荀에 作怒라 趙本에 作以是諫非而死之라 校語에 本作以諫非君而怨之하니 譌라 據御覽四百十八引改正이라

④ 不恤乎公道達義 : '之'자는 衍文인 듯하다. ≪荀子≫ 〈臣道〉에는 "不恤君之榮辱 不恤國之臧否(임금의 영화와 치욕을 돌보지 않으며 나라의 득실을 돌보지 않는다.)"라고 하였다.

之字는 疑衍이라 荀云不恤君之榮辱하고 不恤國之臧否라

⑤ 偸合苟同 : ≪荀子≫ 〈臣道〉에 '容'으로 되어 있다.

荀에 作容이라

⑥ 以之持祿養交者 : ≪荀子≫ 〈臣道〉에 근거하여 '交' 또한 보충하였다. 趙懷玉本에는 '交'가 없다. 교감한 내용에 "'交' 1자가 빠진 듯하다." 하였다.

交字도 亦據荀子補라 趙本에 無交字라 校語疑脫一交字라

⑦ 曹觸龍之於紂 : 내(周廷寀)가 살펴보건대, 紂王은 마땅히 桀王이 되어야 한다. ≪說苑≫ 〈敬愼篇〉에 "桀不修禹之道 毁壞辟法 裂絶世祀 其左師觸龍者 詔諛不止 湯誅桀 觸龍身死(걸왕이 禹王의 도를 닦지 않아, 법도를 무너뜨리고 선대의 제사를 끊었다. 그의 신하 左師 觸龍이 끊임없이 아첨하니 湯王이 걸왕을 誅殺할 때 촉룡도 함께 죽었다.)"라고 하였다. 楊倞이 이를 주왕이라고 한 것은 옳은지 알지 못하겠으니 착오가 있는 듯하다.

寀按紂當爲桀이라 說苑敬愼篇云 桀不修禹之道하여 毁壞辟法하고 裂絶世祀라 其左師觸龍者가 詔諛不止하니 湯誅桀에 觸龍身死라 楊倞以此云紂는 未知孰是니 似迂라

⑧ 詩曰 匪其止恭 : 趙懷玉이 교감한 내용에 "通津草堂本에는 '共'으로 되어 있으니 아래도 같다." 하였다.

趙校語에 通津本에 作共하니 下同이라

4-4 哀公이 인재를 선발하는 법에 대해 물으니, 孔子가 말하였다.

"탐욕스런 사람을 선발하지 말며, 말재주가 좋은 사람을 선발하지 말며, 허튼소리 하는 사람을 선발하지 마소서. 탐욕스런 사람은 교만하고 말재주가 좋은 사람은 아첨하고 허튼소리 하는 사람은 거짓말을 합니다. 때문에 활은 잘 조절한 뒤에야 굳셈을 요구할 수 있고, 말은 잘 길들인 뒤에야 훌륭함을 요구할 수 있고, 선비는 믿음직하고 성실한 뒤에야 지혜로움을 요구할 수 있는 것입니다. 선비가 믿음은 없이 지혜만 많

으면, 승냥이나 이리에 비유할 수 있으니 그런 사람을 가까이해서는 안 됩니다."

≪逸周書≫에 말하였다.

"'호랑이에게 날개를 달아 준다.' 하였으니, 또한 위태롭지 않은가?[2)]"

≪詩經≫ 〈小雅 巧言〉에 말하였다.

"직분을 공손히 수행하는 것이 아니라 王을 병들게 할 뿐이로다."

이는 그 직분을 공손이 수행하지 않아 그 임금을 병들게 한다는 말이다.

哀公問取人한대 孔子曰 無取健①하고 無取佞②하고 無取口讒③하소서 健은 驕也④요 佞은 諂也⑤요 讒은 誕也⑥라 故弓調然後에 求勁焉하고 馬服然後에 求良焉하고 士信慤而後에 求知焉⑦이니이다 士不信焉⑧하고 又多知⑨면 譬之豺狼⑩이니 其難以身近也라 周書曰 爲虎傅翼이 不亦殆乎⑪아 詩曰 匪其止共이라 惟王之邛이로다하니 言其不恭其職事而病其主也라

① 孔子曰 無取健 : ≪孔子家語≫ 〈五儀解〉에는 "無取捷捷"으로 되어 있다.
家語五儀에 作無取捷捷라

② 無取佞 : '佞'은 ≪荀子≫ 〈哀公〉에는 '詌'으로 되어 있고, ≪說苑≫ 〈尊賢〉에는 '拑'으로 되어 있다. ≪孔子家語≫ 〈五儀解〉에는 "無取鉗鉗(함부로 말하는 사람을 등용하지 마소서.)"라고 하였다.
佞은 荀子哀公에 作詌하고 說苑尊賢에 作拑이라 家語云無取鉗鉗이라

③ 無取口讒 : '讒'은 ≪荀子≫ 〈哀公〉에 '啍'으로 되어 있다. 楊倞의 注에 "啍은 諄과 같다. ≪方言≫에는 '齊魯凡相疾惡 謂之諄(齊나라와 魯나라 사람들이 서로를 미워하면서 '諄'이라고 한다.)'이라고 하였다." 하였다. ≪孔子家語≫ 〈五儀解〉의 注에 "啍啍은 말이 많은 것이다." 하였다. ≪說苑≫ 〈尊賢〉에는 '銳'로 되어 있다. 趙懷玉이 교감한 내용에 "≪荀子≫ 〈哀公〉篇에 '佞'은 '詌'으로 되어 있고 '讒'은 '啍'으로 되어 있으며, ≪孔子家語≫ 〈五儀解〉에는 '佞'이 '鉗'으로 되어 있으며, ≪說苑≫ 〈尊賢〉篇에는 '讒'이 '銳'로 되어 있다. 楊倞은 ≪說苑≫ 〈尊賢〉을 인용하여 또 '叡'를 썼다." 하였다.
讒은 荀에 作啍이라 楊注에 啍은 與諄同이라 方言에 齊魯凡相疾惡謂之諄이라 家語注에 啍啍은 多言也라 說苑에 作銳이라 趙校語에 荀子哀公篇에 佞은 作詌하고 讒은 作啍하며 家語五儀解에 佞은 作鉗하며 說苑尊賢篇에 讒은 作銳라 楊倞引說苑하여 又作叡라

④ 健驕也 : ≪荀子≫ 〈哀公〉에는 '貪'으로 되어 있다. 劉台拱은 "必欲兼人 不可以爲法也(〈탐욕스런 사람은〉 반드시 남을 이기려고 하니 본보기로 삼을 수 없다.)"라고 하였다.
荀云貪也라 劉云必欲兼人하여 不可以爲法也라

2) 호랑이에게……않은가 : ≪周書≫ 〈寤儆〉에 보인다.

⑤ 佞詔也 : ≪荀子≫ 〈哀公〉에는 "'詌'은 어지러움이다." 하였다. 劉台拱은 "拑者 太給利不可盡用也(말재주가 좋은 사람은 거침없이 말을 잘하여 다 쓸 수 가 없다.)"라고 하였다.
荀云 詌은 亂也라 劉云 拑者는 太給利不可盡用也라

⑥ 讒誕也 : 劉台拱은 "口銳者 多誕而寡信 後恐不驗也(남을 헐뜯는 사람은 거짓이 많고 믿음이 적어, 말을 한 뒤에야 실제에 부합하지 못할까 걱정한다.)"라고 하였다. 趙懷玉本에는 "'口讒'은 거짓말이다." 하였다. 교감한 내용에 "모든 본에 '口'字가 빠져 있는데, 楊倞의 注에 근거하여 보충하였다." 하였다.
劉云 口銳者는 多誕而寡信하여 後恐不驗也라 趙本에 作口讒은 誕也라 校語에 本皆脫口字한대 據楊倞注引補라

⑦ 求知焉 : 趙懷玉이 교감한 내용에 "세 책에는 '知' 아래에 모두 '能'字가 있으니 아래도 같다." 하였다.
趙校語에 三書知下에 皆有能字하니 下同이라

⑧ 士不信焉 : '焉'은 ≪荀子≫ 〈哀公〉에 '慤'으로 되어 있다.
焉은 荀에 作慤이라

⑨ 士不信焉 又多知 : ≪荀子≫ 〈哀公〉에는 '知' 아래에 '能'字가 있다. 趙懷玉이 교감한 내용에 "≪荀子≫ 〈哀公〉에는 '士不信慤而又多知能'으로 되어 있다." 하였다.
知下에 荀有能字이라 趙校語에 荀에 作士不信慤而又多知能이라

⑩ 譬之豺狼 : 趙懷玉本에는 '譬之豺與'로 되어 있다. 교감한 내용에 "어떤 本에는 혹 '狼'이 있고 '與'가 없기도 하며 '與'가 있고 '狼'이 없기도 한데, ≪說苑≫ 〈尊賢〉에 2字가 모두 있는 것을 근거하여 이를 따랐다." 하였다.
趙本에 作譬之豺與라 校語에 本或有狼無與字하고 有與無狼字한대 據說苑兩字皆有하여 從之라

⑪ 周書曰 爲虎傅翼 不亦殆乎 : 趙懷玉이 교감한 내용에 "≪逸周書≫ 〈寤儆解〉에는 '無虎傅翼 將飛入邑 擇人而食(호랑이에게 날개를 달아 주지마라. 장차 날아서 고을로 들어와 사람들을 골라 잡아먹을 것이다.)'이라고 하였고 ≪韓非子≫ 〈難勢〉篇에 또한 이를 인용하였다." 하였다.
趙校語에 周書寤儆解云 無虎傅翼하라 將飛入邑하여 擇人而食하리라 韓非難勢篇도 亦引之라

4-5 齊 桓公이 다만 管仲과 더불어 莒나라를 정벌할 것을 모의하였는데 제나라 사람들이 이를 알고 있었다. 환공이 관중에게 말하였다.

"寡人이 仲父에게만 말하였는데 나라 사람들이 알고 있는 것은 어째서인가?"

관중이 말하였다.

"아마도 나라 안에 聖人이 있을 것입니다. 지금 東郭牙는 어디에 있습니까?"

환공이 돌아보며 말하였다.

"여기에 있다."

관중이 말하였다.

"그대가 말하였는가?"

동곽아가 말하였다.

"그렇습니다."

관중이 말하였다.

"그대는 어떻게 알았는가?"

동곽아가 말하였다.

"제가 듣기에 군자는 세 가지 낯빛이 있다고 하는데 이 때문에 아는 것입니다."

관중이 말하였다.

"세 가지 낯빛은 무엇을 말하는가?"

동곽아가 말하였다.

"기뻐하고 즐거워하는 표정은 音樂을 감상할 때의 낯빛이고, 근심하고 슬퍼하는 표정은 喪服을 입었을 때의 낯빛이고, 사납고 굳센 표정은 戰意를 드러내는 낯빛이니 이 때문에 아는 것입니다."

관중이 말하였다.

"어떻게 거나라를 〈치려는 뜻이 있는 줄〉 알았는가?"

동곽아가 대답하였다.

"임금께서 남쪽을 바라보며 가리키고 입을 벌리고 다물지 않고 혀를 들어올려 내리질 않으니, 이 때문에 거나라를 치려는 것을 알았습니다."

환공이 말하였다.

"훌륭하다."

東郭先生이 말하였다.

"눈은 마음의 증표이고 말은 행동의 지향이다. 지혜로운 사람은 남에게 지혜를 구한 뒤에야 아는 것이 아니니, 용모를 관찰하고 지기를 살펴보며 취할 것과 버릴 것을 정하는 데에서 사람의 마음을 모두 파악한다."

≪詩經≫ 〈小雅 巧言〉에 말하였다.

"남이 지닌 속마음을 내가 헤아리노라."

齊桓公獨以管仲謀伐莒[①]한대 而國人知之라 桓公謂管仲曰 寡人獨爲仲父言이어늘 而國人知之는 何也오 管仲曰 意若[②]컨대 國中有聖人乎인저 今東郭牙安在[③]잇가 桓公顧曰 在此라 管仲曰 子有言乎아 東郭牙曰 然하이다 管仲曰 子何知之오 曰 臣聞君子有三色하니 是以知之니이다 管仲曰 何謂三色고 曰 歡忻樂說[④]은 鐘鼓之色也요 愁悴哀憂[⑤]는 衰絰之色也요 猛厲充實[⑥]은 兵革之色也니 是以知之니이다 管仲曰 何以知其莒也오 對曰 君東[⑦]面而指[⑧]하고 口張而不掩하고 舌擧而不下[⑨]하니 是以知其莒也니이다 桓公曰 善[⑩]하다 東郭先生曰 目者는 心之符也요 言者는 行之指也라 夫知者之於人也에 未嘗求知而後能之[⑪]也니 觀容貌하고 察氣志하고 定取捨하여 而人情畢이라 詩曰 他人有心을 予忖度之로다

① 齊桓公獨以管仲謀伐莒 : '以'는 '더불어'라는 뜻이다. 趙懷玉이 교감한 내용에 "옛날에는 '以'와 '與'를 통용하였다." 하였다.
以는 與也라 趙校語에 古以與通用이라

② 管仲曰 意若 : 趙懷玉이 교감한 내용에 "'아마도'라는 뜻이다." 하였다.
趙校語에 疑者라

③ 今東郭牙安在 : ≪管子≫ 〈小問〉에는 '東郭郵'로 되어 있고, ≪說苑≫ 〈權謀〉에는 '東郭垂'로 되어 있다. 趙懷玉이 교감한 내용에 "≪說苑≫ 〈權謀〉篇에는 '東郭垂'로 되어 있다" 하였다.
管子小問에 作東郭郵요 說苑權謀에 作東郭垂라 趙校語에 說苑權謀篇에 作東郭垂라

④ 曰 歡忻樂說 : ≪管子≫ 〈小問〉에는 "欣然喜樂(기뻐하여 즐거워한다.)"이라고 하였다.
管云 欣然喜樂라

⑤ 愁悴哀憂 : ≪管子≫ 〈小問〉에는 "淵然淸靜(깊숙하여 고요하다.)"이라고 하였다.
管云 淵然淸靜라

⑥ 猛厲充實 : ≪管子≫ 〈小問〉에는 '漻然充滿(기운이 왕성하여 충만하다.)'이라고 하였다.
管云 漻然充滿라

⑦ 對曰 君東 : 趙懷玉이 교감한 내용에 "通津草堂本에는 아래에 '南'字가 있다." 하였다.
趙校語에 通津本에 下有南字라

⑧ 東面而指 : '東面'은 ≪呂覽≫ 〈審應〉과 ≪說苑≫ 〈權謀〉에는 모두 '擧臂'로 되어 있다.
東面은 呂覽審應과 說苑權謀에 竝作擧臂라

⑨ 口張而不掩 舌擧而不下 : ≪呂覽≫ 〈審應〉에는 "입을 열고 닫지 않았다." 하였다. '唫'은 입을 다무는 것이고, '呿'는 입을 벌리는 것이다.
呂云呿而不唫이라 唫은 閉口요 呿는 開口也라

⑩ 桓公曰 善 : 趙懷玉이 교감한 내용에 "毛晉의 汲古閣津逮秘書本과 通津草堂本에는 이 아래

에 '詩曰他人有心子忖度之' 10字가 있다. 이제 살펴보건대, 衍文이 아니면 마땅히 조목을 나누어야 한다." 하였다.

趙校語에 毛本과 通津本에 此下有詩曰他人有心子忖度之十字라 今案若非衍면 則當分兩條라

⑪ 之 : 趙懷玉本에는 '知'로 되어 있다.

趙本에 作知라

4-6 지금 견고한 갑옷과 날카로운 병기가 있다 하더라도 적에게 베풀어 오랑캐를 격파하기에 부족하고 활이 좋고 화살이 적합하더라도 먼 곳의 작은 표적을 맞추기에 부족하면 군대가 없는 것과 같으며, 백성들이 있더라도 동원하여 적에게 위엄을 보일 수 없으면 백성이 없는 것과 같다. 때문에 磐石과도 같은 천리의 땅이 자기 소유의 땅이 되지 못하며 어리석은 백만의 백성이 자기 소유의 백성이 되지 못한다.

≪詩經≫ 〈小雅 大東〉에 말하였다.

"남쪽에 箕星이 있어도 쭉정이를 까불러 날리지 못하며, 북쪽에 斗星이 있어도 술을 뜨지 못하도다."

今有堅甲利兵이라도 不足以施敵破虜하고 弓良矢調라도 不足射遠中微면 與無兵等爾하며 有民이라도 不足强用嚴敵이면 與無民等爾이라 故磐①石千里가 不爲有地며 愚民百萬이 不爲有民라 詩曰 維南有箕나 不可以簸揚이며 維北有斗나 不可以挹酒漿이로다

① 磐 : 趙懷玉이 교감한 내용에 "'盤'으로 되어 있다." 하였다.

趙校語에 作盤이라

4-7 傳(≪淮南子≫)에 말하였다.

"舜임금은 五絃琴을 타면서 南風을 노래하였지만 천하가 다스려졌고, 周公은 술과 안주를 곁에서 떠나지 않고 종과 경쇠를 항상 매달아 놓고 풀지 않았지만 천하가 또한 다스려졌다."

匹夫는 百畝와 집 한 채를 가진 사람도 한가롭게 쉴 겨를이 없어 다른 곳으로 정신을 옮길 수 없다. 무릇 한 사람의 몸으로 천하 사람들의 말을 모두 듣고도, 그 날이 여유가 있으면서 백성들이 다스려지는 것은 사람을 부려 통치하기 때문이다. 무릇 사람을 부리는 권한을 쥐고서 아래에 있는 백성들을 복종시키지 못한다면 이는 지위에

있는 사람이 적임자가 아닌 것이다.

≪詩經≫ 〈小雅 大東〉에 말하였다.

"남쪽에 箕星이 있어도 쭉정이를 까불러 날리지 못하며, 북쪽에 斗星이 있어도 술을 뜨지 못하도다."

이는 지위만 있고 직분을 행하지 않는다는 말이다.

傳曰 舜彈五絃之琴하여 以歌南風하되 而天下治하고 (周平公)〔周公〕[3]酒肴不離於前하고 鐘石不解於懸하되 而宇內亦治니라 匹夫百畝一室하여 不遑啓處하니 無所移之也라 夫以一人 而兼聽天下하되 其日有餘而下治는 是使人爲之也라 夫擅使人之權하여 而不能制衆於下면 則在位者非其人也라 詩曰 維南有箕나 不可以簸揚이며 維北有斗나 不可以挹酒漿이로다하니 言有位無其事也라

4-8 齊 桓公이 山戎을 정벌하러 갈 때 燕나라 길을 지나가게 되었는데, 연나라 임금이 국경 밖에까지 나와서 전송하였다. 환공이 管仲에게 물었다.

"諸侯끼리 서로 전송할 때에 본래 국경 밖에까지 나가는 것인가?"

관중이 말하였다.

"天子가 아니면 국경 밖으로 나가지 않습니다."

환공이 말하였다.

"그렇다. 나를 두려워하여 예를 잃은 것이다. 寡人은 연나라 임금이 예를 잃게 할 수 없다."

그리하여 연나라 임금이 나온 만큼의 땅을 떼어서 주었다. 제후들이 이를 듣고 모두 齊나라에 와서 朝見하였다.

≪詩經≫ 〈小雅 小明〉에 말하였다.

"네 지위를 조용히 하고 공손히 하여 정직한 사람을 좋아하면, 神이 네 소원을 들어주어 큰 복을 크게 주리라."

齊桓公伐山戎①할새 其道過燕하니 燕君送之出境②하다 桓公問管仲曰 諸侯相送에 固出境乎아 管仲曰 非天子면 不出境이니이다 桓公曰 然③하다 畏而失禮也로다 寡人不可使燕失禮라 乃割燕

3)〔周公〕: 저본에는 '周平公'으로 되어 있는데, ≪淮南子≫ 〈詮言訓〉에 의거하여 교감하였다.

君所至之地以與之④하니 諸侯聞之皆朝於齊라 詩曰 靜恭爾位하여 好是正直⑤이면 神之聽之하여 介爾景福이리라

① 齊桓公伐山戎 : ≪史記≫ 〈燕召公世家〉에 "莊公十七年山戎來侵我 齊桓公救燕 遂北伐山戎而還(莊公 17년에 山戎이 우리를 침범하니 齊 桓公이 우리 燕나라를 구원하여 마침내 북쪽으로 산융을 정벌하고 돌아왔다.)"라고 하였다. 내(周廷寀)가 살펴보건대, ≪春秋左氏傳≫ 에 "莊二十年冬 齊人伐戎(莊公 20년 겨울에 齊人이 戎을 정벌하였다.)"라고 하였으니 아마도 이것인 듯하다.
史記燕世家에 莊公十七年山戎來侵我하니 齊桓公救燕하여 遂北伐山戎而還이라 寀按春秋莊二十年冬에 齊人伐戎하니 疑卽此也라

② 燕君送之出境 : ≪說苑≫ 〈貴德〉에는 '送'이 '逆'으로 되어 있으니 아래도 같다. 내가 살펴보건대, ≪史記≫ 〈燕召公世家〉에 "燕君送齊桓公出境(燕나라 임금이 국경 밖에까지 나와서 齊 桓公을 전송하였다.)"라고 하였으니 ≪說苑≫ 〈貴德〉에 '逆'으로 되어 있는 것은 오류인 듯하다.
送은 說苑貴德에 作逆하니 下同이라 按世家亦云 燕君送齊桓公出境하니 說苑에 作逆은 疑誤라

③ 然 : ≪說苑≫ 〈貴德〉에는 '然' 아래에 '則燕君' 3자가 있다.
然下에 說苑에 有則燕君三字라

④ 乃割燕君所至之地以與之 : ≪史記≫ 〈燕召公世家〉에는 '與'가 '予'로 되어 있으니 같은 뜻이다. ≪史記正義≫ 〈括地志〉에 "燕留故城이 滄州 長蘆縣 동북쪽 17리에 있으니, 곧 齊 桓公이 燕나라 임금이 나온 만큼 연나라에 떼어준 땅이다. 이 때문에 이 성을 쌓았으므로 燕留라고 이름하였다." 하였다.
世家에 與는 作予하니 義同이라 正義括地志云 燕留故城이 滄州長蘆縣東北十七里하니 卽齊桓公割燕君所至地與燕이라 因築此城이라 故名燕留라

⑤ 靜恭爾位 好是正直 : 趙懷玉이 교감한 내용에 "'靜'은 어떤 本에는 혹 '靖'으로 되어 있다. 毛晉의 汲古閣津逮秘書本에 '靜'으로 되어 있어 ≪詩攷≫와 일치하니 이를 따른다. 아래도 같다." 하였다.
趙校語에 靜은 本或에 作靖이라 毛本에 作靜하여 與詩攷合하니 從之라 下同이라

4-9 순임금이 〈簫韶〉를 연주할 때는 방패와 도끼를 들고 춤을 추었으니 至樂이 아니고, 舜임금은 두 여자를 부인으로 맞이하였으니[4] 達禮가 아니며, 黃帝의 자손 19인을

4) 舜임금은……맞이하였으니 : ≪書經≫ 〈虞書 堯典〉에 "堯임금이 두 딸을 嬀水 북쪽에 시집보내 虞舜의 아내가 되게 하였다.〔釐降二女于嬀汭 嬪于虞〕" 하였다.

봉하였으니 法義가 아니고, 밭에 가서 울었으니[5)] 天命을 다하지 못한 것이다. 이는 人情으로 보면 옳지만 法道로 헤아리면 그렇지 못하다.

≪禮記≫에 말하였다.

"禮儀가 3백 가지요, 威儀가 3천 가지이다.[6)]"

≪詩經≫ 〈小雅 小明〉에 말하였다.

"네 지위를 조용히 하고 공손히 하여 정직한 사람을 도와주면, 神이 네 소원을 들어주어 福祿을 너에게 내려 주리라."

韶用干戚하니 非至樂也요 舜兼二女하니 非達禮也요 封黃帝之子十九人하니 非法義也요 往田號泣하니 未盡命也라 以人觀之면 則是也요 以法量之면 則未也라 禮曰 禮儀三百이요 威儀三千이라 詩曰 靜恭爾位하여 正直是與면 神之聽之하여 式穀以女리라

4-10 禮는 다스리는 기준이고 나라를 강하게 하는 근본이며 위엄을 보이는 방법이고 공로와 명예를 세우는 준칙이다. 王公이 이를 말미암으면 천하를 통일할 수 있고 이를 말미암지 않으면 社稷을 무너뜨리게 된다. 이 때문에 견고한 갑옷과 날카로운 병기가 무력이 되기에 부족하며 높은 성과 깊은 못이 견고함이 되기에 부족하며 엄격한 명령과 번잡한 형벌이 위엄이 되기에 부족하니, 그 道를 말미암으면 시행되고 말미암지 않으면 폐해지는 것이다.

옛날에 楚人이 상어와 무소의 가죽으로 갑옷을 만드니 금석처럼 견고하였으며 宛땅의 철로 창을 만드니[7)] 벌과 전갈이 쏘는 것처럼 慘毒하였으며, 군사들은 예리하고 민첩하여 飄風처럼 빨랐다. 그러나 垂沙에서 군대가 위험에 빠져 唐子가 죽고 莊蹻가 달아나 楚나라가 서너 개로 나뉘어졌으니, 이 어찌 견고한 갑옷과 날카로운 병기가 없어서이겠는가? 통치하는 자가 그 道를 따르지 않았기 때문인 것이다.〈초나라가〉 汝水와 淮水를 險地로 삼고 江水와 漢水를 垓子로 삼으며 方城山을 성으로 삼고 鄧林을 울

5) 밭에 가서 울었으니 : ≪書經≫ 〈大禹謨〉에 "舜임금이 처음 역산에서 농사지을 때에 밭에 가서 날마다 하늘과 부모에게 울부짖어 죄를 떠맡고 악을 자신에게 돌렸다.〔帝初于歷山 往于田 日號泣于旻天于父母 負罪引慝〕" 하였다.

6) 禮儀가……가지이다 : ≪中庸章句≫ 제27장에 나오는 구절로, 실제 ≪禮記≫ 〈禮器〉에는 "경례가 3백 가지요, 곡례가 3천 가지이다.〔經禮三百 曲禮三千〕" 하였다.

7) 宛 땅의……만드니 : 문맥이 통하지 않아, 周廷寀의 注에 근거하여 번역하였다.

타리로 삼았다. 그러나 秦나라 군대가 이르자 수도 鄢郢이 마른 나뭇잎이 떨어지듯 손쉽게 함락되었으니, 이 어찌 堅固한 要塞와 險阻한 地勢가 없어서이겠는가? 통치하는 자가 그 도를 따르지 않았기 때문인 것이다. 紂王이 比干을 죽이고 箕子를 가두며 炮烙의 형벌을 행하여 수시로 사람을 죽이니, 뭇 신하들이 근심하고 원망하며 모두 제 명대로 살기를 바랄 수 없었다. 그러나 周나라 군대가 이르자 명령이 측근에서도 시행되지 않았으니, 이 어찌 엄격한 명령과 번잡한 형벌이 없어서이겠는가? 통치하는 자가 그 도를 따르지 않았기 때문인 것이다.

도를 밝히고 고루 분배하며 정성으로 사랑하고 때에 맞게 부리면 백성들이 윗사람에게 응하기를 그림자나 메아리처럼 따르게 될 것이다. 명령을 따르지 않은 뒤에야 형벌을 내려, 한 사람을 형벌로 다스림에 천하가 복종하고 백성들이 윗사람을 비방하지 않으니 죄가 자신에게 있음을 아는 것이다. 이에 형벌이 줄어들고 위엄이 물 흐르듯 시행되니 이는 다른 이유가 아니라 그 도를 따랐기 때문이다.

≪詩經≫ 〈大雅 文王有聲〉에 말하였다.

"서쪽에서 동쪽에서 하며 남쪽에서 북쪽에서 하여, 복종해 오지 않는 이가 없다."

이렇게 하면 가까이 있는 사람은 노래하고 멀리 있는 사람은 달려오며, 멀고 외진 곳에 있는 나라도 달려와 부림을 받기를 재촉하면서 편안하고 즐거워하기를 마치 어린 아이가 자애로운 어머니에게 돌아가듯 하지 않음이 없으니 어째서인가? 仁으로 다스리고 義로 확립하며 정성으로 가르치고 깊이 사랑하여 禮樂이 서로 통하기 때문이다.

≪詩經≫ 〈小雅 楚茨〉에 말하였다.

"禮儀가 모두 법도에 맞으며 웃고 말함이 모두 마땅하다."

禮者는 治辯之極也요 强國之本也요 威行之道也요 功名之統也①니라 王公由之는 所以一天下也요 不由之는 所以隕社稷也라 是故堅甲利兵이 不足以爲武②며 高城深池가 不足以爲固며 嚴令繁刑이 不足以爲威니 由其道則行하고 不由其道則廢라 昔③楚人鮫革犀兕以爲甲하여 堅如金石④하며 宛(如鉅蛇)〔鉅鐵釶〕[8)]하여 慘若蜂蠆⑤하며 輕利剛疾⑥하고 卒如飄風나 然兵殆於垂沙⑦하여 唐子死⑧하고 莊蹻起⑨하여 楚分爲三四者는 此豈無堅甲利兵也哉아 所以統之⑩가 非其道故也일새라 汝淮以爲險⑪하고 江漢以爲池하며 緣之以方城하고 限之以鄧林이나 然秦師至하야 (於)〔而〕[9)]鄢郢擧若振槁然⑫하니 是豈無固塞限險也哉⑬아 其所以統之者가 非其道故也일새라

8) 〔鉅鐵釶〕: 저본에는 '君子者'로 되어 있으나, ≪荀子≫ 〈議兵〉에 의거하여 교감하였다.

紂殺比干⑭而囚箕子하고 爲炮烙之刑하여 殺戮無時하여 群下愁怨하여 皆莫冀其命⑮이나 然周師至에 令不行乎左右하니 (而)⑯〔是〕[10] 豈無嚴令繁刑也哉아 其所以統之者가 非其道故也일새라 若夫明道而分均之⑰하고 誠愛而時使之면 則⑱下之應上⑲이 如影響矣니라 有不由命然後에 俟之以刑⑳하여 刑一人而天下服하고 下不非其上㉑하니 知罪在己也라 是以刑罰競消而威行如流者㉒는 無他라 由是道故也㉓일새라 詩曰 自東自西하며 自南自北하여 無思不服이라하니 如是則近者歌謳之하고 遠者赴趨之㉔하여 幽間僻陋之國이 莫不趨使而安樂之若赤子之歸慈母者는 何也오 仁刑義立하며 敎誠愛深하여 禮樂交通故也일새라 詩曰 禮儀㉕卒度하며 笑語卒獲이라

① 功名之統也 : ≪荀子≫ 〈議兵〉에 '統'이 '揔'으로 되어 있다.
荀子議兵에 統은 作揔이라

② 不足以爲武 : '武'는 ≪荀子≫ 〈議兵〉에 '勝'으로 되어 있다.
武는 荀에 作勝이라

③ 昔 : 趙懷玉本에는 '若'으로 되어 있다.
趙本에 作若이라

④ 堅如金石 : '堅'은 ≪荀子≫ 〈議兵〉에 '鞈'으로 되어 있다. 鞈은 견고한 모양이다.
堅은 荀에 作鞈이라 鞈堅貌라

⑤ 慘若蜂蠆 : '宛如鉅蛇'는 ≪荀子≫ 〈議兵〉에 '宛鉅鐵釶'로 되어 있다. 楊倞의 注에 "宛은 지명이다. 釶는 鍦와 같으니 창이다. ≪方言≫에 '關中 서쪽에서는 矛라고 하고 吳와 揚 사이의 지역에서는 鍦라고 한다. 宛땅에서 나는 이 강철로 창을 만드니 사람을 찌르면 그 慘毒함이 마치 벌과 전갈에게 쏘이는 것과 같다는 말이다.' 하였다" 하였다. 趙懷玉이 교감한 내용에 "≪荀子≫ 〈議兵〉篇에 '宛鉅鐵釶'로 되어 있고 ≪史記≫ 〈禮書〉에 '宛之鉅鐵'로 되어 있다. '慘'은 ≪史記≫ 〈禮書〉에 '施'로 되어 있다. '鑽施'는 위의 '鍦'字 때문에 쓴 듯하니 잘못이다." 하였다.
宛如鉅蛇는 荀에 作宛鉅鐵釶라 楊注에 宛은 地名이라 大剛曰鉅라 釶는 與鍦同이니 矛也라 方言에 自關而西에 謂之矛요 吳揚之間에 謂之鍦이니 言宛地出此剛鐵爲矛하니 中人慘毒이 有如蜂蠆也라 趙校語에 荀子議兵篇에 作宛鉅鐵釶하고 史記禮書에 作宛之鉅鐵이라 慘은 史에 作施라 鑽施는 似因上鍦字니 譌라

⑥ 輕利剛疾 : '剛疾'은 ≪荀子≫ 〈議兵〉에 '僄遬'으로 되어 있다. 趙懷玉이 교감한 내용에 "≪史記≫ 〈禮書〉에는 '剽遬'으로 되어 있고 ≪荀子≫ 〈議兵〉에는 '僄遬'으로 되어 있으니 이 '剛'字는 잘못이다." 하였다.

9)〔而〕: 저본에는 '於'로 되어 있으나, 注에 의거하여 교감하였다.
10)〔是〕: 저본에는 '而'로 되어 있으나, ≪史記≫ 〈禮書〉 의거하여 교감하였다.

剛疾은 荀에 作僄遬이라 趙校語에 史에 作剽遬하고 荀에 作僄遬하니 此剛字는 譌라

⑦ 然兵殆於垂沙 : 楊倞의 注에 "垂沙는 지명이니 위치는 자세하지 않다. ≪漢書≫ 〈地理志〉에 '沛郡에 垂鄕이 있다.' 하였다." 하였다. 趙懷玉이 교감한 내용에 "≪史記≫ 〈禮書〉에는 '涉'字로 되어 있다." 하였다.

楊云垂沙는 地名이니 未詳所在라 漢書地理志에 沛郡有垂鄕이라 趙校語에 史에 作涉이라

⑧ 唐子死 : ≪荀子≫ 〈議兵〉에는 "唐蔑(唐蔑이다.)"라고 하였다. ≪注史記≫에는 "楚 懷王 28년에 秦나라가 齊, 韓, 魏와 함께 초나라를 공격하여 장수 唐眛를 죽였다." 하였다. '眛'는 '蔑'과 같다. 趙懷玉이 교감한 내용에 "≪荀子≫ 〈議兵〉에는 '唐蔑死'로 되어 있고, ≪史記≫ 〈禮書〉에는 '唐眛死'로 되어 있으니 '眛'는 '蔑'과 같다." 하였다.

荀云唐蔑也라 注史記에 楚懷王二十八年에 秦與齊韓魏共攻楚殺將唐眛라 眛는 與蔑同라 趙校語에 荀에 作唐蔑死하고 史에 作唐眛死하니 眛同蔑이라

⑨ 莊蹻起 : 楊倞의 注에 "莊蹻는 楚나라 장수이다. ≪韓非子≫ 〈喩老〉에 '楚 莊王이 越나라를 정벌하고자 하였는데, 莊子가 말하기를, 「신은 눈이 백보 앞을 내다볼 수 있으나 자신의 눈썹은 보지 못하는 것을 근심합니다. 왕의 군대가 齊나라와 晉나라에 패하고 장교가 나라 안에서 도적질을 하는데도 관리가 이를 막지 못하니, 이것이 지혜가 눈과 같다는 것입니다.」하였다.' 하였다." 하였다.

楊云 莊蹻는 楚將이라 韓子에 楚王欲伐越한대 莊子曰 臣患目能見百步而不能見其睫이라 王之兵이 敗於齊晉하고 莊蹻爲盜境內하여 吏不能禁어늘 而欲伐越하니 此智之如目也니이다

⑩ 所以統之 : 趙懷玉이 교감한 내용에 "≪荀子≫ 〈議兵〉에는 '其所以統之者'로 되어 있다. ≪史記≫ 〈禮書〉에도 같다." 하였다.

趙校語에 荀에 作其所以統之者라 史에 同이라

⑪ 汝淮以爲險 : '淮'는 ≪荀子≫ 〈議兵〉에 '潁'으로 되어 있다. 趙懷玉이 교감한 내용에 "≪荀子≫ 〈議兵〉과 ≪史記≫ 〈禮書〉에는 '潁'으로 되어 있다." 하였다.

淮는 荀에 作潁이라 趙校語에 兩書에 作潁이라

⑫ 於鄢郢擧若振槁然 : 趙懷玉이 교감한 내용에 "'於'는 ≪荀子≫ 〈議兵〉에 '而'字로 되어 있으니 '擧'字와 이어져 한 句가 된다." 하였다.

趙校語에 於는 荀에 作而字하니 則連擧字爲句라

⑬ 是豈無固塞限險也哉 : '限險'은 ≪荀子≫ 〈議兵〉에 '隘阻'로 되어 있다. 趙懷玉이 교감한 내용에 "≪荀子≫ 〈議兵〉에는 '隘阻'로 되어 있고, ≪史記≫ 〈禮書〉에는 '險阻'로 되어 있다." 하였다.

限險은 荀에 作隘阻라 趙校語에 限險은 荀에 作隘阻하고 史에 作險阻라

⑭ 紂殺比干 : '殺'은 ≪荀子≫ 〈議兵〉에 '刳'로 되어 있다.

殺은 荀에 作刳라

⑮ 皆莫冀其命 : '愁怨'은 ≪荀子≫ 〈議兵〉에 '懔然'으로 되어 있다. 趙懷玉이 교감한 내용에 "'冀'는 ≪荀子≫ 〈議兵〉에 '必'로 되어 있다." 하였다.

愁怨은 荀에 作懔然하고 冀作必이라 趙校語에 冀는 荀에 作必이라

⑯ 而 : 趙懷玉이 교감한 내용에 "≪史記≫ 〈禮書〉에는 '是'로 되어 있다." 하였다.

趙校語에 史에 作是라

⑰ 分均之 : '分均'은 諸本에 글자의 순서가 거꾸로 되어 있다. 이제 ≪荀子≫ 〈議兵〉에 근거하여 교정하였다. '均'은 '鈞'과 같다. 趙懷玉本에는 '均分之'로 되어 있다. 校語에 "≪荀子≫ 〈議兵〉에는 '分鈞之'로 되어 있다." 하였다.

分均은 諸本에 文倒라 今據荀子校正하니 均은 與鈞同이라 趙本에 作均分之라 校語에 荀에 作分鈞之라

⑱ 則 : 趙懷玉本에는 '卽'으로 되어 있다. 교감한 내용에 "毛晉의 汲古閣津逮秘書本에는 '則'으로 되어 있다." 하였다.

趙本에 作卽이라 校語에 毛本에 作則이라

⑲ 下之應上 : '應'은 ≪荀子≫ 〈議兵〉에 '和'로 되어 있다.

應은 荀에 作和라

⑳ 俟之以刑 : '俟'는 ≪荀子≫ 〈議兵〉에 '誅'로 되어 있다.

俟는 荀에 作誅라

㉑ 下不非其上 : '非'는 ≪荀子≫ 〈議兵〉에 '郵'로 되어 있다.

非는 荀에 作郵라

㉒ 是以刑罰競消而威行如流者 : '競消'는 ≪荀子≫ 〈議兵〉에 '省'으로 되어 있고 또 '行如' 2字가 없다. 趙懷玉이 교감한 내용에 "≪荀子≫ 〈議兵〉에 '是故刑罰省而威流'로 되어 있다." 하였다.

競消는 荀에 作省하고 又無行如二字라 趙校語에 荀에 作是故刑罰省而威流라

㉓ 由是道故也 : 趙懷玉이 교감한 내용에 "'是道'는 ≪荀子≫ 〈議兵〉과 ≪史記≫ 〈禮書〉에 '其道'로 되어 있다." 하였다.

趙校語에 是道는 兩書에 作其道라

㉔ 近者歌謳之 遠者赴趨之 : ≪荀子≫ 〈議兵〉에는 "近者歌謳而樂之 遠者竭蹷而趨之(가까이 있는 사람은 노래하며 즐거워하고 멀리 있는 사람은 허겁지겁 달려온다.)"라고 하였다.

荀云近者歌謳而樂之하고 遠者竭蹷而趨之라

㉕ 儀 : 趙懷玉本에는 '義'로 되어 있다.

趙本에 作義라

4-11 임금은 禮로써 직분을 맡기되 공평하여 치우치지 않으며, 신하는 예로써 임금을 섬기되 忠順하여 게으르지 않으며, 아버지는 너그럽고 은혜로우면서도 예가 있으며,

자식은 사랑하되 공경을 다하며, 형은 자애로우면서도 우의가 있으며, 아우는 공경하고 순종하면서도 구차하지 않으며, 남편은 처자식과 친하게 지내면서도 분별이 있으며, 부인은 유순하여 남편을 따르면서도 남편의 행실이 道에 맞지 않으면 두려워하며 스스로 삼가니, 이러한 도가 한쪽만 확립되면 천하가 어지러워지고 모두 확립되면 천하가 다스려진다.

여기에 모두 능하려면 어떻게 해야 하는가? 禮를 살펴야 한다. 옛 先王은 예를 살펴 천하에 은혜를 베풀었다. 때문에 그 德이 천지까지 미쳐 행동이 마땅하지 않음이 없었다. 무릇 군자는 공순하되 겁내지 않으며, 공경하되 두려워하지 않으며, 빈궁하되 비굴하지 않으며, 부귀하되 교만하지 않으며, 변화에 대응하되 궁색하지 않으니 이는 예를 살핀 것이다. 때문에 군자는, 禮에 있어서 공경하되 편안하며, 일에 있어서는 常道로 하되 실수하지 않으며, 사람에게 너그럽게 하여 원망이 적게 하되 아첨하지 않으며, 儀式에 文飾을 갖추되 위태롭지 않으며, 변화에 대응함에 있어서 차분하고 민첩하되 얽매임이 없으며, 百官과 技藝를 가진 사람에게 능력을 다투지 않되 그 공효를 잘 이루며, 천지와 만물에 있어서 그 원리는 내버려두되 그 성대한 가치는 잘 이용하며, 윗사람을 모실 때에 충순하여 게으르지 않으며, 아랫사람을 부릴 때에 공평하여 치우치지 않으며, 교유할 때에 부류와 어울리되 義가 있으며, 鄕曲에 있을 때에 포용하되 어지럽지 않은 것이다.

이 때문에 곤궁하면 명예가 있고 영달하면 공업을 이루며, 仁義가 함께 천하를 덮어 다함이 없고 밝은 지혜가 천지의 이치에 통달하여 온갖 변화에도 의심이 없으며, 혈기가 화평하고 지의가 광대하고 義를 행하여 천지에 가득 차니 仁의 극치이다. 무릇 이를 일러 "선왕이 예를 살폈다." 하는 것이다. 이렇게 하면 노인을 편안하게 해 주고 젊은이를 은혜로 감싸주며 붕우는 신의로 대하여[11] 어린 아이가 자애로운 어머니에게 돌아가듯 할 것이다. 이는 仁으로 다스리고 義로 확립하며 정성으로 가르치고 깊이 사랑하여 禮樂이 서로 통하기 때문이다.

≪詩經≫ 〈小雅 楚茨〉에 말하였다.

"禮儀가 모두 法度에 맞으며 웃고 말함이 모두 때에 맞네."

---

11) 노인은……대하여 : ≪論語≫ 〈公冶長〉에, 子路가 孔子의 뜻을 물었을 때에, 공자가, "노인을 편안하게 해 주고 벗들을 미덥게 해 주고 젊은이를 감싸 줄 것이다.〔老者安之 朋友信之 少者懷之〕" 하였다.

(君子者)①〔君者〕12)는 以禮分施하되 均徧而不偏하며 臣②以禮事君하되 忠順而不解③하며 父寬惠而有禮하며 子敬愛而致恭④하며 兄慈愛而見友하며 弟敬詘而不(竭)⑤〔苟〕13)하며 夫臨照而有別⑥하며 妻柔順而聽從하되 若夫行之而不中道면 卽恐懼而自竦⑦이니 (此婦道也)⑧〔此道也〕14)가 偏立則亂하고 具立則治⑨니라 請問兼能之奈何오 曰 審禮⑩니라 昔者先王審禮以惠天下라 故德及天地하여 動無不當이라 夫君子恭而不難하며 敬而不鞏⑪하며 貧窮而不約하며 富貴而不驕하며 應變而不窮하나니 審之禮也니라 故君子於禮也에 敬而安之하며 其於事也에 經而不失⑫하며 其於人에 寬裕寡怨而弗阿하며 其於儀也에 修⑬飾而不危⑭하며 其應變也에 齊給便捷而不累⑮며 其於百官伎藝之人也에 不與諍能⑯하되 而致用其功하며 其於天地萬物也에 拂其所而謹財其盛⑰하며 其待上也에 忠順而不解하며 其使下也에 均徧而不偏하며 其於交遊也에 緣類而有義하며 其於鄕曲也에 容而不亂이니라 是故窮則有名하고 通則有功하며 仁義兼覆天下而不窮⑱하고 明通天地⑲〔之〕15)理⑳하여 萬變而不疑하며 血氣平和㉑하고 志意廣大하고 行義塞天地하니 仁知之極也니라 夫是之謂先王㉒審之禮也라 若是면 則老者安之하고 少者懷之하고 朋友信之하여 如赤子之歸慈母也니라 曰 仁刑義立하며 教誠愛深하고 禮樂交通故也일새라 詩曰 禮儀㉓卒度하며 笑語卒獲이라

① 君子者 : '子'字는 衍文인 듯하다. ≪荀子≫ 〈君道〉에는 "請問爲人君也(人君의 도리에 대해 묻습니다.)"라고 하였다. 아래의 글에도 이렇게 말하였다. 趙懷玉本에는 '君人者'로 되어 있다.
子字는 疑衍이라 荀子君道云 請問爲人君也하니 下文亦云이라 趙本에 作君人者라

② 臣 : 句아래에 부자와 형제, 부처가 같다.
句下에 父子兄弟夫妻가 同이라

③ 忠順而不解 : ≪荀子≫ 〈君道〉에 '懈'로 되어 있으니 아래도 같다.
荀에 作懈하니 下同이라

④ 子敬愛而致恭 : '恭'은 ≪荀子≫ 〈君道〉에 '文'로 되어 있다.
恭은 荀에 作文라

⑤ 弟敬詘而不竭 : '竭'은 ≪荀子≫ 〈君道〉에 '苟'로 되어 있다. 趙懷玉이 교감한 내용에 "≪荀子≫ 〈君道〉篇에는 '不苟'로 되어 있다." 하였다.
竭은 荀에 作苟라 趙校語에 荀子君道篇에 作不苟라

12) 〔君者〕 : 저본에는 '君子者'로 되어 있으나, ≪荀子≫ 〈君道〉에 의거하여 교감하였다.
13) 〔苟〕 : 저본에는 '竭'로 되어 있으나, ≪荀子≫ 〈君道〉에 의거하여 교감하였다.
14) 〔此道也〕 : 저본에는 '此婦道也'로 되어 있으나, 注에 의거하여 교감하였다.
15) 〔之〕 : 저본에는 '之'가 없으나, 注에 의거하여 보충하였다.

⑥ 夫臨照而有別 : ≪荀子≫ 〈君道〉에는 "致功而不流 致臨而有辯(공을 이루기 위해 힘쓰되 사적인 감정에 빠지지 않으며, 친근하기를 힘쓰되 분별이 있다.)"라고 하였다. 趙懷玉이 교감한 내용에 "≪荀子≫ 〈君道〉에는 '夫致功而不流致臨而有辯'으로 되어 있다." 하였다.

荀云 致功而不流하며 致臨而有辯이라 趙校語에 荀에 作夫致功而不流하며 致臨而有辯이라

⑦ 若夫行之而不中道 卽恐懼而自竦 : 趙懷玉이 교감한 내용에 "≪荀子≫ 〈君道〉에는 '夫有禮則順從聽侍夫無禮則恐懼而自竦也'로 되어 있다." 하였다.

趙校語에 荀에 作夫有禮則順從聽侍며 夫無禮則恐懼而自竦也라

⑧ 若夫行之而不中道 卽恐懼而自竦 此婦道也 : ≪荀子≫ 〈君道〉에는 "夫有禮則柔從聽侍 夫無禮則恐懼而自竦也(남편이 禮가 있으면 유순하게 따르고 남편이 예가 없으면 두려워하며 스스로 삼간다.)"라고 하였다. 趙懷玉本에는 '此道也'로 되어 있다. 교감한 내용에 "舊本에 '此婦道也'로 되어 있다. 살펴보건대, 위의 글에 君臣과 父子, 兄弟, 夫妻가 함께 거론되었으니 婦道만으로 결론을 내서는 안 된다. 林本에는 '婦'를 고쳐 '全'으로 썼으니 또한 억측으로 고친 것이다. 이제 ≪荀子≫ 〈君道〉를 따라 삭제하였다." 하였다.

荀云夫有禮則柔從聽侍하고 夫無禮則恐懼而自竦也라 趙本에 作此道也라 校語에 舊本에 作此婦道也라 案上文君臣父子兄弟夫妻竝擧하니 不應單結婦道라 林本에 改婦爲全하니 亦以臆改라 今從荀子刪이라

⑨ 具立則治 : 趙懷玉本에는 '偏立卽亂具立卽治'로 되어 있다. 교감한 내용에 " '具'는 ≪荀子≫ 〈君道〉에 '俱'로 되어 있다." 하였다.

趙本에 作偏立卽亂具立卽治라 校語에 具는 荀에 作俱이라

⑩ 曰 審禮 : '禮'는 모든 본에 '理'로 되어 있는데, 이제 ≪荀子≫ 〈君道〉에 근거하여 교정하였다. 아래의 '先王審理'도 같다.

禮는 本皆作理하니 今據荀子校正이라 下先王審理同이라

⑪ 敬而不鞏 : 楊倞의 注에 "恭而安 敬而不過於拘束也(공손하되 편안하고, 공경하되 지나치게 속박하지 않는다.)"라고 하였다.

楊云恭而安하고 敬而不過於拘束也라

⑫ 經而不失 : '經'은 ≪荀子≫ 〈君道〉에 '徑'으로 되어 있다. 趙懷玉이 교감한 내용에 "'經'은 다른 책에 '徑'으로 되어 있다. 살펴보건대, '經' 또한 '徑'의 뜻이다." 하였다.

經은 荀에 作徑이라 趙校語에 經은 他書에 作徑이라 案經亦訓徑이라

⑬ 修 : 趙懷玉本에 '脩'로 되어 있다.

趙本에 作脩라

⑭ 修飾而不危 : '脩' 위에 ≪荀子≫ 〈君道〉에는 '謹'字가 있다.

脩上에 荀에 有謹字라

⑮ 齊給便捷而不累 : '累'는 ≪荀子≫ 〈君道〉에 '惑'으로 되어 있다.

纍는 荀에 作惑이라

⑯ 不與諍能 : '諍'은 ≪荀子≫ 〈君道〉를 따라 마땅히 '爭'이 되어야 한다. 趙懷玉本에 '爭'으로 되어 있다.

諍은 當從荀子爲爭이라 趙本에 作爭이라

⑰ 拂其所而謹財其盛 : ≪荀子≫ 〈君道〉에는 "不務說其所以然 而致善用其財(그 원리를 설명하는 데 힘쓰지 않고 그 가치를 잘 이용하는 데 힘쓴다.)"라고 하였다. 趙懷玉本에는 '不說其所然謹財其盛'으로 되어 있다. 교감한 내용에 "≪荀子≫ 〈君道〉에는 '不務說其所以然而致善用其材'로 되어 있다. 살펴보건대, '所'字는 마땅히 있어야 한다." 하였다.

荀云不務說其所以然而致善用其財라 趙本에 作不說其所然謹財其盛이라 校語에 荀에 作不務說其所以然而致善用其材라 案所字當有라

⑱ 仁義兼覆天下而不窮 : '義'는 ≪荀子≫ 〈君道〉에 '厚'로 되어 있고, '窮'은 '閔'으로 되어 있다. 趙懷玉이 교감한 내용에 "仁義는 ≪荀子≫ 〈君道〉에 '仁厚'로 되어 있고 '不窮'은 '不閔'으로 되어 있다." 하였다.

義는 荀에 作厚요 窮은 作閔이라 趙校語에 仁義는 荀에 作仁厚하고 又不窮은 作不閔이라

⑲ 明通天地 : '通'은 ≪荀子≫ 〈君道〉에 '達'로 되어 있다.

通은 荀에 作達이라

⑳ 明通天地理 : 趙懷玉本에는 '明通天地之理'로 되어 있다.

趙本에 作明通天地之理라

㉑ 平和 : 趙懷玉이 교감한 내용에 "≪荀子≫ 〈君道〉에는 '和平'으로 되어 있다." 하였다.

趙校語에 荀에 作和平이라

㉒ 夫是之謂先王 : 趙懷玉이 교감한 내용에 "≪荀子≫ 〈君道〉에는 '夫是之謂聖人'으로 되어 있다." 하였다.

趙校語에 荀에 作夫是之謂聖人이라

㉓ 儀 : 趙懷玉本에는 '義'로 되어 있다.

趙本에 作義라

4-12 晏子가 魯나라에 초빙되어 堂에 오를 때에는 빨리 걷고 옥을 받을 때에는 무릎을 꿇었다. 子貢이 괴이하여 여겨 孔子에게 묻었다.

"안자는 禮를 아는 것입니까? 지금 안자가 노나라에 빙문되어 당에 오를 때에는 빨리 걷고 옥을 받을 때에는 무릎을 꿇는 것은 어째서입니까?"

공자가 말하였다.

"아마 그만의 이치가 있었을 것이니 나를 만나러 올 때를 기다리게. 내가 장차 물어

볼 것이다."

조금 있다가 안자가 오니 공자가 이를 물었다. 안자가 대답하였다.

"무릇 당에 올랐을 때의 예는 임금이 한 걸음 가면 신하는 두 걸음을 가야 합니다. 이제 임금께서 빨리 걸으시니 신하가 감히 빨리 걷지 않겠습니까? 지금 임금께서 몸을 낮춰 幣帛을 주시니 신하가 감히 무릎을 꿇지 않겠습니까?"

공자가 말하였다.

"훌륭하다. 예 가운데 또 예가 있는 것이다. 賜는 사신으로 가 본적이 없으니 어찌 예를 알겠느냐?"

≪詩經≫ 〈小雅 楚茨〉에 말하였다.

"禮儀가 모두 法度에 맞으며 웃고 말함이 모두 때에 맞네."

이는 안자의 경우를 말한 것이다.

晏子聘魯①하여 上堂則趨하고 授玉則跪라 子貢怪之하여 問孔子曰 晏子知禮乎아 今者晏子來聘魯하여 上堂則趨하고 授玉則跪는 何也잇가 孔子曰 其有方矣라 待其見我하여 我將問焉하리라 俄而晏子至한대 孔子問之하니 晏子對曰 夫上堂之禮는 君行一이요 臣行二라 今君行疾하니 臣敢不趨乎아 今君之授幣也卑하니 臣敢不跪乎아 孔子曰 善하다 禮中又有禮하니 賜寡使也라 何足以識禮也리오 詩曰 禮儀②卒度하며 笑語卒獲이라하니 晏子之謂也라

① 晏子聘魯 : 내(周廷寀)가 살펴보건대, ≪春秋左氏傳≫에 齊나라 사신이 魯나라에 聘問한 사례가 襄公 27년 慶封 이후로 다시 經文에 보이지 않으니, 諸子의 寓言인 듯하다.
寀按春秋에 齊使騁魯가 自襄二十七年慶封之後로 於經에 更無所見하니 蓋諸子之寓言也라

② 儀 : 趙懷玉本에는 '義'로 되어 있다.
趙本에 作義라

4-13 옛날에 8家로 井田을 만들었다. 사방 1里가 1井이 되고, 폭 300보와 길이 300보가 1리가 된다. 그 田이 900畝니, 폭 1보와 길이 100보가 1묘가 되고, 폭 100보와 길이 100보가 100묘가 된다. 8가가 이웃이 되니 1가마다 100묘를 받고 餘夫[16]는 각각 25묘를 받는다. 1가마다 公田 10묘를 경작하고, 나머지 20묘로 함께 廬幕을 만드니 각각 2묘 반을 받는다. 8가가 서로 보호하고 드나들며 번갈아 지키며, 질병에 서

16) 餘夫 : 한 집안에서 가장을 제외한 나머지 장정들을 말한다.

로 근심하고 환난에 서로 구원하며, 있고 없는 것을 서로 빌려주고 음식이 있으면 서로 부르며, 혼례를 서로 의논하고 고기잡이와 사냥에서 얻은 것을 나누며 사랑과 은혜를 베풀었다. 때문에 그 백성들이 화친하여 서로 잘 지냈다.

≪詩經≫ 〈小雅 信南山〉에 말하였다

"밭 가운데 여막이 있고, 밭두둑에는 오이가 열렸네."

그런데 지금은 혹 그렇지 않아, 백성들을 伍로 묶어[17] 죄가 있는지 서로 염탐하고 법을 어겼는지 서로 고발하여 원한을 맺게 한다. 그리하여 서로 다투어 화목한 마음을 상하게 하여 은혜를 해치고 윗사람의 교화에 해를 끼쳐, 화목한 사람은 적어지고 풍속을 무너뜨리려는 사람은 많아지니 결국 仁道가 민멸되는 것이다.

≪詩經≫ 〈大雅 桑柔〉에 말하였다.

"그 어찌 선할 수 있겠는가? 서로 구렁텅이에 빠질 뿐이로다."

古者에 八家而井田이라 方里爲一井①하고 廣三百步長三百步가 爲一里라 其田九百畝니 廣一步長百步②가 爲一畝요 廣百步長百步가 爲百畝라 八家爲鄰하니 家得百畝하고 餘夫各得二十五畝라 家爲公田十畝하고 餘二十畝로 共爲廬舍하니 各得二畝半이라 八家相保하고 出入更守하며 疾病相憂하고 患難相救하며 有無相貸하고 飲食相召하며 嫁娶相謀하고 漁獵分得하여 仁恩施行이니라 是以其民和親而相好이니라 詩曰 中田有廬요 疆場有瓜라 今或不然하여 令民相伍하여 有罪相伺하고 有刑相擧하여 使構造怨仇하여 而民相殘하여 傷和睦之心하여 賊仁恩하고 害(士)〔上〕[18] 化③하여 所和者寡하고 欲敗者多④하니 於仁道泯焉이라 詩曰 其何能淑고 載胥及溺이로다

① 方里爲一井 : 趙懷玉本에는 '方里而爲井'으로 되어 있다. 교감한 내용에 "林本과 通津草堂本에는 '方里爲一井'으로 되어 있다." 하였다.
趙本에 作方里而爲井이라 校語에 林本과 通津本에 作方里爲一井이라

② 廣一步長百步 : 趙懷玉本에는 '廣一步長一步'로 되어 있다.
趙本에 作廣一步長一步라

③ 害上化 : '士'字는 마땅히 '上'이 되어야 한다.
士字는 宜當爲上이라

④ 欲敗者多 : 趙懷玉本에는 '欲敗者巨'로 되어 있다. 교감한 내용에 "다른 본에는 '巨'가 '多'로

17) 백성들을 伍로 묶어 : ≪周禮≫ 〈地官 族師〉에 "다섯 가구를 '比'로 하고 열 가구를 '聯'으로 하였으며, 다섯 사람을 '伍'로 하고 열 사람을 '聯'으로 하였다.〔五家爲比 十家爲聯 五人爲伍 十人爲聯〕" 하였다.

18) 〔上〕 : 저본에는 '士'로 되어 있으나, 注에 의거하여 바로잡았다.

되어 있다." 하였다.

趙本에 作欲敗者巨라 校語에 巨는 一作多라

4-14 天子는 많고 적음을 말하지 않으며 諸侯는 이익과 손해를 말하지 않으며, 大夫는 얻음과 잃음을 말하지 않으며 士는 재화의 유통에 대해 말하지 않고 장사를 하지 않는다. 그러므로 駟馬를 소유한 집안은 닭과 돼지를 치는 것에 의지하지 않으며, 조상의 제사에 얼음을 쓰는 집안은 소와 닭으로 이익을 도모하지 않으며,[19] 千乘의 임금은 재화를 유통하지 않으며, 冢卿은 財幣를 불리지 않으며, 대부는 場圃를 만들지 않으며, 재물을 많이 쌓아놓은 신하는 市井의 이익을 탐내지 않는다. 때문에 빈궁한 자도 기뻐하는 바가 있고 고아와 과부도 손발을 둘 데가 있는 것이다.

≪詩經≫ 〈小雅 大田〉에 말하였다.

"저기에는 버려진 볏단이 있고 여기에는 버려진 이삭이 있으니 이것은 寡婦의 이익이로다."

天子不言多少하며 諸侯不言利害하며 大夫不言得喪하며 士不言通財貨하고 不爲賈道①라 故駟馬之家不恃雞豚之息②하며 伐冰之家不圖牛羊之入③하며 千乘之君不通貨財하며 冢卿不修幣施④하며 大夫不爲場圃하며 委積之臣不貪市井之利⑤라 是以貧窮有所懽하고 而孤寡有所措其手足也⑥라 詩曰 彼有遺秉하며 此有滯穗하니 伊寡婦之利로다

① 不爲賈道 : ≪荀子≫ 〈大略〉에는 이 句가 없다. 위 句의 '通' 위에 또한 '言'字가 없다.
荀子大略에 無此句라 上句通上에 亦無言字라

② 故駟馬之家不恃雞豚之息 : ≪荀子≫ 〈大略〉에는 "錯質之臣 不息雞豚(예물을 바쳐 임금을 섬기는 신하는 닭과 돼지를 치지 않는다.)"라고 하였다. 趙懷玉本에는 "不時雞豚之息"이라고 하였다. 교감한 내용에 "毛晉의 汲古閣津逮秘書本에는 '不時'가 '不恃'로 되어 있다." 하였다.
荀云 錯質之臣은 不息雞豚이라 趙本에 作不時雞豚之息이라 校語에 毛本에 不時는 作不恃라

③ 伐冰之家不圖牛羊之入 : ≪荀子≫ 〈大略〉에는 "有國之君 不息牛羊(나라를 소유한 임금은 소와 양을 기르지 않는다.)"라고 하였다.
荀云 有國之君은 不息牛羊이라

19) 駟馬를……않으며 : ≪大學章句≫ 전10장에 孟獻子가, "馬乘을 기르면 닭과 돼지를 살피지 않고 초상이나 제사에 얼음을 쓰는 집안은 소와 양을 키우지 않는다.〔畜馬乘 不察於鷄豚 伐冰之家 不畜牛羊〕" 하였다.

④ 冢卿不修幣施 : 의심하건대, ≪荀子≫ 〈大略〉에는 '施'字가 없다.
疑荀에 無施字라

⑤ 委積之臣不貪市井之利 : ≪荀子≫ 〈大略〉에는 "從士以上 皆羞利而不與民爭業 樂分施而恥積藏(從士 이상은 모두 이익내는 것을 부끄러워하여 백성들과 사업을 다투지 않으며, 나누고 베푸는 것을 좋아하고 쌓고 감추는 것을 부끄러워한다.)"라고 하였다.
荀云 從士以上은 皆羞利而不與民爭業하며 樂分施而恥積藏이라

⑥ 而孤寡有所措其手足也 : '措'는 ≪荀子≫ 〈大略〉에 '竄'으로 되어 있고 또 '足'이 없다.
措는 荀에 作竄하고 又無足字라

4-15 人主가 활을 잘 쏘아 먼 곳에 있는 작은 표적을 맞추는 사람을 얻고자 한다면, 높은 관직과 후한 상을 걸어 招致하되 안으로 자제들을 편애하지 않고 밖으로 관계가 먼 사람이라고 하여 그의 능력을 숨기지 않아서 표적을 잘 맞추는 사람을 취할 것이니 이 어찌 초치하는 道가 아니겠는가? 이는 비록 聖人이라도 바꿀 수 없는 것이다. 지금 나라를 다스리고 백성을 이끌어 아랫사람과 윗사람을 하나로 조화하고자 한다면, 안으로 성을 견고히 하고 밖으로 환난을 막음으로써 다스리면 사람들을 제어할 수 있거니와, 사람들을 제대로 제어하지 못하여 혼란하면 나라가 위축되니 그 멸망은 서서도 기다릴 수 있을 것이다. 그러나 卿相과 輔佐를 구하면서 유독 이 공정한 방법을 쓰지 않고 便辟되거나 자기와 가까운 사람만 등용한다면, 이 어찌 너무 지나친 것이 아니겠는가? 그러므로 社稷을 소유한 자는 편안하고자 하지 않음이 없으나 어느새 위태로워지며 보존되고자 하지 않음이 없으나 어느새 망하게 되는 것이다.

옛날에 천여 개의 나라가 있었는데 지금은 수십 개의 나라만 있으니 그 이유는 무엇인가? 이 도를 잃어버리지 않음이 없기 때문이다. 밝은 임금은 사람에게 사사로이 金玉을 주는 일은 있지만 사람에게 사사로이 관직과 사업을 주지 않은 것은 어째서인가? 본래 이를 사사로이 하는 것은 이롭지 않기 때문이다. 저 사람이 능력이 없는데 임금이 부린다면 이는 어두운 임금이고, 신하가 능력이 없는데 관직에 나아간다면 이는 속이는 신하이다. 임금이 위에서 어둡고 신하가 아래에서 속이면 곧 나라가 멸망하게 될 것이니 이는 함께 해치는 道이다. 그러므로 밝은 임금만이 능히 사랑해야 할 사람을 사랑하고 어두운 임금은 반드시 사랑해야 할 사람을 위태롭게 하는 것이다.

文王이 便辟되거나 자기와 가까운 사람이 없었던 것이 아니지만, 超然히 舟人에서

太公을 등용하였으니 이 어찌 사사로이 한 것이겠는가? 친척이어서 그렇게 한 것인가라고 한다면 異族의 사람이었으며, 친분이 있어서 그렇게 한 것인가라고 한다면 일찍이 서로를 알지 못하였으며, 용모가 훌륭해서 그렇게 한 것인가라고 한다면 태공은 72세이니 이가 빠져 볼품이 없었다. 그럼에도 등용한 것은, 귀한 道를 확립하고 귀한 이름을 밝혀 천하를 모두 통일하여 나라에 은혜를 베풀고자 하였으나 혼자 할 수는 없었기 때문이다. 이 사람을 등용하자, 귀한 도가 과연 확립되고 귀한 이름이 과연 밝혀져 천하를 모두 통일하였다. 71개 나라를 세웠는데 姬姓이 53국을 차지하여 周나라의 자손 가운데 진실로 狂惑한 자가 아니면 모두 천하의 이름난 제후가 되었으니, 이를 능히 사랑해야 할 사람을 사랑한다고 하는 것이다. 그러므로 '밝은 임금이라야 능히 사랑해야 할 사람을 사랑하고 어두운 임금은 반드시 사랑해야 할 사람을 위태롭게 한다'는 것은, 문왕의 경우를 두고 하는 말이다.

≪詩經≫ 〈大雅 文王有聲〉에 말하였다.

"후손에게 계책을 남겨 주어 공경하는 아들을 편안하게 하시네."

이는 사랑해야 할 사람을 사랑한다는 말이다.

≪詩經≫ 〈小雅 頍弁〉에 말하였다.

"죽을 날이 얼마 남지 않아 서로 만나볼 날이 얼마 없네."

이는 사랑해야 할 사람을 위태롭게 한다는 말이다.

人主欲得善射하여 及遠中微①면 則懸貴爵重賞以招致之하되 內不阿子弟하고 外不隱遠人하여 能中是者取之니 是豈不致之之道也哉②아 雖聖人이라도 弗能易也니라 今欲治國馭民하여 調一上下③인댄 將內以固城하고 外以拒難하여 治則制人이어니와 人弗能制하여 亂則危削④하니 滅亡可立待也라 然而求卿相輔佐에 獨不如是之公하고 惟便辟比己之用⑤이면 是豈不(獨過矣)⑥〔過甚矣哉〕[20]리오 故有社稷은 莫不欲安이나 俄則危矣며 莫不欲存이나 俄則亡矣라 古之國千餘가 今無數十⑦하니 其故何也⑧오 莫不失於是也라 故明主有私人以(百金名)〔金石〕[21]珠玉⑨이어니와 而無私以官職事業者는 何也⑩오 曰 本不利所私也⑪니라 彼不能而主使之는 是闇主也요 臣不能而爲之는 是詐臣也라 主闇於上하고 臣詐於下면 滅亡無日矣리니 俱害之道也니라 故惟明主라야 能愛其所愛하고 闇主則必危其所愛니라 夫文王非無便辟親比己者나 超然乃擧太公於舟人而

20) 〔過甚矣哉〕: 저본에는 '獨過矣'로 되어 있으나, ≪荀子≫ 〈君道〉에 의거하여 교감하였다.
21) 〔金石〕: 저본에는 '百金名'으로 되어 있으나, ≪荀子≫ 〈君道〉에 의거하여 교감하였다.

用之⑫하니 豈私之哉아 以爲親邪아 則異族之人也⑬며 以爲故耶아 則未嘗相識也며 以爲姣好邪⑭아 則太公年七十二하여 齳然而齒墮矣⑮라 然而用之者는 文王欲立貴道하고 欲白貴名하여 兼制天下하여 以惠中國이로되 而不可以獨⑯일새라 故擧是人而用之하여 貴道果立하고 貴名果白하여 兼制天下라 立國七十一에 姬姓獨居五十三⑰하여 周之子孫苟不狂惑이면 莫不爲天下顯諸侯하니 夫是之謂能愛其所愛矣니라 故惟明主라야 能愛其所愛하고 闇主必危其所愛는 此之謂也라 大雅曰 貽厥孫謀하사 以燕翼子⑱라하니 〔愛其所愛之謂也〕22)요 小雅曰 死喪無日하여 無幾相見이라하니 危其所愛之謂也라

① 及遠中微 : '及'은 ≪荀子≫ 〈君道〉에 또한 '射'로 되어 있다.
及은 荀子君道에 亦作射라

② 是豈不致之之道也哉 : ≪荀子≫ 〈君道〉에는 "是豈不必得之之道也哉(이 어찌 반드시 얻을 수 있는 道가 아니겠는가?)"라고 하였다. 諸本에는 아래의 '之'가 모두 '人'으로 되어 있으니 이제 ≪荀子≫ 〈君道〉에 근거하여 교정하였다. '致' 위에 아마도 '必'字가 빠진 듯하다. 어떤 本에는 혹 '謂之大道'로 되어 있으니 잘못이다. 趙懷玉本에는 '是豈不致人之道也哉'로 되어 있다. 교감한 내용에 "≪荀子≫ 〈君道〉에는 '是豈不必得之之道也哉'로 되어 있다." 하였다.
荀云 是豈不必得之之道也哉라 諸本에 下之는 皆作人이니 今從荀子校正이라 致上에 仍疑脫必字라 本或作謂之大道하니 非라 趙本에 作是豈不致人之道也哉라 校語에 荀子君道篇에 作是豈不必得之之道也哉라

③ 調一上下 : '一'은 ≪荀子≫ 〈君道〉에 '壹'로 되어 있으니 같다.
一은 荀에 作壹하니 同이라

④ 亂則危削 : '削'은 ≪荀子≫ 〈君道〉에 '辱'으로 되어 있다.
削은 荀에 作辱이라

⑤ 惟便辟比己之用 : 辟'은 ≪荀子≫ 〈君道〉에 '嬖'로 되어 있고 그 아래에 또 '親'字가 있다. '比'는 諸本에 '以'로 되어 있으니 잘못이다. 趙懷玉本에는 '惟便辟親比己之是用'으로 되어 있다. 교감한 내용에 "'親比' 2자는 舊本에 잘못하여 '以'로 되어 있으니 이제 ≪荀子≫ 〈君道〉를 따라 개정하였다. 이 아래에 다른 본에는 또한 '親比'로 되어 있고, 또 '用是'가 구본에는 글자의 순서가 거꾸로 되어 있었는데 이제 바로잡았다." 하였다.
辟은 荀에 作嬖하고 嬖下又有親字라 比는 諸本에 作以하니 誤라 趙本에 作惟便辟親比己之是用이라 校語에 親比二字는 舊譌作以하니 今從荀子改라 此下本亦作親比하고 又用是舊倒하니 今乙正이라

⑥ 是豈不獨過矣 : ≪荀子≫ 〈君道〉에는 "豈不過甚矣哉(어찌 너무 심하지 않은가?)"라고 하였다.

22) 〔愛其所愛之謂也〕 : 저본에는 '愛其所愛之謂也'가 없으나, 注에 의거하여 보충하였다.

一本에 '獨'은 '謂'로 되어 있고 '矣'는 '乎'로 되어 있으니 모두 잘못이다. 趙懷玉本에는 '豈不謂過乎'로 되어 있다.

荀云 豈不過甚矣哉라 一本에 獨은 作謂하고 矣는 作乎하니 竝非라 趙本에 作豈不謂過乎라

⑦ 古之國千餘 今無數十 : ≪荀子≫ 〈君道〉에는 "古有萬國 今有數十焉(옛날에 萬國이 있었는데 지금은 수십 개의 나라만 있다.)"라고 하였다.

荀云 古有萬國한대 今有數十焉이라

⑧ 其故何也 : ≪荀子≫ 〈君道〉에는 '是無他故'로 되어 있다.

荀에 作是無他故라

⑨ 百金名珠玉 : ≪荀子≫ 〈君道〉에는 '金石珠玉'으로 되어 있다. 아마도 '名'은 '石'의 잘못인 듯하다. '百'은 羨文인 듯하다. 趙懷玉本에는 '以金石珠玉'으로 되어 있다. 교감한 내용에 "舊本에 '百金名珠玉'으로 되어 있으니 잘못이다. 이제 ≪荀子≫ 〈君道〉를 따라 교정하였다." 하였다.

荀에 作金石珠玉이라 疑名은 爲石之譌요 百은 蓋羨文也라 趙本에 作以金石珠玉이라 校語에 舊作以百金名珠玉하니 譌라 今從荀子刪正이라

⑩ 而無私以官職事業者何也 : 趙懷玉이 교감한 내용에 "'者'는 ≪荀子≫ 〈君道〉에 '是'로 되어 있다." 하였다.

趙校語에 者는 荀에 作是라

⑪ 日 本不利所私也 : '私'는 諸本에 '詐'로 되어 있으니 이제 ≪荀子≫ 〈君道〉를 따라 교정하였다. 趙懷玉本에 '亦曰本不利於所私也'로 되어 있다. 교감한 내용에 "'於'字는 舊本에 빠져있으니 ≪荀子≫ 〈君道〉에 근거하여 보충하였다." 하였다.

私는 諸本에 作詐하니 今從荀子校正이라 趙本에 作亦曰本不利於所私也라 校語에 於字는 舊缺하니 依荀子補라

⑫ 超然乃擧太公於舟人而用之 : '舟'는 ≪荀子≫ 〈君道〉에 '州'字로 되어 있다. 아마도 '州'는 오류인 듯하다. 趙懷玉이 교감한 내용에 "'舟人'은 ≪荀子≫ 〈君道〉에 '州人'으로 되어 있다." 하였다.

舟는 荀에 作州라 疑州字는 誤라 趙校語에 舟人은 荀에 作州人이라

⑬ 則異族之人也 : ≪荀子≫ 〈君道〉에는 "周나라는 姬姓인데 저 사람은 異姓이다." 하였다.

荀云周姬姓也而彼異姓也라

⑭ 以爲姣好邪 : '姣好'는 ≪荀子≫ 〈君道〉에 '好麗'로 되어 있다.

姣好는 荀에 作好麗라

⑮ 齳然而齒墮矣 : '齳'은 '壼'로 읽어야 하니 이가 없다는 뜻이다. ≪荀子≫ 〈君道〉에는 '䶩'으로 되어 있으니 같다.

齳는 讀曰壼니 無齒也라 荀에 作䶩하니 同이라

⑯ 而不可以獨 : 趙懷玉이 교감한 내용에 "≪荀子≫ 〈君道〉에는 '也'字가 있다." 하였다.
趙校語에 荀에 有也字라

⑰ 立國七十一 姬姓獨居五十三 : '一'과 '三'은 諸本에 모두 잘못하여 '二'로 되어 있으니 이제 ≪荀子≫ 〈儒效〉를 따라 교정하였다. 趙懷玉本에 '五十二'로 되어 있다. 교감한 내용에 "≪荀子≫ 〈儒效〉에는 '五十三人'으로 되어 있다." 하였다.
一과 三은 諸本에 竝譌爲二하니 今從荀子校正이라 趙本에 作五十二라 校語에 荀에 作五十三人이라

⑱ 以燕翼子 : 趙懷玉이 교감한 내용에 "마땅히 '愛其所愛之謂也' 한 句가 있어야 한다." 하였다.
趙校語에 當有愛其所愛之謂也一句라

4-16 묻는 태도가 나쁜 사람에게는 일러주지 않고 일러주는 태도가 거친 사람에게는 묻지 말며, 다툴 기색이 있는 사람과는 논변하지 말아야 한다. 반드시 상대가 도리에 따라 온 사람이라야 그를 만나고 도를 따르지 않으면 피해야 한다. 때문에 禮가 공순한 뒤에야 그와 함께 도의 方法을 이야기할 수 있으며, 상대의 말씨가 온순한 뒤에야 그와 함께 도의 理致를 이야기할 수 있으며, 상대의 얼굴빛에 순종하는 기운이 드러난 뒤에야 그와 함께 도의 極致를 이야기할 수 있다. 그러므로 함께 대화할 수 없는데도 말을 거는 것을 '장님〔瞽〕'이라 하고, 함께 말을 해야 하는데도 말을 하지 않는 것을 '숨긴다〔隱〕'고 이른다.[23] 군자는 장님처럼 하지 않고 숨기지도 않아 말을 삼가서 그 차례에 맞게 하는 법이다.

≪詩經≫ 〈小雅 采菽〉에 말하였다.

"저 사람이 사귐에 느리지 않으니 天子가 허여하는 바로다."

이는 반드시 나의 뜻과 비교해 본 뒤에 상대를 허여함을 말한 것이다.

問〔楛〕[24]者不告하고 告〔楛〕[25]者勿問①하며 有諍氣者는 勿與論②이라 必由其道至然後에 接之하고 非其道면 則避之라 故禮恭然後에 可與言道之方하고 辭順然後에 可與言道之理하고 色從

23) 그러므로……이른다 : ≪論語≫ 〈季氏〉에 "공자께서 말씀하셨다. 군자를 모실 때 저지르기 쉬운 세 가지 잘못이 있다. 아직 말할 때가 아닌데 말하는 것을 '조급하다〔躁〕' 하고, 말할 때가 되었는데도 말하지 않는 것을 '숨긴다〔隱〕'고 하며, 안색을 살피지 않고 말하는 것을 '장님〔瞽〕'이라 한다.〔孔子曰 侍於君子 有三愆 言未及之而言 謂之躁 言及之而不言 謂之隱 未見顔色而言 謂之瞽〕" 하였다.

24) 〔楛〕 : 저본에는 '楛'가 없으나, ≪荀子≫ 〈勸學〉에 의거하여 보충하였다.

25) 〔楛〕 : 저본에는 '楛'가 없으나, ≪荀子≫ 〈勸學〉에 의거하여 보충하였다.

然後에 可與言道之極③이니라 故未可與言而言을 謂之瞽④요 可與言而不與之言을 謂之隱⑤이니 君子不瞽⑥〔不隱〕[26]하여 言謹其序⑦하나니라 詩曰 彼交匪紓⑧하니 天子所予라하니 言必交吾志然後予라

① 問楛者不告 告楛者勿問 : ≪荀子≫ 〈勸學〉에는 '者' 위에 모두 '楛'字가 있다. 楊倞의 注에 "楛는 苦와 같으니 나쁘다는 뜻이고 거칠다는 뜻이니 묻는 태도가 禮義가 아닌 것이다. 이 문장은 완전하지 못하다." 하였다. 趙懷玉本에는 "楛者不告告楛者勿問"으로 되어 있다. 교감한 내용에 "두 '楛'字가 모든 본에 빠져 있다. 이제 살펴보건대, 이 두 字가 없으면 말이 되지 않는다. 이제 ≪荀子≫ 〈勸學〉篇에 근거하여 보충하였다. 楊倞의 注에 '楛는 나쁘다는 뜻이니, 問楛는 묻는 태도가 예의가 아닌 것을 말한다.' 하였다." 하였다.
荀子勸學에 者上幷有楛字라 楊注에 楛與苦同이니 謂惡也요 麤也니 非禮義也라 此文未備라 趙本에 作問楛者不告하고 告楛者勿問이라 校語에 兩楛字本皆脫이라 今案無此二字면 卽非辭라 今據荀子勸學篇補라 楊倞注云 楛는 惡也니 問楛는 謂所問非禮義也라

② 勿與論 : '諍'은 ≪荀子≫ 〈勸學〉에 '爭'으로 되어 있고, '論'은 '辯'으로 되어 있다.
諍은 荀에 作爭하고 論은 作辯이라

③ 可與言道之極 : '極'은 ≪荀子≫ 〈勸學〉에 '傲'로 되어 있다. 楊倞의 注에 "致는 지극함이다." 하였다. 趙懷玉이 교감한 내용에 "≪荀子≫ 〈勸學〉에는 '致'로 되어 있다." 하였다.
極은 荀에 作致라 楊注에 致는 極也라 趙校語에 荀에 作致라

④ 謂之瞽 : '瞽'는 ≪荀子≫ 〈勸學〉에 '傲'로 되어 있다. 趙懷玉이 교감한 내용에 "같다." 하였다.
瞽는 荀에 作傲라 趙校語에 同이라

⑤ 可與言而不與之言 謂之隱 : 趙懷玉本에는 "可與言而不與之言謂之隱"으로 되어 있다. 교감한 내용에 "≪荀子≫ 〈勸學〉에는 '不觀氣色而言謂之瞽' 한 句가 있다." 하였다.
趙本에 作可與言而不與之言謂之隱이라 校語에 荀에 有不觀氣色而言謂之瞽一句라

⑥ 君子不瞽 : ≪荀子≫ 〈勸學〉에는 '君子' 위에 '不觀顔色而言謂之瞽' 9자가 있고 또 "君子不傲不隱不瞽 謹順其身(군자는 거만하지 않고 숨기지 않고 소경 노릇을 하지 않으면서, 상대방의 행동에 따라 신중하게 말한다.)"라고 하였다. 여기에서 이미 '傲'를 '瞽'로 썼으니 '不瞽' 아래에 '不隱' 2자가 빠진 듯하다. 趙懷玉本에는 '君子不瞽不隱'으로 되어 있다. 교감한 내용에 "舊本에는 2자가 빠져 있었는데, ≪荀子≫ 〈勸學〉에 근거하여 보충하였다." 하였다.
君子上에 荀에 有不觀顔色而言謂之瞽九字하고 又云君子不傲不隱不瞽하고 謹順其身이라 此旣以傲爲瞽하니 則不瞽下에 疑脫不隱二字라 趙本에 作君子不瞽不隱이라 校語에 二字舊脫하니 依荀子補라

⑦ 言謹其序 : 諸本에는 '謹' 아래에 '愼'字가 있으니 衍文이다. 趙懷玉本에는 '言謹愼其序'으로

26) 〔不隱〕: 저본에는 '不隱'이 없으나, ≪荀子≫ 〈勸學〉에 의거하여 보충하였다.

되어 있다. 교감한 내용에 "≪荀子≫ 〈勸學〉에는 '謹順其身'으로 되어 있으니 '言'자가 없다. 毛晉의 汲古閣津逮秘書本에는 '愼'字가 없다." 하였다.

諸本에 謹下有愼字하니 衍이라 趙本에 作言謹愼其序라 校語에 荀에 作謹順其身하니 無言字라 毛本에 無愼字라

⑧ 詩曰 彼交匪紓 : ≪荀子≫ 〈勸學〉에는 ≪詩經≫ 〈采菽〉을 인용하여 '匪交匪紓'로 되어 있다. 楊倞의 注에 "'匪交'는 마땅히 '彼交'가 되어야 한다." 하였다.

荀에 引采菽하여 作匪交匪紓라 楊注에 匪交는 當爲彼交라

4-17 자식이 부모를 위하여 그 잘못을 숨겨주는 것은[27] 義로 보면 바르지 않고, 임금이 의롭지 못한 무리를 誅罰하는 것은 仁으로 보면 자애롭지 못하다. 비록 인을 어기고 의에 해가 되지만 그 안에 법도가 있는 것이다.

≪詩經≫ 〈小雅 采菽〉에 말하였다.

"의젓하고 점잖게 여기까지 이르셨네."

子爲親隱이면 義不得正이요 君誅不義면 仁不得愛라 雖違仁害義나 法在其中矣라 詩曰 優哉游哉라 亦是戾矣니라

4-18 齊 桓公이 管仲에게 물었다.

"王은 무엇을 귀중하게 여겨야 합니까?"

관중이 말하였다.

"하늘을 귀중하게 여겨야 합니다."

환공이 머리를 들어 하늘을 보자, 관중이 말하였다.

"제가 말한 하늘은 푸르고 아득한 하늘이 아니니, 왕은 백성을 하늘로 삼는 것입니다. 백성이 따르면 편안하고 도와주면 강해지며, 백성이 비난하면 위태로워지고 배반하면 멸망하는 것입니다."

≪詩經≫ 〈小雅 角弓〉에 말하였다.

"선량하지 못한 사람은 서로 한 쪽만 원망하네."

백성이 한쪽에 살면서 그 윗사람을 원망하는데 끝내 멸망하지 않는 자는 있지 않았다.

27) 자식이……것은 : ≪論語≫ 〈子路〉에 보인다.

齊桓公問於管仲曰 王者何貴오 曰 貴天이니이다 桓公仰而視天한대 管仲曰 所謂天은 非蒼莽之天也①니 王者는 以百姓爲天이니이다 百姓與之則安하고 輔之則强하며 非之則危하고 倍之則亡②하니이다 詩曰 民之無良은 相怨一方이라하니 民皆居一方하여 而怨其上이어늘 不亡者는 未之有也니라

① 非蒼莽之天也 : ≪說苑≫ 〈建本〉에는 '蒼蒼莽莽'으로 되어 있다.
說苑建本에 作蒼蒼莽莽이라
② 倍之則亡 : 劉台拱은 '倍'를 '背'로 썼으니 같다.
倍는 劉作背하니 同이라

4-19 수레를 잘 모는 사람은 그 말을 잊지 않고 활을 잘 쏘는 사람은 그 활을 잊지 않으며 윗사람 노릇을 잘하는 사람은 아랫사람을 잊지 않는다. 진실로 사랑하고 그들을 이롭게 해준다면 四海의 안 전체가 한 집안처럼 되겠지만, 사랑하지 않고 이롭게 해주지 않으면 자식도 아버지를 죽이는데 하물며 天下는 어떠하겠는가?

≪詩經≫ 〈小雅 角弓〉에 말하였다.

"선량하지 못한 사람은 서로 한 쪽만 원망하네."

善御者는 不忘其馬하고 善射者는 不忘其弓하며 善爲上者는 不忘其下니라 誠愛而利之면 四海之內가 闔若一家어니와 不愛而利면 子或殺父온 而況天下乎아 詩曰 民之無良은 相怨一方이라

4-20 밖으로 나가면 宗族의 근심이 되고, 들어오면 鄕黨의 근심거리가 된다.

≪詩經≫ 〈小雅 角弓〉에 말하였다.

"南蠻과 같으며 오랑캐와 같은지라, 내 이 때문에 근심하노라."

이는 소인의 행실이다.

出則爲宗族患하고 入則爲鄕黨①憂라 詩曰 如蠻如髦라 我是用憂호라하니 小人之行也②라

① 黨 : 趙懷玉本에는 '里'로 되어 있다.
趙本에 作里라
② 小人之行也 : 해설이 뒤의 23傳에 있다.
說在後第二十三傳이라

4-21 임금을 잘 섬기지 못하면서 신하에게는 충성하기를 바라고, 아버지를 잘 섬기지 못하면서 자식에게는 효도하기를 바라고, 형을 잘 공경하지 못하면서 아우에게는 명령에 따르기를 바란다.

≪詩經≫ 〈小雅〉 〈角弓〉에 말하였다.

"관작을 받으면 사양지 않으니 자신을 망치게까지 된다네"

남이 어떻게 해야 하는지는 잘 알면서 자신에 대해서는 알지 못함을 말한 것이다.

有君不能事①로되 有臣欲其忠②이요 有父不能事③로되 有子欲其孝④이요 有兄不能敬로되 有弟欲其從令⑤하나니 詩曰 受爵不讓 至於己斯亡라하니 言能知於人이로되 而不能自知也이라

① 有君不能事 : "有君" 위에 ≪荀子≫ <法行>편에는 "君子有三恕(군자에게는 세 가지 관대함이 있으니)"라는 5字가 있고, ≪孔子家語≫에는 이것으로 편명을 삼았다.
有君上에 荀子法行은 有君子有三恕五字요 家語는 以此名篇이라

② 有臣欲其忠 : '欲'은 ≪荀子≫에 '求'로 되어 있으니, 이하도 마찬가지이다. '忠'은 '使'로 되어 있다.
欲은 荀作求니 下幷同이라 忠은 作使라

③ 有父不能事 : '父'는 ≪荀子≫에 '親'으로 되어 있고, '事'는 '報'로 되어 있다. ≪孔子家語≫에서 '事'는 '孝'로 되어 있다.
父는 荀作親하고 事는 作報요 家語作孝라

④ 孝 : '孝'는 ≪孔子家語≫에 '報'로 되어 있다.
孝는 家語에 作報라

⑤ 從令 : '從'은 ≪荀子≫에 '聽'으로 되어 있고, ≪孔子家語≫에는 '順'으로 되어 있으나, 그 아래 '令' 자가 없다.
從은 荀作聽하고 家語則作順로되 而下無令字라

4-22 당시 어리석은 이들이 부정한 말을 꾸미고 간사한 말을 치장하여 이로써 천하를 어지럽히고 많은 어리석은 자들을 속이고 미혹시켰다. 뒤섞어 시비와 치란이 있는 바를 알지 못하게 하였으니, 范雎[28]와 魏牟[29], 田文[30]과 莊周, 愼到[31]와 田駢[32], 墨翟

28) 范雎 : 전국 시대 魏나라 출신으로 언변에 뛰어나 처음에는 魏나라 大夫 須賈를 섬겼으나, 뒤에 秦나라로 들어가서 昭王에게 遠交近攻策을 유세하여 客卿을 거쳐 재상이 되었다.
29) 魏牟 : 魏나라의 公子. ≪漢書≫ 〈藝文志 道家〉에 〈公子牟〉 4편이 있다.
30) 田文 : 孟嘗君으로 잘 알려졌다. 靖郭君 田嬰의 아들로 薛땅에 봉해져 三千食客을 거느렸다고

과 宋鈃[33], 鄧析[34]과 惠施의 무리이다. 이 열 사람은 모두 그릇된 학설을 답습하여 광택이 나게 하고 견문이 잡박하였으나, 상고시대를 배우지 않고 선왕의 법을 본받지 않았다. 지나간 옛 설을 살펴서 새로운 설을 만들고 힘써 절로 공교롭게 하였으니, 바른 道와 부합하지 않는데도 사람들이 이들을 따랐다. 열 사람의 교묘한 이론은 그 학설이 모두 大道에 합당하기에도, 풍속을 아름답게 하거나, 기강을 다스리기에도 부족하다. 그런데도 그들은 각각 그럴듯한 이유를 지니고 있고 말하는 것에 모두 논리가 있어 많은 어리석은 이들을 속이고 미혹시키며 질박하고 소견이 좁은 사람들을 교란시키기에는 충분하니, 이것이 바로 열 사람의 죄이다.

莊周

그러나 만약 方略을 총괄하고 무리를 통일하며 언행을 일치시켜 천하의 영걸을 한데 모아 大道로써 알려주고 至順으로써 가르치면 좁은 방 한구석이나 앉은자리에도 성왕의 문채가 간단하게 갖추어지고 태평성대의 풍속이 흥기하여, 교묘하게 말하는 자가 들어설 수 없을 것이고 이 열 사람이 가까이 할 수 없을 것이다. 송곳 하나 꽂을 땅이 없으나 왕공이 그와 함께 이름을 다툴 수 없다면, 이는 바로 뜻을 얻지 못한 성인일 것이니, 仲尼가 그런 분이고 순임금과 우임금이 그런 분이다. 그렇다면 어진 이는 앞으로 무슨 일에 힘써야 하겠는가? 위로 순임금과 우임금의 제도를 본받고 아래로는 仲尼의 뜻을 본받아 이 열 사람의 학설을 종식시키도록 힘쓰는 것이다. 이렇게 한다면 어진 이의 임무가 끝나고 천하의 해악이 제거되며 성인의 자취는 드러나게 될 것이다.

≪詩經≫ 〈小雅 角弓〉에 말하였다.

한다. ≪史記≫에 〈孟嘗君列傳〉이 있다.

31) 愼到 : 전국 시대 趙나라 사람으로, 齊나라의 稷下學士가 되었다. ≪漢書≫ 〈藝文志 法家〉에 ≪愼子≫ 42편이 있다고 했으나, 지금은 5편만 전한다.

32) 田騈 : 전국 시대 趙나라 사람으로, 齊나라의 稷下學士가 되었다. ≪漢書≫ 〈藝文志 道家〉에 ≪田子≫ 25편이 있다고 했다.

33) 宋鈃 : 전국 시대 宋나라 사람으로, 孟子와 같은 시대 인물이다. 宋牼으로도 불리며, ≪莊子≫에는 宋榮子로 되어 있다.

34) 鄧析 : 전국 시대 鄭나라 사람으로, 自産과 같은 시대 인물이다. ≪漢書≫ 〈藝文志 名家〉에 ≪鄧祈子≫ 2편이 있다고 하였다.

"눈이 펄펄 내리지만 햇빛만 보면 녹아 버리네."

夫當世之愚가 飾邪說하고 文姦言하여 以亂天下①하고 欺惑衆愚하여 使混然不知是非治亂之所存者하니 則是范雎②와 魏牟③와 田文④과 莊周⑤와 愼到⑥와 田駢⑦과 墨翟⑧과 宋鈃⑨과 鄧析과 惠施之徒也⑩라 此十子者⑪ 皆順非而澤하고 聞見雜博이나 然而不師上古하고 不法先王하여 按往舊造說하고 務而自工⑫하여 道無所遇하여 二人相從⑬이라 故로 曰 十子者之工說이 說皆不足合大道하고 美風俗하고 治綱紀⑭이라 然이나 其持之各有故하고 言之皆有理⑮하여 足以欺惑衆愚하고 交亂樸鄙하니 則是十子之罪也라 若夫總方略하고 一⑯統類하며 齊言行하여 群天下之英傑하되 告之以大道⑰하고 敎之以至順하면 奧突之間⑱과 衽席之上⑲에 簡然聖王之文具⑳하고 沛然平世之俗起㉑하여 工說者不能入也㉒하고 十子者가 不能親也리라 無置錐之地나 而王公不能與之爭名이면 則是聖人之未得志者也㉓리니 仲尼가 是也㉔며 舜禹이 是也㉕라 仁人이 將何務哉리오 上法舜禹之制하고 下則仲尼之義하여 以務息十子之說이니 如是者면 仁人之事畢矣요 天下之害除矣요 聖人之跡著矣리라 詩曰 雨雪瀌瀌나 見晛曰消㉖하나니라하니라

① 以亂天下 : ≪荀子≫ 〈非十二子〉편에는 '以'자 아래에 '梟'자가 있다.
荀子非十二子에 以下有梟字라

② 范雎 : 字는 叔이다. 魏人에게 유세하였다가 秦나라 昭王의 재상이 되었다. 應侯에 봉해졌다.
字는 叔이라 游魏人이라가 相秦昭王하고 封應侯하다

③ 魏牟 : "牟는 魏나라 공자로 中山에 봉해졌다"고 하였다. ≪漢書≫ 〈藝文志 道家〉에 〈公子牟〉 4편이 있다. ≪莊子≫에 '公子 牟'라는 칭호가 있으니 莊子의 말로 公孫龍을 분석하면 공손룡은 장자와 같은 시대 사람이다. 또 ≪列子≫에 '公子牟'라고 칭하였으니 공손룡의 말을 해석하면 공손룡은 平原君의 식객이지만 張湛은 魏牟를 文侯의 아들이라 하였으니, 연대를 근거하면 잘못되었다.
楊倞云 牟는 魏公子니 封於中山이라 漢書藝文志에 道家有公子牟四篇이라 莊子有公子牟稱하니 莊子之言으로 以折公孫龍은 則與莊子同時也라 又列子稱公子牟하니 解公孫龍之言하면 龍은 平原君之客이나 而張湛은 以牟爲文侯子라하니 據年代면 非也라

④ 田文 : 齊나라 靖郭君 田嬰의 서자로, 薛땅에 대신 즉위하여 孟嘗君이 되었다.
齊靖郭君田嬰庶子니 代立於薛하여 爲孟嘗君하니라

⑤ 莊周 : 蒙땅 사람으로, 漆園吏를 지낸 적이 있다. 살펴보니 범수, 전문, 장주는 모두 ≪荀子≫ 〈非十二子〉에 실려 있지 않고 它囂, 陳仲, 史鰌가 있으니 여기와 같지 않다.
蒙人이니 嘗爲漆園吏라 按范雎田文莊周는 幷荀子非十二子篇所無요 而有它囂陳仲史鰌하니 與此不同也라

⑥ 愼到 : 齊宣王 때의 처사이다. 그의 학술은 황로학에 근본을 두고 형명학으로 돌아가니 신불해, 한비자보다 앞선다. 저서 41편이 있다.
齊宣王時處士라 其術은 本黃老하고 歸刑名하니 先申韓이라 著書四十一篇이라
⑦ 田駢 : 역시 齊나라 사람이니 稷下[35]에서 노닐었다. 저서 15편이 있다.
亦齊人이니 遊稷下라 著書十五篇이라
⑧ 墨翟 : 宋나라 사람이다. 저서 35편이 있다. 호는 墨子이다.
宋人이니 著書三十五篇이요 號는 墨子라
⑨ 宋鈃 : '鈃'은 '경(硜)'과 음이 같다. 宋나라 사람이다. ≪孟子≫에는 '宋牼'이라 하였으니 '牼'은 '鈃'과 같다.
鈃은 讀曰硜이라 宋人이라 孟子에 作宋牼하니 牼與鈃同이라
⑩ 惠施之徒也 : 趙懷玉이 교감한 내용에 "≪荀子≫ 〈非十二子〉편에 범수는 타효로, 전문은 진중으로 되어 있으니 이는 문자가 잘못된 것 같다. ≪荀子≫에는 자사와 맹자가 있고 여기에는 없기 때문에 아래에 다만 '十子'라고 한 것이다."라고 하였다.
趙校語에 荀子非十二子篇에 范雎는 作它囂하고 田文은 作陳仲하니 此文字似譌라 荀有子思孟子하고 此無之라 故로 下但云十子라
⑪ 此十子者 : 내(周廷寀)가 살펴보니, 荀卿의 <非十二子〉 外傳에 자사, 맹자를 제거하고 '十子'라 하였으니 이는 大儒의 통달한 식견이다.
寀按하니 荀卿非十二子外傳에 去子思孟子하여 以爲十子라하니 此는 大儒之通識이라
⑫ 務而自工 : 어떤 본에는 "힘써 절로 공교롭게 하였다."라고 하였고 趙懷玉本에는 "힘써 스스로의 공으로 삼는다."라고 하였다.
一本作務自爲工하고 趙本에 作務自爲功이라
⑬ 二人相從 : 荀卿의 책을 살펴보니 타효, 위모 이하 열두 사람이 나란히 둘씩 같은 부류이다. 그러므로 傳에도 '二人'이라고 한 것이다. '二'는 '而'로 되어 있는 곳도 있으나 잘못된 것이다. 趙懷玉本에 "그런데도 사람들이 서로 따른다."라고 되어 있다.
按荀書하니 自它囂魏牟로 已下十二子가 竝兩兩一類라 故로 傳亦云二人이라 二는 或作而나 非라 趙本에 作而人相從이라
⑭ 治綱紀 : 趙懷玉本에 '治綱紀'라고 되어 있다.
趙本에 作治綱紀라
⑮ 有理 : 여기에 있는 '有'자는 ≪荀子≫에 '成' 자로 되어 있다.
此有字는 荀作成이라
⑯ 一 : '一'과 '壹'은 같다.

35) 稷下 : 전국시대 제나라에 있던 학궁으로, 稷門 근처에 있었다. 제선왕 때 설치되어 유가, 도가, 명가, 병가, 법가 등 백가의 학문이 융성하였다.

一壹同이라

⑰ 大道 : ≪荀子≫에는 '太古'로 되어 있다.

荀作太古라

⑱ 奧窔之間 : ≪爾雅≫ 〈釋宮〉편에 서남쪽 구석을 '奧'라 하고 동남쪽 구석을 '窔'라 하였다. 여러 본에 '奧'는 모두 '隩'로 되어 있고 '窔'는 '要'로 잘못 되어 있으니, 아울러 ≪荀子≫를 따라 교정한다. 趙懷玉本에는 "隩窔"로 되어 있다.

釋宮에 西南隅를 謂之奧요 東南隅를 謂之窔라 諸本에 奧는 皆作隩요 窔는 或誤爲要니 幷從荀子校正이라 趙本은 作隩窔라

⑲ 衽席之上 : '衽'은 ≪荀子≫에 '簟'으로 되어 있다.

衽은 荀作簟이라

⑳ 簡然聖王之文具 : '簡'은 ≪荀子≫에 '斂'으로 되어 있다. 趙懷玉이 교감한 내용에 "≪荀子≫에는 '斂然'으로 되어 있다."라고 하였다.

簡은 荀作斂이라 趙校語에 荀作斂然이라

㉑ 沛然平世之俗起 : '沛'는 ≪荀子≫에 '佛'로 되어 있다. 楊倞은 "佛은 勃의 뜻으로 읽어야 된다."라고 하였다. 趙懷玉이 교감한 내용에 "≪荀子≫에 '佛然'이라고 되어 있으니 '佛'은 勃의 뜻으로 읽어야 된다."라고 하였다.

沛는 荀作佛이라 楊云 佛은 讀爲勃라 趙校語에 荀作佛然이니 佛讀爲勃라

㉒ 工說者不能入也 : '工說'은 ≪荀子≫에 '六說'이라고 되어 있고, '十二人'[36]이라고 된 것을 근거한다면 '二人'은 또다른 학설이니, 여기에서 전하는 것을 따르지 못할 바이다.

工說은 荀作六說이니 亦據十二子면 二人爲一說也이나 此는 傳所不從이라

㉓ 未得志者也 : '志'는 ≪荀子≫에 '勢'로 되어 있다.

志는 荀作勢라

㉔ 仲尼 是也 : 중니 다음에 ≪荀子≫에는 '子弓'이라는 글자가 있다. 趙懷玉이 교감한 내용도 같다.

仲尼下에 荀有子弓이라 趙校語同이라

㉕ 舜禹 是也 : 이 구절 위에 ≪荀子≫에는 "백성을 기르고 천하를 모두 이롭게 하면 통달한 무리들 가운데 복종하지 않는 자가 없을 것이다. 여섯 가지 학설은 곧바로 사라지고 열두 사람이 변화하면 성인께서 세력을 얻으시리니"의 34자가 있으니 여기에 탈루가 있는 듯하다. 趙懷玉本에 "'천하를 통일하고 만물을 제재하고 인민을 기르고 천하를 모두 이롭게 하면 통달한 무리들 가운데 복종하지 않는 자가 없을 것이다. 여섯 가지 학설은 곧바로 사라지고 열두 사람이 변화하면 성인께서 세력을 얻으셨으니 순임금과 우임금이 그런 분이었다."로 되어 있고, 교감한 내용에 "'工'은 ≪荀子≫에 '六'으로 되어 있다."라고 하였다. 여

36) 十二人 : ≪荀子≫ 〈非十二人〉편을 이른다.

기에서는 앞부분에 의거하여 '工'이라고 하였다. '十'자 아래에 ≪荀子≫에는 '二'자가 있으나 여기에는 당연히 있어서는 안 되니 ≪荀子≫에 의거하여 문장에 39자를 보충한다.
句上에 荀有養長生民兼利天下通達之屬莫不服從六說者立息十二子遷化則聖人之得勢者三十四字니 此疑有脫漏라 趙本에 作一天下財萬物長養人民兼利天下通達之屬莫不從服工說者立息十子者遷化則聖人之得勢者舜禹是也하고 校語에 工은 荀作六이라 此는 依前作工이라 十下에 荀有二字나 此不當有하니 其據荀子하여 文補三十九字하노라

㉖ 雨雪瀌瀌 見晛曰消 : '聿'자는 어떤 본에는 '曰'이라고 되어 있다. 趙懷玉本에 '麃麃'라고 되어 있고 교감한 내용에 "麃麃는 본래 瀌瀌로 되어 있다."라고 하였다. '聿'은 毛晉의 汲古閣津逮秘書本에 '曰'이라고 되어 있으니, 지금은 모두 ≪詩攷≫을 따라 살펴서 바로잡는다.
聿은 本一作曰이라 趙本에 作麃麃하고 校語에 麃麃는 本作瀌瀌라 聿은 毛本作曰이니 今皆從詩攷改正하노라

4-23 군자는 마음을 크게 먹으면 하늘을 공경하여 도에 이르고 마음을 작게 먹으면 의를 두려워하여 절제를 하며, 지혜로우면 막힘없이 통하여 다른 부류에까지 두루 통하고 어리석으면 단정하게 삼가 법을 따르며, 기쁘면 화합하여 다스리고 근심스러우면 고요히 벗어나며, 영달하면 평안하게 받아들이고 불우하면 단속하여 자세히 살핀다. 소인은 마음을 크게 먹으면 오만하고 난폭해지고 마음을 작게 먹으면 지나치고 편벽되게 굴며, 지혜로우면 빼앗고 훔치는데 젖어 들고 어리석으면 악독하게 해치면서 어지럽히며, 기쁘면 경솔하여 즐거워하고 근심스러우면 좌절하여 두려워하며, 영달하면 교만하고 치우치게 굴며 불우하면 포기하고 괴로워한다. 몸을 움직이는 순서가 짐승과 절도가 같고 언어의 포악함이 오랑캐와 다르지 않아, 나가면 종족의 근심거리가 되고 들어오면 향리의 우환이 된다.

≪詩經≫ 〈小雅 角弓〉에 말하였다.

"남쪽 오랑캐 같고 서쪽 오랑캐 같으니 내가 이 때문에 크게 걱정하네."

君子는 大心卽敬天而道①하고 小心卽畏義而節하며 知卽明通而類②하고 愚卽端慤而法하며 喜卽和而治③하며 憂卽靜而違하며 達卽寗而容④하고 窮卽約而詳⑤이요 小人은 大心卽慢而暴하고 小心卽淫而傾하며 知卽攫盜而漸⑥하고 愚卽毒賊而亂하며 喜卽輕易而快⑦하고 憂卽挫而懾하며 達卽驕而偏하고 窮卽棄而累⑧하나니 其肢體之序가 與禽獸同節하고 言語之暴이 與蠻夷不殊하여 出卽爲宗族患하고 入卽爲鄕里憂하니라 詩曰 如蠻如髦라 我是用憂⑨호라하니라

① 大心卽敬天而道：≪荀子≫〈不苟〉편에 '敬'자가 없으니 아마도 ≪荀子≫에 탈자가 있는 듯하다. 趙懷玉의 교감한 내용에 "≪荀子≫〈不苟〉편에 '則天而道'로 되었고 '敬'자가 없다."라고 하였다. 이 책에는 모두 '卽'자로 되어 있는데, 옛날에 '則'자와 '卽'자가 비록 통용되었으나 어투를 보면 '則'으로 된 것이 옳다.

荀子不苟에 無敬字하니 疑彼爲脫이라 趙校語에 荀子不苟篇에 作則天而道하고 無敬字라 此書는 則皆作卽하니 古則卽雖通이나 案文勢면 作則爲是라

② 知卽明通而類：'達'은 ≪荀子≫에 '通'으로 되어 있으니 아래도 마찬가지다.

達은 荀作通이니 下同이라

③ 治：'治'는 楊倞의 注에 "≪荀子≫에 '理'로 되어 있다."라고 하였다.

治는 楊注에 荀子作理라

④ '達卽甯而容：甯'은 ≪荀子≫에 '文'으로 되어 있다.

甯은 荀作文이라

⑤ 窮卽約而詳：'約'은 여러 본에 '納'으로 되어 있으나, 지금 ≪荀子≫를 따라 교정한다. 趙懷玉本에는 "窮卽納而詳"으로 되어 있고, 校語에 "≪荀子≫에 '達則文而明窮則約而詳'으로 되어 있다."라고 하였으니 이 '納'자는 잘못된 듯하다.

約은 諸本作納이나 今從荀子校正하노라 趙本에 作窮卽納而詳하고 校語에 荀作達則文而明窮則約而詳이라하니 此納字似譌이라

⑥ 知卽攫盜而漸：楊倞의 注에 "'漸'은 '進'이니 이익을 탐하여 그치지 않음을 이른다. 혹은 '徼'자로 되어 있는 본도 있으나 잘못되었다. 여기 위에 있는 11개의 '卽'자는 ≪荀子≫에 나란히 '則'으로 되어 있고, '則'자로 되어 있는 본도 있으니 '則'과 '卽'은 통한다."라고 하였다.

楊注에 漸은 進也니 謂貪利不止라 本或作徼者니 非라 此以上十一卽字는 荀竝作則하고 本亦或作則이니 則卽通이라

⑦ 喜卽輕易而快：≪荀子≫에 '易'자가 없으니 이것은 衍文인 듯하다. '快'자는 ≪荀子≫에 '翾'로 되어 있으니, '翾'과 '懁'는 '急'과 같은 뜻이다. 趙懷玉本의 교정한 내용에 "≪荀子≫에 '翾'으로 되어 있다."라고 하였다.

荀無易字하니 疑此爲衍이라 快는 荀作翾이니 翾與懁은 同急也라 趙校語에 荀作翾이라

⑧ 累：'累'는 ≪荀子≫에 '儑'이라 되어 있다. 楊倞의 注에 "'儑'은 마땅히 '濕'이니 '濕'은 근심함이다."라고 하였다. 자전에는 '儑'이 없다. 趙懷玉本의 교정한 내용에 "≪荀子≫에 '僂'라고 되어 있다. 楊倞이 마땅히 '濕'이 되어야 한다고 하였다."라고 하였다.

累는 荀作儑이라 楊注에 儑은 當爲濕이니 濕은 憂也라 字書에 無儑字라 趙校語에 荀作僂이니 楊云 當爲濕이라하니라

⑨ 如蠻如髦 我是用憂：'出則爲宗族患'에서 여기까지 5句는 나란히 앞서 제20傳에 보였다. 의심컨대 앞의 전에 있는 '小人之行也' 5字는 마땅히 이 傳의 끝에 나와야 하고, 나머지는 衍

文이다.

自出則爲宗族患으로 至此五句는 幷已見前第二十傳이니 疑彼傳小人之行也五字는 當繫此傳之末이요 而其餘爲衍也이라

4-24 傳에 말하였다.

사랑이 정에서 나오는 것을 仁이라고 하고, 사랑을 절제하고 이치에 합당하게 다스리는 것을 義라고 하고, 사랑을 지극히 하여 공손하고 삼가는 것을 禮라 하고, 절도에 맞게 예를 행하는 것을 容이라 한다. 예와 용의 義가 생겨나면 이로써 다스려 법으로 삼는다. 그러므로 그 말이 백성의 도가 될 수 있어 백성들이 이 말을 따르고, 행동이 백성의 법이 될 수 있어 백성들이 이 행동을 따르니, 책에 쓰고 기록에 전하여 자손만대 지켜서 버리지 않는다. 이를 말미암으면 다스려지고, 잃으면 어지러워지며, 이를 말미암으면 살고 잃으면 죽는다. 지금 몸을 움직이는 순서가 짐승과 절도가 같고 언어의 포악함이 오랑캐와 다르지 않아 뒤섞여 도가 없으니, 이는 현명한 왕과 성스러운 군주에게 죄를 짓는 것이다.

≪詩經≫ 〈小雅 角弓〉에 말하였다.

"남쪽 오랑캐 같고 서쪽 오랑캐 같으니 내가 이 때문에 크게 걱정하네."

傳曰 愛由情出을 **謂之仁**이요 **節愛理宜**를 **謂之義**요 **致愛恭謹**을 **謂之禮**요 **文禮**를 **謂之容**이니 **禮容之義生**이면 **以治爲法**①이라 **故**로 **其言可以爲民道**②라 **民從是言也**요 **行可以爲民法**이라 **民從是行也**니 **書之於策**하고 **傳之於志語**③하여 **萬世子子孫孫**이 **道而不舍**하니 **由之則治**하고 **失之則亂**하며 **由之則生**하고 **失之則死**하나니 **今夫肢體之序**가 **與禽獸同節**이요 **言語之暴**이 **與蠻夷不殊**하여 **混然無道**니 **此**는 **明王聖主之所罪**니라 **詩曰 如蠻如髦**라 **我是用憂**호라하니라

① 以治爲法 : 어떤 본에 "예와 용의 아름다움은 다스림이 되기에 스스로 족하다."라고 하였으니 의심스럽다. 趙懷玉本에 "예와 용의 아름다움은 다스림이 되기에 스스로 족하다."라고 하였다.

本一作禮容之美自足以爲治하니 疑라 趙本에 作禮容之美自足以爲治니라

② 其言可以爲民道 : '道'자 아래에 본래 '故'자가 있으나, 衍文이다.

道下에 本有故字나 衍이라

③ 傳之於志語 : 趙懷玉本에 '語'자가 없다.

趙本에 無語字라

4-25 어떤 객이 春申君[37]에게 유세하였다.

"湯임금은 칠십 리를 다스렸고 문왕은 백 리를 다스렸으나 모두 천하를 겸병하고 천하를 통일하였습니다. 지금 孫子라는 자는 천하의 현인입니다. 그대께서 백 리 땅의 세력을 빌려주셨는데, 저는 그대에게 편치 않으리라 생각되니 어떠십니까?"

춘신군이 말하였다.

"좋은 말이오."

그러고는 사람을 시켜 손자를 사직하게 하였다. 손자가 떠나서 趙나라로 가니 조나라에서 上卿으로 삼았다. 객이 또 춘신군에게 유세하였다.

湯

"옛날에 伊尹이 夏나라를 떠나 殷나라로 가니 은나라 왕이 천자가 되고 하나라는 망하였으며, 관중이 魯나라를 떠나 齊나라로 가니 노나라는 약해지고 제나라는 강해졌습니다. 이로 말미암아 본다면 현자가 있는 곳에 그 군주가 훌륭하지 않았던 적이 없고, 그 나라가 안정되지 않았던 적이 없습니다. 지금 손자는 천하의 현인인데 어찌 사직하여 떠나게 하셨습니까?"

춘신군이 또 말하였다.

"좋은 말이오."

그러고는 사신을 보내 손자를 초청하니 손자가 글을 써서 사양하였다.

"속담에 癘病에 걸린 사람이 왕을 불쌍히 여긴다는 말이 있으니 이는 공손치 못한 말입니다. 그렇더라도 살펴보지 않을 수 없으니, 이는 겁박당해 살해된 군주에 비긴 것입니다. 군주가 연소하면서도 방탕하고 간신을 알 방도가 없으면 대신이 제멋대로 결단하고 사사로움을 도모하여, 자기에게 불리한 사람을 금지시키고 죽여버립니다. 그러므로 현명한 어른을 내버리고 어리고 약한 이를 왕으로 세우며, 정직한 이를 폐하고 선하지 못한 이를 등용합니다. 그러므로 ≪춘추≫에 기록하기를, '楚나라 왕의

---

37) 春申君 : 黃歇. 戰國 4公子 가운데 하나로, 楚나라의 令尹을 지냈다. ≪史記≫에 〈春申君列傳〉이 있다.

아들 圍[38]가 鄭나라에 빙문하였을 적에 국경을 미처 나서기도 전에 왕이 병에 걸렸다는 말을 듣고 돌아와 문병을 하고는, 마침내 갓끈으로 왕의 목을 졸라 살해하고 스스로 즉위하였다.'라고 하였습니다. 〈또〉 '제나라 崔杼의 처가 아름다웠는데 莊公이 사통하였다. 최저는 장공이 스스로 사당에서 칼로 자살하겠다는 것을 허락하지 않았다. 장공이 도망쳐서 바깥의 담을 넘자 그의 허벅지에 활을 쏘아 맞추고 마침내 죽였다. 그리고 아우 경공을 즉위시켰다.'라고 하였습니다. 근세에 본 바로는 李兌가 趙나라의 권력을 잡고 主父를 沙丘에서 백일 동안 굶겨 죽였고[39], 淖齒가 제나라 권력을 잡아 閔王의 힘줄을 뽑고 사당에 매달아 하룻밤 지나 죽인 일[40]이 있습니다. 여병이 비록 종기가 나고 고름이 잡히지만 위로 먼 옛 시대에 비해 목 졸려 죽거나 허벅지에 화살을 맞는 데 이르지 않고, 아래로 근세에 비하면 힘줄이 뽑히고 굶어죽는 데 이르지는 않습니다. 위협을 당해 죽은 왕은 마음의 근심과 육체의 고통이 반드시 여병보다 심할 것입니다. 이로 말미암아 보건대, 여병 걸린 사람이 왕을 불쌍히 여겨도 괜찮을 것입니다."

그러고 나서 賦를 지었다.

좋은 옥과 구슬을 찰 줄 모르고
성긴 베와 비단이 다른 줄 모르네.
閭娵와 子都같은 미인도 중매할 줄 모르고
嫫母와 力父에게 장가들고도 좋아한다네.
장님을 눈 밝다 여기고
귀머거리를 귀 밝다 여기며
옳은 것을 그르다 하고
길한 것을 흉하다 하니,

---

38) 圍 : 楚나라 共王의 둘째 아들로, 靈王이다. 당시 令尹으로 鄭나라에 사신으로 가던 중, 康王의 뒤를 이은 頰敖가 병이 났다는 소식을 듣고 되돌아와서 조카 頰敖를 죽이고 왕이 되었다.

39) 李兌……죽였고 : 전국 시대 趙나라의 肅侯 子雍이 둘째 아들 子何를 왕으로 삼고 맏아들 子章은 安陽君에 봉한 후 자신을 主父라고 칭하였다. 불만을 품은 맏아들 子章이 난을 일으키자 肅侯가 그 요구를 들어주려 하였지만, 公子 成과 李兌가 主父의 궁을 포위하여 子章을 죽이고 主父도 감금하여, 석 달 뒤 沙丘宮에서 굶겨 죽였다.

40) 淖齒가……죽인 일 : 閔王은 전국시대 齊나라 宣王의 아들로 이름은 地이다. 燕·秦·楚·三晋이 연합하여 쳐들어오자 초나라는 淖齒를 시켜 제나라를 구하려고 그를 재상으로 삼아, 결국 閔王을 죽이게 하였다.

아아! 하늘이여
어찌 그들과 함께 하리오.
≪詩經≫ 〈小雅 菀柳〉에 말하였다.
"상제께서 매우 엄하시니 스스로 다칠 짓은 하지 말라."

客有說春申君者曰 湯以七十里하고 文王百里로되 皆兼天下하고 一海內①시니이다 今夫孫子者는 天下之賢人也라 君藉之百里之勢하니 臣竊以爲不便於君하노니 若何오하니 春申君曰 善하다하다 於是에 使人謝孫子②한대 去而之趙하니 趙以爲上卿③이라 客又說春申君曰 昔에 伊尹이 去夏之殷하니 殷王而夏亡하고 管仲이 去魯入齊하니 魯弱而齊强이러이다 由是觀之컨대 夫賢者之所在에 其君이 未嘗不善④이요 其國이 未嘗不安也⑤이니다 今孫子는 天下之賢人이니 何謂⑥ 辭而去하시니잇고하니 春申君又云 善하다하다 於是에 使使請孫子⑦한대 孫子爲書謝之⑧하니 鄙語曰⑨ 癘憐王이라하니 此는 不恭之語也나 雖然이나 不可不審也⑩니 此比爲劫殺死亡之主者也⑪니이다 夫人主年少而放⑫하고 無術以知奸이면 卽大臣以專斷圖私⑬하여 以禁誅於己也이라 故로 捨賢長⑭ 而立幼弱하고 廢正直而用不善⑮이라 故로 春秋志之曰 楚王之子圍聘於鄭이러니 未出境에 聞王疾하고 返問疾하여 遂以冠纓으로 絞王而殺之하고 因自立이라 齊崔杼之妻美하여 莊公通之⑯한대 崔杼不許欲自刃於廟⑰이러니 莊公走出하여 踰於外墻한대 射中其股하여 遂殺⑱하고 而立其弟景公이라하니이다 近世所見은 李兌用趙하여 餓主父於沙邱百日而殺之하고 淖齒用齊하여 擢閔王之筋而懸之於廟⑲하여 宿昔而殺之⑳하니이다 夫癘雖癰腫痂疵㉑나 上比遠世㉒면 未至絞頸射股也㉓요 下比近世면 未至擢筋餓死也니 夫劫殺死亡之主는 心之憂勞㉔와 形之苦痛㉕이 必甚於癘矣니이다 由此觀之컨대 癘雖憐王일지라도 可也니이다하고 因爲賦曰 琁玉瑤珠㉖를 不知珮하고 雜布與錦㉗를 不知異로다 閭娵子都㉘를 莫之媒㉙요 嫫母力父를 是之喜㉚로다 以盲爲明㉛하고 以聾爲聰하며 以是爲非㉜하고 以吉爲凶하니 嗚呼라 上天이여 曷爲其同이리오라하다 詩曰 上帝甚蹈이시니 無自瘵焉㉝이어다

① 湯以七十里 文王百里 皆兼天下 一海內 : ≪戰國策≫에 "탕임금이 亳땅으로 왕노릇 하시고 문왕이 鄗땅으로 왕노릇 하시니 모두 백 리에 불과하나 천하를 소유하였다."라고 하였다.
戰國策云 湯以亳하시고 文王以鄗하시니 皆不過百里而有天下라

② 使人謝孫子 : 이 아래는 마땅히 ≪戰國策≫을 따라 '孫子' 2字가 두 번 나와야 한다. 趙懷玉本에 '孫子' 2字가 두 번 나오고, 교감한 내용에 "옛 본에 '孫子'가 두 번 나오지 않으나 지금 문의에 따라 보충한다."라고 하였다.
此下는 當從策하니 重孫子二字라 趙本에 重孫子二字하고 校語에 舊本孫子不重이나 今案文

義補라

③ 上卿 : ≪春秋後語≫에 '上客'으로 되어 있다.

後語에 作上客이라

④ 善 : 趙懷玉이 교감한 내용과 ≪戰國策≫ 〈楚策〉에 '尊'으로 되어 있다.

趙校語戰國楚策에 作尊이라

⑤ 其君 未嘗不善 其國 未嘗不安也 : '善'은 ≪戰國策≫에 '尊'으로 되어 있고, '安'은 '榮'으로 되어 있다.

善은 策作尊이요 安은 作榮이라

⑥ 爲 : 趙懷玉이 교감한 내용에 "마땅히 '爲'가 되어야 한다."고 하였다.

趙校語에 當作爲이라

⑦ 使使請孫子 : '使'자 아래에 ≪戰國策≫에 '人'자가 있다.

使下에 策有人字라

⑧ 爲書謝之 : '爲書'는 여러 본들에 모두 '僞喜'로 와전되어 있으니 지금 〈楚策〉을 따라 교정하나, 아마도 '卽曰'의 오자인 듯하다. 혹은 '之'자 아래 별도로 '曰'자가 탈락되었을 것이다.

爲書는 諸本에 皆譌作僞喜니 今從楚策校正之나 疑卽曰字之誤요 或之下에 別脫曰字라

⑨ 鄙語曰 : 趙懷玉이 교감한 내용에 "毛晉의 汲古閣津逮秘書本에 행을 바꾼 것은 잘못되었다."라고 하였다.

趙校語에 毛本提行은 誤라

⑩ 雖然 不可不審也 : '然'자는 ≪戰國策≫에 근거하여 보정한다. 또 '審'자 아래에 ≪戰國策≫에는 '察'자가 있다. 趙懷玉이 교감한 내용에 "옛날 본에 '然'자가 탈락하였으나 지금 ≪戰國策≫에 의거하여 보충하니, ≪韓非子≫ 〈姦劫弑君〉편에도 있다."라고 하였다.

然字는 據策補正하노라 又審下에 策有察字라 趙校語에 舊脫然字나 今據楚策補니 韓非姦劫弑君篇에 亦有라

⑪ 此比爲劫殺死亡之主者也 : ≪戰國策≫에 '比'자가 없고 '者'는 '言'으로 되어 있다. 趙懷玉本에 "이는 겁박당해 살해된 군주를 말한다"라고 하였고, 교감한 내용에 "옛 본에 '此'자 아래 '比'자가 衍文으로 들어가 있으니 〈楚策〉에 근거하면 '此爲'로 되고, ≪韓非子≫에는 '此謂'로 되어 있다. 또 '言'자는 옛 본에 '者'로 되어 있으니, 지금 ≪韓非子≫에 의거해 고친다."라고 하였다.

策無比字요 者는 作言이라 趙本에 此爲劫殺死亡之主言也라하고 校語에 舊本에 此下衍比字니 據楚策하면 作此爲요 韓非에 作此謂라 又言字는 舊本作者니 今依韓非改라

⑫ 放 : '放'은 ≪戰國策≫에 '矜材'로 되어 있다.

放은 策作矜材라

⑬ 卽大臣以專斷圖私 : ≪戰國策≫에는 여기에 있는 '以'자가 없고 '專'은 '主'로 되어 있으며,

'圖'는 '國'으로 되어 있으니, 그 국사를 전단함을 말한다. '私'자는 아래 구에 속한다.

策에 無此以字요 專은 作主하고 圖는 作國이니 言專斷其國事也라 私字는 屬下句라

⑭ 捨賢長 : '捨'는 ≪戰國策≫에 '弑'로 되어 있다.

捨는 策作弑라

⑮ 廢正直而用不善 : '直'은 ≪戰國策≫에 '適'으로 되어 있고, '善'은 '義'로 되어 있으니 옳다. 이 글자는 오자인 듯하다. 趙懷玉本에는 "올바른 적장자를 폐하고 불의한 이를 세우다"라고 되어 있고, 교감한 내용에 "옛 본에 '廢正直而亡不善'이라 되어 있고 毛晉의 汲古閣津逮秘書本에 '亡'이 '用'으로 되어 있으니, 지금 〈楚策〉에 의거하여 고친다."라고 하였다.

直은 策作適이요 善은 作義니 是요 疑此譌라 趙本에 作廢正適而立不義하고 校語에 舊本에 作廢正直而亡不善이요 毛本에 亡作用이니 今據楚策改라

⑯ 莊公通之 : '通之' 아래에 〈楚策〉에는 "崔杼帥其君黨而攻莊公莊公請與分國(崔杼가 君黨을 이끌고 莊公을 공격하니 장공이 나라를 나누어 주겠다고 청하였다.)"의 16자가 있으나 여기에는 탈락되어 있다. 趙懷玉本에 "崔杼帥其黨而攻莊公公請與分國(최저가 자기의 무리를 이끌고 장공을 공격하니 공이 나라를 나누어 주겠다고 청하였다.)"라고 되어 있고, 교감한 내용에 "이상 14자는 옛 본에 탈락되어 있으니 지금 〈楚策〉에 의거하여 보충한다."라고 하였다.

通之下에 策有崔杼帥其君黨而攻莊公莊公請與分國十六字니 此脫이라 趙本에 有崔杼帥其黨而攻莊公公請與分國하고 校語에 以上十四字는 舊本脫이니 今依楚策補라

⑰ 崔杼不許欲自刃於廟 : "廟" 자 아래에 〈楚策〉에는 이어서 "崔杼不許"의 4字가 있다. 趙懷玉本에는 "崔子又不許"의 5字가 있고, 교감한 내용에 "5字는 옛 본에 탈락되어 있고 ≪韓非子≫에 '子又不聽'으로 되어 있으니 지금 본받아서 이 5字를 보충한다."라고 하였다.

廟下에 策仍有崔杼不許四字라 趙本에 有崔子又不許五字하고 校語에 五字는 舊本脫이요 韓非에 作崔子又不聽이니 今依倣補此五字라

⑱ 遂殺 : 趙懷玉本에 "遂殺之"로 되어 있고, 교감한 내용에 "'之'자는 옛 본에 탈락되어 있으니 〈楚策〉에 의거하여 보충한다."라고 하였다.

趙本에 作遂殺之하고 校語에 之字는 舊脫이니 依楚策補라

⑲ 擢閔王之筋而懸之於廟 : '廟'자 아래 〈楚策〉에는 '梁'자가 있다. 趙懷玉本에 "而懸之於廟梁"으로 되어 있고, 교감한 내용에 "옛 본에 '梁'자가 없으니 두 책에 의거하여 보충한다."라고 하였다.

廟下에 策有梁字라 趙本에 作而懸之於廟梁하고 校語에 舊無梁字依兩書補이라

⑳ 宿昔而殺之 : '昔'자는 〈楚策〉에 '夕'자로 되어 있고, '弑之'는 '死'로 되어 있으니, '夕'과 '昔'은 옛날에 통용되었다. 趙懷玉이 교감한 내용에 "'弑之'는 두 책에 모두 '死'로 되어 있다."라고 하였다.

昔은 策作夕이요 弑之는 作死니 夕昔古通이라 趙校語에 弑之는 兩書皆作死라

㉑ 痂疵 : '痂疵'는 〈楚策〉에 '胞疾'로 되어 있다. 趙懷玉本의 校語에 "옛 본에는 '疵'로 되어 있는 것은 와전된 것이다. ≪韓非子≫에는 '痂疕'가 '疕瘍'으로 되어 있다."라고 하였다.
痂疵는 策作胞疾이라 趙校語에 舊作疵는 譌라 韓非에 痂疕作疕瘍라

㉒ 上比遠世 : '遠'은 〈楚策〉에 '前'으로 되어있다.
遠은 策作前이라

㉓ 未至絞頸射股也 : '頸'은 〈楚策〉에 '纓'으로 되어 있다.
頸은 策作纓이라

㉔ 勞 : 조회옥이 교감한 내용에 "≪韓非子≫에는 '懼'로 되어 있다."라고 하였다.
趙校語에 韓非作懼라

㉕ 苦痛 : 〈楚策〉에 '困苦'로 되어 있다.
策作困苦라

㉖ 琁玉瑤珠 : '琁'은 '경(瓊)'이라 읽으니 붉은 옥이고, '瑤'는 아름다운 돌이다. 〈楚策〉에는 "寶珍隨珠"로 되어 있다.
琁은 讀曰瓊이니 赤玉也요 瑤는 美石이라 策에 作寶珍隨珠라

㉗ 雜布與錦 : '雜布'는 성긴 베이다. 〈楚策〉에 "褘衣與絲"로 되어 있다.
雜布는 粗布라 策에 作褘衣與絲라

㉘ 閭娵子都 : '閭娵'는 梁王 魏嬰의 아름다운 후궁이다. '娵'는 〈楚策〉에 '姝'로 되어 있다. '子都'는 鄭나라의 미남자이다. '都'는 〈楚策〉 및 〈賦〉篇에 아울러 '奢'로 되어 있다.
閭娵는 梁王魏嬰之美女라 娵는 策作姝라 子都는 鄭美人이라 都는 策及賦篇에 竝作奢라

㉙ 莫之媒 : '之'는 〈楚策〉에 '知'로 되어 있다. 조회옥 본의 校語에 "'子都'는 〈楚策〉에 '子奢'로 되어 있다. ≪荀子≫ 〈賦〉篇도 마찬가지이다."라고 하였다.
之는 策作知라 趙校語에 子都는 楚策作子奢니 荀子賦篇同이라

㉚ 嫫母力父 是之喜 : '嫫母'는 黃帝 때의 추녀이고 '力父'는 들은 바가 없다. 〈賦〉篇에 '喜'가 '嘉'로 되어 있으니 잘못되었다. 〈楚策〉에 "모모를 구하니 또 매우 기쁘다."라고 하였다. 趙懷玉이 교감한 내용에 "역보는 ≪荀子≫에도 같다. 楊倞은 미상이라 하였다. 〈楚策〉에 '嫫母求之又甚喜之'로 되어 있다."라고 하였다.
嫫母는 黃帝時醜女요 力父는 未聞이라 賦篇에 喜作嘉니 非라 楚策云 嫫母求之하니 又甚喜之라 趙校語에 力父는 荀子同이라 楊倞云未詳이라 楚策에 作嫫母求之又甚喜之라

㉛ 以盲爲明 : '盲'은 〈楚策〉에 '瞽'로 되어 있다.
盲은 策作瞽라

㉜ 以是爲非 : 〈賦〉篇에 "위험한 것을 편안하다 여기네"라고 되어 있다. 조회옥이 교감한 내용도 같다.
賦篇에 作以危爲安이니 趙校語同이라

㉝ 無自瘵焉 : '蹈'는 여러 본에 '慆'라고 되어 있고, 〈楚策〉에는 인용하여 '神'으로 되어 있으며, '焉'은 '也'로 되어 있다. 趙懷玉本에 '慆'로 되어 있고, 교감한 내용에 "〈楚策〉에 '상천은 매우 신령스러우니 스스로 다칠 짓을 하지 말지어다.'라도 되어 있다."라고 하였다.
蹈는 諸本에 作慆요 策에 引作神이요 焉作也라 趙本에 作慆하고 校語에 楚策에 作上天甚神無自瘵也라

4-26 南苗에 있는 亦狩의 가죽은 개나 양과 같은데 사람에게 주면 오히려 죽는 독약이나 마찬가지로 고통스러워한다. 그러나 오래 지나면서 체질이 바뀌었고, 습관에 따라 성질이 바뀌어 그렇게 되는 것이다. 미친 자는 자신을 깨물면서도 가축의 고기가 아니라는 것을 모르고, 흙을 먹으면서도 기장 밥이 아니라는 것을 모른다. 그러니 초나라의 미친 자는 초나라 말을 하고 제나라의 미친 자는 제나라 말을 하는 것은 습관이 그렇게 만든 것이다. 사람에게 든 습관은 은미하면서도 드러나고 깊으면서도 굳건하니, 근골에 퍼져 있고 아교칠[41]보다 단단하다. 그러므로 군자는 힘써 배운다.

≪詩經≫ 〈小雅 隰桑〉에 말하였다.
"이미 군자를 뵈니 덕음이 매우 견고하도다."

南苗亦狩之鞹①은 猶犬羊也②어늘 與之於人이면 猶死之藥也③라 安舊移④質이니 習貫易性而然也⑤라 夫狂者自齕이로되 忘其非芻豢也⑥요 飯土而忘其非粱飯也니 然則楚之狂者楚言하고 齊之狂者齊言은 習使然也라 夫習之於人은 微而著하고 深而固하니 是暢於筋骨하고 貞於膠漆이라 是以로 君子務爲學也니라 詩曰 旣見君子하니 德音孔膠로다하니라

① 南苗亦狩之鞹 : '亦狩'는 어떤 본에 '異獸'로 되어 있다. '鞹'은 '鞟'과 같다.
亦狩는 一本作異獸라 鞹은 鞟同이라

② 南苗亦狩之鞹 猶犬羊也 : 趙懷玉本에 "南苗異獸之鞹"으로 되어 있고, 교감한 내용에 "'異獸'는 '亦狩'로 되어 있는 본이 많으니 지금은 毛晉의 汲古閣津逮秘書本에 따른다. 옛날 '狩'자 역시 '獸'자와 통용되었다. '鞹'자 역시 오자인 듯하다. 아래의 두 구와 모두 이해하기 어렵다."라고 하였다.
趙本에 作南苗異獸之鞹하고 校語에 異獸는 本多作亦狩니 今依毛本이라 古狩字는 亦與獸通用이라 鞹字亦疑譌라 與下二句 皆難曉라

③ 猶死之藥也 : 의심스럽다.
疑라

41) 아교칠 : 원문의 膠漆은 아교와 옻칠이니, 썩지 않고 단단함을 비유한 것이다.

④ 移 : 趙懷玉本에 '侈'로 되어있다.
趙本作侈라

⑤ 而然也 : 趙懷玉本에 '而然'으로 되어 있다.
趙本에 作而然也라

⑥ 芻豢也 : '犓'"는 여러 본에 '揭'로 잘못되어 있다. 趙懷玉이 교감한 내용에 "'犓'자는 옛 본에 '揭'자로 잘못되어 있으니 지금 바로잡는다."라고 하였다.
犓는 諸本에 誤作揭라 趙校語에 犓는 舊譌揭니 今改正이라

4-27 맹자가 말하였다.

"仁은 사람의 마음이고, 義는 사람의 길이다. 그 길을 버려두고 가지 않으며 그 마음을 잃고서도 찾지 않는다. 사람이 닭이나 개를 잃으면 찾을 줄을 알지만 마음을 잃으면 찾을 줄 모르니 마음이 닭이나 개만 못해서이겠는가? 무엇이 중요한지 모르는 것이 심하니 슬프도다. 끝내는 반드시 잃어버리고 말 것이다. 그러므로 학문의 도는 다른 것이 아니라 잃어버린 마음을 찾는 것일 뿐이다."

≪詩經≫ 〈小雅 隰桑〉에 말하였다.

"마음에 품고 있으니 어느 날인들 잊으리오"

孟子曰 仁은 人心也요 義는 人路也니라 舍其路弗由하며 放其心而弗求하나니 人有雞犬放이면 則知求之로되 有放心而不知求하나니 其於心爲不若雞犬哉①리오 不知類之甚矣니 悲夫라 終亦必亡而已矣니라 故로 學問之道는 無他焉이라 求其放心而已니라 詩曰 中心藏之어니 何日忘之리오

① 有放心而不知求 其於心爲不若雞犬哉 : 趙懷玉本에 "求"자가 없고, 교감한 내용에 "'不若' 아래에 '求'자가 있는 본이 많으나 毛晉의 汲古閣津逮秘書本에는 없다. 지금 살펴보니 '求'자가 없는 편이 의미가 더 낫다."라고 하였다.
趙本에 無求字하고 校語에 不若下에 本多有求字나 毛本無라 今案하니 無求字義長이라

4-28 길이 아무리 가까워도 가지 않으면 이를 수 없고, 일이 아무리 작아도 하지 않으면 이룰 수 없으며, 한가한 날이 많은 자는 남보다 뛰어나더라도 크게 차이가 나지 않는다. 잘 만든 활이 손에 들어와 뿔을 붙이고 힘줄을 입히고 아교와 옻으로 칠하면 곧 만승의 가치가 있는 보물이 될 수 있으나, 손에 가지고만 있으면 팔아도 몇 푼 값어치도 안 된다. 사람도 같고 재주도 같지만 가치가 서로 크게 차이가 나는 것은 本性

을 다하고 뜻을 다하였기 때문이다.

≪詩經≫ 〈小雅 隰桑〉에 말하였다.

"마음에 보존하고 있으니 어느 날인들 잊으리오."

道雖近①이나 不行不至요 事雖小나 不爲不成이니 日日多者 出人不遠矣②니라 夫巧弓之見手也③에 傅角被筋하고 膠漆之和하면 卽可以爲萬乘之寶也요 及其被手④에 而賈不數銖니 人同材鈞而貴賤相萬者는 盡性致志也⑤일새니라 詩曰 中心藏之어니 何日忘之리오하니라

① 近 : '近'은 ≪荀子≫ 〈修身〉에 '爾'로 되어 있다.
近은 荀子修身에 作爾라

② 出人不遠矣 : ≪荀子≫에 "그 사람됨이 한가한 시간이 많은 자는 남보다 뛰어나도 크게 차이가 나지 않는다."라고 하였으니 여기에 탈자나 오자가 있는 듯하다. 趙懷玉本에 "暇日多者出入不遠矣"라 하고 교감한 내용에 "'暇日'은 옛 본에 '日日'로 되어 있으니 毛晉本에 '自用多'라 한 것은 더욱 함부로 고친 것이다. ≪荀子≫ 〈修身〉에 '其爲人也 多暇日者 其出入不遠矣'라고 한 것을 살펴보니 '假日'이라고 한 것이 옳다."라고 하였다.
荀云 其爲人也多暇日者 其出入不遠矣니 疑此有脫譌라 趙本에 作暇日多者出入不遠矣하고 校語에 暇日은 舊本에 作日日니 毛本에 作自用多者는 更妄改라 案荀子修身篇云 其爲人也多暇日者 其出入不遠矣 則作暇日爲是라

③ 夫巧弓之見手也 : 趙懷玉이 교감한 내용에 "'之見'은 毛晉의 汲古閣津逮秘書本에 '在此'라고 되어 있다."라고 하였다.
趙校語에 之見은 毛本에 作在此라

④ 被手 : 趙懷玉이 교감한 내용에 "毛晉의 汲古閣津逮秘書本에는 '彼手'라고 되어 있으나 모두 미상이다."라고 하였다.
趙校語에 毛本彼手니 俱未詳이라

⑤ 盡性致志也 : '性'은 어떤 본에 '心'으로 되어 있다. 趙懷玉本에도 '心'으로 되어 있다.
性은 本一作心이라 趙本에 作心이라

4-29 傳에 말하였다.

"誠은 악을 미워하는 것은 刑의 근본을 아는 것이요, 진정으로 선을 훌륭히 여기는 것은 敬의 근본을 아는 것이다. 오직 진정만이 신을 감동시키고 민심에 도달한다. 形과 敬의 근본을 알면 화를 내지 않아도 위엄이 있고 말을 하지 않아도 믿으니, 진정은 덕의 주인이다."

≪詩經≫ 〈小雅 白華〉에 말하였다.

"왕궁에서 북과 종을 울리니 그 소리가 밖에까지 들리네."

傳曰 誠惡惡이 **之刑之本**①이요 **誠善善**이 **之敬之本**②이라 **惟誠感神**③하고 **達乎民心**이니 **知刑敬之本**④이면 **則不怒而威**⑤하고 **不言而信**이니 **誠德之主**⑥니라 **詩曰 鼓鐘于宮**하니 **聲聞于外**⑦로다

① 之刑之本 : 趙懷玉本에 "知刑之本"으로 되어 있고, 교감한 내용에 "'知'는 어떤 본에는 모두 '之'라고 되어 있으니 지금 원본을 따른다. 아래도 마찬가지이다."라고 하였다.
趙本에 作知刑之本하고 校語에 知는 本皆作之니 今從元本이라 下同이라

② 誠惡惡 之刑之本이요 誠善善 之敬之本 : '惡之'와 '善之'의 '之'는 다른 본에 '知'라고 되어 있다.
惡之善之之는 本一作知라

③ 惟誠感神 : '惟'는 옛 본에 '彼'라 하였으니 잘못되었다. 趙懷玉이 교감한 내용에 "'惟'는 옛 본에 '彼'라 되어 있으나 지금은 원본을 따른다."라고 하였다.
惟는 舊作彼者 非라 趙校語에 惟는 舊作彼나 今從元本이라

④ 知刑敬之本 : 여러 본들에 나란히 '敬'자가 빠져있다. 趙懷玉이 교감한 내용에 "옛 본에 '敬'자가 빠져있으니 지금은 아래 구의 '則' 자와 함께 모두 원본에 근거하여 증보한다."라고 하였다.
諸本에 竝脫敬字라 趙校語에 舊脫敬字나 今與下句則字로 皆據元本增補라

⑤ 則不怒而威 : 趙懷玉本에 "則不怒而威"로 되어 있다.
趙本에 作則不怒而威라

⑥ 誠德之主 : 趙懷玉本에 "德之主也"로 되어 있고, 교감한 내용에 "'也'자는 옛 본에 없으니 역시 원본에 의거하여 보충한다."라고 하였다.
趙本에 作德之主也하고 校語에 也字는 舊無하니 亦據元本補라

⑦ 鼓鐘于宮 聲聞于外 : 趙懷玉本에 "鍾鼓于宮"으로 되어 있고, 교감한 내용에 "'鐘鼓'는 毛晉의 汲古閣津逮秘書本에 '鼓鍾'라고 되었고 아래 나오는 조목에는 여전히 '鐘鼓'라고 되어 있으니, 이 조목은 반드시 후대 사람이 今文 ≪詩經≫에 의거하여 고쳤음을 알 것이다. ≪詩攷≫에 비록 연유가 실려 있지 않으나 마땅히 많은 사람의 본에 의거해야 한다."라고 하였다.
趙本에 作鍾鼓于宮하고 校語에 鍾鼓는 毛本에 作鼓鍾하고 下一條는 仍作鍾鼓니 知此條必後人依今詩改也라 詩攷雖不載故나 當依衆家本이라

4-30 공자가 손님을 만났는데, 그 손님이 떠나니 안연이 말하였다.

"손님은 어진 분이시던가요?"

공자가 말하였다.

"마음은 원한에 찼는데 입은 공손하였다. 그가 어진 지는 나는 모르겠다. 그가 한 말을 다 모아 보아도."

안연이 불안해 하며 얼굴이 변하자 공자가 말하였다.

"한 자의 좋은 옥은 비록 열 길의 흙이 있더라도 그 광채를 덮을 수 없고, 한 마디 좋은 구슬은 비록 백 길의 물이 있더라도 그 영롱함을 덮을 수 없다. 형태는 몸이고 빛깔은 마음이니 매우 얇다. 만일 온량함이 마음 속에 있으면 얼굴에 함께 하고, 흠이 마음 속에 있으면 얼굴에 숨길 수가 없다."

顏淵

≪詩經≫ 〈小雅 白華〉에 말하였다.

"왕궁에서 북과 종을 울리니 그 소리가 밖에까지 들리네."

孔子見客이러니 客去한대 顏淵曰 客仁也이니잇고 孔子曰 恨兮其心①하고 頦兮其口니라 仁則吾不知也니 言之所聚也로라 顏淵이 蹵然②變色하니 曰 良玉度尺은 雖有十仞之土라도 不能掩其光이요 良珠度寸은 雖有百仞之水라도 不能掩其瑩이니라 夫形은 體也요 色은 心也니 閔閔乎其薄也라 苟有溫良在其中이면 則眉睫與之矣③요 疵瑕在其中이면 則眉睫不能匿之니라 詩曰 鼓鐘于宮하니 聲聞於外④로다

① 恨兮其心 : '恨'은 의심컨대 마땅히 '很'이 되어야 할 것이다.
恨은 疑當爲很이라

② 蹵然 : 趙懷玉이 교감한 내용에 "'蹵'은 林本에 '通'이라 하였고 津本에 '蹴'이라 되어 있다."라고 하였다.
趙校語에 蹵은 林本通하고 津本作蹴라

③ 則眉睫與之矣 : '與'는 어떤 본에는 '著'로 되어 있다. 趙懷玉本에는 '著'로 되어 있다.
與는 本一作著이라 趙本作著라

④ 鼓鐘于宮 聲聞於外 : 趙懷玉本에 '鍾鼓于宮"으로 되어 있다. 아래도 마찬가지이다.
趙本에 作鍾鼓于宮이라 下同이라

4-31 거짓과 속임수는 오래갈 수 없고 공허한 것은 지킬 수가 없으며, 썩은 나무는 조각할 수 없고 정을 잃으면 오래 지속할 수 없다.

≪詩經≫ 〈小雅 白華〉에 말하였다.

"왕에서 북과 종을 울리니 그 소리가 밖에까지 들리네.[42)]"

안에 있는 것은 반드시 밖으로 드러남을 말한 것이다.

僞詐는 不可長이요 空虛는 不可守요 朽木은 不可雕요 情亡은 不可久니라 詩曰 鼓鐘于宮하니 聲聞於外로다하였으니 言有中者는 必能見外也니라

4-32 이른바 용렬한 사람은 입으로 좋은 말을 하지 못하고, 마음으로 선왕의 법을 알지 못하며, 움직이면서도 힘쓸 바를 알지 못하고, 멈추어 서 있으면서도 어디에 자리를 정해야 할지 알지 못한다. 날마다 사물을 고르면서도 귀한 것을 모르고, 현인과 선한 선비를 골라 제 몸을 의탁할 줄 모른다. 외물을 따라 흘러가면서 돌아갈 곳을 모르고, 오장이 주재하면서도 마음이 이끌리는 대로 하여 무너져 마침내 회복하지 못한다. 이 때문에 움직이면 몸이 위태로워지고, 조용히 있으면 이름을 욕되게 한다.

≪詩經≫ 〈小雅 白華〉에 말하였다.

"우리 님은 미덥지 않아 이랬다저랬다 변덕을 부리시네."

所謂庸人者는 口不能道乎善言하고 心不能知先王之法①하며 動作而不知所務②하고 止立而不知所定③하며 日選於物而不知所貴하고 不知選賢人善士而託其身焉하며 從物而流④하되 不知所歸하고 五臟爲政⑤이나 心從而壞하여 遂不反이라 是以로 動而形危하고 靜則名辱이니라 詩曰 之子無良하여 二三其德로다하니라

① 心不能知先王之法 : ≪荀子≫ 〈哀公〉에 "心不知色色"이라 하고, 楊倞의 注에 "자기의 기색으로 저의 기색을 살펴 그 好惡를 아는 것을 이른다."라고 하였다. ≪大戴禮≫ 〈哀公問五義〉에 "志不邑邑"으로 되어 있다.
荀子哀公云 心不知色色이라 하고 楊注에 謂以己色觀彼之色하여 知其所好惡也라 大戴禮五義에 作志不邑邑이라

② 動作而不知所務 : '動作'은 ≪荀子≫에 '作動'으로 되어있고, ≪大戴禮≫에는 '動行'으로 되어 있다.
動作은 荀作動行이요 戴作動行이라

42) 왕궁에서……들리네 : ≪詩經≫ 〈小雅 白華〉의 구절이다. 〈白華〉는 집안을 버리고 멀리 놀러 나간 남자를 그리워하는 아내의 마음을 노래한 시이다.

③ 止立而不知所定 : '立'은 ≪荀子≫에 '交'로 되어 있으니, 楊倞의 注에 "사물에 접하여 대하는 것이다."라고 하였다.

立은 荀作交하니 楊注에 謂接待於物也라

④ 從物而流 : '而'는 ≪荀子≫에 '如'로 되어 있으니, '而'와 '如'는 옛날에 통용되었다. 趙懷玉이 교감한 내용에 "≪荀子≫ 〈哀公〉 편과 ≪孔子家語≫ 〈五儀解〉에 모두 '如流'라고 되어 있다."라고 하였다.

而는 荀作如니 而如는 古通이라 趙校語에 荀子哀公篇과 家語五儀解가 皆作如流라

⑤ 五臟爲政 : '五臟'은 마땅히 ≪大戴禮≫와 ≪荀子≫에 '五鑿'으로 되어 있다. '五鑿'은 다섯 가지 정이다. ≪莊子≫에 "여섯 개의 감각을 담당하는 기관이 서로 다툰다."라고 하였다. '政'은 ≪荀子≫에 '正'으로 되어 있으니, '正'과 '政'도 옛날에 통용되었다. 趙懷玉이 교감한 내용에 "≪大戴禮≫ 〈哀公問五義〉에 '五臟'은 '五鑿'으로 되어 있다. ≪荀子≫도 마찬가지이다."라고 하였다.

五藏은 當從荀戴니 作五鑿이라 五鑿은 五情也라 莊子曰 六鑿相攘라하니라 政은 荀作正이니 正政은 亦古通이라 趙校語에 大戴哀公問五義에 五藏은 作五鑿이라 荀同이라

4-33 어떤 손님이 주공을 뵈러 왔는데, 〈주공이〉 문 앞에서 응대하였다.

"무엇을 제게 말씀하시겠습니까?"

손님이 말하였다.

"저에게 밖에 있으라고 하시면 밖을 말할 것이고, 안에 있으라고 하시면 안을 말할 것이니, 들어갈까요, 그만둘까요?"

주공이 말하였다.

"들어오시오."

손님이 말하였다.

"서서는 義를 말하고, 앉아서는 仁을 말할 것이니, 앉을까요, 그만둘까요?"

주공이 말하였다.

"앉으시오."

손님이 말하였다.

"빨리 말하면 목소리가 높아질 것이고, 천천히 말하면 알아듣지 못할 것이니, 말을 할까요, 말까요?"

주공이 '예예'하며 말하였다.

"제가 알겠습니다."

이튿날 군사를 일으켜 管叔과 蔡叔을 주벌하였다.[43] 그러므로 손님이 말없이 설득을 하였고, 주공은 말없이 설득을 잘 알아들었으니, 주공 같은 분이야말로 은미한 말[44]을 잘 들을 수 있다고 이를만하다. 그러므로 군자가 남에게 알려줄 때는 은미하고, 남의 위험을 구할 때는 완곡한 법이다.

≪詩經≫ 〈小雅 緜蠻〉에 말하였다.

"길 떠나길 어찌 감히 꺼리랴? 빨리 가지 못할까 두려울 뿐이라네."

客有見周公者①한대 應之於門曰 何以道旦也오 客曰 在外卽言外하고 在內卽言內하리니 入乎將毋아 周公曰 請入하라 客曰 立卽言義하고 坐則②言仁③하리니 坐乎將毋아 周公曰 請坐하라 客曰 疾言則翕翕하고 徐言則不聞④하리니 言乎將毋아 周公唯唯하며 旦也喩⑤하노라하다 明日에 興師而誅管蔡⑥라 故客爲以不言之說하고 周公善聽不言之說하니 若周公은 可謂能聽微言矣이라 故로 君子之告人也微하고 其救人之急也婉⑦하니라 詩曰 豈敢憚行이리오 畏不能趨이니라하니라

① 客有見周公者 : ≪說苑≫ 〈指武〉에서는 '客'을 齊나라 사람 王滿生이라 하였고, ≪呂覽≫ 〈心應〉에서는 勝書라 하였다. 趙懷玉이 교감한 내용에 "≪呂氏春秋≫ 〈重言〉편에 '客'은 '勝書'로 되어 있고 ≪說苑≫ 〈指武〉에 '王滿生'으로 되어 있으며 내용이 대략 같다."라고 하였다.
說苑指武에는 以爲齊人王滿生이요 呂覽審應에는 則云勝書라 趙校語에 呂氏春秋重言篇에 客作勝書이요 說苑指武篇에 作王滿生하고 語略同이라

② 則 : 趙懷玉本에는 '卽'으로 되어 있다.
趙本作卽이라

③ 言仁 : ≪說苑≫에 "큰 일을 말하는 자는 앉고 작은 일을 말하는 자는 기댄다."라고 하였다.
說苑云 言大事者坐하고 言小事者倚라

④ 徐言則不聞 : ≪呂覽≫에 "조정은 작고 사람은 많으니 천천히 말하면 들리지 않고 빨리 큰 소리로 말하면 남이 알 것이다."라고 하였다.
呂覽云 廷小人衆하니 徐言則不聞하고 疾言則人知之라

⑤ 喩 : '喩'는 여러 본에 나란히 '踰'로 잘못 되어 있다. 趙懷玉本에는 '諭'로 되어 있다.
喩는 諸本竝誤作踰라 趙本作諭라

---

43) 管叔과 蔡叔을 주벌하였다 : 周公이 자신의 아우이자 周나라 武王의 아들인 管叔(鮮)과 蔡叔(度)에게 紂의 아들인 武庚을 감시하게 했는데, 오히려 그와 함께 난을 일으키자 이들을 주벌하였다.

44) 은미한 말 : 원문의 微言은 겉으로 희미하나 속뜻이 깊은 말. 흔히 ≪春秋≫를 '微言大義'라고 한다.

⑥ 興師而誅管蔡 : ≪說苑≫에 "≪呂覽≫의 경우에는 殷나라 紂를 가리켜 말하였다."라고 하였다.
說苑云 若呂覽은 則指說殷紂也라
⑦ 婉 : 여러 본에는 '婉'字가 없다.
諸本에 無婉字라

모두 33장이다.

凡傳三十有三

韓詩外傳 卷第五

5-1 子夏가 물었다.

"〈關雎〉[1]는 어찌하여 國風의 시작이 됩니까?"

공자가 대답하였다.

"〈관저〉는 지극하도다. 〈관저〉를 지은 사람은 우러러 天道를 본받고 굽어 地理를 본받아, 〈그 내용이〉 깊고도 아득하여 德이 보관되어 있고, 어지럽게 용솟음쳐 道가 실행되는 것이다. 마치 神龍이 변화하는 것처럼 문채는 화려하다. 크도다, 〈관저〉의 도여! 만물이 매달려 있고 온갖 생명이 번식하는 이치가 그 안에 있도다. 河圖와 洛書가 나오고 기린과 봉황이 교외에서 훨훨 나니[2] 〈관저〉의 지극한 도를 말미암지 않았다면 〈관저〉의 일이 장차 무엇으로 말미암아 이를 수 있겠는가. 대체로 六經[3]의 책략이 모두 〈齊

麒麟

1) 關雎 : ≪詩經≫의 가장 첫 머리에 있는 〈國風 周南〉의 편명으로, 周 文王과 后妃의 훌륭한 덕을 노래하였다. 〈관저〉는 閨門안에서 가르친 것으로 집안을 바로잡는 시초이다. 가장 먼저 집안에서 기초를 바로잡으면 平天下까지도 이룰 수 있기 때문에 〈관저〉편을 중시한 것이다. ≪論語≫에 공자가 〈관저〉편에 대해 언급한 내용이 두 군데 보인다. 먼저 〈八佾〉에 "〈관저〉편은 즐거워하되 지나치지 않고, 슬퍼하되 상심하지 않는다.〔關雎 樂而不淫 哀而不傷〕"라고 하였는데, 이에 대해 주희는 ≪詩經集傳≫에서 "공자의 이 말씀은 이 시를 지은 자가 올바른 性情과 조화로운 聲氣를 얻었다는 것을 말한 듯하다.……시를 배우는 자가 〈관저〉편의 가사를 통해 이치를 살펴 마음을 기른다면 시를 배우는 근본을 터득하게 될 것이다."라고 하였다. 또 〈泰伯〉에 "樂師인 摯가 처음 벼슬할 때 연주하던 〈關雎〉의 마지막 악장이 아직까지도 성대하게 귀에 가득하다.〔師摯之始 關雎之亂 洋洋乎盈耳哉〕"라고 하여, 〈관저〉편의 아름답고 성대함을 칭송하였다.

2) 河圖와……나니 : 모두 태평성대를 상징하는 것이다. 河圖는 伏羲氏 때 黃河에서 나온 龍馬의 등에 새겨진 그림으로, 1에서 10까지의 숫자가 반점으로 배열되어 있었는데 복희씨가 이것을 보고 ≪周易≫의 八卦를 그렸다고 하고, 洛書는 禹임금 때 洛水에서 나온 거북의 등에 그려져 있던 그림으로, 1에서 9까지의 숫자가 반점으로 배열되어 있었는데 나중에 箕子가 이것을 바탕으로 洪範九疇를 지었다고 한다. 기린과 봉황은 태평시대에만 출현한다는 전설속의 상서로운 동물이다.(≪尙書正義≫ 〈洪範 顧命〉)

3) 六經 : 유가에서 말하는 여섯 가지의 중요한 경전으로, ≪詩經≫, ≪書經≫, ≪禮經≫, ≪樂

家, 治國, 平天下하는 데〉 급급하게 논의가 귀결되는 것은 〈관저〉에서 의미를 취한 것이니, 〈관저〉의 일이 크도다. 성대하고 성대하여 '동서남북 사방에서 순응하기를 생각한다.[4)]'라고 하였으니, 그대는 부지런히 힘쓰고 순응할 것을 생각하라. 천지의 도리와 백성의 도덕과 왕도의 근원이 여기에서 벗어나지 않느니라."

자하가 喟然히 감탄하여 말하였다.

"크도다. 〈관저〉는 바로 천지 만물의 근간이로다."

≪詩經≫ 〈周南 關雎〉에 말하였다.

"종과 북을 치며 즐긴다."

子夏問曰 關雎는 何以爲國風始也오 孔子曰 關雎至矣乎인저 夫關雎之人은 仰則(칙)天하고 俯則地하여 幽幽冥冥이라 德之所藏이요 紛紛沸沸라 道之所行이라 雖神龍變化①하여 斐斐文章이라 大哉라 關雎之道也여 萬物之所繫요 羣生之所懸命也라 河洛出書圖하고 麟鳳翔乎郊하니 不由關雎之至②면 則關雎之事將奚由至矣哉리오 夫六經之策이 皆歸論汲汲은 蓋取之乎關雎니 關雎之事가 大矣哉라 馮馮翊翊하여 自東自西하고 自南自北히 無思不服이라하니 子其勉强之思服之하라 天地之間과 生民之屬과 王道之原이 不外此矣니라 子夏喟然歎曰 大哉라 關雎는 乃天地之基也로이다 詩曰 鍾鼓樂之③라

① 雖神龍變化 : '雖'는 어떤 本에 '如'로 되어 있고, 趙懷玉本에도 '如'로 되어 있다.
雖는 一作如요 趙本作如라

② 不由關雎之至 : '至'는 어떤 本에 '道'로 되어 있다. 趙懷玉本에 '道'로 되어 있고, 그 교감한 내용에 "여러 本에 대부분 '至'로 되어 있으나 이제 林本과 通津草堂本을 따른다." 하였다.
至는 一作道라 趙本作道요 校語에 本多作至나 今從林本通津本이라

③ 鍾鼓樂之 : 趙懷玉이 교감한 내용에 "여러 本에 대부분 '鼓鐘'으로 되어 있으나 이제 毛晉의 汲古閣津逮秘書本을 따른다." 하였다.
趙校語에 本多作鼓鐘이나 今從毛本이라

5-2 공자는 聖人의 마음을 품고서 道德의 영역에서 배회하고 形迹이 없는 경지에서 소요하였다. 天理에 의지하여 人情을 살피고 일의 始終을 밝혀서 得失을 알았다. 그러

經≫, ≪易經≫, ≪春秋≫인데, ≪악경≫은 秦나라 焚書坑儒 때 없어지고 지금은 五經만 남아 있다.

4) 동서남북……생각한다 : ≪詩經≫ 〈大雅 文王有聲〉의 구절이다.

므로 仁과 義를 흥기시키고 권세와 이익을 물리쳐 이로써 사람의 마음을 保養하였다. 당시에 周나라 왕실이 미약하고 王道가 끊어져 제후들은 정벌에만 힘을 기울여 强國은 弱國을 위협하고 大國은 小國에게 포악하게 굴었다. 그리하여 백성들은 불안해하여 기강이 없고 禮義가 무너져 인륜이 제대로 서지 않았다. 이에 공자는 동서남북 사방으로 다니면서 온 힘을 다해 구원하였다.[5)]

孔子抱聖人之心하여 彷徨乎道德之域하고 逍遙乎無形之鄕이라 倚天理하여 觀人情하고 明終始하여 知得失이라 故興仁義하고 厭勢利하여 以持養之라 于時에 周室微하고 王道絶하여 諸侯力政하여 强劫弱하고 衆暴寡하니 百姓靡安하여 莫之紀綱하고 禮義廢壞①하여 人倫不理라 於是에 孔子自東自西하고 自南自北히 匍匐救之니라

① 禮義廢壞 : 趙懷玉이 교감한 내용에 "'義'는 通津本에 '儀'로 되어 있다." 하였다.
趙校語에 義는 通津本作儀라

5-3 王者의 정치는 賢者나 유능한 사람에 내해서는 순서를 기다릴 것 없이 등용하고, 무능한 사람에 대해서는 지체 없이 파면하며, 극악무도한 사람에 대해서는 교육을 기다릴 것도 없이 죽이고, 일반 백성들에 대해서는 賞罰 같은 행정수단을 동원할 것도 없이 감화되도록 한다. 貴賤의 구분이 정해지지 않았을 때에는 昭穆[6)]의 순서를 정하듯이 한다. 비록 公卿이나 大夫의 자손일지라도 禮義에 맞는 행실을 하지 않으면 평민으로 귀속시킨다. 마침내 국가를 전복시키는 백성에 대해서는 가르쳐서 행실을 고쳤는지 살펴본다. 비록 평민의 자손일지라도 학문을 쌓아서 몸과 행동을 바르게 하여 예의를 따르면 士大夫로 귀속시킨다. 時日을 두어 기다리되, 〈직임을〉 안정되게 수행하면 길러주고 안정되게 수행하지 못하면 내버린다. 태도가 안정되지 못한 백성에 대해서는 임금이 거두어 맞는 일을 시키고 직무를 맡겨 입혀주고 먹여주되, 왕이 덮어주어 누락되는 일이 없게 한다. 재능과 행실이 현행 제도와 반대로 하는 자에 대해서

---

5) 동서남북……구원하였다 : ≪詩經≫ 〈大雅 文王有聲〉과 〈邶風 谷風〉의 구절을 합친 것이다.
6) 昭穆 : 古代의 宗法制度로, 종묘 등의 사당에서 조상의 신주를 배열하는 次序를 이른다. 天子의 경우 7廟로 太祖를 가운데 모시고 2세, 4세, 6세는 왼편에 모시어 昭라 하고, 3세, 5세, 7세는 오른편에 모시어 穆이라 하여 3소, 3목이 되는데, 이를 '左昭右穆'이라 부른다. 소는 동쪽에 위치하고 목은 서쪽에 위치하므로 동쪽이 상위가 된다. 이는 종족 내부의 長幼와 親疎 및 遠近을 구분하기 위해서 만든 것이다. (≪周禮 春官 宗伯≫)

는 용서하지 말고 죽이니, 이를 天誅(天罰)라고 한다. 이것이 王者의 정치이다.

≪詩經≫ 〈鄘風 相鼠〉에 말하였다.

"사람으로 태어나 禮義가 없으면 죽지 않고 무엇 하는가."

王者之政은 賢能不待次而擧①하고 不肖不待須臾而廢②하며 元惡不待教而誅하고 中庸③不待政而化라 分未定也엔 則有昭穆④이라 雖公卿大夫之子孫也라도 行絶禮義⑤면 則歸之庶人이라 遂傾覆之民은 牧而試之⑥라 雖庶民之子孫也라도 積文學⑦하여 正身行하여 能禮儀⑧면 則歸之士大夫라 傾而待之⑨호대 安則畜(휵)하고 不安則棄⑩라 反側之民은 上收而事之⑪하고 官而衣食(사)之⑫호대 王覆無遺⑬라 材行反時者는 死之無赦⑭하니 謂之天誅⑮라 是王者之政也라 詩曰 人而無儀면 不死何爲오

① 賢能不待次而擧 : 趙懷玉이 교감한 내용에 "'次'는 여러 本에 대부분 '知'로 되어 있으나, 이제 林本을 따른다. ≪荀子≫ 〈王制〉篇도 같다." 하였다.
趙校語에 次本多作知나 今從林本이라 荀子王制篇同이라

② 不肖不待須臾而廢 : '不肖'는 ≪荀子≫ 〈王制〉에 '罷不能'으로 되어 있고, '須臾'는 '頃'으로 되어 있는데, 楊倞의 注에 "頃 須臾也(頃은 '須臾(잠시)'의 뜻이다.)"라고 하였다. 趙懷玉이 교감한 내용에 "≪荀子≫에는 '臾'字가 없다." 하였다.
不肖는 荀子王制에 作罷不能이요 須臾는 作頃이니 楊注에 頃은 須臾也라 趙校語에 荀無臾字라

③ 中庸 : 趙懷玉이 교감한 내용에 "≪荀子≫에는 '民'字가 있다." 하였다.
趙校語에 荀有民字라

④ 則有昭穆 : '穆'은 ≪荀子≫에 '繆'으로 되어 있으니, '繆'은 '穆'의 뜻으로 읽어야 된다. 賢者로 하여금 윗자리에 있게 하고 무능한 자로 하여금 아랫자리에 있게 하는 것이 昭穆을 분별하는 것과 같다는 말이다.
穆은 荀作繆이니 繆은 讀爲穆이라 言使賢者居上하고 不肖居下가 如昭穆之分別也라

⑤ 行絶禮義 : ≪荀子≫에 "不能屬於禮義(禮義에 맞지 않다.)"라고 하였다. 趙懷玉本에 '行絶禮義'로 되어 있고, 그 교감한 내용에 "≪荀子≫에 '義'로 되어 있다. 뒤에도 같다." 하였다.
荀云 不能屬於禮義라 趙本에 作行絶禮義요 校語에 荀子作義라 下同이라

⑥ 遂傾覆之民 牧而試之 : 여기의 '遂傾覆之民' 5字는 앞의 구절과 이어지지 않으니, 뒤 구절의 '士大夫' 뒤에 있어야 할 듯하다. 趙懷玉이 교감한 내용에 "이 9字는 뒤의 '須而待之' 앞에 있어야 하는데 빠져서 여기에 있다. '遂'字는 衍字이다." 하였다.
此五字는 於上文不屬하니 疑當在下文士大夫之下라 趙校語에 此九字는 當在下須而待之之上어늘 脫在此라 遂字는 衍이라

⑦ 積文學 : '文'은 예전에 '學' 뒤에 있었는데 이제 ≪荀子≫를 따라 교정한다. 趙懷玉이 교감한 내용에 "舊本에 '學文'으로 되어 있었는데 ≪荀子≫를 따라 순서를 바꾼다." 하였다.
文은 舊在學下러니 今從荀子校正이라 趙校語에 舊本作學文하니 依荀子乙이라

⑧ 能禮儀 : 여기의 '儀'도 '義'가 되어야 하니, ≪荀子≫에 "能屬於禮義(예의에 맞다.)"라고 하였다. 趙懷玉이 교감한 내용에 "≪荀子≫에 '行能屬於禮義(예의에 맞는 행실을 한다.)'라고 하였다." 하였다.
此儀亦當爲義니 荀云 能屬於禮義라 趙校語에 荀作行能屬於禮義라

⑨ 傾而待之 : '傾'은 ≪荀子≫를 따라 '須'로 되어야 하고, 또 뒤 구절의 '反側之民' 4字는 이 구절 앞에 있어야 하니, ≪荀子≫에 "反側之民 職而教之 須而待之也(태도가 안정되지 못한 백성은 직무를 주어 가르치고 시일을 두어 고치기를 기다린다.)"라고 하였다. 趙懷玉本에 '須而待之'로 되어 있고, 그 교감한 내용에 "살펴보건대, ≪荀子≫에 '遁逃反側之民 職而教之 須而待之'라고 하였으니 여기에 있어야 할 '反側之民'은 잘못하여 빠져서 뒤에 있고 앞 구절의 '傾覆之民'으로 되어 있는 것은 문장이 매우 어긋났다. 여기의 '須'字는 여러 本에 모두 '傾'으로 잘못되어 있었는데, 毛晉의 汲古閣津逮秘書本에는 억지로 '敬' 字로 고쳤으니 더더욱 잘못되었다. 살펴보건대 楊倞의 注에 '須而待之 謂須暇之而待其遷善也(「須而待之」는 시간을 두어 善으로 옮기기를 기다리는 것을 이른다.)'라고 하였다." 하였다.
傾當從荀子作須요 又下文反側之民四字는 合在此句之上하니 荀云 反側之民은 職而教之하고 須而待之也라 趙本에 作須而待之요 校語에 案荀子云 遁逃反側之民은 職而教之하고 須而待之라하니 此反側之民은 誤脫在下요 而上文作傾覆之民은 文殊舛錯이라 此須字는 本皆譌傾이라 毛本强改爲敬字하니 更失이라 考楊倞云 須而待之는 謂須暇之而待其遷善也라

⑩ 不安則棄 : '安' 뒤에 ≪荀子≫에는 모두 '職'字가 있다. '畜'은 '養(기르다)'의 뜻이고 '棄'는 사방의 먼 곳으로 내던지는 사례를 말한다. 趙懷玉이 교감한 내용에 "≪荀子≫에 '職'字가 있으니 바로 앞 구절을 이은 것이다." 하였다.
安下에 荀并有職字라 畜은 養也요 棄는 謂投諸四裔之比라 趙校語에 荀有職字하니 正承上文이라

⑪ 上收而事之 : '上收' 앞에 ≪荀子≫를 따라 '五疾' 2字를 보충해야 한다. '事'는 소경은 음악을 연주하고 귀머거리는 화재 감시를 담당하는 따위[7]와 같은 것을 말한다. ≪荀子≫에 "거두어 기르되 재능에 따라 일을 시킨다."라고 하였으니 말뜻이 이 기록과 비교해보면 자세하다. 趙懷玉이 교감한 내용에 "'反側'은 ≪荀子≫를 따라 '五疾'로 되어야 말이 비로소 어긋나지 않게 된다." 하였다.

---

7) 소경은……따위 : 각자 잘할 수 있는 일을 맡긴다는 말로, ≪國語≫ 〈晉語〉에 보인다. 그 注에 "소경은 소리에 있어서는 잘 알기 때문에 악기를 연주하게 하고, 귀머거리는 보는 것에 있어서는 잘 하기 때문에 화재 감시를 담당하게 하는 것이다.〔無目於音聲審故使修之 耳無聞於視則審故使主火〕" 하였다.

上收上에 當從荀補五疾二字라 事는 謂若矇瞽修聲하고 聾聵司火之屬이라 荀云 收而養之호대 材而事之라하니 語義視此傳爲備라 趙校語에 反側은 當從荀子作五疾이라야 語方不繆라

⑫ 官而衣食之 : '官' 뒤에 ≪荀子≫에는 '施'字가 있다.

官下에 荀有施字라

⑬ 王覆無遺 : '王'은 ≪荀子≫에 '兼'으로 되어 있다. 趙懷玉本에 '兼'으로 되어 있고, 그 교감한 내용에 "'兼'은 舊本에 '王'으로 되어 있었다. 이제 ≪荀子≫를 따라 고친다." 하였다.

王은 荀作兼이라 趙本에 作兼이요 校語에 兼舊作王이러니 今從荀改라

⑭ 死之無赦 : ≪荀子≫를 근거로 하면 여기의 '之'字는 衍字이다. 趙懷玉本에 '死無赦'로 되어 있고, 그 교감한 내용에 "舊本에는 '死之無赦'로 되어 있었다. '之'字는 衍字이니 ≪荀子≫에 근거하여 없앤다." 하였다.

據荀則此之字爲衍이라 趙本에 作死無赦요 校語에 舊作死之無赦라 之字衍이니 依荀刪이라

⑮ 謂之天誅 : '誅'는 ≪荀子≫에 '德'으로 되어 있다. 趙懷玉이 교감한 내용도 같다.

誅는 荀作德이라 趙校語同이라

5-4 군주는 백성의 근원이다. 근원이 맑으면 흘러나오는 물도 맑고 근원이 흐리면 흘러나오는 물도 흐린 법이다. 그러므로 社稷을 가진 군주가 자신의 백성을 사랑하지 않으면서 백성들이 자신을 친하게 대하고 사랑해주기를 바라는 것은 될 수 없는 일이다. 백성들이 친애하지 않는데 자신을 위해 일하고 자신을 위해 죽기를 바라는 것은 될 수 없는 일이다. 백성들이 임금을 위해 일하지도 않고 죽지도 않는데 군대가 강하고 城이 견고하기를 바라는 것은 될 수 없는 일이다. 군대가 강하지도 않고 성이 견고하지도 않는데 나라가 위태롭고 약해지며 멸망하지 않기를 바라는 것은 될 수 없는 일이다.

대체로 나라가 위태롭고 약해지며 멸망하게 될 조건이 모두 여기에 축적되어 있는데 安樂하다는 소문이 들리기를 구하니 또한 어렵지 않겠는가. 이는 멋대로 행동하는 사람[8]이다. 슬프다! 멋대로 행동하는 사람은 오랜 시간을 기다릴 것도 없이 멸망하고 만다. 그러므로 군주가 强固하고 안락하기를 바란다면 자기 자신을 반성하는 것보다 좋은 것이 없고, 신하들이 자기에게 귀의하고 백성들이 자기의 생각과 일치하기를 바란다면 정사를 미치게 하는 것보다 좋은 것이 없으며, 정치를 잘하여 풍속이 아름

8) 멋대로 행동하는 사람 : ≪荀子集解≫ 王先謙의 注에 "'枉'은 대체로 '狂'의 오자이다.〔枉蓋狂之誤〕"라고 하였고, 한어대사전에 '狂'과 통한다는 말을 근거로 '狂(미치다)'의 뜻으로 번역하였다.

담기를 바란다면 인재를 구하는 것보다 좋은 것이 없다.

저 인재는 지금 세상에 살고 있으면서도 옛날의 道에 뜻을 두고 있다. 그래서 천하의 王公 중에 아무도 도를 좋아하지 않더라도 이러한 사람은 홀로 좋아하며 백성들 중에 아무도 도를 따라 행하지 않더라도 이러한 사람은 홀로 행하기를 좋아한다. 이 도를 행하는 자는 곤궁하게 되더라도 이러한 사람은 여전히 행하여 잠시도 태만히 하거나 어긋나게 하는 일이 없다. 홀로 先王이 태평시대를 만나게 된 까닭과 천하를 잃은 까닭을 분명히 알고 국가의 安危와 善惡에 대해 黑白을 분별하듯 정확히 아는 것은 이러한 인재뿐이다. 군주가 强固하고 安樂하기를 바란다면 그와 함께 정사를 하는 것보다 좋은 것이 없다. 이들을 크게 쓰면 천하가 통일되고 제후가 신하로 복종하며, 작게 쓰면 이웃 나라에 위세를 떨쳐 그를 막을 수 없을 것이다. 예컨대 殷나라에서 伊尹을 등용한 것과 周나라에서 太公을 대우한 것[9]은 크게 썼다고 할 수 있고, 齊나라에서 管仲을 등용한 것과 楚나라에서 孫叔敖를 등용한 것[10]은 작게 썼다고 할 수 있다. 크게 쓴 경우에는 저와 같고 작게 쓴 경우에는 진실로 이와 같다. 그러므로 "순수하게 〈禮義를 앞세워서〉 인재를 쓰면 王者가 되고, 섞어서 〈禮義와 財利 둘 다 고려하여〉 인재를 쓰면 霸者가 되며, 이런 것이 하나도 없으면 망하게 된다."[11]라고 한 것이다.

≪詩經≫ 〈小雅 十月之交〉에 말하였다.

"사방의 나라에 훌륭한 정사가 없는 것은 어진 신하를 쓰기 않기 때문이다."

어진 신하를 쓰지 않고서 망하지 않는 경우는 있지 않다.

君者는 民之源也라 源清則流清하고 源濁則流濁이라 故有社稷者가 不能愛其民호대 而求民親己愛己는 不可得也요 民不親不愛어늘 而求爲己用爲己死는 不可得也요 民弗爲用弗爲死어늘 而求兵之勁城之固는 不可得也요 兵不勁城不固어늘 而欲不危削滅亡은 不可得也라 夫危削滅

9) 殷나라에서……것 : 伊尹은 농사를 짓다가 湯王의 초빙을 받고 세상에 나와 탕왕을 보필하여 夏나라 桀王을 추방하고 殷나라 왕조를 건립하였다. 太公은 渭水가에서 낚시질하다가 文王을 만나 師傅로 기용되고, 문왕이 별세한 뒤에는 武王을 도와 殷나라 紂王을 토벌하고 周나라 왕조를 건립하였다. 이 두 사람은 군주를 聖君으로 만든 대표적인 인물이다.

10) 齊나라에서……것 : 管仲은 춘추시대 齊나라 사람으로, 친구 鮑叔牙의 추천으로 정치적으로 반대편이었던 齊 桓公에게 발탁되어 그를 春秋五霸의 하나로 만들었다. 孫叔敖는 춘추시대 楚나라의 處士로, 虞丘의 추천을 받아 정승이 되어 楚 莊王으로 하여금 霸業을 달성하게 하였다. 이 두 사람은 군주를 霸者로 만든 대표적인 인물이다.

11) 순수하게……된다 : ≪荀子≫ 〈王霸〉에 보인다.

亡之情이 皆積於此어늘 而求安樂是聞하니 不亦難乎아 是枉(광)生者也①라 悲夫라 枉生者는 不須時而滅亡矣②라 故人主欲强固安樂인댄 莫若反己③하고 欲附下一民인댄 則莫若及之政④하고 欲修政美俗⑤인댄 則莫若求其人이라 彼其人者는 生今之世호대 而志乎古之(世)〔道〕⑥라 以天下之王公莫之好也로도 而是子獨好之⑦하고 以民莫之爲也로도 而是子獨爲之也라 抑爲之者窮⑧이라도 而是子猶爲之하여 而無是須臾怠焉差焉⑨이라 獨明夫先王所以遇之者⑩와 所以失之者하고 知國之安危臧否를 若別黑白은 則是其人也라 人主欲强固安樂인댄 則莫若與其人爲之라 巨用之면 則天下爲一하고 諸侯爲臣하며 小用之면 則威行鄰國⑪하여 莫之能御하니 若殷之用伊尹과 周之遇太公은 可謂巨用之矣요 齊之用管仲과 楚之用孫叔敖은 可謂小用之矣라 巨用之者如彼하고 小用之者故⑫如此也라 故曰粹而王하고 駁而霸하고 無一而亡⑬이라 詩曰 四國無政은 不用其良이라하니 不用其良臣而不亡者는 未之有也라

① 是枉生者也 : '枉'은 ≪荀子≫ 〈君道〉에 '狂'으로 되어 있다. 뒤에도 같다.
枉은 荀子君道에 作狂이니 下同이라

② 不須時而滅亡矣 : '須'는 ≪荀子≫에 '胥'로 되어 있으니 '胥'는 '須'와 통한다. '滅亡'은 '落'으로 되어 있다. 趙懷玉이 교감한 내용에 "≪荀子≫ 〈君道〉篇에 '是狂生者也 狂生者 不胥時而落(이는 멋대로 행동하는 사람이다. 멋대로 행동하는 사람은 오랜 시간을 기다리지 않아도 쇠락한다.)'라고 하였으니, 대체로 草木을 가리켜 비유한 것이다. 이 부분은 자못 그 문자를 바꾸었다." 하였다.
須는 荀作胥니 胥須通이라 滅亡은 作落이라 趙校語에 荀子君道篇에 作是狂生者也라 狂生者는 不胥時而落이라하니 蓋指艸木爲喩이라 此頗更易其文이라

③ 莫若反己 : '己'는 ≪荀子≫에 '民'으로 되어 있는데, ≪荀子≫의 글자가 잘못된 듯하다.
己는 荀作民이니 疑彼誤라

④ 莫若及之政 : '及'은 ≪荀子≫에 또한 '反'으로 되어 있고, 趙懷玉本에도 '反之政'으로 되어 있다.
及은 荀亦作反이요 趙本에 作反之政이라

⑤ 欲修政美俗 : '俗'은 ≪荀子≫에 '國'으로 되어 있다.
俗은 荀作國이라

⑥ 志乎古之世 : 여기의 '世'는 ≪荀子≫를 따라 '道'로 되어야 한다. 趙懷玉이 교감한 내용에 "≪荀子≫에 '道'로 되어 있다." 하였다.
此世는 當從荀子作道라 趙校語에 荀子作道라

⑦ 是子獨好之 : '是子'는 ≪荀子≫에 모두 '于是'로 되어 있다.
是子는 荀竝作于是라

⑧ 抑爲之者窮 : 趙懷玉이 교감한 내용에 "≪荀子≫에는 이 구절 앞에 '好之者貧(좋아하는 자는 가난하다.)' 4字가 있다." 하였다.
趙校語에 荀此句上有好之者貧四字라
⑨ 無是須臾怠焉差焉 : ≪荀子≫에 "不爲少頃輟焉(잠시도 그치지 않는다.)"이라고 하였다. 趙懷玉이 교감한 내용에 "≪荀子≫에 앞 구절은 '不爲少頃輟焉'으로 되어 있고, 뒤 구절은 '曉然'으로 되어 있는데 이것은 뒤 구절에 붙어야 한다." 하였다.
荀云 不爲少頃輟焉이라 趙校語에 荀上句作不爲少頃輟焉이요 下作曉然이니 屬下句라
⑩ 獨明夫先王所以遇之者 : '獨明' 앞에 ≪荀子≫에는 '曉然' 2字가 있고, '遇'는 '得'으로 되어 있다. 趙懷玉이 교감한 내용에 "'遇之'는 ≪荀子≫에 '得之'로 되어 있다." 하였다.
獨明上에 荀有曉然二字하고 遇는 作得이라 趙校語에 遇之는 荀作得之라
⑪ 威行鄰國 : '國'은 ≪荀子≫에 '敵'으로 되어 있다.
國은 荀作敵이라
⑫ 小用之者故 : 趙懷玉本에는 '故'字가 없다.
趙本에 無故字라
⑬ 故曰粹而王 駮而霸 無一而亡 : ≪荀子≫에는 "君人者 愛民而安 好士而榮 兩者無一焉而亡(임금이 백성을 사랑하면 편안하고 선비를 좋아하면 영화로우며, 둘 중에 하나도 없으면 망한다.)"이라고 하였다.
荀云 君人者 愛民而安하고 好士而榮하며 兩者無一焉而亡이라

5-5 造父[12]는 천하에서 말을 잘 모는 자이지만 수레와 말이 없으면 그 능력을 드러낼 방법이 없고, 后羿[13]는 천하에서 활을 잘 쏘는 자이지만 활과 화살이 없으면 그 솜씨를 드러낼 방법이 없으며, 저 大儒는 천하를 조정하고 통일시키는 자이지만 百里의 영토가 없으면 그 功效를 드러낼 방법이 없다. 수레가 튼튼하고 말이 우수한데도 〈이것을 가지고〉 千里를 가지 못하는 자는 조보가 아니고, 활이 균형 잡히고 화살이 곧은데도 〈이것을 가지고〉 먼 곳에서 화살을 쏘아 작은 것을 맞추지 못하는 자는 후예가 아니며, 백리의 영토를 소유하고도 〈이것을 가지고〉 천하를 조정하고 통일시켜 사방 오랑캐를 제어하지 못하는 자는 대유가 아니다.

대유라는 자는 궁벽한 마을과 누추한 집에 은거하면서 송곳 하나 꽂을 땅도 없지만

12) 造父 : 周나라 穆王 때 목왕의 八駿馬를 몰던 마부로, 말을 잘 몰기로 이름난 사람이다.(≪史記≫卷43 〈趙世家〉)
13) 后羿 : 有窮의 임금으로, 활을 아주 잘 쏘던 대표적인 인물이다.

王公이 그와 명성을 다투지 못하고, 백리의 땅을 다스리면 천리의 큰 나라가 그와 승부를 다투지 못하며, 포악한 나라를 토벌하여 천하를 통일하더라도 남이 그를 쓰러뜨리지 못한다. 이것이 대유의 功勳이다. 말은 법도가 있고 행실은 예법이 있으며, 하는 일은 후회가 없고 위험한 상황에 대처하고 변화에 대응하는 것이 모두 적절하며, 시대와 함께 변해가고 세상과 함께 행동하여 온갖 변화에도 그 도를 한결같이 한다. 이것이 대유의 성취이다.

그러므로 俗人이 있고 俗儒가 있으며, 雅儒가 있고 大儒가 있다. 귀로는 학문에 대해 듣지도 못하고 행동은 正義가 없어서 갈팡질팡 富와 이익만을 높이는 사람은 속인이다. 품이 넓은 옷과 품이 넓은 띠를 매고 대충 先王을 본받지만 세상을 어지럽히기에는 부족하며, 계책이 잘못되고 학문이 잡박하다. 또 자신의 衣冠과 言行이 이미 세속과 같은데도 그것을 싫어할 줄 모르고, 발언과 의론이 이미 老子나 墨子와 다름이 없는데도 분간할 줄 모르는 사람은 속유이다. 선왕을 본받아 제도를 통일하고 언행에 큰 예법이 있지만 밝은 지혜가 法教가 미치지 못한 부분과 見聞이 도달하지 못한 부분을 잘 알지 못하며, 알면 안다고 하고 모르면 모른다고 하여 안으로 자신을 속이지 않고 밖으로 남을 속이지 않는다. 이러한 태도로 賢者를 높이고 법을 공경하여 태만하거나 거드름피우지 않는 사람은 아유이다. 선왕을 본받아 예의를 따르고 적은 것으로 많은 것을 제어하고 하나의 원칙으로 수많은 일을 행한다. 진실로 仁義에 부합한 부류가 있으면 비록 鳥獸라도 흑백을 분별하듯 하고, 전에 보거나 듣지 못한 奇物이나 怪變이 갑자기 어느 한쪽에서 나타나면 大綱과 細目을 들어 대응하고 〈다른 것에〉 기대거나 끌어대는 것이 없는데, 법을 펼쳐서 헤아려보면 문득 부절을 합한 듯 들어맞는 사람은 대유이다.

그러므로 군주가 속인을 등용하면 萬乘의 대국도 망하고, 속유를 등용하면 만승의 대국은 겨우 보존되며, 아유를 등용하면 천리의 소국도 편안하고, 대유를 등용하면 백리의 적은 영토도 오래 유지되어 삼년이 지난 뒤에는 천하의 제후들이 신하로 복종할 것이다. 만약 그가 만승의 대국을 다스린다면 한 번의 움직임으로 천하가 평정되어 하루아침에 명성이 드러날 것이다.[14)]

---

14) 하루아침에……것이다 : 원문의 '一朝而伯'에 대해 의견이 분분한데, 王念孫의 ≪讀書雜志≫ 〈荀子二〉에 "'伯'은 '白'의 뜻으로 읽어야 한다. '白'은 '顯著하다'의 뜻이니, 하루아침에 천하에 명성이 드러난다는 말이다."라고 한 것을 근거로 이렇게 번역하였다.

≪詩經≫ 〈大雅 文王〉에 말하였다.

"周나라가 비록 옛 나라이지만 天命을 받아 새롭게 되었다."

이는 명성이 드러났다고 할 만하니, 문왕 또한 대유라고 할 수 있다.

造父는 天下之善御者矣나 無車馬①면 則無所見其能이요 羿는 天下之善射者矣나 無弓矢면 則無所見其巧요 彼大儒者는 調一天下者也나 無百里之地면 則無所見其功이라 夫車固馬選이나 而不能以致千里者②는 則非造父也요 弓調矢直이나 而不能射遠中微者는 則非羿也요 用百里之地나 而不能調一天下制四夷者③는 則非大儒也라 彼大儒者는 雖隱居窮巷陋室④하여 無置錐之地나 而王公不能與爭名矣요 用百里之地면 則千里之⑤國不能與之爭勝矣요 箠笞暴國⑥하여 一齊天下⑦라도 莫之能傾하니 是大儒之勳⑧이라 其言有類하고 其行有禮하며 其擧事無悔하고 其持(檢)〔險〕應變曲當⑨하며 與時遷徙하고 與世偃仰하여 千擧萬變이라도 其道一也니 是大儒之稽也⑩라 故有俗人者하며 有俗儒者하며 有雅儒者하며 有大儒者니라 耳不聞學하고 行無正義하여 迷迷然以富利爲隆은 是俗人也라 逢衣博帶⑪하고 略法先王호대 而不足於亂世⑫하며 術⑬ 謬學雜⑭이라 其衣冠言行⑮爲已同於世俗⑯이나 而不知其惡(오)也하고 言談議說已無異於老墨이나 而不知分⑰하니 是俗儒者也라 法先王⑱하여 一制度하고 言行有大法이나 而明不能濟⑲法教之所不及과 聞見之所未至하며 知之爲知之하고 不知爲不知하여 內不自誣하고 外不誣人⑳이라 以是尊賢敬法㉑하여 而不敢怠傲焉하니 是雅儒者也라 法先王하여 依禮義㉒하고 以淺持博하고 以一行萬㉓이라 苟有仁義之類면 雖鳥獸라도 若別黑白하고 奇物(變怪)〔怪變〕㉔가 所未嘗聞見이로대 卒然起一方하면 則擧統類以應之하고 無所儗㤜㉕하니 張法而度之㉖면 奄然如合符節㉗하니 是大儒者也라 故人主用俗人이면 則萬乘之國亡하며 用俗儒면 則萬乘之國存하며 用雅儒면 則千里之國安㉘하며 用大儒면 則百里之地久하여 而三年에 天下諸侯爲臣㉙이라 用萬乘之國이면 則擧錯而定하여 一朝而伯㉚하리라 詩曰 周雖舊邦이나 其命維新이라하니 可謂伯矣라 文王亦可謂大儒已矣㉛로다

① 無車馬 : '車'는 ≪荀子≫ 〈儒效〉에 '輿'로 되어 있다. 뒤에도 같다.
車는 荀子儒效에 作輿니 下同이라

② 不能以致千里者 : ≪荀子≫에 "不能以至遠一日而千里(멀리 하루에 천리를 달리지 못하다.)"라고 하였다.
荀云 不能以至遠一日而千里라

③ 不能調一天下制四夷者 : '四夷'는 ≪荀子≫에 '彊暴'로 되어 있다.
四夷는 荀作彊暴라

④ 雖隱居窮巷陋室 : '居'는 ≪荀子≫에 '於'로, '巷'은 '閭'으로, '室'은 '屋'으로 되어 있다.
居는 荀作於요 巷作閭이요 室作屋이라

⑤ 千里之 : 趙懷玉本에는 '之' 字가 없다.
趙本에 無之字라

⑥ 箠笞暴國 : '箠'는 ≪荀子≫에 '棰'로 되어 있다.
箠는 荀作棰라

⑦ 一齊天下 : 趙懷玉이 교감한 내용에 "≪荀子≫에는 '齊一天下'로 되어 있다." 하였다.
趙校語에 荀作齊一天下라

⑧ 是大儒之勳 : '勳'은 ≪荀子≫에 '徵'으로 되어 있으니 '徵'은 '驗(징험)'의 뜻이다. 趙懷玉이 교감한 내용에 "≪荀子≫에 '是大儒之徵也'로 되어 있다." 하였다.
勳은 荀作徵이니 徵은 驗也라 趙校語에 荀作是大儒之徵也라

⑨ 其持檢應變曲當 : '檢'은 ≪荀子≫를 따라 '險'으로 되어야 하니, '險'은 '危(위험하다)'의 뜻이다. 위험한 상황에 대처하고 변화에 대응하는 것이 모두 곡진하게 적절하다는 말이다. 趙懷玉이 교감한 내용에 "'持檢'은 ≪荀子≫에 '持險'으로 되어 있다." 하였다.
檢은 當從荀子作險이니 險은 危也라 言其持危應變이 皆曲得其宜라 趙校語에 持檢은 荀作持險이라

⑩ 是大儒之稽也 : '稽'는 '考'이니, '考'는 '成(성취하다)'의 뜻이다.
稽는 考니 考는 成也라

⑪ 逢衣博帶 : '博'은 ≪荀子≫에 '淺'으로 되어 있다. '淺帶'는 '博帶'와 같다.
博은 荀作淺이니 淺帶는 博帶也라

⑫ 不足於亂世 : 여러 本에는 모두 '不'字와 '於'字가 빠져 있었는데 이제 ≪荀子≫ 楊倞의 注를 따라 교정하고 보충한다. 〈儒效〉에서 '足亂世術'로 句를 뗀 것과는 다르다.
本皆脫不於字러니 今從荀子楊注校補라 與儒效의 以足亂世術爲句者로 異也라

⑬ 略法先王而不足於亂世術 : 趙懷玉本에 '略法先王而足亂世術(대충 先王을 본받지만 세상의 학술을 어지럽힐 만하다.)'로 되어 있다.
趙本에 作略法先王而足亂世術이라

⑭ 術謬學雜 : '術'字는 ≪荀子≫에는 앞 구절에 붙였고 '雜' 뒤에 '擧'字가 있다. 趙懷玉本에 '謬學雜眞'으로 되어 있고, 그 교감한 내용에 "여기의 '眞'字는 毛晉의 汲古閣津逮秘書本, 林本, 通津草堂本에만 있고 뒤에 '其'字가 없다." 하였다.
術字는 荀屬上句요 而雜下有擧字라 趙本에 作謬學雜眞이요 校語에 此眞字는 唯毛本林本通津本有요 而無下其字라

⑮ 其衣冠言行 : '言行'은 ≪荀子≫에 '行僞'로 되어 있는데, 틀린 듯하다.
言行은 荀作行僞니 恐非라

⑯ 其衣冠言行爲已同於世俗 : 趙本에 '其衣冠行爲已同於世俗'으로 되어 있고, 그 교감한 내용에 "≪荀子≫에 '繆學雜擧 不知法後王而壹制度 不知隆禮義而殺詩書(배우기를 잘못하고 행동을 난잡하게 하여 후대의 왕을 본받아 제도를 통일할 줄 모르며, 예의를 높이고 ≪詩經≫, ≪書經≫을 그 다음으로 여길 줄 모른다.)'로 되어 있으니, 이렇게 한 뒤에 이 구절과 이어지게 된다. 여기의 '其'字는 생략해서는 안 된다. 今本에 '行爲' 앞에 '言'字가 있으나 ≪荀子≫를 따라 없앤다. '爲'는 ≪荀子≫에 '僞'로 되어 있으니, ≪荀子≫에 보이는 '僞'字는 대부분 곧 '爲'字의 뜻이다." 하였다.

趙本에 作其衣冠行爲已同於世俗요 校語에 荀作繆學雜擧不知法後王而壹制度不知隆禮義而殺詩書하니 然後接此句라 是其字는 不可省이라 今本에 行爲上有言字로대 從荀刪이라 爲는 荀作僞하니 荀子一書에 凡僞는 多卽爲字義라

⑰ 言談議說已無異於老墨 而不知分 : '老墨'은 ≪荀子≫에 '墨子'로 되어 있고, '不知分'은 '明不能分'으로 되어 있다.

老墨은 荀作墨子요 不知分은 作明不能分이라

⑱ 法先王 : 여기의 '先'은 ≪荀子≫에 '後'로 되어 있다. 趙懷玉이 교감한 내용에 "≪荀子≫에 '法後王'으로 되어 있는데, 楊倞의 注에 '外傳作先王(≪韓詩外傳≫에는 「先王」으로 되어 있다.)'이라고 하였다." 하였다.

此先은 荀作後라 趙校語에 荀作法後王하니 楊倞云 外傳作先王이라

⑲ 明不能濟 : '濟'는 ≪荀子≫에 '齊'로 되어 있다. 趙懷玉本이 교감한 내용도 같다.

濟는 荀作齊라 趙校語同이라

⑳ 內不自誣 外不誣人 : ≪荀子≫에는 "內不自以誣 外不自以欺(안으로는 스스로 속이지 않고 밖으로도 스스로 속이지 않는다.)"라고 하였다.

荀云 內不自以誣하고 外不自以欺라

㉑ 以是尊賢敬法 : '敬'은 ≪荀子≫에 '畏'로 되어 있다.

敬은 荀作畏라

㉒ 依禮義 : '依'는 ≪荀子≫에 '統'으로 되어 있다. 趙懷玉本이 교감한 내용도 같다.

依는 荀作統이라 趙校語同이라

㉓ 以一行萬 : '行'은 ≪荀子≫에 또한 '持'로 되어 있다.

行은 荀亦作持라

㉔ 奇物變怪 : '奇'는 ≪荀子≫에 '倚'로 되어 있는데, 楊倞의 注에 "倚奇也 韓詩外傳云 奇物怪變('倚'는 '奇(기이하다)'의 뜻이다. ≪韓詩外傳≫에 '奇物怪變'이라 하였다.)"이라고 하였다. 이를 근거해 보면 '變'은 '怪' 뒤에 있어야 한다. 趙懷玉이 교감한 내용에 "≪荀子≫에 '倚物怪變'으로 되어 있는데 그 注에 이 기록에서 '奇物怪變'으로 된 것을 인용하였다." 하였다.

奇는 荀作倚라 楊注에 倚는 奇也니 韓詩外傳云 奇物怪變이라하니 據此則變當在怪下라 趙

校語에 荀作倚物怪變하니 注引此作奇物怪變이라

㉕ 無所擄援 : '擄援'은 ≪荀子≫에 '儗怎'으로 되어 있는데, '儗'는 '疑(의심하다)'의 뜻으로 읽어야 되고, '怎'은 '怍(부끄럽다)'의 뜻과 같다. 趙懷玉本에 '無所疑怎'으로 되어 있고, 그 교감한 내용에 "'疑'는 舊本에 '擄'로 되어 있었는데 이제 林本을 따른다. '怎'字는 각각의 本에 모두 빠져 있었다. ≪荀子≫에 '儗怎'으로 되어 있으니 이제 이에 근거하여 보충한다. '怎'은 바로 '怍'字이다." 하였다.

擄援은 荀作儗怎이라 儗는 讀爲疑요 怎은 與怍同이라 趙本에 作無所疑怎이요 校語에 疑舊本作擄하니 今從林本이라 怎字는 各本皆缺이라 荀子에 作儗怎하니 今據補라 怎은 卽怍字라

㉖ 張法而度之 : '張'字는 ≪荀子≫를 따라 교정하고 보충한다. 趙本에 '援法而度之'로 되어 있고, 그 교감한 내용에 "'援'은 ≪荀子≫에 '張'으로 되어 있다." 하였다.

張字는 從荀子校補라 趙本에 作援法而度之요 校語에 援荀作張이라

㉗ 奄然如合符節 : '奄'은 ≪荀子≫에 '晻'으로 되어 있으니, '晻'은 '暗(은연중에)'의 뜻과 같다. 趙懷玉이 교감한 내용에 "'奄'은 ≪荀子≫에 '晻'으로 되어 있다." 하였다.

奄은 荀作晻이니 晻은 與暗同이라 趙校語에 奄은 荀作晻이라

㉘ 千里之國安 : 趙懷玉이 교감한 내용에 "'千里'는 ≪荀子≫에 '千乘'으로 되어 있다." 하였다.

趙校語에 千里는 荀作千乘이라

㉙ 而三年天下諸侯爲臣 : '三年' 앞에 ≪荀子≫에는 '後'字가 있고, '天下' 뒤에 '爲一' 2字가 있다. 趙懷玉이 교감한 내용에 "≪荀子≫에 '而後三年 天下爲一 諸侯爲臣(그 후 삼년이 지나 천하가 통일되고, 제후들이 신하가 될 것이다.)'으로 되어 있다." 하였다.

三年上에 荀有後字요 天下下에 有爲一二字라 趙校語에 荀作而後三年天下爲一諸侯爲臣이라

㉚ 則擧錯而定 一朝而伯 : '之伯'은 이제 ≪荀子≫를 따라 '而伯'으로 교정한다. 뒤의 '白'도 같다. 어떤 本에 '擧錯定於一朝之間者'로 되어 있기도 하나 틀린 것이다. 趙懷玉本에 '一朝之伯'으로 되어 있고, 그 교감한 내용에 "舊本에 '則擧錯定一朝之白'으로 되어 있고, 毛晉의 汲古閣津逮秘書本과 通津草堂本에 '定於一朝之間'으로 되어 있으니 또한 억지로 고친 듯한 점이 있다. 이제 ≪荀子≫에 근거하여 改正한다." 하였다.

之伯은 今從荀子校作而伯하니 下白同이라 本或作擧錯定於一朝之間者하나 非也라 趙本에 作一朝之伯이요 校語에 舊本에 作則擧錯定一朝之白이요 毛本通津本에 作定於一朝之間하니 亦係臆改이라 今據荀子改正이라

㉛ 可謂伯矣 王亦可謂大儒已矣 : 趙懷玉本에 '可謂伯矣' 4字가 없고, 그 교감한 내용에 "'其命維新' 뒤에 어떤 本에는 '可謂白矣謂' 5字가 있기도 하는데, 元本에 판각된 것에는 이 글자가 없고 毛本도 같다." 하였다.

趙本에 無可謂伯矣四字요 校語에 其命維新下에 本或有可謂白矣謂五字하니 元刻無요 毛本同이라

5-6 楚 成王[15])이 殿上에서 책을 읽고 있었는데, 輪扁[16])이 아래에 있으면서 일어나 물었다.

"모르겠습니다만, 主君께서는 무슨 책을 읽고 계십니까?"

그러자 성왕이 대답하였다.

"옛 聖人의 책이다."

윤편이 말하였다.

"이는 진실로 옛 聖王의 찌꺼기일 뿐이지 훌륭한 것이 아닙니다."

성왕이 물었다.

"그대는 어찌하여 그렇게 말하는가?"

윤편이 대답하였다.

"수레바퀴를 만드는 臣의 사례를 들어 말씀드리겠습니다. 〈수레바퀴를 제조할 경우〉 그림쇠로 원을 만들고 곱자로 네모를 만드니, 이것은 자손에게 전수할 수 있습니다. 하지만 나무 세 개를 결합하여 하나로 만드는 기술은 마음에 감응하고 몸에 익어야 할 수 있는 것으로 전할 수 없는 것이니, 전하는 것은 진실로 찌꺼기일 뿐입니다. 그러므로 唐虞의 법도는 상고할 수는 있어도 사람의 마음을 깨우치는 것은 미칠 수 없습니다."

≪詩經≫ 〈大雅 文王〉에 말하였다.

"하늘의 일은 소리도 없고 냄새도 없다."

그러니 누가 이러한 경지에 미칠 수 있겠는가.

楚成王이 讀書於殿上①이러니 而輪扁在下②하여 作而問曰 不審主君所讀何書也잇가 成王曰 先聖之書니라 輪扁曰 此眞先聖王之糟粕耳③요 非美者也니이다 成王曰 子何以言之오 輪扁曰 以臣輪言之호리이다 夫以規爲圓하고 矩爲方하니 此其可付乎子孫者也어니와 若夫合三木而爲一하여는 應乎心하고 動乎體하니 其不可得而傳者也니 以爲所傳은 眞糟粕耳④라 故唐虞之法은 可得而考也⑤어니와 其喩人心은 不可及矣니이다 詩曰 上天之載는 無聲無臭라하니 其孰能及之⑥리오

① 楚成王讀書於殿上 : ≪莊子≫ 〈天道〉에 '桓公'으로 되어 있는데 李楨의 注에 "齊桓公이다."

15) 楚 成王 : 춘추시대 楚 文王의 아들로 이름은 熊惲이다.
16) 輪扁 : 춘추시대 齊나라의 수레바퀴를 깎던 明匠이다.

라고 하였다.

莊子天道에 作桓公하니 李注에 齊桓公也라

② 輪扁在下 : ≪漢書≫ 〈古今人表〉에 '輪邊'으로 되어 있다. 趙懷玉이 교감한 내용에 "≪管子≫, ≪莊子≫, ≪淮南子≫에 모두 '輪扁對齊桓公(輪扁이 齊桓公을 마주 대하다.)'이라고 하였다." 하였다.

漢書古今人表에 作輪邊이라 趙校語에 管子莊子淮南에 皆以爲輪扁對齊桓公이라

③ 此眞先聖王之糟粕耳 : '粕'은 ≪莊子≫에 '魄'으로 되어 있는데 뜻은 같다. 술 찌꺼기를 '糟'라고 하고 쉰밥을 '粕'이라고 한다.

粕은 莊子作魄同이라 酒滓曰糟요 爛食曰粕이라

④ 以爲所傳眞糟粕耳 : 趙懷玉이 교감한 내용에 "'以爲'는 毛晉의 汲古閣津逮秘書本에 '則凡'으로 되어 있다." 하였다.

趙校語에 以爲毛本作則凡이라

⑤ 可得而考也 : '考'는 어떤 本에는 '改'로 되어 있기도 하니 틀린 것이다. 趙懷玉本에 '可得而改也'로 되어 있고, 그 교감한 내용에 "'改'는 毛晉의 汲古閣津逮秘書本에 '考'로 되어 있으니 틀린 것이다." 하였다.

考는 本或作改니 非라 趙本에 作可得而改也요 校語에 改는 毛本作考니 非라

⑥ 楚成王讀書於殿上……其孰能及之 : 이 기록은 ≪莊子≫의 내용과 大同小異하다.

此傳은 與莊子로 同而小異라

5-7 孔子가 師襄子에게 거문고 타는 법을 배울 적에 발전하지 못하였다. 사양자가 말하였다.

"선생께서는 발전하셨습니다."

그러자 공자가 대답하였다.

"저는 곡조는 이미 익혔지만 운율은 익히지 못하였습니다."

잠시 후에 사양자가 말하였다.

"선생께서는 발전하셨습니다."

그러자 공자가 대답하였다.

"저는 운율은 이미 익혔지만 의미는 알지 못합니다."

잠시 후에 다시 사양자가 말하였다.

"선생께서는 발전하셨습니다."

그러자 공자가 대답하였다.

"저는 〈음악을 지은 사람이〉 이미 어떠한 사람인지는 알았지만 어떠한 부류인지는 알지 못합니다."

잠시 후에 공자가 말하였다.

"아득히 멀리 바라보니 성대하고도 엄정하니, 반드시 이 곡조를 만든 사람일 것이다. 〈그 모습은〉 짙게 검고 훤칠하게 크며, 천하에 왕 노릇하고 제후들을 조회하는 자이니 아마도 文王일 것이다."

사양자가 자리를 피하고 再拜하고 말하였다.

"훌륭합니다. 저는 문왕의 곡조를 가르치고 있었습니다."

이렇게 공자는 문왕의 음악을 가지고 문왕의 사람됨을 알았던 것이다. 사양자가 물었다.

"감히 묻습니다. 어떻게 문왕의 곡조인지 아셨습니까?"

공자가 대답하였다.

"그렇습니다. 대체로 어진 사람은 장엄한 것을 좋아하고, 조화로운 사람은 아름답게 꾸미는 것을 좋아하며, 지혜로운 사람은 악기 연주를 좋아하고, 정중한 뜻이 있는 사람은 화려함을 좋아합니다. 제가 이것으로 문왕의 곡조인줄 알았습니다."

傳에 말하였다.

"지엽적인 것만 보고서 근본에 통달한 자는 성인이다."

孔子學鼓琴於師襄子而不進①하니 師襄子曰 夫子可以進矣②로이다 孔子曰 丘已得其曲矣③나 未得其數也로다 有間曰 夫子可以進矣로이다 曰 丘已得其數矣나 未得其意也로다 有間에 復曰 夫子可以進矣④로이다 曰 丘已得其人矣나 未得其類也⑤로다 有間曰 邈然遠望⑥호니 洋洋乎翼翼乎라 必作此樂也로다 黯然黑⑦하고 幾然而長⑧하며 以王天下하고 以朝諸侯者⑨니 其惟文王乎인저 師襄子避席再拜曰 善하다 師以爲文王之操也라 故孔子持文王之聲하여 知文王之爲人이라 師襄子曰 敢問何以知其文王之操也잇가 孔子曰 然하다 夫仁者는 好偉하며 和者는 好粉하며 智者는 好彈하며 有殷⑩勤之意者는 好麗하나니 丘是以知文王之操也⑪로다 傳曰 聞其末而達其本者는 聖也⑫라

① 孔子學鼓琴於師襄子而不進 : ≪史記≫ 〈孔子世家〉에 "十日不進(열흘 동안 발전하지 않았다.)"이라고 하였는데 그 注에 "師襄子魯人 論語謂之擊磬襄是也(師襄子는 魯나라 사람이다. ≪論語≫ 〈微子〉에 '경쇠를 치던 양[擊磬襄]'17)이 이 사람이다.)"라고 하였다. ≪孔子家語≫ 〈辯樂〉

17) 경쇠를 치던 양 : ≪論語≫ 〈微子〉에 보이는 구절로, 周나라 왕실이 쇠미해지자 왕실에서 봉사

에 "師襄子曰 吾雖以擊磬爲官 然能於琴(사양자가 말하기를 '내가 비록 경쇠를 치는 樂官이기는 하지만 거문고에도 능숙하다.' 하였다.)"이라고 하였다. 趙懷玉이 교감한 내용에 "≪初學記≫에 '韓詩爲師堂子(≪韓詩外傳≫에는 「師堂子」로 되어 있다.)'라고 하였다." 하였다.

孔子世家云 十日不進이라하니 注에 師襄子魯人이라 論語에 謂之擊磬襄이 是也라 家語辯樂에 師襄子曰 吾雖以擊磬爲官이나 然能於琴이라하니라 趙校語에 初學記云 韓詩爲師堂子라

② 夫子可以進矣 : 여기의 '進'은 ≪史記≫ 〈孔子世家〉에 '益'으로 되어 있다. 뒤의 두 구절도 같다.

此進은 世家作益이라 下二句同이라

③ 丘已得其曲矣 : '得'은 ≪史記≫ 〈孔子世家〉에 '習'으로 되어 있다. 뒤의 '已得其數'도 같다.

得은 世家作習이라 下已得其數同이라

④ 夫子可以進矣 : 趙懷玉本에 '曰丘已得其意矣 未得其人也 有間復曰 夫子可以進矣(「저는 이미 의미는 알았지만 어떠한 사람인지는 모르겠습니다.」라고 하였다. 잠시 후에 다시 말하기를 「선생께서는 발전하셨습니다.」라고 하였다.)' 22字가 있고, 그 교감한 내용에 "이상 22字는 여러 本에 모두 빠져 있었는데, 이제 ≪初學記≫에서 인용한 것을 요약하여 보충한다." 하였다.

趙本에 有曰丘已得其意矣나 未得其人也라 有間에 復曰夫子可以進矣二十二字요 校語에 以上其二十二字는 本皆脫去러니 今約初學記所引補라

⑤ 未得其類也 : ≪史記≫ 〈孔子世家〉에 "已習其志 未得其爲人也(이미 그 의미는 익혔지만 그가 어떠한 사람인지 모른다.)"라고 하였다.

世家云 已習其志나 未得其爲人也라

⑥ 有間曰 邈然遠望 : 趙懷玉이 교감한 내용에 "≪初學記≫에는 '曰'字가 '望'字 뒤에 있다." 하였다.

趙校語에 初學記曰字가 在望字下라

⑦ 黯然黑 : 여러 本에 모두 '默然異'로 잘못 되어 있었는데, 이제 ≪史記≫ 〈孔子世家〉를 따라 교정한다. 趙懷玉本에 '黯然而黑'으로 되어 있고, 그 교감한 내용에 "舊本에는 '默然異'로 잘못 되어 있었는데 이제 ≪史記≫를 따라 글자를 보태고 고친다." 하였다.

諸本에 皆譌作默然異하니 今從世家校正이라 趙本에 作黯然而黑이요 校語에 舊作默然異譌러니 今從史記增改라

⑧ 幾然而長 : 徐廣의 注[18]에 "≪詩經≫에 '頎而長兮(키가 훤칠하게 크다.)'라고 하였다." 하였다. 이에 근거하면 '幾'와 '頎'은 똑같은 뜻이다. 趙懷玉이 교감한 내용에 "'幾'는 ≪史記≫에 '頎'으로 되어 있으니, 옛날에는 통용되었다." 하였다.

徐廣注詩云 頎而長兮라하니 據此則幾頎一也라 趙校語에 幾는 史作頎이니 古通用이라

하던 樂官들이 뿔뿔이 흩어졌는데, 이때 경쇠 치던 襄은 海島로 들어갔다는 내용이 보인다.

18) 徐廣의 注 : 東晉 때 사람 徐廣이 지은 ≪史記集解≫를 말한다.

⑨ 以王天下 以朝諸侯者 : ≪史記≫ 〈孔子世家〉에 "眼如望羊 心如王四國(눈은 멀리 바라보는 것 같고 마음은 천하에 왕이 된 것 같다.)"이라고 하였다.
世家云 眼如望羊이요 心如(望)〔王〕[19]四國이라
⑩ 慇 : 趙懷玉本에 '殷'으로 되어 있다.
趙本作殷이라
⑪ 丘是以知文王之操也 : 趙懷玉이 교감한 내용에 "毛晉의 汲古閣津逮秘書本은 이 다음 구절부터 章을 구별하였으니 틀린 것이다." 하였다.
趙校語에 毛本下條提行起하니 非라
⑫ 傳曰聞其末而達其本者聖也 : 趙懷玉本에 "다음 장의 '紂之爲主' 한 구절과 이어지나 별도로 장을 구별해서는 안 된다." 하였다.
趙本에 下接紂之爲主一條나 不另提行이라

5-8 紂가 임금이 되어 백성의 힘을 수고롭게 하여 억울하고 가혹한 명령을 백성에게 가하고 처참한 악행을 大臣에게 시행하자, 신하들은 믿지 않고 백성들은 미워하고 원망하였다. 그래서 천하 사람들이 그를 배반하고 文王의 신하가 되기를 원하였으니, 이는 주가 자초한 것이다. 대체로 존귀하기로는 천자가 되고 부유하기로는 천하를 소유하였지만 周나라의 군대가 이르자 좌우의 측근에게도 명령이 행해지지 않았으니, 안타깝다. 이때에 匹夫가 되려고 해도 될 수 없었다.

≪詩經≫ 〈大雅 大明〉에 말하였다.
"천자인 殷나라 嫡孫이 천하를 소유하지 못하게 하였다."

文王

紂之爲主 勞民力①하여 冤酷之令을 加於百姓하고 憯悽之惡을 施於大臣하니 羣下不信하고 百姓疾怨이라 故天下叛而願爲文王臣하니 紂自取之也라 夫貴爲天子하고 富有天下라가 及周師至하여는 而令不行乎左右하니 悲夫라 當是之時하여 索爲匹夫도 不可得也라 詩曰 天位殷適②을 使不俠四方이라

19) (望)〔王〕 : 저본에는 '望'으로 되어 있으나, ≪史記≫ 〈孔子世家〉에 근거하여 '王'으로 바로잡았다.

① 紂之爲主 勞民力 : 빠진 글자가 있는 듯하다.
疑有脫漏이라

② 天位殷適 : 趙懷玉本에 '天謂殷適(하늘이 殷나라 嫡孫에게 이르다.)'으로 되어 있고, 그 교감한 내용에 "'天謂'는 여러 本에 모두 '天位'로 되어 있으니, 이제 ≪詩考≫를 따라 고친다." 하였다.
趙本에 作天謂殷適이요 校語에 天謂는 本皆作天位니 今從詩考改라

5-9 五色이 아무리 선명해도 때가 되면 색이 바래고 무성한 나무도 때가 되면 낙엽이 지는 법이다. 사물은 성할 때도 있고 쇠할 때도 있으니 늘 한결같을 수 없다. 그러므로 三王[20]의 道는 一周하면 다시 시작하고 窮하면 근본으로 돌아오니 변화에 힘쓸 일도 아니다. 악한 것을 바로 잡고 약한 것을 扶持하며 잘못된 것을 물리치고 그릇된 것을 없애서, 陰陽의 기운을 조화롭게 하고 질서정연한 만물의 이치에 순응해야 한다.

≪詩經≫에 말하였다.

"힘쓰시고 힘쓰시는 文王이여! 천하에 본보기가 되셨다.[21]"

夫五色은 雖明이나 有時而渝하고 豐交之木[22]은 有時而落하나니 物有成衰하니 不得自若이라 故三王之道는 周則復始하고 窮則反本하니 非務變而已라 將以正惡①扶微하고 絀繆淪非하여 調和陰陽하고 順萬物之宜也라 詩曰 亹亹文王②이여 綱紀四方③이로다

① 正惡 : 趙懷玉이 교감한 내용에 "여러 本에 또한 '止惡'으로 되어 있다." 하였다.
趙校語에 本亦作止惡이라

② 亹亹文王 : 趙懷玉本에 '勉勉我王'으로 되어 있고, 그 교감한 내용에 "여러 本에 대부분 '亹亹文王'으로 되어 있지만, 이제 林本과 通津本을 따른다." 하였다.
趙本에 作勉勉我王이요 校語에 本多作亹亹文王이나 今從林本과 通津草堂本이라

③ 綱紀四方 : 이 기록에서 인용한 ≪詩經≫의 구절을 보면 上句는 〈大雅 文王〉의 구절이고 下句는 〈大雅 棫樸〉의 구절이니, 舊本을 그대로 답습하여 모두 이와 같다. 예컨대 앞의 기록에서 인용한 〈大雅 大明〉의 "使不俠四方"도 지금 ≪詩經≫에 '挾'으로 되어 있는 것을 따르지 않은 것과 같다. 이미 다른 의미를 남겨 두었으니, 또한 의심난 것을 신중히 처리함을 드러낸 것이다. 어떤 本에는 아울러 고쳐서 〈棫樸〉을 따르기도 하였는데, 틀린 것이다.
此傳引詩는 上句文王이요 下句棫樸이니 舊本相沿하여 竝皆如此라 如前傳引 大明使不俠四

20) 三王 : 중국 고대의 어진 임금으로, 夏나라 禹王, 殷나라 湯王, 周나라 文王을 가리킨다.
21) 힘쓰시고……되셨다 : 〈大雅 文王〉과 〈大雅 棫樸〉의 구절을 합한 것이다.
22) 豐交之木 : ≪韓詩外傳集釋≫에 孫詒讓은 "'豐交'는 의미가 통하기 어렵다. '交'는 '支'의 오자인 듯하다. '支'는 '枝'와 통한다." 하였다. 또 ≪淮南子≫ 〈泰族訓〉에는 '茂木豐草'로 되어 있다.

方도 亦不從今詩作挾라 旣存異義하니 亦著愼疑라 本或竝改從棫樸者非라

5-10 禮는 천지의 本體를 으뜸으로 삼고 사람의 감정에 따라 예의를 정하는 것이다. 그러므로 예가 없으면 어떻게 몸을 바르게 할 수 있겠으며, 스승이 없으면 어떻게 예가 옳다는 것을 알겠는가. 예가 그렇게 정해져 있어 그대로 행하면 인정이 예를 행하는 데 편안하고, 스승이 말하는 대로 따라서 하면 지혜가 스승과 같아질 것이다. 사람의 감정이 예를 행하는 데 편안하고 지혜가 스승과 같으면 이는 군자의 道이다. 말이 법도에 맞고 행실이 이치에 맞으면 천하 사람들이 순응할 것이다.

≪詩經≫ 〈大雅 皇矣〉에 말하였다.

"자기도 모르는 사이에 上帝의 법칙에 순응하였네."

禮者는 首天地之體①요 因人之情而爲之節文者也니 無禮면 何以正身이며 無師면 安知禮之是也리오 禮然而然하면 是情安於禮也요 師云而云하면 是知若師也라 情安禮하고 知若師②면 是則君子之道③라 言中倫하고 行中理면 天下順矣라 詩曰 不識不知하여 順帝之則이라

① 禮者首天地之體 : '首'는 어떤 本에 '則'으로 되어 있다. 趙懷玉本에 '則'으로 되어 있고, 그 교감한 내용에 "'則'은 여러 本에 대부분 '首'로 되어 있으나, 이제 毛晉의 汲古閣津逮秘書本을 따른다." 하였다.
首는 一作則이라 趙本作則이요 校語에 則本多作首나 今從毛本이라

② 知若師 : 趙懷玉이 교감한 내용에 "다른 本에는 뒤에 '也'字가 있는데 毛晉의 汲古閣津逮秘書本에는 없다." 하였다.
趙校語에 別本下有也字요 毛本無라

③ 是則君子之道 : ≪荀子≫ 〈修身〉에는 '則是聖人也'로 되어 있고, 趙懷玉本에는 '則是君子之道'로 되어 있다.
荀子修身에 作則是聖人也라 趙本에 作則是君子之道라

5-11 윗사람이 부모에게 순종하고 효도할 줄 모르면 백성들은 근본으로 돌아갈 줄 모르고, 임금이 어른을 공경할 줄 모르면 백성들은 친척을 귀하게 여길 줄 모르며, 〈임금이〉 禘祭[23]를 지내는 것이 不敬하여 山川의 신에게 제때 제사를 지내지 않으면 백

23) 禘祭 : 고대에 천자나 제후가 거행한 큰 제사로, 하늘에 대한 제사 및 宗廟의 大祭와 時祭를 가리킨다.

성들이 경외하지 않고, 가르치지 않고 벌을 주면 백성들이 서로 권면할 줄 모를 것이다. 그러므로 군자(爲政者)가 자신을 수행하고 이를 넓혀 부모에게 효도하면 백성들은 배반하지 않고, 공경과 효도가 아랫사람에게 미치면 백성들은 부모와 어른을 사랑할 줄 알며, 무엇을 좋아해야 할지 무엇을 싫어해야 할지를 백성에게 깨우쳐 주면 아랫사람이 윗사람을 따르기를 그림자와 메아리처럼 할 것이다. 이것은 천하를 두루 다스리고 海內를 평정하며 만백성을 신하로 만드는 중요한 법으로, 명철한 왕과 성스러운 군주가 잠시도 버릴 수 없는 것이다.

≪詩經≫ 〈大雅 下武〉에 말하였다.

"임금으로서 믿음을 이루어 백성들의 본보기가 된 것은 길이 효도하여 효도가 법도가 되었기 때문이다."

上不知順孝면 則民不知反本①이요 君不知敬長이면 則民不知貴親이요 禘祭不敬하여 山川失時면 則民無畏矣요 不敎而誅면 則民不識勸也리라 故君子修身及孝면 則民不倍矣요 敬孝達乎下면 則民知慈愛矣요 好惡喩乎百姓이면 則下應其上을 如影響矣리라 是則兼制天下②하고 定海內하며 臣萬姓之要法也라 明王聖主之所不能須臾而舍也니라 詩曰 成王之孚하여 下土之式은 永言孝思라 孝思惟則이니라

① 則民不知反本 : '反'은 어떤 本에 '返'으로 되어 있는데 뜻은 같다.
反은 一作返이니 同이라

② 是則兼制天下 : '則'은 어떤 本에 '以'로 되어 있다. 趙懷玉이 교감한 내용에 "'是則'은 여러 本에 대부분 '是以'로 되어 있으나 이제 毛晉의 汲古閣津逮秘書本을 따른다." 하였다.
則은 一作以라 趙校語에 是則은 本多作是以나 今從毛本이라

5-12 周 成王 때 세 개의 벼 싹이 뽕나무를 뚫고 자라서 함께 한 이삭으로 패어, 크기가 거의 수레에 가득하고 길이가 수레 상자에 가득 찰 정도가 되었다. 성왕이 周公에게 물었다.

"이것은 무슨 물건입니까?"

주공이 대답하였다.

"세 개의 벼 싹이 함께 하나의 이삭으로 팬 것은 아마 천하가 거의 통일이 되는 것을 의미하는 듯합니다."

3년이 지나자 과연 越裳氏가 아홉 번의 통역을 거치고 와서 주공에게 흰 꿩을 바쳤는데, 길이 멀고 산천이 깊어서 한 사람의 使人으로 도달하지 못할까 염려하여 여러 번 통역을 거치고 왔다고 하였다. 주공이 말하였다.

"내가 어떻게 바친 물건을 받겠는가."

그러자 통역이 대답하였다.

"제가 나라의 元老에게 명을 받았는데 이렇게 말하였습니다. '오랫동안 하늘에서 매서운 바람과 세찬 비가 내리지 않아 바다에 해일이 일지 않은지 지금까지 3년이 되었다. 이는 아마도 중국에 聖人이 있는 듯하다. 어찌 가서 朝見하지 않겠는가.' 그래서 이렇게 온 것입니다."

그러자 주공이 그들이 가지고 온 물건을 공경히 받았다.

≪詩經≫ 〈大雅 下武〉에 말하였다.

"아, 만년토록 어찌 돕는 이가 있지 않겠는가."

成王之時에 有三苗貫桑而生①하여 同爲一秀②히어 大幾滿車③하고 長幾充箱이라 成王問周公曰 此何物也잇가 周公曰 三苗同一秀④는 意者天下殆同一也⑤인저 比及三年⑥하여 果有越裳⑦氏重九譯而⑧獻白雉於周公⑨호대 道路悠遠하고 山川幽深⑩하여 恐使人之未達也이라 故重譯而來라 周公曰⑪ 吾何以見賜也⑫오한대 譯曰 吾受命國之黃髮호니 曰⑬久矣라 天之不迅風疾雨也⑭라 海不波溢也⑮ 三年於茲矣니 意者中國殆有聖人이로다 盍往朝之리오 於是來也니이다 周公乃敬求其所以來⑯[24]하다 詩曰 於萬斯年에 不遐有佐아

① 有三苗貫桑而生 : '桑' 뒤에 ≪尙書大傳≫에는 '葉'字가 있다.
桑下에 尙書大傳有葉字라

② 同爲一秀 : '秀'는 ≪尙書大傳≫에 '穗'로 되어 있다. 뒤에도 같다.
秀는 大傳作穗니 下同이라

③ 大幾滿車 : '滿'은 ≪尙書大傳≫과 ≪說苑≫ 〈辨物〉에 '盈'으로 되어 있다.
滿은 大傳及說苑辨物에 作盈이라

④ 三苗同一秀 : 이 구절 뒤에 ≪尙書大傳≫에는 '和氣所生(和氣가 생기는 바이다.)' 4字가 있다.
句下에 大傳有和氣所生四字라

---

24) 周公乃敬求其所以來 : '그러자 주공이 그들이 온 이유를 공경히 물어 알았다.'라고 번역하기도 하나, '求'를 '受'의 의미로 보아 '그러자 주공이 그들이 가지고 온 물건을 공경히 받았다.'라고 번역하였다.

⑤ 意者天下殆同一也 : 이 구절 뒤에 ≪尙書大傳≫에는 '拔而貢之文王之廟(뽑아서 문왕의 사당에 바쳤다.)' 8字가 있다.

句下에 大傳有拔而貢之文王之廟八字라

⑥ 比及三年 : '及'은 어떤 本에 '期'로 되어 있고, 또 '幾'로 되어 있기도 하다. 趙懷玉本에는 '比期三年'으로 되어 있다.

及은 一作期요 或又作幾라 趙本에 作比期三年이라

⑦ 裳 : 趙懷玉本에 '常'으로 되어 있다.

趙本作常이라

⑧ 果有越裳氏重九譯而 : 越裳氏는 交阯의 남쪽에 있다. ≪尙書大傳≫에도 "三象重九譯而獻白雉(세 명의 통역관을 데리고 아홉 번의 통역을 거치고 와서 흰 꿩을 바치다.)"라고 하였다. ≪說苑≫에 '三譯'으로 되어 있는데 잘못된 것이다.

越裳氏는 在交阯之南이라 大傳亦云 以三象重九譯而獻白雉라 說苑에 作三譯誤라

⑨ 獻白雉於周公 : 趙懷玉本에 '曰'字가 있고, 그 교감한 내용에 "舊本에 '曰'字가 빠져 있었는데, 이제 ≪太平御覽≫401권에서 인용한 글에 근거하여 보충한다.

趙本에 有曰字요 校語에 舊本脫曰字하니 今據太平御覽四百一引補라

⑩ 山川幽深 : '幽'는 ≪尙書大傳≫과 ≪說苑≫에 모두 '阻'로 되어 있다.

幽는 大傳說苑에 竝作阻라

⑪ 周公曰 : 趙懷玉이 교감한 내용에 "≪太平御覽≫에 '周公辭曰'로 되어 있다." 하였다.

趙校語에 御覽作周公辭曰이라

⑫ 吾何以見賜也 : 趙懷玉이 교감한 내용에 "≪太平御覽≫에는 '吾' 뒤에 '子'字가 있는데 틀린 것이다." 하였다.

趙校語에 御覽吾下有子字하니 非라

⑬ 吾受命國之黃髮日 : '黃髮'은 ≪尙書大傳≫에 '黃耇'로 되어 있다. '日'은 '曰'의 뜻으로 읽어야 되는데, 어떤 本에는 '曰'로 되어 있다. 趙懷玉本에도 '曰'로 되어 있다.

黃髮은 大傳作黃耇라 日은 讀爲曰이니 本一作曰이라 趙本作曰이라

⑭ 天之不迅風疾雨也 : ≪尙書大傳≫에 "別風淮雨(거센 바람과 사나운 비)"라고 하였는데, 그 注에 "'淮'는 폭우의 명칭이다."라고 하였다. ≪說苑≫에는 "烈風淫雨(세찬 바람과 오랜 비)"라고 하였다. ≪文心雕龍≫에 "別列淮淫 字似潛移 淫列 義當而不奇 淮別 理乖而新異('別'과 '列', '淮'와 '淫'은 글자가 비슷하여 슬그머니 변한 것이다. '淫'과 '列'로 쓰면 의미는 타당하지만 특이하지 않고 '淮'와 '別'로 쓰면 이치는 어긋나지만 신기한 표현이 된다.)"라고 한 것이 이것이다.

大傳云 別風淮雨라 注에 淮는 暴雨之名이라 說苑云 烈風淫雨라 文心以爲 別列淮淫은 字似潛移이라 淫列은 義當而不奇하고 淮別은 理乖而新異가 是也라

⑮ 海不波溢也 : 趙懷玉本에 '海之不波溢也'로 되어 있다.

趙本에 作海之不波溢也라

⑯ 周公乃敬求其所以來 : '求'는 ≪說苑≫에 '受'로 되어 있다. ≪尙書大傳≫에 "周公乃歸之於王稱先王之神 以薦於宗廟(周公이 벼 이삭을 成王에게 돌려보내고 先王의 神을 말하고서 종묘에 바쳤다.)"이라고 하였다. 내(周廷寀)가 살펴보건대, ≪尙書≫ 序에 "唐叔得禾 異畝同穎 獻諸天子 王命唐叔 歸周公于東 作歸禾 周公旣得命禾 旅天子之命 作嘉禾 言禾下生異壟 上秀合穗 天下和同之象(唐叔이 벼 이삭을 얻었는데, 이랑은 다르지만 합하여 하나의 이삭이 된 것이었다. 이것을 천자에게 바치자 성왕이 唐叔에게 명하여 동쪽에 있던 周公에게 보내게 하고, 〈歸禾〉라는 글을 짓게 하였다. 周公은 成王이 내린 벼 이삭을 받고 天子의 명을 稱述하여 〈嘉禾〉라는 글을 지었다. 벼는 아래에서는 다른 이랑에서 생겨났지만 위에서는 자라서 합하여 하나의 이삭이 되었으니, 천하 和同의 상징임을 말한 것이다.)"이라고 하였다. 그러니 이 기록에서 말한 뽕나무를 뚫었다는 것과는 다르다. 趙懷玉이 교감한 내용에 "이 구절은 앞의 뜻을 거듭 말한 것일 뿐이다." 하였다.
求는 說苑作受라 大傳云 周公乃歸之於王하고 稱先王之神하여 以薦於宗廟라 寀按컨대 書序에 唐叔得禾하니 異畝同穎이라 獻諸天子하니 王命唐叔하여 歸周公于東하고 作歸禾라 周公은 旣得命禾하고 旅天子之命하여 作嘉禾라 言禾下生異壟나 上秀合穗하니 天下和同之象이라하니 與此傳所云貫桑者로 異也라 趙校語에 此句는 申說前意耳라

5-13 높은 곳에 오르거나 깊은 곳에 임하여 먼 곳의 경치를 구경하는 즐거움은 臺榭[25]가 언덕이나 산에서 높이 보는 것만 못하고, 평원에서 사방을 보면서 광대한 경치를 구경하는 즐거움은 작은 못이 川澤에서 널리 보는 것만 못하다. 마음과 생각을 괴롭히고 情欲을 따라 지극한 즐거움을 누리며, 재물을 허비하여 性情을 상하게 하고 명예를 훼손시키고 수명을 단축시키니, 슬프다! 안타까울 뿐이다. 곤궁에 처한 군주는 正道를 어겨 백성들을 근심스럽게 한다.

≪詩經≫ 〈大雅 板〉에 말하였다.

"上帝가 常道를 뒤엎어 백성들이 모두 병들었네."

登高臨深하여 遠見之樂은 臺榭不若邱山所見高也요 平原廣望하여 博觀之樂은 沼池不如川澤所見博也라 勞心苦思하며 從欲極好하며 靡財傷情하며 毁名損壽하니 悲夫傷哉라 窮君之反於是道而愁百姓이라 詩曰 上帝板板이라 下民卒癉①이니라

25) 臺榭 : 높고 큰 누각이나 정자를 널리 칭하는 말로, 지면보다 높이 세우되 위를 평평하게 만든 것을 '臺'라고 하고, 높은 대 위에 나무로 지어 멀리 조망할 수 있도록 지은 것을 '榭'라고 한다.

① 下民卒癉 : 趙懷玉이 교감한 내용에 “어떤 本에는 ‘瘁癉’으로 되어 있기도 하나 이제 毛晉의 汲古閣津逮秘書本을 따른다.” 하였다.
趙校語에 本或作瘁癉이나 今從毛本이라

5-14 儒者는 바로 儒(學者)이다. 儒라는 말은 ‘없다’는 뜻이고 ‘바꿀 수 없는 법칙’이다. 千變萬化에도 그 도가 무궁하니 六經이 그러하다. 예를 들자면 君臣간의 의리, 父子간의 친함, 夫婦간의 분별, 朋友간의 차서와 같은 것은 儒者가 삼가 지키는 덕목으로 날마다 갈고 닦아 멈추지 않는 것이다. 비록 궁벽한 마을과 누추한 집에 거처하면서 안으로는 주린 배를 채우지 못하고 밖으로는 자신의 몸도 가릴 수 없고 송곳 하나 꽂을 만한 땅도 없지만, 밝은 헤아림은 천하를 지탱하기에 충분하다. 크게 擧用하여 남의 윗자리에 두면 王公의 재목이 되고 작게 거용하여 알맞은 자리에 두면 社稷의 신하가 될 것이다. 비록 巖穴에 거처하더라도 王侯가 그와 명성을 다툴 수 없는 것은 어째서인가. 仁義의 교화를 가지고 있기 때문이다. 가령 왕이 그의 말을 들어 쓰고 그의 행실을 믿는다면 唐虞의 법도도 볼 수 있고 칭송하는 소리도 들을 수 있을 것이다.

≪詩經≫ 〈大雅 板〉에 말하였다.

“先賢들이 말씀하시기를 나무꾼에게도 물으라 하셨네.”

이는 謀策을 널리 취해야 함을 말한 것이다.

儒者는 儒也라 儒之爲言은 無也니 不易之術也이라 千擧萬變에도 其道不窮하니 六經是也라 若夫君臣之義와 父子之親과 夫婦之別과 朋友之序는 此儒者之所謹守니 日切磋而不舍也라 雖居窮巷陋室之下하여 而內不足以充虛하며 外不足以蓋形하고 無置錐之地나 明察足以持天下라 大擧하여 在人上[①]이면 則王公之材也요 小用하여 使在位[②]면 則社稷之臣也라 雖巖[③]居穴處라도 而王侯不能與爭名은 何也오 仁義之化存爾[④]이라 如使王者聽其言하고 信其行하면 則唐虞之法可得而觀이요 頌聲可得而聽이라 詩曰 先民有言호대 詢于芻蕘라하니 取謀之博也라

① 在人上 : ≪荀子≫ 〈儒效〉에 “勢在人上(권세가 남의 위에 있다.)”이라고 하였다.
荀子儒效云 勢在人上이라

② 使在位 : ≪荀子≫에 “在人下(남의 아래에 있다.)”라고 하였다.
荀云 在人下라

③ 巖 : 趙懷玉本에는 ‘巗’으로 되어 있다.
趙本에 作巗이라

④ 雖巖居穴處……仁義之化存爾 : ≪荀子≫에 "雖隱於窮閻漏屋 莫不貴之 道誠存也(비록 궁벽한 마을과 협소한 집에 은거하더라도 모두 존귀하게 여기는 것은 도가 진실로 있기 때문이다.)"라고 하였다.
荀云 雖隱於窮閻漏屋나 莫不貴之는 道誠存也라

5-15 傳에 말하였다.

"천자가 넓은 궁전 아래 휘장 안 털방석 위에 거처하고 곤룡포를 입고 신을 신고 있으면서 대궐을 나가서 보지 않되, 널리 천하의 사정을 아는 것은 훌륭한 신하가 좌우에 있기 때문이다. 그러므로 혼자 보는 것은 여러 사람과 함께 보는 것만큼 명확하지 못하고, 혼자 듣는 것은 여러 사람과 함께 듣는 것만큼 명료하지 못하며, 혼자 思慮하는 것은 여러 사람과 함께 사려하는 것만큼 정교하지 못하다. 그러므로 명철한 왕이 어진 신하들로 하여금 몰려들어 모두 조정에 나오게 한 것은 中正한 사람과 사귀고 은거하는 선비를 초치하기 위해서이다."

≪詩經≫ 〈大雅 板〉에 말하였다.

"先賢들이 말씀하시기를 나무꾼에게도 물으라 하셨네."

≪詩經≫의 내용은 이것을 말한 것이다.

傳曰 天子居廣廈之下 帷帳之內 旃茵之上하고 被〔袞〕躧(사)潟①하여 視不出閫②호대 莽然而知天下者는 以(其)〔有〕賢左右也③일새라 故獨視不若與衆視之明也요 獨聽不若與衆聽之聰也요 獨慮不若與衆慮之切也④라 故明王使賢臣輻湊⑤竝進은 所以通中正而致隱居之士라 詩曰 先民有言호대 詢于芻蕘라하니 此之謂也라

① 被躧潟 : '被' 뒤에 '袞'字가 빠진 듯하다.
被下에 疑脫袞字라

② 視不出閫 : ≪新序≫ 〈雜事〉에 "不出襜幄(휘장을 나가지 않다.)"라고 하였다.
新序雜事云 不出襜幄이라

③ 以其賢左右也 : '其'는 ≪新序≫를 따라 '有'로 되어야 한다.
其는 當從新序作有라

④ 不若與衆慮之切也 : '切'은 어떤 本에 '工'으로 되어 있다. 趙懷玉本에 '不若與衆慮之功也'로 되어 있고, 그 교감한 내용에 "'功'은 어떤 本에 '切'로 잘못되어 있었다. 毛晉의 汲古閣津逮秘書本에는 '工'으로 되어 있다." 하였다.
切은 一作工이라 趙本에 作不若與衆慮之功也요 校語에 功本譌作切이라 毛本作工이라

⑤ 湊 : 趙懷玉本에는 '輳'로 되어 있다.
趙本作輳라

5-16 하늘은 높기 때문에 해와 달이 밝게 빛나고, 땅은 두텁기 때문에 산과 언덕이 그 이름을 얻으며, 윗사람이 올바른 길을 정해 두었기 때문에 온갖 일들이 질서정연해지는 것이다. 그런데 周나라 王室의 권위가 무너진 뒤로 王道가 폐기되어 회복되지 못하고 예의가 단절되어 이어지지 못하였다. 秦나라 때에 와서는 禮義를 비난하고 詩書를 버리며, 옛 것을 소홀히 대하고 성인의 道를 크게 소멸시켜 구차하고 망령된 짓만을 일삼았다. 그래서 이익을 탐하는 풍속이 형성되고 고발을 일삼는 풍조로 바뀌어 천하가 크게 어지러워졌다. 이에 兵亂으로 화재가 발생하여 노숙하며 밖에서 살게 되니 백성들은 서로 침해하고 빼앗으며 훔치는 것이 습관이 되었고, 聖王의 태평시대와 떨어진 지 오래되어 일찍이 仁義의 도를 보거나 禮樂의 風教가 젖어들지 못하였다. 이 때문에 완악하고 무례해져서 정숙과 공경이 날로 손상되어 점차 위협과 무력으로 다스리고, 멋대로 말재주만 믿고서 재앙과 환란을 피하지 않았으니, 이것이 다스리기 어려운 이유이다.

사람에게는 여섯 가지 欲情이 있다. 눈으로는 미색을 보려고 하고, 귀로는 좋은 음악을 들으려 하며, 코로는 아름다운 향기를 맡으려 하고, 입으로는 맛있는 음식을 먹으려 하며, 身體와 四肢는 편안하고 일하지 않으려 하고, 옷은 비단 무늬에 가볍고 따뜻한 것을 입으려고 한다. 이 여섯 가지는 백성들이 가지고 있는 여섯 개의 욕정이다. 이것을 만족시켜 주지 못하면 나라가 어지럽고 원하는 대로 따라주면 화목하다. 그러므로 聖王께서 백성들을 가르칠 적에 반드시 그들의 욕정을 따르되 예로서 절제하고 반드시 그들의 욕심을 따르되 의로써 제어하였으니, 의는 간단하면서도 두루 갖추어져 있고 예는 실행하기 쉬우면서도 법이 있어서 사람들의 욕정과 멀지 않기 때문이다. 그러므로 백성들이 명을 신속히 따르는 것이다. 공자는 도가 쉽게 행해질 줄을 알았다. 그래서 다음과 같이 말하였다.

"≪詩經≫ 〈大雅 板〉에 '백성들을 인도하는 것이 쉽다.'[26]라고 하였는데 빈말이 아니구나."

---

26) 백성들을……쉽다 : 〈大雅 板〉에 '誘'는 '牖'로 되어 있다.

天設其高라 而日月成明이요 地設其厚라 而山陵成名이요 上設其道라 而百事得序니라 自周室壞以來①로 王道廢而不起하고 禮義絶而不繼라 秦之時에 非禮義하며 棄詩書②하며 略古昔하며 大滅聖道하여 專爲苟妄이라 以貪利爲俗하고 以告獵爲化③하여 而天下大亂이라 於是에 兵作而火④起하여 暴露居外일새 而民以侵漁遏奪相攘爲服習하고 離聖王光烈之日久遠하여 未嘗見仁義之道하고 被禮樂之風이라 是以嚚頑無禮하여 而肅敬日損⑤하여 凌遲以威武相攝하고 妄爲佞人하여 不避禍患⑥하니 此其所以難治也라 人有六情하니 目은 欲視好色하며 耳는 欲聽宮商하며 鼻는 欲嗅芬香하며 口는 欲嗜甘旨하며 其身體四肢는 欲安而不作하며 衣는 欲被文繡而輕暖하니 此六者는 民之六情也라 失之則亂하고 從之則穆이라 故聖王之敎其民也에 必因其情而節之以禮하고 必從其欲而制之以義하니 義簡而備하고 禮易而法하여 去情不遠이라 故民之從命也速이라 孔子知道之易行曰 詩云 誘民孔易라하니 非虛辭也라

① 自周室壞以來 : '室'은 어떤 本에는 '衰'로 되어 있으니, '室' 뒤에 '衰'字가 빠진 듯하다. 趙懷玉本에 '自周衰壞以來'로 되어 있고, 그 교감한 내용에 "'衰'는 여러 本에 대부분 '室'로 되어 있고, 毛晉의 汲古閣津逮秘書本에 '衰'로 되어 있다. 살펴보건대 '壞'字는 衍字인 듯하다." 하였다.
室은 一作衰니 疑是室下脫衰字라 趙本에 作自周衰壞以來요 校語에 衰本多作室이요 毛本作衰라 案壞字疑衍이라

② 棄詩書 : 趙懷玉本에 '棄書詩'로 되어 있고, 그 교감한 내용에 "林本에 '詩書'로 되어 있다." 하였다.
趙本에 作棄書詩요 校語에 林本作詩書라

③ 以告獵爲化 : '告'는 어떤 本에는 '較'로 되어 있다. 趙懷玉이 교감한 내용에 "'告獵'은 글자가 잘못된 듯하니 '告訐(고발하다)'의 뜻으로 보아야 한다. 毛晉의 汲古閣津逮秘書本에 '較獵'으로 되어 있는데 억지로 고친 듯하다." 하였다.
告는 一作較라 趙校語에 告獵字疑譌하니 當謂告訐耳라 毛本作較獵하니 似臆改라

④ 火 : 趙懷玉本에 '大'로 되어 있다.
趙本作大라

⑤ 肅敬日損 : '損'은 어떤 本에 '益'으로 되어 있기도 한데 틀린 것이다. 趙懷玉本에는 '益'으로 되어 있다.
損은 本或作益이나 非라 趙本作益이라

⑥ 不避禍患 : 趙懷玉本에 '不避患禍'로 되어 있고, 그 교감한 내용에 "林本에 '禍患'으로 되어 있다." 하였다.
趙本에 作不避患禍이요 校語에 林本作禍患이라

5-17 누에고치의 본성은 실을 만들어내는 것이지만, 여직공이 불을 피우고 물에 끓여 뽑아내지 않으면 실을 얻을 수 없다. 알의 성질은 병아리로 부화하는 것이지만 자애로운 어미닭이 오랜 시간 동안 덮어주고 길러주지 않으면 병아리로 될 수 없다. 마찬가지로 사람의 본성은 善하지만 명철한 왕과 성스러운 군주가 잘 붙들어서 道로 인도하지 않으면 군자가 될 수 없다.

≪詩經≫ 〈大雅 蕩〉에 말하였다.

"하늘이 백성들을 내시니 그 命이 미덥지 못한 것은, 처음에는 선하지만 끝까지 선한 이가 드물기 때문이다."

이는 오직 명철한 왕과 성스러운 군주인 뒤에야 그렇게 할 수 있음을 말한 것이다.

繭之性爲絲나 **弗得女工燔以沸湯**하여 **抽其統理**면 **不成爲絲**요 **卵之性爲雛**나 **不得良雞覆伏孚育**하여 **積日累久**이면 **則不成爲雛**라 **夫人性善**이나 **非得明王聖主扶攜**하여 **內之以道**면 **則不成爲君子**①라 **詩曰 天生蒸民**하시니 **其命匪諶**②은 **靡不有初**나 **鮮克有終**일새니라 **言惟明王聖主然後**에 **使之然也**라

① 繭之性爲絲……則不成爲君子 : 이는 董子[27]의 "卵 待復而爲雛 繭 待繅而爲絲 性 待教而爲善(알은 덮어준 뒤에야 병아리가 되고, 누에고치는 고치를 켠 뒤에야 실이 되며, 본성은 가르친 뒤에야 선해진다.)"과 가리키는 뜻이 대략 같다. 하지만 董子는 善을 사람이 하늘을 이어 밖에서 형성된 것으로 여겨서 본성이 선하지만 않다고 하였고, 이 기록에서는 그야말로 본성은 선하지만 성을 따르고 道를 닦는 것은 사람이 하는 데에 달려 있다고 말하였으니, 이 설이 董子의 견해에 비해 더욱 정밀하다. 趙懷玉本에 '則不成君子'로 되어 있고, 그 교감한 내용에 "毛晉의 汲古閣津逮秘書本에 '成' 뒤에 '爲'字가 있다." 하였다.

此與董子의 卵은 待復而爲雛요 繭은 待繅而爲絲요 性은 待教而爲善으로 指喩略同이라 然董子는 以善爲人之繼天而成於外者而性未可爲善하니 此傳正言性善而率性修道則在人爲하니 蓋其說視董子尤粹矣라 趙本에 作則不成君子요 校語에 毛本成下有爲字라

② 天生蒸民 其命匪諶 : 趙懷玉本에 '天生烝民 其命匪訦'으로 되어 있고, 그 교감한 내용에 "'烝'은 어떤 本에는 '蒸'으로 되어 있고, '訦'은 여러 本에 모두 '諶'으로 되어 있으니 이제 ≪詩考≫를 따른다." 하였다.

趙本에 作天生烝民其命匪訦이요 校語에 烝은 一本作蒸이요 訦은 本皆作諶이니 今從詩考라

5-18 지혜는 샘의 근원과 같아 행실이 남의 儀表가 될 만한 사람은 스승이 되고, 지

27) 董子 : 漢나라 학자인 董仲舒로, 이 내용은 그의 저서 ≪春秋繁露≫ 卷10 〈深察名號〉에 보인다.

혜는 갈고 닦을 수 있어 행실이 남의 보필이 될 만한 사람은 벗이 된다. 법을 준수하고 맡은 직임을 완수할 뿐 감히 그릇된 짓을 하지 않는 자는 관리가 되고, 면전에서 그의 뜻에 투합하고 한 번 부르면 두 번째에야 대답하는 자는 종이 된다. 그러므로 上等의 군주는 스승을 보좌로 삼고, 中等의 군주는 벗을 보좌로 삼으며, 下等의 군주는 관리를 보좌로 삼고, 危亡에 처한 군주는 종을 보좌로 삼는다. 속담에 말하였다.

"못이 넓어야 거기에 사는 물고기가 크고, 군주가 밝아야 그 신하가 지혜로운 법이다. 서로 보기만 해도 뜻이 일치되는 것은 필시 마음이 통하였기 때문일 것이다."

그러므로 안목이 같은 사람끼리는 서로 보고, 의견이 같은 사람끼리는 서로 들으며, 뜻이 같은 사람끼리는 서로 따른다. 그러니 현자가 아니면 현자를 쓰지 못하는 것이다. 그러므로 임금이 임명한 좌우의 輔弼之臣에게 국가 존망의 관건과 成敗의 요령이 달려 있으니, 삼가지 않을 수 있겠는가.

≪詩經≫ 〈大雅 蕩〉에 말하였다.

"네가 덕을 밝히지 못하여 뒤에서나 곁에서 돕는 이가 없고, 네 덕이 밝지 못하여 너를 보좌하거나 卿으로서 돕는 이가 없도다."

智如泉源이라 行可以爲表儀者는 人師也요 智可以砥라 行可以爲輔弼者는 人友也라 據法守職而不敢爲非者는 人吏也①요 當前決意하고 一呼再喏(낙)者②는 人隸也라 故上主는 以師爲佐하고 中主는 以友爲佐하고 下主는 以吏爲佐하고 危亡之主는 以隸爲佐라 語曰 淵廣者其魚大하고 主明者其臣慧③하나니 相觀而志合은 必由其中이라 故同明相見하며 同音相聞하며 同志相從하나니 非賢者면 莫能用賢이라 故輔弼左右所任使者가 有存亡之機와 得失之要也하니 可無愼乎아 詩曰 不明爾德이라 時無背無側④하며 爾德不明이라 以無陪無卿이로다

① 人吏也 : 趙懷玉이 교감한 내용에 "≪史通≫ 〈史官建置〉篇에서 인용한 글에는 '人吏'가 '太史令'으로 되어 있고, ≪太平御覽≫ 235권에서 인용한 글에도 같지만, 여기와는 내용이 맞지 않은 듯하다." 하였다.
趙校語에 史通史官建置篇引에 人吏作太史令이요 御覽二百三十五引에 亦同하니 似與此不合이라

② 一呼再喏者 : '喏'은 '諾'의 옛 글자이다.
喏은 古文諾이라

③ 慧 : 趙懷玉本에 '惠'로 되어 있고, 그 교감한 내용에 "'惠'는 '慧'와 같다." 하였다.
趙本에 作惠라 校語慧同이라

④ 時無背無側 : 趙懷玉本에 '以無倍無側'으로 되어 있고, 그 교감한 내용에 "여러 本에 모두 '時無背無側'으로 되어 있으나, 이제 ≪詩考≫를 따라 고친다." 하였다.
趙本에 作以無倍無側이요 校語에 本皆作時無背無側이나 今從詩考改라

5-19 옛날에 禹王은 夏나라에 의지하여 왕이 되었고 桀王은 夏나라를 가지고도 멸망하였다. 또 湯王은 殷나라에 의지하여 왕이 되었고 紂王는 殷나라를 가지고도 멸망하였다. 그러므로 항상 안정된 국가는 없고 잘 다스려지는 백성도 없다. 賢者를 얻으면 국가가 창성하고 무능한 사람을 만나면 망하게 되니, 예로부터 지금까지 그렇지 않은 경우는 없었다.

대체로 밝은 거울은 사물의 형체를 비추는 것이고 지난 일은 오늘을 알 수 있게 해주는 것이다. 지난 일의 위태하고 원인이 싫다는 것을 알면서도 편안하고 존속하는 원인을 답습하지 않는 것은, 뒷걸음치면서 앞 사람을 따라잡으려고 하는 것과 다르지 않다. 속담에 '관리 노릇을 어떻게 해야 할지 모르겠거든 이미 이루어진 일을 보라.' 하였고, 혹자[28]가 말하기를 '앞 수레가 전복되었는데 뒷 수레가 경계하지 않기 때문에 뒷 수레도 전복된다.'라고 하였다. 그러므로 夏나라가 멸망하게 된 이유가 있는데도 殷나라가 그대로 따라 하였고, 殷나라가 멸망하게 된 이유가 있는데도 周나라가 그대로 따라 하였다. 그러므로 殷나라는 夏나라의 일을 거울로 삼을 수 있고 周나라는 殷나라의 일을 거울로 삼을 수 있는 것이다.

禹

≪詩經≫ 〈大雅 湯〉에 말하였다.

"殷나라가 거울로 삼아야 할 일이 멀지 않으니, 夏后의 세대에 있다."

昔者에 禹以夏王하고 桀以夏亡하며 湯以殷王하고 紂以殷亡이라 故無常安之國①과 宜治之民②이라 得賢則昌하고 不肖則亡③하니 自古及今히 未有不然者也라 夫明鏡者는 所以照形

28) 혹자 : 漢 文帝때의 문신인 賈誼를 가리키는 듯하다. 그가 지은 ≪新書≫ 〈連語〉에 "周나라 속담에 '앞 수레가 전복되면 뒷 수레가 경계한다.'라고 하였다. 지금 앞 수레가 이미 전복되었는데 뒷 수레가 경계할 줄을 모르니 살피지 않아서는 안 된다.〔周諺曰 前車覆而後車戒 今前車已覆矣 而後車不知戒 不可不察也〕"라고 하였다.

也요 往古者는 所以知今也라 夫知惡往古之所以危亡而不襲蹈其所以安存者④는 則無以異乎卻行而求逮於前人⑤이라 鄙語曰 不知爲吏어든 視已成事라하고 或曰 前車覆而後車不誡라 是以後車覆也라하니라 故夏之所以亡者而殷爲之하고 殷之所以亡者而周爲之라 故殷可以鑒於夏요 而周可以鑒於殷이라 詩曰 殷鑒不遠이라 在夏后之世라

① 故無常安之國 : '國'은 어떤 本에 '樂'으로 되어 있는데 잘못된 것이다. 이제 뒤의 기록(7-16)에 따라 校正한다. ≪說苑≫ 〈尊賢〉에도 '國'으로 되어 있다.
國은 本一作樂이니 誤라 今從後傳校正이라 說苑尊賢에 亦作國이라

② 宜治之民 : '宜'는 劉向의 ≪說苑≫에 '恒'으로 되어 있다.
宜는 劉作恒이라

③ 不肖則亡 : '不肖'는 뒤의 기록(7-16)을 따라 '失賢'으로 되어야 한다. 劉向의 ≪說苑≫에는 '失之'로 되어 있다.
不肖는 當從後傳作失賢이라 劉作失之라

④ 夫知惡往古之所以危亡而不襲蹈其所以安存者 : '襲蹈'는 劉向의 ≪說苑≫에 '襲迹'으로 되어 있다.
襲蹈는 劉作襲迹이라

⑤ 則無以異乎卻行而求逮於前人 : 趙懷玉이 교감한 내용에 "'卻'은 어떤 本에 '欲'으로 되어 있기도 하고, '逮'는 어떤 本에 '邃'로 되어 있기도 한다. 이제 살펴보건대 이 문장은 제 7권에도 보이니 이에 근거하여 바로잡는다. 뒤에도 '也'字가 있어야 한다. ≪大戴禮記≫ 〈保傳〉篇과 ≪新書≫ 〈胎教〉篇에도 같다." 하였다.
趙校語에 卻本或作欲이요 逮는 本或作邃라 今案컨대 此文亦見第七卷하니 據改正이라 下亦當有也字하니 大戴保傳篇과 新書胎教篇亦同이라

5-20 傳(≪淮南子≫)에 말하였다.

"교만한 군주는 忠心이 적고 말만 잘하는 사람은 信用이 부족하다. 그러므로 한 움큼 굵기의 나무에는 한 아름 되는 가지가 자라지 못하고, 작은 못에는 배를 삼킬만한 큰 물고기가 살 수 없다. 뿌리가 얕으면 가지와 잎이 짧기 마련이고 뿌리가 끊어지면 가지와 잎이 시들기 마련이다.

≪詩經≫ 〈大雅 湯〉에 말하였다.

'가지와 잎은 傷害가 없으나 뿌리가 실로 먼저 뽑혔다.'

이는 禍와 福은 자기로부터 나옴을 말한 것이다."

傳曰 驕溢之君寡忠하고 口惠之人鮮信[29)]이라 故盈把之木은 無合拱之枝하고 滎①澤之水은 無呑舟之魚라 根淺則枝葉短하고 本絶則枝葉枯라 詩曰 枝葉未有害나 本實先撥라하니 禍福는 自己出也라

① 滎 : 趙懷玉本에 '熒'으로 되어 있고, 그 교감한 내용에 "'熒'은 舊本에 '榮'으로 되어 있었으니 틀린 것이다." 하였다.
趙本作熒이요 校語에 熒은 舊作榮이니 非라

5-21 물과 못이 깊고 넓으면 魚龍이 살고, 산림이 무성하면 禽獸가 모여들며, 禮義를 밝히면 군자가 의지한다. 그러므로 禮가 자기 몸에 행해지면 품행이 단정해지고, 義가 나라에 행해지면 정치가 밝아지게 되니, 예로써 자신을 보호하면 존귀한 명성이 절로 드러나 천하 사람들이 따를 것이다. 그리하여 명령하면 시행하고 금지하면 중지되어[30)] 王者의 정사가 완성될 것이다.

≪詩經≫ 〈大雅 湯〉에 말하였다.

"단정한 덕행이 있으면 온 나라 사람들이 따른다."

이것을 말한 것이다.

水淵深廣則龍魚生之①하며 山林茂盛②則禽獸歸之하며 禮義修明則君子懷之③니라 故禮及身而行修하고 (禮)〔義〕及國而政明④하나니 能以禮扶身⑤則貴名自揚⑥하여 天下順焉⑦이라 令行禁止而王者之事畢矣리라 詩曰 有覺德行이면 四國順之라하니 夫此之謂也⑧라

① 水淵深廣則龍魚生之 : '水'는 ≪荀子≫ 〈致士〉에 '川'으로 되어 있고, '龍魚'는 '魚鼈'로 되어 있고, '生'은 '歸'로 되어 있다. '深' 뒤에 '廣'字가 없다.
水는 荀子致士作川이요 龍魚는 作魚鼈이요 生은 作歸라 深下無廣字라
② 山林茂盛 : '茂' 뒤에 ≪荀子≫에는 또한 '盛'字가 없다.
茂下에 荀亦無盛字라
③ 禮義修明則君子懷之 : '修明'은 ≪荀子≫에 '備'로 되어 있고, '懷'는 또한 '歸'로 되어 있다.
修明은 荀作備요 懷는 亦作歸라
④ 禮及國而政明 : 여기의 '禮'는 ≪荀子≫를 따라 '義'로 되어야 한다.

29) 驕溢……鮮信 : ≪淮南子≫ 〈繆稱訓〉에는 "교만한 군주에게는 忠信이 없고 말만 잘하는 사람은 반드시 신용이 없다.〔驕溢之君 無忠臣 口慧之人 無必信〕"로 되어 있다.
30) 명령하면……중지되어 : 법령이 잘 시행되어 어기는 이가 없다는 뜻이다. ≪荀子≫ 〈王制〉에 보인다.

此禮는 當從荀作義라

⑤ 能以禮扶身 : '扶'는 ≪荀子≫에 '挾'으로 되어 있는데, 楊倞의 注에 "挾讀爲浹 謂浹洽也('挾'은 '浹'의 뜻으로 읽어야 하니 '浹洽(무젖다)'을 이른다.)"라고 하였다. 내(周廷寀)가 살펴보건대, '扶'는 '護(보호하다)'의 뜻이니 예로써 스스로를 보호한다는 말이다.

扶는 荀作挾이라 楊注에 挾은 讀爲浹이니 謂浹洽也라 寀按컨대 扶는 護也니 言以禮自護라

⑥ 則貴名自揚 : '自揚'은 ≪荀子≫에 '白'으로 되어 있다.

自揚은 荀作白이라

⑦ 天下順焉 : 趙懷玉이 교감한 내용에 "'順'은 어떤 本에 '願'으로 되어 있기도 하나, 이제 林本과 通津草堂本을 따른다." 하였다.

趙校語에 順은 本或作願이나 今從林本通津本이라

⑧ 夫此之謂也 : 趙懷玉本에 '夫此之謂矣'로 되어 있고, 그 교감한 내용에 "'矣'는 어떤 本에 '也'로 되어 있기도 하나 이제 毛晉의 汲古閣津逮秘書本을 따른다." 하였다.

趙本에 作夫此之謂矣요 校語에 本或作也나 今從毛本이라

5-22 孔子가 말하였다.

"말을 하는 방법은 엄숙하고 장중한 태도로 臨하고, 정직하고 진실한 마음으로 대하며, 굳세고 강한 의지로 접근하고, 비유하는 말로 깨우치며, 분별하는 방법으로 이치를 밝히고, 부드럽고 온화한 태도로 말을 전하여, 〈자기에게 하는 말을〉 소중하고 진기하며 귀중하고 신묘한 것으로 여기게 해야 한다. 이렇게 하면 말이 늘 통하지 않는 경우가 없을 것이다. 이것을 두고 자기가 귀중하게 여기는 것을 귀중해지게 하는 것이라고 말한다. 예의에 맞지 않는 논설, 법도에 맞지 않는 행동, 남에게 도움 되지 않는 언사에 대해서는 군자가 삼간다."

≪詩經≫ 〈大雅 抑〉에 말하였다.

"가볍게 말하지 말고 구차하게 말하지 말라."

孔子曰 夫談說(세)之術은 齊莊以立之①하며 端誠以處之하며 堅强以待之②하며 辟(비)稱以喩之③하며 分別以明之④하며 歡忻芬芳以送之⑤하여 寶之珍之하고 貴之神之라 如是則說恒無不行矣⑥라 夫是之謂能貴其所貴라 若夫無類之說과 不形之行과 不贊之辭는 君子愼之니라 詩曰 無易由言이요 無曰苟矣하라

① 齊莊以立之 : '齊'는 ≪荀子≫ 〈非相〉에 '矜'으로 되어 있고, '立'은 '莅'로 되어 있다. 趙懷玉이 교감한 내용에 "≪荀子≫ 〈非相〉篇에 '矜莊以莅之'로 되어 있다." 하였다.

齊는 荀子非相作矜이요 立은 作莅라 趙校語에 荀子非相篇에 作矜莊以莅之라

② 堅强以待之 : '待'는 ≪荀子≫ 및 ≪說苑≫ 〈善說〉에 '持'로 되어 있다. 趙懷玉이 교감한 내용에 "'待'는 ≪荀子≫에 '持'로 되어 있다." 하였다.

待는 荀及說苑善說에 作持라 趙校語에 待는 荀作持라

③ 辟稱以喻之 : '辟'는 ≪荀子≫와 劉向의 ≪說苑≫에 모두 '譬'로 되어 있으니 뜻은 같다. '喻'는 ≪荀子≫에 '明'으로 되어 있고, 劉向의 ≪說苑≫에는 '諭'로 되어 있다.

辟는 荀劉竝作譬니 同이라 喻는 荀作明이요 劉作諭라

④ 分別以明之 : '別'字는 ≪荀子≫와 劉向의 ≪說苑≫을 따라 교정하고 보충한다. '明'은 ≪荀子≫에 '喻'로 되어 있다. 趙懷玉이 교감한 내용에 "舊本에는 '別'字가 없었는데, 이제 ≪荀子≫를 따라 보탠다. '喻'와 '明'은 ≪荀子≫에는 순서가 서로 바뀌어 있다." 하였다.

別字는 從荀劉校補라 明은 荀作喻라 趙校語에 舊本無別字러니 今從荀子增이라 喻與明은 荀子互易이라

⑤ 歡忻芬芳以送之 : '芬芳'은 劉向의 ≪說苑≫에 '憤滿'으로 되어 있는데 틀린 듯하다. ≪荀子≫에는 '芳'만 '薌'으로 되어 있다.

芬芳은 劉作憤滿이니 疑非라 荀惟以芳爲薌也

⑥ 說恒無不行矣 : '行'은 ≪荀子≫에 '受'로 되어 있다.

行은 荀作受라

5-23 백성은 안으로 양식이 부족하지 않고 밖으로 추위에 대한 걱정이 없으면 禮義로 교화하고 다스릴 수 있다.

≪詩經≫ 〈小雅 賓之初筵〉에 말하였다.

"조상에게 나아가 음식을 올려 이로써 온갖 禮를 갖춘다."

그러므로 온갖 예가 갖추어지면 모든 생각이 이루어지고, 모든 생각이 이루어지면 陰陽이 조화롭고, 음양이 조화로우면 계절이 균형을 이루고, 계절이 균형을 이루면 三光[31]이 淸明하고, 삼광이 청명하면 비와 바람이 때에 맞고, 비와 바람이 때에 맞으면 많은 생물이 편안하게 된다. 이와 같으면 天道와 합하게 된다. 이 때문에 대문을 나서지 않아도 천하의 사정을 알고, 창밖을 내다보지 않아도 천도를 알 수 있는 것이다.

≪詩經≫에 말하였다.

"이 聖人만은 멀리 백리 밖을 내다보는구나. 성대한 왕의 군대여, 도리를 따라 보이지 않는 곳에서도 길러준다.[32]"

---

31) 三光 : 해, 달, 별을 가리킨다.

이는 보이지 않는 곳까지 길러줌을 말한 것이다.

夫百姓은 內不乏食하고 外不患寒이면 則可教御以禮義矣라 詩曰 蒸畀祖妣하여 以洽百禮라하니 百禮洽則百意遂하고 百意遂則陰陽調하고 陰陽調則寒暑均하고 寒暑均則三光淸하고 三光淸則風雨時하고 風雨時則羣生寧하나니 如是而天道得矣리라 是以로 不出戶而知天下하고 不窺牖而見天道①하나니라 詩曰 惟此聖人은 瞻言百里라 於鑠王師여 遵養時晦②라하니 言相養之至於晦也라

① 不出戶 而知天下 不窺牖 而見天道 : 네 구절은 ≪道德經≫下篇[33]의 글이다.
四句는 道德經下篇文이라
② 惟此聖人……遵養時晦 : 이 기록에서도 〈大雅 桑柔〉 및 〈周頌〉 酌詩 두 편을 인용하였다.
此傳은 亦兩引桑柔及周頌酌詩라

5-24[34] 하늘에는 四時가 있으니 봄·여름·가을·겨울과 그에 따른 바람·비·서리·이슬이 가르침이 아닌 것이 없다. 淸明한 덕이 몸에 있으면 그 기운과 뜻이 神明과 같아지기 때문에, 원하고 바라는 일이 장차 일어나려고 하면 반드시 그 조짐을 먼저 열어주니, 하늘에서 단비가 내리려고 하면 山川에서 먼저 구름이 이는 것과 같다.[35]

武王

그러므로 ≪詩經≫ 〈大雅 崧高〉에 말하였다.

"높고 높은 산악이 우뚝하여 하늘에 닿으니 산악에서 신령한 기운을 내려 仲山甫와 申伯[36]을 낳았도다. 이 중산보와 신백이 周나라의 根幹이 되어서 사방에 울타리가 되고 사방에 덕택을 베풀도다."

---

32) 이 聖人만은……기른다 : ≪詩經≫ 〈大雅 桑柔〉과 〈周頌 酌〉의 구절을 합한 것이다.
33) 道德經 下篇 : ≪道德經≫ 제 47장에 보이는 구절로, 거기에는 "不出戶 知天下 不闚牖 見天道"라고 되어 있다.
34) 이 장은 ≪禮記≫ 〈孔子閒居〉에 보이는데, 陳浩의 注에 "王道가 사사로움이 없는 것처럼 天地가 사사로움이 없음을 말한 것이다." 하였다.
35) 원하고……같다 : 이 구절에 대해≪禮記≫ 〈孔子閒居〉의 鄭玄의 注에는 "천하에 왕 노릇할 시기가 다가올 때에는 반드시 먼저 그 사람을 보좌할 어질고 지혜로운 신하가 있는 것이, 마치 하늘에서 단비가 내리려 할 때 먼저 구름이 이는 것과 같다."라고 하였다.
36) 仲山甫와 申伯 : 모두 周 宣王 때의 賢臣이다. 중산보는 주나라의 中興을 이룩한 인물로, 東方에 城을 쌓는 일을 감독하여 큰 성과를 이루었다. 신백은 周 幽王의 장인으로, 선왕을 도와 주나라를 안정시켰다.

이것은 文王과 武王의 덕이다.

三代가 왕 노릇할 때에는 반드시 훌륭한 명성이 먼저 있었다.

그러므로 ≪詩經≫ 〈大雅 江漢〉에 말하였다.

"밝고 밝은 천하여! 훌륭한 소문이 그치지 않도다. 文德을 베풀어서 이 사방의 나라를 조화롭게 하였도다."

이것은 太王[37]의 덕이다.

天有四時하니 春夏秋冬①과 風雨霜露가 無非敎也라 淸明在躬하면 氣志如神이라 嗜欲將至에 有開必先하니 天降時雨에 山川出雲하니라 詩曰 崧高維嶽이 峻極于天②하니 維嶽降神하여 生甫及申이로다 維申及甫가 維周之翰하여 四國于藩③하며 四方于宣이라하니 此文武之德也니라 三代之王也에 必先其令名④하니 詩曰 明明天子여 令聞不已라 矢其文德하여 洽此四國⑤이라하니 此大王之德也라

① 春夏秋冬 : 趙懷玉本에 '春秋冬夏'로 되어 있고, 그 교감한 내용에 "여러 本에 모두 '春夏秋冬'으로 되어 있으나 이제 ≪禮記≫ 〈孔子閒居〉에 근거하여 고친다." 하였다.
趙本에 作春秋冬夏요 校語에 本皆作春夏秋冬이나 今依禮記孔子閒居改라

② 峻極于天 : '峻'은 〈大雅 崧高〉本에 '駿'으로 되어 있다. 〈孔子閒居〉에서 인용한 글에는 또한 '峻'으로 되어 있다. 趙懷玉本에는 '駿極于天'으로 되어 있다.
峻은 大雅崧高本에 作駿이라 孔子閒居引亦作峻이라 趙本에 作駿極于天이라

③ 四國于藩 : '藩'은 ≪詩經≫과 ≪禮記≫에 모두 '蕃'으로 되어 있다.
藩은 詩禮竝作蕃이라

④ 必先其令名 : '名'은 ≪禮記≫에 '聞'으로 되어 있고, 趙懷玉이 교감한 내용도 같다.
名은 禮作聞이요 趙校語同이라

⑤ 矢其文德 洽此四國 : '矢'는 ≪禮記≫에서 ≪詩經≫ 〈大雅 江漢〉을 인용한 글에는 '弛'로 되어 있고, '洽'은 '協'으로 되어 있다. '弛'와 '矢'는 모두 '施(베풀다.)'의 뜻이고, '協'과 '洽'은 '和(조화롭다)'의 뜻이다.
矢는 禮引江漢作弛이요 洽은 作協라 弛矢는 皆施也요 協洽은 皆和也라

5-25 쪽은 푸른색이 들어 있어서 그것으로 실을 물들이면 쪽보다 더 푸르고,[38] 땅은

37) 太王 : 周 文王의 祖父로, 號는 古公, 字는 亶父이다. 태왕은 豳땅에 거처하다가 狄人들의 침략을 피해 岐山으로 이주하였는데, 빈 땅의 백성들이 시장에 모여들 듯 그를 따랐다.(≪詩經≫ 〈大雅 綿〉)

38) 쪽은……푸르고 : ≪荀子≫ 〈勸學〉에 "얼음은 물에서 나오지만 물보다 차고, 푸른색은 쪽에서

누런색이 들어 있어서 그것으로 실을 물들이면 땅보다 더 누렇다. 쪽의 푸른색과 땅의 누런색도 빌려서 물들일 수 있는데, 仁義의 일을 빌릴 수 없단 말인가. 동쪽 바다에 물고기가 있는데 이름을 鰈(접)[39]이라고 한다. 눈을 나란히 붙이고 다니니 짝을 짓지 못하면 움직이지 못한다. 북쪽 지방에 짐승이 있는데 이름을 婁(루)라고 한다. 번갈아 먹고 번갈아 주변을 감시하니 짝을 짓지 못하면 배불리 먹을 수 없다. 남쪽 지방에 새가 있는데 이름을 鶼(겸)[40]이라고 한다. 날개를 나란히 붙이고 나니 짝을 짓지 못하면 날아갈 수 없다. 서쪽 지방에 짐승이 있는데 이름을 蟨(궐)이라고 한다. 앞발은 쥐처럼 짧고 뒷발은 토끼처럼 긴데 맛있는 풀을 발견하면 반드시 입에 머금고 蛩蛩과 距虛[41]에게 남겨 준다. 이는 그의 천성이 공공과 거허와 친해서가 아니라 장차 〈그의 발을〉 빌리기 위해서이다.

대체로 鳥獸와 물고기도 서로 힘을 빌리는데, 하물며 萬乘의 군주로서 홀로 이 천하의 영웅과 준걸들의 힘을 빌려 그들과 함께할 줄 모른다면 어찌 병통이 아니겠는가. 그러므로 눈이 밝은 사람이 눈이 밝은 사람을 부축해서 가면 하늘에 오르고, 눈이 밝은 사람이 눈이 어두운 사람을 부축해서 가면 그 사람을 집으로 돌려보낸다. 하지만 소경 두 사람이 서로 부축해서 가면 담장과 나무에 부딪치지 않거나 우물과 함정에 빠지지 않는 것만으로도 다행이라 할 것이다.

≪詩經≫ 〈大雅 桑柔〉에 말하였다.

"저 不順한 자들은 어둡고 더러운 길로 다닌다."

이는 〈군주가 현자를 등용하지 않고〉 어두운 길로 다니는 것을 말한다.

藍有青하여 **而絲假之**하면 **青於藍**하고 **地有黃**하여 **而絲假之**면 **黃於地**이라 **藍青地黃**도 **猶可假也**어늘 **仁義之事**를 **不可假乎哉**아 **東海之魚**를 **名曰鰈**이라 **比目而行**하니 **不相得**이면 **不能達**①이라 **北方有獸**하니 **名曰婁**라 **更食而更視**하니 **不相得**이면 **不能飽**라 **南方有鳥**하니 **名曰鶼**이라 **比翼而飛**하니 **不相得**이면 **不能擧**②라 **西方有獸**하니 **名曰蟨**[42]이라 **前足鼠**요 **後足兎**니 **得甘草**면 **必銜以**

나오지만 쪽보다 푸르다.〔氷生於水 寒于水 青出於藍 青於藍〕"라고 한 구절에서 나온 말이다.

39) 鰈 : 가자미과의 물고기로, 두 눈이 한쪽에 붙어 있다고 한다. '比目魚'라고도 하는데, 우리나라의 동해에서 많이 잡히므로 우리나라를 鰈域이라고 부른다.

40) 鶼 : 전설상의 새인 比翼鳥로, 암컷과 수컷의 눈과 날개가 하나씩이라고 한다.

41) 蛩蛩과 距虛 : 전설상의 두 짐승 이름이다. 蛩蛩은 푸른색의 짐승으로 말같이 생겼고, 巨虛는 距虛로도 쓰며 노새같이 생겼는데 작다고 한다. ≪山海經 海外北經≫

42) 蟨 : ≪說苑≫ 〈復恩〉에는 '蟨'로 되어 있다.

遺蛩蛩距虛니 其性非能蛩蛩距虛라 將爲假之故也③니라 夫鳥獸魚猶相假어든 而況萬乘之主而獨不知假此天下英雄俊士하여 與之爲伍면 則豈不病哉리오 故曰 以明扶明이면 則昇於天하고 以明扶闇이면 則歸其人이어니와 兩瞽相扶하면 不傷墻木하고 不陷井穽은 則其幸也라 詩曰 惟彼不順 往以蟲④垢라하니 闇行也라

① 東海之魚……不能達 : '鰈'은 예전에 '鰥(환)'으로 되어 있었는데 잘못된 것이다. ≪爾雅≫ 〈釋地〉에 "東方有比目魚焉 不比不行 其名謂之鰈(동쪽 지방에 눈을 나란히 붙이고 다니는 물고기가 있는데, 나란히 붙이지 않으면 다니지 못한다. 이름을 鰈이라고 한다.)"이라고 하였는데, 郭璞의 注에 "今水中所在有之 江東又呼爲王餘魚(지금 물속에 산다. 江東에서는 또 '王餘魚'라고 부른다.)"라고 하였다.

鰈은 舊作鰥이니 誤라 爾雅釋地云 東方有比目魚焉하니 不比不行이라 其名謂之鰈이라 郭注今水中所在有之라 江東又呼爲王餘魚라

② 南方有鳥……不能擧 : 〈釋地〉에 "南方有比翼鳥焉 不比不飛 其名謂之鶼鶼(남쪽 지방에 날개를 나란히 붙이고 나는 새가 있는데, 나란히 붙이지 않으면 날지 못한다. 이름을 鶼鶼이라고 한다.)"이라고 한 말이 있다. ≪山海經≫에 "崇吾有鳥 狀如鳧 一翼一目 相得乃飛 名曰蠻蠻(崇吾山에 새가 있는데 모습이 오리와 비슷하다. 날개가 하나이고 눈도 하나이니 서로 짝을 지어야 날 수 있다. 이름을 蠻蠻이라고 한다.)"이라고 하였는데, 郭璞의 注에 "比翼鳥也 爾雅作鶼鶼(比翼鳥이다. ≪爾雅≫에 '鶼鶼'으로 되어 있다.)"이라고 하였다. 그렇다면 이 새는 서쪽과 남쪽에 모두 서식할 것이다.

釋地有云 南方有比翼鳥焉하니 不比不飛라 其名謂之鶼鶼이라 山海經云 崇吾有鳥하니 狀如鳧라 一翼一目하니 相得乃飛라 名曰蠻蠻이라 郭注에 比翼鳥也라 爾雅에 作鶼鶼이라하니 然則是物西南竝有之也라

③ 西方有獸……將爲假之故也 : 〈釋地〉에 또 말하기를 "西方有比肩獸焉 與邛邛岠虛比 爲邛邛岠虛 齧甘草 卽有難 邛邛岠虛負而走 其名謂之蟨(서쪽 지방에 어깨를 나란히 붙이고 다니는 짐승이 있는데 邛邛과 岠虛와 함께 짝을 지어 공공과 거허를 위해 맛있는 풀을 씹어서 주고 만약 어려운 일이 생기면 공공과 거허가 업고 달아나는데 이름을 蟨이라고 한다.)"이라고 하였는데, 郭璞의 注에 "呂氏春秋曰 北方有獸 其名爲蟨 鼠前而兎後 趨則頓 走則顚 然則邛邛岠虛亦宜鼠後而兎前 前高不得取甘草 故須蟨食之 今雁門廣武縣夏屋山中有獸 形如兎而大 相負共行 土俗名之爲蟨鼠(≪呂氏春秋≫에 '북쪽 지방에 짐승이 있는데 이름을 蟨이라고 한다. 앞발은 쥐처럼 짧고 뒷발은 토끼처럼 길어서 빨리 걸으면 넘어지고 달려가면 엎어진다.'라고 하였다. 그렇다면 공공과 거허도 뒷발은 쥐처럼 짧고 앞발은 토끼처럼 길어서 앞이 높아 맛있는 풀을 뜯지 못하기 때문에 蟨이 먹여주기를 기다린다. 지금 雁門 廣武縣의 夏屋山中에 짐승이 있는데 형체는 토끼와 비슷한데 크고, 서로 업고 함께 다닌다. 그 지방 사람들이 蟨鼠라고 부른다.)"라고 하였다. '蟨'은 어떤 本에는 '蹶'로 되어

있다. '蛩'과 '邛', '距'와 '岠'는 모두 옛날에 통용되었다. '距'는 어떤 本에는 '巨'로 되어 있다.
釋地又云 西方有比肩獸焉하니 與邛邛岠虛〔比하여 爲邛邛岠虛〕[43]하여 齧甘草하고 卽有難이면 邛邛岠虛負而走하니 其名謂之蟨이라 郭注에 呂氏春秋曰 北方有獸하니 其名爲蟨이라 鼠前而兎後하여 趨則頓하고 走則顚이라하니 然則邛邛岠虛亦宜鼠後而兎前하여 前高不得取甘草라 故須蟨食之라 今雁門廣武縣夏屋山中有獸하니 形如兎而大하고 相負(其)〔共〕[44]行하니 土俗名之爲蟨鼠라 蟨은 本一作蹷이라 蛩邛距岠은 竝古通이라 距는 一作巨라

④ 蟲 : 趙懷玉本에는 '中'으로 되어 있다.
趙本作中이라

5-26 福은 無爲에서 생기고 근심은 욕심이 많은 데서 생긴다. 만족함을 안 뒤에야 부유함이 뒤따르고[45] 덕행이 人君에게 적합한 뒤에야 존귀함이 뒤따르는 것이다. 그러므로 爵位를 귀하게 여기고 덕행을 천하게 여기는 사람은 비록 천자가 되더라도 존귀해지지 않고, 물건을 탐하면서도 그칠 줄 모르는 사람은 비록 천하를 소유하더라도 부유해지지 않는다. 대체로 토지에서 생산되는 것이 더 이상 증가하지 않고 山澤에서 나오는 것도 유한한데, 만족하지 못하는 마음을 품고서 더 이상 증가하지 않는 물건을 구하고, 무한한 욕심을 품고서 유한한 재물을 구하니, 이것이 桀王과 紂王이 천자의 지위를 잃은 이유이다.

≪詩經≫ 〈大雅 桑柔〉에 말하였다.

"大風이 불어오는 길이 있으니 탐악한 사람이 善道를 망치는도다."

福은 生於無爲하고 而患은 生於多欲이라 知足然後에 富從之하고 德宜君人然後에 貴從之라 故貴爵而賤德者는 雖爲天子라도 不尊矣요 貪物而不知止者는 雖有天下라도 不富矣라 夫土地之生不益하고 山澤之出有盡이어늘 懷不富之心而求不益之物하고 挾百倍之欲而求有盡之財하니 是桀紂之所以失其位也라 詩曰 大風有隧하니 貪人敗類라

43) 比爲邛邛岠虛 : 저본에는 없으나 ≪爾雅≫ 郭璞의 注에 근거하여 보충하여 번역하였다.
44) (其)〔共〕 : 저본에는 '其'로 되어 있으나 ≪爾雅≫ 郭璞의 注에 근거하여 '其'를 '共'으로 바로잡아 번역하였다.
45) 만족함을……뒤따르고 : ≪道德經≫ 33장의 "만족할 줄 아는 자는 부유하다.〔知足者富〕"라는 말을 끌어다 쓴 것인데, 이 구절에 대해 王弼은 "만족할 줄 아는 자는 자신을 잃지 않기 때문에 부유한 것이다.〔知足者 自不失 故富也〕"라고 풀이하였다.

5-27 哀公이 子夏에게 물었다.

"반드시 배운 뒤에야 국가를 편안히 하고 백성을 보호할 수 있습니까?"

자하가 대답하였다.

"배우지 않고 국가를 편안히 하고 백성을 보호할 수 있었던 경우는 있지 않았습니다."

애공이 물었다.

"그렇다면 五帝[46]도 스승이 있었습니까?"

자하가 대답하였다.

顓頊

"신이 듣기로 黃帝는 大墳에게 배우고, 顓頊(전욱)은 錄圖에게 배우고, 帝嚳은 赤松子에게 배우고, 堯임금은 務成子附에게 배우고, 舜임금은 尹壽에게 배우고, 禹임금은 西王國에게 배우고, 湯임금은 貸子相에게 배우고, 文王은 錫疇子斯에게 배우고, 武王은 太公에게 배우고, 周公은 虢叔에게 배우고, 仲尼는 老聃에게 배웠다고 합니다. 이 열 한분의 성인이 이러한 스승을 만나지 못했다면 功名을 천하에 떨칠 수 없었을 것이고, 名聲을 후세에 전할 수 없었을 것입니다."

≪詩經≫ 〈大雅 假樂〉에 말하였다.

"잘못되지 않고 잊지도 않음은 옛 법도를 따르기 때문이다."

哀公問於子夏曰 必學然後에 可以安國保民乎잇가 子夏曰 不學而能安國保民者는 未之有也니이다 哀公曰 然則五帝有師乎잇가 子夏曰 臣聞黃帝學乎大墳①하며 顓頊學夫錄圖②하며 帝嚳學乎赤松子하며 堯學乎務成子附하며 舜學乎尹壽③하며 禹學乎西王國④하며 湯學乎貸子相⑤하며 文王學乎錫疇子斯⑥하며 武王學乎太公하며 周公學乎虢叔⑦하며 仲尼學乎老聃하니 此十一聖人이 未遭此師면 則功名⑧不能著乎天下하고 名號不能傳乎後世者也라 詩曰 不愆不忘은 率由舊章이라

① 黃帝學乎大墳 : '墳'은 ≪新序≫ 〈雜事〉에 '眞'으로 되어 있다. ≪荀子≫ 楊倞의 注에서 인용한 ≪新序≫에는 '塡'으로 되어 있다. 趙懷玉이 교감한 내용에 "≪太平御覽≫ 404권에서 인용한 글에는 '大顚'으로 되어 있다. 살펴보건대 ≪漢書≫ 〈古今人表〉에는 '大塡'으로 되어

46) 五帝 : 중국 상고 시대의 다섯 임금으로, 뒤에 보이는 黃帝, 顓頊, 帝嚳, 堯, 舜을 말한다. 異說에는 黃帝 대신 少昊를 넣기도 한다.

있으니, 여기의 '墳'字는 잘못된 듯하다." 하였다.

墳은 新序雜事作眞이라 荀子注引作塡이라 趙校語에 御覽四百四引作大顚이라 案컨대 古今人表作大塡이니 此墳字疑譌라

② 顓頊學夫錄圖 : '錄'은 《新序》에 '綠'으로 되어 있고, 《漢書》 〈古今人表〉도 같다. 趙懷玉이 교감한 내용에 "《太平御覽》에는 '祿圖'로 되어 있다." 하였다.

錄은 序作綠이라 古今人表同이라 趙校語에 御覽作祿圖라

③ 堯學乎務成子附 舜學乎尹壽 : 내(周廷寀)가 살펴보건대 《荀子》 〈大略〉에는 "堯學於君疇 舜學乎務成昭(堯는 君疇에게 배웠고, 舜은 務成昭에게 배웠다.)"라고 하였고, 《新序》에는 "堯學乎尹壽 舜學乎務成跗(堯는 尹壽에게 배웠고, 舜은 務成跗에게 배웠다.)"라고 하였고, 《漢書》 〈古今人表〉에도 "尹壽堯師(尹壽는 堯의 스승이다.)"라고 하였으니, 이 기록은 글이 도치된 듯하다. 《漢書》 〈藝文志〉에 小說家 중에 務成子 11편이 있다. '尹'과 '君', '壽'와 '疇', '附'와 '昭'는 전해오는 것이 다르다. '跗'와 '附'는 통용된다.

寀按컨대 荀子大略에 堯學於君疇하고 舜學乎務成昭이라하고 新序에 堯學乎尹壽하고 舜學乎務成跗이라하고 人表亦云 尹壽는 堯師라하니 此傳蓋文倒也라 藝文志에 小說家에 有務成子十一篇이라 尹君壽疇附昭는 所傳聞異라 跗與附通이라

④ 禹學乎西王國 : 大禹는 西羌에서 태어났다. 西王國은 西羌의 賢人이다.

大禹는 生於西羌이라 西王國은 西羌之賢人也라

⑤ 湯學乎貸子相 : '貸'는 《新序》에 '威'로 되어 있다. 《荀子》 楊倞의 注에서 인용한 《新序》에는 '成'으로 되어 있고, '相'은 '伯'으로 되어 있다.

貸는 序作威라 荀注引作成이요 相은 作伯이라

⑥ 文王學乎錫疇子斯 : '錫疇'는 《新序》에 '鉸時'로 되어 있다. 《荀子》 楊倞의 注에서 인용한 《新序》에는 '鉸'字가 없고, '斯'는 '思'로 되어 있다.

錫疇는 序作鉸時라 荀注引序에 無鉸字요 斯는 作思라

⑦ 武王學乎太公 周公學乎虢叔 : 《新序》에 "武王學乎郭叔 周公學乎太公(武王은 郭叔에게 배우고, 周公은 太公에게 배웠다.)"이라고 하였으니 어느 것이 옳은지 모르겠다. '虢'은 '郭'과 옛날에 통용되었다.

序云 武王學乎郭叔하고 周公學乎太公이라하니 未知孰是라 虢은 郭古通이라

⑧ 名 : 趙懷玉本에는 '業'으로 되어 있다.

趙本作業이라

5-28 德이라는 것은 천지를 포괄할 정도로 廣大하고, 일월과 짝할 정도로 밝으며, 四時의 고른 운행에 우뚝 서 있고 음양이 교차하는 지점을 살피고 있다. 그러므로 추위와 더위가 덕을 움직이지 못하고, 사시가 덕을 변화시키지 못한다. 太陰(달) 속에 보

관하여도 젖지 않고, 太陽 속에 흩어져도 마르지 않는다. 淸潔하고 鮮明하면서도 완비되어 있고 위엄이 있고 신속하면서도 신묘하여, 천지 사이에 지극히 정밀하면서도 오묘한 것이 덕이다. 그러니 성인이 아니면 누가 덕의 경지에 참여할 수 있겠는가.

≪詩經≫ 〈大雅 烝民〉에 말하였다.

"덕은 터럭만큼 가볍지만, 능히 덕을 행하는 사람은 드물다."

德也者는 **包天地之大**①하며 **配日月之明**하며 **立乎四時之調**②하며 **覽乎陰陽之交**③라 **寒暑不能動也**④요 **四時不能化也**라 **斂乎太陰而不濕**하고 **散乎太陽而不枯**라 **鮮潔淸明而備**하고 **嚴威毅疾而神**⑤하여 **至精而妙乎天地之間者德也**⑥니 **微聖人**이면 **其孰能與於此矣**리오 **詩曰 德輶如毛**나 **民鮮克擧之**니라

① 包天地之大 : '大'는 어떤 本에는 '美'로 되어 있다. 趙懷玉本에 '美'로 되어 있고, 그 교감한 내용에 "어떤 本에는 '大'로 되어 있다." 하였다.
大는 一作美라 趙本에 作美요 校語에 一本作大라

② 立乎四時之調 : '調'는 어떤 本에는 '周'로 되어 있다. 趙懷玉本에 '周'로 되어 있고, 그 교감한 내용에 "여러 本에 대부분 '調'로 되어 있으나 毛晉의 汲古閣津逮秘書本에는 '周'로 되어 있다." 하였다.
調는 一作周라 趙本에 作周요 校語에 本多作調나 毛本作周라

③ 覽乎陰陽之交 : '覽'은 어떤 本에는 '臨'으로 되어 있다. 趙懷玉이 교감한 내용에 "'覽'은 毛晉의 汲古閣津逮秘書本에 '臨'으로 되어 있다." 하였다.
覽은 一作臨이라 趙校語에 覽은 毛本作臨이라

④ 寒暑不能動也 : 趙懷玉이 교감한 내용에 "여러 本에 대부분 '也'字가 빠져 있으나 毛晉의 汲古閣津逮秘書本에는 있다." 하였다.
趙校語에 本多脫也字나 毛本有라

⑤ 嚴威毅疾而神 : '毅'는 어떤 本에는 '務'로 되어 있다. 趙懷玉이 교감한 내용에 "'毅'는 여러 本에 대부분 '務'로 되어 있으나 이제 毛晉의 汲古閣津逮秘書本을 따른다." 하였다.
毅는 一作務라 趙校語에 毅本多作務나 今從毛本이라

⑥ 至精而妙乎天地之間者德也 : '至精'은 어떤 本에는 '競淸'으로 되어 있고, '妙'는 '福'으로 되어 있다. 趙懷玉이 교감한 내용에 "'至精而妙'는 여러 本에 대부분 '競淸而福(아주 맑으면서도 복이 있다.)'으로 되어 있으나 이제 毛晉의 汲古閣津逮秘書本을 따른다." 하였다.
至精은 一作競淸이요 妙는 作福이라 趙校語에 至精而妙는 本多作競淸而福이나 今從毛本이라

5-29 가뭄이 든 해에는 초목도 무성하지 못하지만 하늘에 갑자기 구름이 일어 시원하

게 비를 내리면 만물이 모두 흥기하게 마련이다. 백성들은 모두 마음에 仁義의 뿌리가 없지 않지만 왕의 정치가 백성들을 두렵게 하고 핍박해서 〈仁義의 마음이〉 드러나지 못하게 하고, 근심하고 울적하게 하여 〈인의의 마음이〉 나오지 못하게 한다. 聖王이 지위에 있으면서 신을 신고 대궐을 나가 보지 않았지만 擧動하면 천하 사람들이 따르고, 唱導하면 천하 사람들이 和應한다. 어찌하여 이러한가? 인의의 마음으로 호응하기 때문일 것이다.

≪詩經≫ 〈大雅 召旻〉에 말하였다.

"저 한 해가 가물어 초목이 무성하지 못하도다."

如歲之旱에 草不潰茂①나 然天勃然興雲하여 沛然下雨면 則萬物無不興起之者라 民非無仁義根於心者也나 王政怵迫하여 使不得見②하고 憂鬱而不得出이라 聖王在③에 (彼)〔被〕蹝潟④하여 視不出閤⑤하나 〔動〕而天下隨⑥하고 倡而天下和하니 何如在此오 有以應哉로다 詩曰 如彼歲旱에 草不潰茂라

① 草不潰茂 : 趙懷玉이 교감한 내용에 "여러 本에 대부분 '莫不潰茂'로 되어 있고 뒤에도 같으나 이제 毛晉의 汲古閣津逮秘書本과 唐本을 따른다." 하였다.
趙校語에 本多作莫不潰茂요 下同이나 今從毛本唐本이라

② 使不得見 : '使'는 어떤 本에는 '而'로 되어 있고, 趙懷玉本에는 '而不得見'으로 되어 있다.
使는 一作而요 趙本에 作而不得見이라

③ 聖王在 : '在' 뒤에 빠진 글자가 있는 듯하다.
在下에 疑有脫字라

④ 彼蹝潟 : 이에 관한 내용은 앞 기록(5-15)에 있다. '彼'는 대개 '被'의 잘못인 듯하다. 趙懷玉本에 '被'로 되어 있다.
說在前傳이라 彼는 蓋被之譌也라 趙本에 作被라

⑤ 視不出閤 : '閤'은 앞 기록에 '閫'으로 되어 있으니 어느 것이 옳은지 모르겠다. 趙懷玉이 교감한 내용에 "'閤'은 앞 기록에 '閫'으로 되어 있다." 하였다.
閤前傳作閫하니 未知孰是라 趙校語에 閤前作閫이라

⑥ 而天下隨 : '而' 앞에 또한 '動'字가 빠진 듯하다.
而上에 亦疑脫動字라

5-30 道는 무엇인가? 군주가 따라서 실천하는 원칙이다. 君은 무엇인가? 무리를 조직하는 것이니, 천하 만물을 위해 害를 제거하는 자를 君이라고 한다. 王은 무엇인

가? '가다'는 뜻이니, 천하 사람들이 그에게 가는 것을 王이라고 한다. 〈王은〉 사람을 잘 보살피는 자이기 때문에 사람들이 그를 존경하고, 사람의 등급을 나누어 다스리기를 잘하는 자이기 때문에 사람들이 그를 편안하게 여기며, 훌륭한 사람을 중용하기를 잘하는 자이기 때문에 사람들이 그를 친하게 여기고, 사람을 의복으로 등급 구별을 잘하는 자[47]이기 때문에 사람들이 그를 좋아한다. 이상 네 가지 요건이 갖추어지면 천하 사람들이 그에게 가고, 네 가지 요건이 하나도 없으면 천하 사람들이 그에게서 떠나니, 가는 것을 王이라고 하고 떠나는 것을 亡이라 한다. 그러므로 도가 있으면 나라가 보존되고 도가 없으면 나라가 멸망한다고 말하는 것이다.

工人과 商人의 숫자를 줄이고 농부의 숫자를 늘리며, 도적을 막고 간사한 사람을 제거하는 것, 이것이 사람을 보살피는 방법이다. 천자는 三公을 두고[48] 제후는 재상한 사람을 두며, 大夫는 자신의 官務를 독단으로 처리하고 士는 맡은 직임을 수행하여 두루 다스리는 것, 이것이 사람의 등급을 나누어 다스리는 방법이다. 덕을 판별하여 관직의 차례를 정하고 능력을 잘 헤아려 관직을 제수하되, 가장 뛰어난 사람은 삼공으로 삼고 그 다음은 제후로 삼고 그 다음은 대부로 삼는 것, 이것이 의복으로 사람의 등급을 잘 구별하는 방법이다. 그러므로 천자부터 평민에 이르기까지 모두 자신의 능력에 맞는 일을 하고 자신의 뜻을 실현하며 자신의 일에 대해 편안하고 즐거워하니, 이는 공통된 바람이다. 다양한 색깔로 문양을 이루고 여러 가지 맛으로 진기한 음식을 마련하는 것은 성인이 賢良한 사람을 분별하고 귀천의 차이를 밝히는 방법이다.

그러므로 도를 터득하면 백성들에게 은택이 흘러가고 王公에게 복이 돌아간다. 백성들에게 은택이 흘러가면 아랫사람은 편안하고 화목하며, 왕공에게 복이 돌아가면 윗사람은 존귀하고 영화롭다. 백성들이 모두 편안하고 화목한 마음을 품고서 윗사람을 즐거운 마음으로 받드니, 이것을 아래가 잘 다스려져 위로 백성들의 즐거운 마음이 통한다고 하는 것이다. 아래가 잘 다스려져 위로 즐거운 마음이 통하는 것이 칭송

---

47) 사람을……자 : 원문의 '粉飾'은 꾸미거나 수식하는 뜻으로, ≪荀子≫ 〈君道〉에 의거하면 冠弁이나 禮服 등에 새겨진 무늬와 장신구의 장식 등으로 지위를 구별하는 것을 말한다.

48) 천자는 三公을 두고 : 三公은 고대에 가장 높은 관직으로 太師, 太傅, 太保를 말한다. ≪書經≫ 〈周官〉에 "태사, 태부, 태보를 세우노니, 이들이 삼공이다. 도를 논하고 나라를 다스리며 음양을 고르게 다스리게 한다.〔立太師太傅太保 茲惟三公 論道經邦 燮理陰陽〕"라고 하였고, ≪禮記≫ 〈王制〉에 "천자에게는 삼공과 구경과 27명의 대부와 81명의 원사가 있다.〔天子三公九卿二十七大夫八十一元士〕"라고 하였다.

이 생겨나는 이유이다.

≪詩經≫ 〈周頌 執競〉에 말하였다.

“내려주는 복이 크고 큰데 위의가 의젓한지라, 이미 취한데다 배까지 불러 복록을 크게 받도다.”

道者는 何也오 曰 君之所道也①라 君者는 何也오 曰羣也②니 爲天下萬物而除其害者를 謂之君이라 王者는 何也오 曰 往也니 天下往之謂之王이라 曰 善生養人者③라 故人尊之④하며 善辯治人者⑤라 故人安之하며 善(設顯)〔顯設〕人者⑥라 故人親之⑦하며 善粉飾人者⑧라 故人樂之⑨라 四統者具면 而天下往之⑩하고 四統無一이면 而天下去之니 往之謂之王이요 去之謂之亡이라 故曰 道存則國存하고 道亡則國亡이라하니라 夫省(생)工商하고 衆農人하며 謹盜賊하고 除姦邪니 是所以生養之也요 天子三公하고 諸侯一相하고 大夫擅官하고 士保職하여 莫不治理⑪니 是所以辯治之也요 決德而定次⑫하고 量能而授官호대 賢以之爲三公⑬하고 (以)〔次〕之爲諸侯⑭하고 次則爲大夫⑮니 是所以粉飾之也라 故自天子至於庶人히 莫不稱其能⑯하며 得其意⑰하며 安樂其事니 是所同也라 若夫重色而成文⑱하고 累味而備珍⑲은 則聖人所以分賢(長)〔良〕⑳明貴賤이라 故道得則澤流羣生하고 而福歸王公이라 澤流羣生하면 則下安而和하고 福歸王公하면 則上尊而榮㉑이라 百姓皆懷安和之心하여 而樂戴其上하니 夫是之謂下治而上通이라 下治而上通이 頌聲之所以興也라 詩曰 降福簡簡이어늘 威儀反反하니 既醉既飽하여 福祿來反이라

① 君之所道也 : ≪荀子≫ 〈君道〉에는 ‘之所’ 2字가 없다.
荀子君道에 無之所二字라

② 曰羣也 : ‘羣’ 앞에 ≪荀子≫에는 ‘能’字가 있다.
羣上에 荀有能字라

③ 善生養人者 : 여기의 ‘人’字는 ≪荀子≫를 따라 교정하고 보충한다. 趙懷玉이 교감한 내용에 “여러 本에 대부분 ‘善養生者’로 되어 있으니 잘못된 것이다. 이제 ≪荀子≫ 〈君道〉篇에 근거하여 고치고 보탠다. 이 뒤에는 또한 ‘生養’으로 되어 있다.” 하였다.
此人字는 從荀子校補라 趙校語에 本多作善養生者하니 譌라 今依荀子君道篇하여 改增이라 此下亦作生養이라

④ 故人尊之 : ‘尊’은 ≪荀子≫에 ‘親’으로 되어 있다.
尊은 荀作親이라

⑤ 善辯治人者 : ‘辯’은 ≪荀子≫에 ‘班’으로 되어 있다.
辯은 荀作班이라

⑥ 善設顯人者 : ‘設’은 ‘顯’ 뒤에 있어야 하니 ≪荀子≫를 따라 고친다. 趙懷玉本에 ‘善顯設人

者'로 되어 있고, 그 교감한 내용에 "舊本에는 '顯'과 '設'이 바뀌어 있었는데 이제 ≪荀子≫에 근거하여 순서를 바꾼다." 하였다.

設은 在顯下하니 當從荀子라 趙本에 作善顯設人者요 校語에 舊本顯設倒러니 今依荀子乙이라

⑦ 故人親之 : '親'은 ≪荀子≫에 '樂'로 되어 있다.

親은 荀作樂이라

⑧ 善粉飾人者 : '粉'은 ≪荀子≫에 '藩'으로 되어 있다. 趙懷玉이 교감한 내용에 "'粉飾'은 ≪荀子≫에 '藩飾'으로 되어 있다." 하였다.

粉은 荀作藩이라 趙校語에 荀粉飾作藩飾이라

⑨ 故人樂之 : '樂'은 ≪荀子≫에 '榮'으로 되어 있다.

樂은 荀作榮이라

⑩ 四統者具 而天下往之 : '具'는 ≪荀子≫에 '俱'로 되어 있고, '往'은 '歸'로 되어 있다.

具는 荀作俱요 往은 作歸라

⑪ 莫不治理 : '治理'는 ≪荀子≫에 '法度而公(법도에 따라 공정하게 처리하다.)'으로 되어 있다.

治理는 荀作法度而公이라

⑫ 決德而定次 : '決'은 ≪荀子≫에 '論'으로 되어 있다.

決은 荀作論이라

⑬ 賢以之爲三公 : '賢' 앞에 ≪荀子≫에는 '上'字가 있다.

賢上에 荀有上字라

⑭ 以之爲諸侯 : 여기의 '以'는 '次'가 되어야 한다. ≪荀子≫에 '次賢'이라고 하였다.

此以는 當爲次라 荀云 次賢也라

⑮ 次則爲大夫 : '次'는 ≪荀子≫에 '下'로 되어 있다. '賢大夫' 앞에 '士'字가 있고, 뒤에 '是所以顯設之也 修冠弁衣裳黼黻文章琱琢刻鏤 皆有等差(이것이 훌륭한 사람을 높은 자리에 두는 방법이다. 冠弁과 衣裳, 화려한 문채의 예복, 아로새긴 옥 장식이 모두 차등이 있다.)' 24字가 있는데 여러 本에 모두 빠져 있다. 趙懷玉本에 '是所以顯設之也 修冠弁衣裳黼黻文章琱琢刻鏤 皆有等差 是所以粉飾之也(이것이 훌륭한 사람을 높은 자리에 두는 방법이다. 冠弁과 衣裳, 화려한 문채의 예복, 아로새긴 옥 장식이 모두 차등이 있다. 이것이 의복 등의 장식으로 사람의 등급을 구별하는 방법이다.)'로 되어 있고, 그 교감한 내용에 "舊本에 '是所以顯設之也' 뒤로 25字가 빠져 있었는데 이제 ≪荀子≫에 근거하여 보충한다." 하였다.

次는 荀作下요 賢大夫上에 有士字요 下에 有是所以顯設之也라 修冠弁衣裳과 黼黻文章과 琱琢刻鏤가 皆有等差二十四字로대 諸本皆脫이라 趙本에 作是所以顯設之也라 修冠弁衣裳과 黼黻文章과 琱琢刻鏤가 皆有等差이라 是所以粉飾之也요 校語에 舊本是下脫二十五字러니 今據荀子補라

⑯ 莫不稱其能 : '稱'은 ≪荀子≫에 '聘'으로 되어 있다.

稱은 荀作聘이라

⑰ 得其意 : '意'는 ≪荀子≫에 '志'로 되어 있다.

意는 荀作志라

⑱ 若夫重色而成文 : '文' 뒤에 ≪荀子≫에는 '章'字가 있다.

文下에 荀有章字라

⑲ 累味而備珍 : '累'는 ≪荀子≫에 또한 '重'으로 되어 있다. '備'는 '成'으로 되어 있고, '珍' 뒤에 이어서 '備'字가 있다.

累는 荀亦作重이라 備는 作成이요 珍下仍有備字라

⑳ 聖人所以分賢長 : '長'은 ≪荀子≫를 따라 '良'이 되어야 한다. 趙懷玉本에 '愚'로 되어 있다.

長은 當從荀子作良이라 趙本에 作愚라

㉑ 上尊而榮 : '尊' 앞에 어떤 本에는 '上'字가 빠져 있기도 하다.

尊上에 本或脫上字라

5-31 聖人은 本性을 배양하여 큰 氣運을 다스리고 天命을 잘 지켜서 욕망[49]을 절제하며, 천하를 두루 다스리되 작은 것도 빠뜨리지 않으며, 정신을 보존함으로써 中道를 보충하니, 이를 성인의 心志라고 한다.

≪詩經≫ 〈周頌 長發〉에 말하였다.

"굳세지도 느슨하지도 않고, 강하지도 부드럽지도 않게 하시네."

이는 중도를 얻음을 말한 것이다.

聖人은 養一性而御大氣①하고 持一命而節滋味하며 奄治天下호대 不遺其小하며 存其精神하여 以補其中하니 謂之志라 詩曰 不競不絿하고 不剛不柔라하니 言得中也라

① 大氣 : 趙懷玉이 교감한 내용에 "'六氣'인 듯하다." 하였다.

趙校語에 疑六氣라

5-32 조정에서 벼슬하는 선비는 祿을 위해 살기 때문에 조정에 들어가면 나오지 않고, 산림에 사는 선비는 명예를 위해 살기 때문에 산림에 은거하면 돌아오지 않는다. 하지만 조정에 들어가더라도 또한 나올 수 있고 산림에 은거하더라도 또한 돌아올 수 있어서, 상황에 따라 전환하는 것이 모두 常道에 맞는 분은 성인이다.

---

49) 욕망 : 귀로는 좋은 소리를 듣고, 눈으로는 좋은 경치를 보고, 입으로는 맛있는 음식을 먹고, 코로는 좋은 향기를 맡는, 耳目口鼻의 욕망을 가리킨다.

≪詩經≫ 〈周頌 長發〉에 말하였다.

"굳세지도 느슨하지도 않고, 강하지도 부드럽지도 않게 하시네."

이는 中道를 얻음을 말한 것이다.

朝廷之士는 爲祿이라 故入而不出①하고 山林之士는 爲名이라 故往而不返이라 入而亦能出하고 往而亦能返②하여 通移有常은 聖也라 詩曰 不競不絿하고 不剛不柔라하니 言得中也

① 故入而不出 : 趙懷玉이 교감한 내용에 "≪後漢書≫ 謝該傳의 注에서 인용한 글에 '不出'은 '不能出'로 되어 있고, 뒤의 '不返'은 '不能反'으로 되어 있다." 하였다.
趙校語에 後漢書謝該傳注引에 不出은 作不能出이요 下不返은 作不能反이라

② 往而亦能返 : '亦'字는 舊本에 '不'로 되어 있었으니 잘못된 것이다.
亦字는 舊作不誤라

5-33 공자가 季孫[50]을 모시고 앉았는데, 계손의 家臣 通이 아뢰었다.

"임금께서 말을 빌려달라고 사람을 보내 왔는데 빌려 주어야 합니까?"

이 말을 듣고 공자가 말하였다.

"제가 듣기로 임금이 신하에게 가져가는 것을 '取'라고 하고 '假'라고 하지 않는다고 합니다."

계손이 깨닫고 가신 통에게 고하였다.

"이제부터는 임금께서 가져가시거든 '取'라고 하고 '假'라고 하지 말라."

공자가 '假馬'에 대한 명칭을 바로잡아 군신 간에 의리가 안정되었다.

≪論語≫에 말하였다.

"반드시 명분을 바르게 할 것이다.[51]"

또 ≪詩經≫ 〈小雅 小弁〉에 말하였다.

"군자는 말을 쉽게 하지 않는다."

孔子侍坐於季孫①이러니 季孫之宰通曰② 君使人假馬③하니 其與之乎④잇가 孔子曰 吾聞君

---

50) 季孫 : 춘추시대 魯나라 대부인 季康子로, 이름은 肥이다. 노나라 三桓의 하나이다.

51) 반드시……것이다 : ≪論語≫ 〈子路〉에 보이는 말로, 衛나라 군주가 공자를 초빙하여 정치를 하려고 하자, 자로가 가장 먼저 무엇을 할 것인지에 대해 물었는데, 이에 대해 공자가 대답한 말이다. 공자는 衛나라의 정치가 문란하여 名分과 實狀이 맞지 않았으므로 가장 먼저 명분을 바로잡으려고 하였다.(≪論語集註≫)

取於臣을 謂之取요 不曰假라하니이다 季孫悟하여 告宰通曰 今以往으로 君有取어든 謂之取요 無曰假라하라 孔子(曰)⑤ 正假馬之言⑥而君臣之義定矣라 論語曰 必也正名乎인저 詩曰 君子無易由言⑦이라

① 孔子侍坐於季孫 : '侍坐'는 《孔子家語》 〈正論〉에 '適(가다)'이라고 하였다.
侍坐는 家語正論云 適이라

② 季孫之宰通曰 : '通'은 《孔子家語》에 '謁'로 되어 있다. 내(周廷寀)가 살펴보건대 뒤에 '告宰通'이라고 한 것을 보면 通은 당연히 家臣의 이름이다. 《孔子家語》와 다르다.
通은 家語에 作謁이라 寀按컨대 下云告宰通하니 則通自是宰名이라 與家語異라

③ 君使人假馬 : 《孔子家語》에 "君使人求假於田(임금이 사냥터를 빌려달라고 사람을 보내다.)"이라고 하였다.
家語云 君使人求假於田이라

④ 其與之乎 : 趙懷玉이 교감한 내용에 "皇侃의 《論語疏 七》에서 인용한 글에는 '乎' 앞에 '不'字가 있다." 하였다.
趙校語에 皇侃論語疏七引에 乎上有不字라

⑤ 孔子曰 : 《新序》 〈雜事 五〉에는 여기의 '曰'字가 없으니 衍文이다.
新序雜事에 無此曰字하니 衍文也라

⑥ 正假馬之言 : 趙懷玉本에 '孔子正假馬之言'으로 되어 있고, 그 교감한 내용에 "皇侃의 《論語疏》에 '故孔子正假馬之名'로 되어 있다. 舊本에는 孔子 뒤에 '曰'字가 쓸데없이 덧붙여 있었으니 아마도 1字의 잘못인 듯하다.
趙本에 作孔子正假馬之言이요 校語에 皇疏에 作故孔子正假馬之名이라 舊本에 孔子下衍曰字하니 疑是一字誤라

⑦ 君子無易由言 : 趙懷玉本에 '名正也' 3字가 있다.
趙本에 有名正也三字라

傳은 모두 33장이다.

凡傳三十有三이라

〔附 錄〕

1. ≪韓詩外傳1≫ 圖版目錄

2. ≪韓詩外傳≫ 總目次

責任飜譯者 略歷

許敬震

1952년 출생
淵民 李家源 先生 師事
延世大學校 國文科 大學院 문학박사
牧園大學校 國語教育科, 延世大學校 國文科 교수 역임
淵民學會 편집위원장(現)

論著 및 譯書

論著 ≪허균평전≫, ≪사대부 소대헌 호연재 부부의 한평생≫, ≪조선의 중인들≫
譯書 ≪西遊見聞≫, ≪三國遺事≫(공역), ≪孔子家語≫(공역)

共同飜譯者 略歷

具智賢

1970년 출생
延世大學校 國文科 大學院 문학박사
民族文化推進會 國譯硏修院 연수부 졸업
鮮文大學校 국어국문학과 교수(現)

論著 및 譯書
論著 ≪通信使 筆談唱和集의 세계≫, ≪癸未通信使 使行文學 硏究≫
譯書 ≪懲毖錄≫, ≪滄槎紀行≫, ≪雲養集≫(공역), ≪孔子家語≫(공역)

徐賢卿

1969년 출생
延世大學校 國文科 大學院 문학박사
成均館翰林院 翰林階梯 졸업(한림원장상 수상)
한국고전번역원 校勘·標點 專門委員(現)
韓國古建築人文學硏究所 代表(現)

論著 및 譯書
論著 ≪열하일기 定本의 탐색과 서술분석≫, ≪서애 학맥의 역사와 공간≫(공저)
譯書 ≪峴首甲藁≫(공역), ≪한국의 옛집≫(공역)

東洋古典譯註叢書 135

譯註 韓詩外傳 1　　　　29,000원

2020년 12월 31일 초판 발행
2021년 01월 31일 초판 2쇄

著　　者 韓 嬰
責任飜譯 許敬震
共同飜譯 具智賢 徐賢卿
企劃編輯 東洋古典飜譯編輯委員會
常任原文校閱 吳圭根
潤　　文 南賢熙
校　　訂 朴相水 李孝宰
發 行 人 朴洪植
發 行 處 社團法人 傳統文化硏究會
등록 : 1989. 7. 3. 제1-936호
서울시 종로구 삼일대로 428 낙원빌딩 411호
전화 : (02)762-8401　전송 : (02)747-0083
전자우편 : juntong@juntong.or.kr
홈페이지 : juntong.or.kr
사이버書堂 : cyberseodang.or.kr
온라인서점 : book.cyberseodang.or.kr
인쇄처 : 한국법령정보주식회사(02-462-3860)
총　판 : 한국출판협동조합(070-7119-1750)

ISBN 979-11-5794-274-9 94140
978-89-85395-71-7(세트)

※ 이 책은 2020년도 교육부 고전문헌 국역지원사업 지원비에 의해 초판(비매품) 간행.

전통문화연구회 도서목록

漢文讀解捷徑시리즈

漢文독해기본패턴 고전교육연구실 著 15,000원
四書독해첩경 고전교육연구실 著 20,000원

基礎漢文敎材

四字小學 / 習字敎本 成百曉 譯 各 8,000원/4,000원
推句·啓蒙篇 / 習字敎本 成百曉 譯 7各 ,000원/4,000원
明心寶鑑 成百曉 譯 11,000원
童蒙先習·擊蒙要訣 成百曉 譯 15,000원
註解千字文 成百曉 譯 13,000원

〈新編〉

四字小學·推句 고전교육연구실 編譯 11,000원
啓蒙篇·童蒙先習 고전교육연구실 編譯 11,000원
原文으로 읽는 故事成語 元周用 編譯 15,000원

東洋古典國譯叢書

大學·中庸集註 - 개정증보판 成百曉 譯註 10,000원
論語集註 - 개정증보판 成百曉 譯註 25,000원
孟子集註 - 개정증보판 成百曉 譯註 30,000원
詩經集傳 上·下 成百曉 譯註 各 33,000원
書經集傳 上·下 成百曉 譯註 各 33,000원
周易傳義 上·下 成百曉 譯註 各 40,000원
小學集註 成百曉 譯註 30,000원
古文眞寶 後集 成百曉 譯註 32,000원

〈五書五經讀本〉

大學·中庸集註 李光虎·田炳秀 譯註 15,000원
論語集註 上·下 鄭太鉉 譯註 各 22,000원
詩經集傳 上·中·下 朴小東 譯註 各 30,000원
書經集傳 上·中·下 金東柱 譯註 各 30,000원
小學集註 上·下 李忠九 外 譯註 各 25,000원
古文眞寶後集 上·下 李相夏 外 譯註 各 30,000원

東洋古典譯註叢書

〈經部〉

十三經注疏
周易正義 1~4 成百曉·申相厚 譯註 各 30,000원~40,000원
尙書正義 1~7 金東柱 譯註 各 25,000원~36,000원
毛詩正義 1~3 朴小東 譯註 各 32,000원/37,000원
禮記正義 中庸·大學 李光虎·田炳秀 譯註 20,000원
論語注疏 1~3 鄭太鉉·李聖敏 譯註 各 25,000원~40,000원
孟子注疏 1 崔彩基·梁基正 譯註 30,000원
孝經注疏 鄭太鉉·姜珉廷 譯註 35,000원
周禮注疏 1 金容天·朴禮慶 譯註 30,000원
春秋左氏傳 1~8 鄭太鉉 譯註 各 18,000원~35,000원
禮記集說大全 1 辛承云 譯註 25,000원
東萊博議 1~5 鄭太鉉·金炳愛 譯註 各 25,000원~35,000원
韓詩外傳 1 許敬震 外 譯註 30,000원

〈史部〉

思政殿訓義 資治通鑑綱目 1~14, 17~19 辛承云 外 譯註 各 18,000원~35,000원
通鑑節要 1~9 成百曉 譯註 各 18,000원~40,000원
唐陸宣公奏議 1~2 沈慶昊·金愚政 譯註 各 35,000원~45,000원
貞觀政要集論 1~4 李忠九 外 譯註 各 25,000원~32,000원
列女傳補注 1~2 崔秉準·孔勤植 譯註 各 30,000원~38,000원
歷代君鑑 1~2 洪起殷·全百燦 譯註 各 32,000원~35,000원

〈子部〉

近思錄集解 1~3 成百曉 譯註 各 25,000원/35,000원
孔子家語 1~2 許敬震 外 譯註 各 35,000원/36,000원
老子道德經注 金是天 譯註 30,000원
大學衍義 1~5 辛承云 外 譯註 各 26,000원~30,000원
墨子閒詁 1~3 李相夏 外 譯註 各 32,000/38,000원
說苑 1~2 許鎬九 譯註 各 25,000원
世說新語補 1~2 金鎭玉 外 譯註 36,000원
荀子集解 1~7 宋基采 譯註 各 25,000원~38,000원
心經附註 成百曉 譯註 各 35,000원
顔氏家訓 1~2 鄭在書·盧暻熙 譯註 各 22,000원/25,000원
揚子法言 1 朴勝珠 譯註 24,000원
二程全書 1~3 崔錫起·姜導顯 譯註 各 36,000원~38,000원
莊子 1~4 安炳周·田好根 共譯 各 25,000원~30,000원
政經·牧民心鑑 洪起殷·全百燦 譯註 27,000원
韓非子集解 1~4 許鎬九 外 譯註 各 32,000~38,000원
武經七書直解
孫武子直解·吳子直解 成百曉·李蘭洙 譯註 35,000원
六韜直解·三略直解 成百曉·李鍾德 譯註 26,000원
尉繚子直解·李衛公問對直解 成百曉·李蘭洙 譯註 26,000원
司馬法直解 成百曉·李蘭洙 譯註 26,000원

〈集部〉

古文眞寶 前集 成百曉 譯註 30,000원
唐詩三百首 1~3 宋載卲 外 譯註 各 25,000원~36,000원
唐宋八大家文抄 韓愈 1~3 鄭太鉉 譯註 各 22,000원/28,000원
〃 歐陽脩 1~7 李相夏 譯註 各 25,000원~35,000원
〃 王安石1~2 申用浩·許鎬九 共譯 各 20,000원/25,000원
〃 蘇洵 李章佑 外 譯註 25,000원
〃 蘇軾 1~5 成百曉 譯註 各 22,000원
〃 蘇轍 1~3 金東柱 譯註 各 20,000원/22,000원
〃 曾鞏 宋基采 譯註 25,000원
〃 柳宗元 1~2 宋基采 譯註 各 22,000원

東洋古典新譯

당시선 송재소·최경렬·김영죽 편역 22,000원
손자병법 성백효 역주 14,000원
장자 안병주·전호근·김형석 역주 13,000원
고문진보 후집 신용호 번역 28,000원
노자도덕경 김시천 역주 15,000원

동양문화총서

동양사상 해설과 원전 정규훈 外 저 22,000원
화합의 길 -《중용》 읽기 금장태 저 20,000원
호설과 시장 신용호 저 20,000원

문화문고

경전으로 본 세계종교 그리스도교 이정배 편저 10,000원
〃 도교 이강수 편역 10,000원
〃 천도교 윤석산·홍성엽 편저 10,000원
〃 힌두교 길희성 편역 10,000원
〃 유교 이기동 편저 10,000원
〃 불교 김용표 편저 10,000원
〃 이슬람 김영경 편역 10,000원
논어·대학·중용 / 맹자 조수익·박승주 공역 각 10,000원
소학 박승주·조수익 공역 10,000원
십구사략 1~2 정광호 저 각 12,000원
무경칠서 손자병법·오자병법 성백효 역 10,000원
〃 육도·삼략 성백효 역 10,000원
〃 사마법·울료자·이위공문대 성백효 역 10,000원
당시선 송재소·최경렬·김영죽 편역 10,000원
한문문법 이상진 저 10,000원
한자한문전통교재 조수익·이성민 공역 10,000원
士小節 선비 집안의 작은 예절 이동희 편역 12,000원
儒學이란 무엇인가 이동희 저 10,000원
동아시아의 유교와 전통문화 이동희 저 13,000원
현대인, 동양고전에서 길을 찾다 이동희 저 10,000원
100자에 담긴 한자문화 이야기 김경수 저 12,000원
우리 설화 1~2 김동주 편역 각 10,000원
대한민국 국무총리 이재원 저 10,000원
백운거사 이규보의 문학인생 신용호 저 14,000원